教育部全国高等院校古籍整理研究工作委员会项目资助（2007年）
安徽师范大学学术著作出版基金资助（2018年）

『九华四俊』诗歌校注笺释

吴振华　笺注

安徽师范大学出版社
·芜湖·

图书在版编目(CIP)数据

“九华四俊”诗歌校注笺释 / 吴振华笺注. — 芜湖:安徽师范大学出版社,2019.7
ISBN 978-7-5676-4044-3

Ⅰ.①九… Ⅱ.①吴… Ⅲ.①唐诗-诗集②唐诗-注释 Ⅳ.①I222.742

中国版本图书馆CIP数据核字(2019)第069932号

“九华四俊”诗歌校注笺释

吴振华◎笺注

责任编辑:胡志恒
装帧设计:张　玲
出版发行:安徽师范大学出版社
芜湖市九华南路189号安徽师范大学花津校区
网　　址:http://www.ahnupress.com/
发 行 部:0553-3883578　5910327　5910310(传真)
印　　刷:江苏凤凰数码印务有限公司
版　　次:2019年7月第1版
印　　次:2019年7月第1次印刷
规　　格:700 mm × 1000 mm　1/16
印　　张:28.5
字　　数:459千字
书　　号:ISBN 978-7-5676-4044-3
定　　价:68.00元

目　　录

二、张乔诗歌笺注 ······208

三、张蠙诗歌笺释

绪　论

一、“九华四俊”的生平和思想

“九华四俊”是晚唐的一个较为重要的诗人群体，他们分别是许棠、张乔、张蠙、周繇。四人均来自皖南九华山周边地区。四人均出身贫寒，困顿科场几十年，人生经历坎坷。对于他们的生平事迹，文献中记载甚少。《新唐书·艺文志》录张乔、张蠙诗歌各二卷，许棠诗歌一卷，周繇集未著录，《直斋书录解题》录周繇诗歌一卷。有关其生平事迹的资料散见于五代王定保《唐摭言》、宋计有功《唐诗纪事》、元辛文房《唐才子传》等书。“九华四俊”和当时很多文士一样，他们始终在仕进与归隐的矛盾中挣扎。根据有限的史料典籍，以相关作品作为内证，对其生平和思想作全面的探究，以求更全面了解晚唐这一诗人群体。

（一）“九华四俊”的称谓由来

“九华四俊”之名，最早见于清徐松《登科记考》中，此书卷二三云：“《永乐大典》引《池州府志》云：张乔，字伯迁，时李频以参军主试，乔及许棠、张蠙、周繇皆华人，时号‘九华四俊’。”①而这一称呼并不见于唐人载述，历代的池州方志都继承了《永乐大典》所引的《池州府志》。“九华四俊”之称，除《池州府志》提到外，当时其他文献却只字未提。《永乐大典》是成书于明代明成祖永乐年间的鸿籍大典，而所引用《池州府志》的数据源，时间应该远远早于明代永乐时期。“时号‘九华四俊’”一句，说明在“李频以参军主试”时，已经有这一称谓。晚唐时期，皖南九华山及其周边地区的文化名人众多，如费贯卿、杜荀鹤、顾云、康骈、殷文圭等。为什么称呼此四人为“九华四俊”呢？

---

①（清）徐松《登科记考》，中华书局1984年版，第861页。

据王定保《唐摭言》卷十《海叙不遇》载记：“咸通末，京兆府解，李建州频主京兆府试，同时有许棠与张乔，及俞坦之、剧燕、任涛、吴罕、张蠙、周繇、郑谷、李栖远、温宪、李昌符，谓之十哲。”[①]宋计有功《唐诗纪事》在“张乔”条、“任涛”条和《唐摭言》记载相似。《唐摭言》中《争解元》条曰：“同华解最推利市，与京兆府无异，若首送，无不捷者。”[②]许棠终于在次年进士及第。由此可见，“九华四俊”都参加了同一年的京兆府解试，按《唐诗纪事》卷六八《公乘亿》所载，许棠进士及第的时间应是咸通十二年（871），[③]则四人同时参加解试当在公元咸通十一年（870）。唐代京兆府和全国各州郡向朝廷“解送”人才的时间是当年十月，以应次年春天的会试。按“咸通十哲”有十二人，其中就包括“九华四俊”，他们在解试中的排名，分别位于第一、第二、第七和第八，四人又来自同一地区，“九华四俊”得名当与此有很大关系。

《永乐大典》引《池州府志》称“乔及许棠、张蠙、周繇皆华人”，是否意味着此四人都是九华山（唐代属于池州青阳县）人？先考察四人籍贯：

张乔，《唐才子传校笺》卷十《张乔》条，得知张乔是青阳人，根据《唐才子传》记载：“乔隐居九华山，池州人也。有高致，十年不窥园。”[④]据九华山所在地青阳，进而得出张乔为青阳人结论，此论不够准确。按《唐才子传》所述，张乔是池州人，池州府地在秋浦。《旧唐书》卷四十《地理志》三，江南西道池州，州治秋浦县[⑤]。张乔应该是秋浦县人。张乔早年有隐居九华山的经历。晚唐许多名人早年都曾隐居九华，像池州石埭人杜荀鹤，早年就隐居九华山，他青少年时与顾云、殷文圭等读书于九华山，后来又到庐山读书。晚唐池州属县有四：秋浦、青阳、至德、石埭。[⑥]《唐才子传校笺》卷十《张乔》条，考证其为池州青阳人[⑦]，这一观点不够准确，池州属县只有秋浦临江，在诗作《将归江淮书》中所描写“郡因兵役苦，家为海翻移”。唐人习惯用海称江。张乔家在江边，说明张乔因为兵役而搬家。再如《题友人林斋》中描述“吾庐近溪岛，忆别动经年”，更说明了家在江边。明代《嘉靖池州府志》卷七《人物篇》记“贵池张

①（五代）王定保《唐摭言》卷十，上海古籍出版社1978年版，第114页。
②（五代）王定保《唐摭言》卷二，上海古籍出版社1978年版，第17页。
③（宋）计有功《唐诗纪事》卷六十八《公乘亿》，中华书局1965年版，第1021页。
④傅璇琮主编《唐才子传校笺》（第四册）卷10，中华书局1990年版，第300页。
⑤（后晋）刘昫等撰《旧唐书》，中华书局1975年版，第1602页。
⑥（唐）李吉甫《元和郡县图志》，中华书局1983版，第689页。
⑦傅璇琮主编《唐才子传校笺》（第四册）卷10，中华书局1990年版，第300页。

乔”，明代贵池即为唐代秋浦。汤华泉《张乔考论》一文考证出张乔家在梅根（即今梅埂）、清溪（即下清溪）一带，认为张乔是秋浦县人，此论更为准确。[①]

张蠙的籍贯争论很多。《唐才子传》卷十：“蠙字象文，清河人也。”《十国春秋》卷四四所载同。而《永乐大典》所引《池州府志》认为张蠙为“华人”，考虑到池州州治在秋浦，张蠙应为池州秋浦县人。和张乔一样，张蠙也有诗描述其家在江边，如《投翰林张侍郎》：“举家贫拾海边樵，来认仙宗在碧霄。”《叙怀》云：“月里路从何处上，江边身合几时归。”张海《张蠙考略》一文指出，“池州说”较为可信。[②]《郡斋读书志》《唐才子传》言其为清河人，则不知所据。很可能清河是其郡望，而非桑梓。周祖撰、贾晋华认为：“疑清河乃就郡望而言，其实际籍贯为池州。”[③]而池州只有秋浦位于江边，张蠙和张乔一样，当为池州秋浦县人。

许棠籍贯为宣州泾县。《文献通考》卷二四三《经籍考》七十，“许棠集一卷”下列陈氏云：“唐宛陵许棠文化。”陈振孙《直斋书录解题》卷一九《诗集类》同。而《唐诗纪事》卷七十《许棠》条云：“许棠，字文化，宣州泾县人。”许棠为宣州泾县人还是宛陵人？《旧唐书》卷四十《理志》三《江南西道》条，宣城本汉宛陵县，隋时改为宣州，县界有陵阳山。《通典》卷一八一《州郡》十一《宣州》：“大唐为宣州或为宣城郡，领县十：宣城，汉宛陵，有敬亭山……泾，汉旧县，故城在今县东，有泾水、陵阳山。”这在许棠诗歌中有所证。许棠晚年作有《冬杪归陵阳别业五首》，诗中陵阳为陵阳山，又据《忆宛陵旧居》“旧忆陵阳北，林园近板桥。”可知许棠家即在陵阳山北麓。《秋日归旧山》，许棠从边地回乡，“旧山”就是陵阳山。

关于周繇籍贯，据《唐诗纪事》载：“调池之建德令，李昭象以诗送曰：投文得仕而今少，佩印还家古所荣。”[④]李昭象为周繇好友，周繇为建德人，当可信。据明《嘉靖池州府志》卷七《人物篇》，周繇为建德人。[⑤]按《十国春秋·地理表上》：“建德，旧为至德，杨吴改为建德。”[⑥]据陶敏《晚唐诗人周繇及其作品考辨》，晚唐有两周繇，字为宪者，实为元繇，而字允元者，当为“九华四俊”之

①汤华泉《张乔考论》，《阜阳师范学院学报》（社会科学版）1985年第1期。

②张海《张蠙考略》，《求索》2004年第3期。

③傅璇琮主编《唐才子传校笺》（第四册）卷10，中华书局1990年版，第343页。

④（宋）计有功《唐诗纪事》，中华书局1965年版，第824页。

⑤（明）王崇（嘉靖）《池州府志》，上海古籍书店1962年据明嘉靖间刻本影印。

⑥（清）吴任臣《十国春秋》，中华书局1983年版，第1590页。

一的周繇，为池州至德人。[①]

“九华四俊”，四人并非都是池州人，许棠是宣州泾县人。《永乐大典》引《池州府志》称“乔及许棠、张蠙、周繇皆华人”，意思并非指四人是九华山（在青阳县）人。其实他们都不是严格意义上的九华山人，九华山在唐代经过李白、刘禹锡等文人宣扬之后，声名鹊起，成为宣歙地道区（四俊都在这一地区）著名的佛教圣地和风景名胜，而“九华四俊”恰恰来自这一地区。九华山在一定程度上就成为这一地区的代名词。同时代乡人杜荀鹤，字彦之，自称九华山叟，亦称九华山人，池州石埭（安徽石台县）人。好友顾云《唐风集序》云：“大顺初，皇帝命小宗伯河东裴公掌邦贡，次二年，遥者来。隐者出，异人俊士，始大集都下，于群进士中，得九华山人杜荀鹤，拔居上第。”[②]

四人都曾隐居九华山。据《唐才子传》所载，张乔在年少时隐居于此读书。又《嘉靖池州府志》卷七《人物篇》“贤哲”条：“黄巢乱，乔曰：‘尚可以行道乎哉，见几而作，此其时矣。’遂与伍乔之徒栖老九华。”[③]张乔晚年隐居九华。许棠和张蠙隐居在九华山没有实证，从许棠诗歌《旅中送人归九华》中的“分与仙山背，多年负翠微”一联可知，他对九华山很熟悉。《中国名山与佛教》：“史载唐池州人顾云：‘与杜荀鹤、殷文圭友善，同肄业九华山。’同时期归隐九华山的文人还有许棠、张乔等。”[④]张蠙《赠别山友》“旧山回马见”，旧山当为早年隐居的九华山。而其《过山家》中“家山不在此，在此可归休”的家山，环境和诗中所描写的山景同样美丽清静，家山可能就是九华山。张蠙《费征君旧居》中，表达了自己对于费冠卿隐居九华的艳羡之心。《嘉靖池州府志》卷七《人物篇》“贤哲”条记：“河南尉秩满，归隐九华。”[⑤]《全唐诗》卷六〇六林宽《和周繇校书先辈省中寓直》曰：“古木重门掩，幽深只欠溪。此中真吏隐，何必更崖栖？……”[⑥]可知周繇有隐居之心。杜荀鹤《送福昌周繇少府归宁兼谋隐》有“一路水云生隐思，几山猿鸟认吟声”之句，从侧面说明周繇早年就曾隐居，以至于猿鸟熟悉其吟声。《唐才子传》卷八云：“家贫，生理索寞，只苦（嗜）篇韵，俯有思，仰有咏，深造阃域，时号为‘诗禅’。诗禅之名，说明其受佛教影响

①陶敏《晚唐诗人周繇及其作品考辨》，《湖南科技大学学报》1993年第2期。

②（清）董诰《全唐文》，中华书局1983年版，第8585页。

③（明）王崇《嘉靖池州府志》，上海古籍书店1962年据明嘉靖间刻本影印。

④张成渝《中国名山与佛教》，《丝绸之路》1999年第1期。

⑤（明）王崇《嘉靖池州府志》，上海古籍书店1962年据明嘉靖间刻本影印。

⑥（清）彭定求等编《全唐诗》，中华书局1960年版，第7004页。

尤深。其家在至德县，与九华山临近，故推测其当有隐居九华山的经历。

据上引材料可知，四人均以诗歌驰名，都参加了同一年的京兆府解试，受业于同一恩师李频，又同属于“咸通十哲”。四人籍贯都在九华山所在地(青阳)附近，又同属于宣歙地道区，四人都有隐居九华山的经历。这些原因，固化为“九华四俊”这一专名。

(二)“九华四俊”的生活年代

《唐摭言》卷十《海叙不遇》云：“其年府试月中桂诗，乔擅场。……其年频以许棠在场席多年，以为首荐。”[①]可知许棠在包括“九华四俊”在内的“咸通十哲”之中，年龄应最大。《唐才子传》卷九《许棠》条谓“咸通十二年李筠榜进士及第，时及知命”。[②]知命，即年届五十。许棠于871年及第，其生年应该在822年。在许棠诗歌中，也可以找到一些证据，如《献独孤尚书》：“退鹢已经三十载，登龙曾见一千人。”据《唐藩镇年表》卷六和卷八，独孤尚书，即为独孤云，咸通六年至十年为剑南东川节度使、检校尚书，咸通十一年转天雄军节度使，秦州刺史，许棠此诗应该作于咸通十一年(870)。“退鹢已经三十载”意指身处逆境已经三十年了，由此逆推，从武宗会昌元年(841)开始就身处逆境，许棠应该此年开始参加科举考试。如果其生于会昌二年(822)，正好是二十岁，古人谓之弱冠。据此论定许棠生于武宗会昌二年(822)。

许棠卒年不可确考。许棠《冬杪归陵阳别业五首》其四：“乡国乱离后，交亲半旅游。”诗中的“乡国乱离”，当指干符末至广明中黄巢入宣州之事。考《资治通鉴》卷二五三干符六年十一月：“攻鄂州，陷其外郭，转掠饶、信、池、宣、歙、杭十五州。”[③]又广明元年六月，黄巢攻宣州，陷之。[④]其五“游秦复滞燕，不觉近衰年”，许棠应该在广明元年(880)回乡，许棠生于长庆二年(822)，其时已近衰年，年近六十岁。《全唐文》卷八一二《戴公墓志铭并序》，墓主葬于中和二年(882)十二月十六日，传此文为许棠所写，时许棠六十一岁。此后无相关许棠事迹，则许棠当卒于此年或稍后。

周繇生年和卒年不可考。陶敏认为：“段成式卒于咸通四年，字允元之周

---

①(五代)王定保《唐摭言》卷10，上海古籍出版社1978年版，第114页。

②傅璇琮主编《唐才子传校笺》(第四册)卷9，中华书局1990年版，第22页。

③(宋)司马光编著《资治通鉴》，中华书局1956年版，第8219页。

④(宋)司马光编著《资治通鉴》，中华书局1956年版，第8226页。

繇，于成式卒后方应进士举，卒后十年方及第。”[①]《直斋书录解题》卷十九有“周繇集一卷：唐周繇撰。咸通十三年进士”的记述。元辛文房《唐才子传》明确云：“繇，江南人，咸通十三年郑昌图榜进士。”[②]若按陶敏先生考证，那么咸通四年（公元863年）后周繇才应举，至少在二十岁以上，周繇生年在武宗会昌四年（844）或之前。又据《唐才子传校笺》考，周繇中进士时，应近知命之年。[③]按此观点，周繇在宣宗大中十三年（872）及第，则其生年应该在穆宗长庆四年（824）或稍后。

关于其卒年，《嘉靖池州府志》卷七所记，周繇，河南尉秩满，归隐九华山。仆射王徽称其孝弟，奏调至德令。[④]据陶敏考证，所以王徽任仆射的年间应该就在中和三年（883）四月至四年（884）九月之间，[⑤]所以，周繇被其奏为至德令当在此时。周繇在中和三年（883）应在世。此后未见踪迹。《大清嘉庆一统志》卷一八一《池州府·陵墓》所载，周繇墓，在建德县境内。周繇可能仕终于建德令任上。

张乔《将归江淮书》：“郡因兵役苦，家为海翻移。未老多如此，那堪鬓不衰。”《新唐书·僖宗纪》载，干符六年（879），黄巢陷鄂、宣、歙、池四州。[⑥]据《嘉靖池州府志》卷七载，因为黄巢乱，张乔与伍乔之徒栖老九华。《新唐书·僖宗纪》载，黄巢军广明元年（880）十二月克长安，僖宗逃蜀。[⑦]乔回乡应该在此年后。《将归江淮书》诗中“未老”一词，说明其年在四十岁至四十五岁之间，张乔生年应该在文宗开成元年（836）至武宗会昌元年（841）间。张乔参加咸通十一年（870）的京兆府解试时应该在三十一岁至三十六岁之间。《唐才子传》载张乔“十年不窥园”，张乔在参加解试之前还与许棠共隐庐山，可从。

张乔卒年难以确考。据前文，张乔于广明元年（880）回乡栖老九华。中和二年（882），杜荀鹤年三十七岁，约此时至扬州等地，逢张乔、顾云等友人。《全唐诗》卷六九一《维扬逢诗友人张乔》和《贺顾云侍御府主与子弟奏官》。《唐诗纪事》卷六十七《顾云》条云：“咸通中登第，为高骈淮南从事。”[⑧]《资治通

①陶敏《晚唐诗人周繇及其作品考辨》，《湖南科技大学学报》1993年第2期。
②傅璇琮主编《唐才子传校笺》（第三册）卷8，中华书局1990年版，第534页。
③傅璇琮主编《唐才子传校笺》（第三册）卷8，中华书局1990年版，第537页。
④（明）王崇（嘉靖）《池州府志》，上海古籍书店1962年据明嘉靖间刻本影印。
⑤陶敏《晚唐诗人周繇及其作品考辨》，《湖南科技大学学报》1993年第2期。
⑥（宋）欧阳修、宋祁撰《新唐书》，中华书局1975年版，第269页。
⑦（宋）欧阳修、宋祁撰《新唐书》，中华书局1975年版，第271页。
⑧（宋）计有功《唐诗纪事》，中华书局1965年版，第1012页。

鉴》卷二五三《唐纪六十九·乾符六年》云:“冬,十月,以镇海节度使高骈为淮南节度使,充盐铁转运使,镇扬州。”[①]张乔僖宗中和二年(882)当在世,此后无资料可寻。

据张海《张蠙考略》,张蠙《送董卿赴台州》当作于咸通七年(866年),张蠙有诗赠给董卿,至少在二十岁。据此,知张蠙生年在宣宗大中元年(847)左右,与许棠相差约二十五岁,张蠙与许棠同属“九华四俊”,年龄不应该相差很大。张乔好友黄滔《贻张蠙》(一本题下有同年二字):“梦思非一日,携手却凄凉。”[②]二人能携手,相对感叹遭遇,说明二人年龄接近。据吴在庆先生考证,黄滔生年约在文宗开成五年(840)左右[③],张蠙生年应该在此年左右。《直斋书录解题》卷十九、《唐才子传》卷十,张蠙及第于昭宗干宁二年(895),则至及第时已年五十六岁以上,这与《投所知》中“十五年看帝里春,一枝头白未酬身”相合。

《唐诗纪事》卷七十云:“蠙,字象文,唐末登第,尉栎阳。避乱入蜀,王蜀时,为金堂令。……卒于官。”[④]明杨慎《升庵诗话》亦有类似记录。《文献通考》卷二百四十三《经籍考七十》记:“王衍与徐后游大慈寺,见壁间书‘墙头细雨垂纤草,水面回风聚落花’,爱之,问知蠙句,给札,令以诗进,蠙以二百首献。衍颇重之。”[⑤]可知王衍当政时,张蠙在世。据《十国春秋》卷三七,王衍于光天元年六月(918)至咸康元年(925)年在位。[⑥]张蠙卒于此时。

综上所考可知,“九华四俊”的生活年代当于唐穆宗长庆二年(822)至唐亡后数年的八九十年间。

(三)“九华四俊”的思想

“九华四俊”一生经历坎坷,求第及仕途均历经磨难。考察其生平经历,可知他们早年都积极进取,热衷功名,而晚年则意志趋向消沉,在现实无情的打击下,他们的理想被碾碎。四人之中,都有隐居经历。他们以诗驰名,为求举而漫游四方,除张乔终生未第之外,其他三人都有幸及第,最终还是沉沦下

①(宋)司马光编著《资治通鉴》,中华书局1956年版,第8217页。

②(清)彭定求等编《全唐诗》,中华书局1960年版,第8104页。

③吴在庆《增补唐五代文史丛考》,黄山书社,2006年版,第50页。

④(宋)计有功《唐诗纪事》,中华书局1965年版,第1040页。

⑤(元)马端临《文献通考》,中华书局1986年版,第1924页。

⑥(清)吴任臣《十国春秋》,中华书局1983年版,第531—557页。

僚。他们的思想，一直在求仕与归隐居的矛盾中徘徊挣扎，当然，追求仕宦是主要方面，谨遵儒家“学而优则仕”的观念，积极参加科举，从年少一直到年老。两种思想的形成，不仅和他们的自身经历、生活环境有关，与时代风气、历史背景也有很大关联。

1. 求第为宦

唐代学子一般都深受传统儒家思想影响，且具有社会责任感，虽出身贫寒，但胸中大志不可夺。“九华四俊”对儒家诗道从小便耳濡目染，接受儒家礼乐文化的熏陶，而积极入世、干预政治、建功立业是儒家思想的核心。因此，为博取功名，他们终年奔趋在求第征程上。

晚唐社会，朝中宦官控制皇帝并干预朝政，朝外藩镇割据，军阀混战，不仅政治黑暗窳败，而且民不聊生，农民起义风起云涌，帝国大厦风雨飘摇，连皇帝都自顾不暇，那么士人的生存状况就更加恶劣困窘。士人社会地位低微，登科入仕对当时文人来说几乎是唯一的出路。“九华四俊”是一个生活贫寒的诗人群体，他们家世低微，没有雄厚的家庭经济实力，也无朝中强有力的援助，登第可以看作入仕的最佳途径。求第思想几乎贯穿他们的一生，为了博得一第，“九华四俊”虽历经沧桑却不改初衷。

“九华四俊”可谓终生奔走疲累于应举途中，应举占去一生中的大部分时间。许棠登第后在《献独孤尚书》中说“退鹢已经三十载”，说明他参加应举在会昌元年（841），历时长达三十年。张蠙于咸通十一年（870）参加京兆府解试，至乾宁二年（895）及第，也长达二十六年。据《唐才子传校笺》，周繇中进士时，近知命之年[1]。张乔抱有“且了髫年志，沙鸥未可群”之志孜孜求第，却“竟岨峿名途，徒得一进耳”[2]。张乔终生未第而栖老于九华山。

唐代交通不便，皖南离长安很远，求第让“九华四俊”一年大部分时间奔波于应举征途上。《唐摭言》卷一《统序科第》载，一般举子应进士试，先得由各州县举荐，然后“每年十月随物入贡”[3]。许棠《泗上早发》云：“独起无人见，长河夜泛时。平芜疑自动，落月似相随。楚月离空早，关西去已迟，渔歌闻不绝，却轸洞庭思。”为求第而日夜兼程的情景，历历在目，还要时常忍受着乡思离别之愁。张乔《游边感怀二首》：“夜来因得思乡梦，重读前秋转海书。”许棠

①傅璇琮主编《唐才子传校笺》（第三册）卷8，中华书局1990年版，第537页。

②傅璇琮主编《唐才子传校笺》（第四册）卷10，中华书局1990年版，第308页。

③（五代）王定保《唐摭言》卷1，上海古籍出版社1978年版，第1页。

《中秋对月》:“月月势皆圆,中秋朗最偏”和“惟应苦吟者,目断向遥天”。张蠙《送人归南中》说“有家谁不别”。“学而优则仕”是晚唐士子的惯性思维,为了实现人生价值,“九华四俊”接受并恪守着这一人生准则。

求第不仅长年奔波,还需要四处干谒。张蠙困于举场多年,有《投翰林萧侍郎》《献所知》《投所知》《上所知》等求情之作。干谒时常自我菲薄,以“凡羽翼”“细条”“鱼”“鸟”“纤草”“微尘”自比,诗人极度卑微谦恭。张乔《延福里秋怀》说“终年九陌行,要路迹皆生”,可见也勤于干谒。为了求第,为了干谒,有时不得不漫游边塞,张乔《江南别友人》中的“阙下难独立,天涯尚旅游”。许棠在边陲干谒作《投徐端公》云:“无谋求旧友,强喜亦如愁。丹桂阻丹恳,白衣成白头。穷吴迷钓业,大漠事贫游。霄汉期提引,龙钟未拟休。”

让“九华四俊”身心交瘁求第艰难,出路很狭窄。《唐摭言》卷一《散序进士》条:进士“岁贡常不减八九百人。其推重谓之曰‘白衣公卿’,又曰‘一品白衫’;其艰难谓之‘三十老明经,五十少进士’。[①]《全唐文》卷八二六载,黄滔《司直陈公墓志铭》云:”而以咸通、乾符之际,龙门有万仞之险,莺谷无孤飞之羽,才名则温岐、韩铢、罗隐,皆退黜不已。”[②]咸通年号一共十五年,是俊才受抑最严重的时期。当时名士因不得一第而潦倒终身者绝非少数,如罗邺、赵牧、李山甫、罗隐及陆龟蒙等。在屡屡下第中,“九华四俊”内心浸透着感伤:“半生为下客,终老托何人”(许棠《写怀》)、“十载身沉觉自非,贱身元合衣荷衣”(张蠙《写怀》)、“那堪又是伤春日,把得长安落第书”(张乔《寄弟》)。“九华四俊”深感登第之难,平实语言中有一股身世飘零无依之悲。

然而,“九华四俊”又是幸运的,除张乔终生未第外,其余三人都有幸及第。许棠于咸通十二年及第,周繇于咸通十三年及第,张蠙于乾宁三年(895)及第,尽管及第都在晚年且沉为下僚。

求第思想形成的原因,首先因为“九华四俊”家庭生活困难。《旧唐书·懿宗纪》载:“伏以诸道州府,或兵戈之后,灾沴之余,户口逃亡,田畴荒废,天不敷佑,人多艰危。乡闾屡困于征徭,帑藏因兹而耗竭。”[③]生活在晚唐乱世的“九华四俊”,不得不为“稻粱”而奔波。张蠙《边游别友人》自诉贫病云“家贫随日长,身病涉寒多”,许棠《寄江上弟妹》云:“无成归未得,不是不谋归。垂

①(五代)王定保《唐摭言》卷1,上海古籍出版社1978年版,第4页。

②(清)董诰《全唐文》,中华书局1983年版,第8704—8705页。

③(后晋)刘昫等撰《旧唐书》,中华书局1975年版,第680页。

老登云路，犹胜守钓矶。”张乔《岳阳即事》云：“力学桑田废，思归鬓发秋。”而其《送友人归进士许棠》：“何处营圣旨，潮涛浸薄田。”从中可见许棠家贫寥落。张乔《将归江淮书》云“郡因兵役苦，家为海翻移。”乱世和贫困让他有家难归。张乔《游边二首》透露“不是无家归不得，有家归去似无家”。而《送友人游蜀》的“无食拟同去，有家还未归”则把文士为“稻粱”谋说得更直白简明。

当然，求第思想的形成，和“九华四俊”所秉持的积极用事的儒道理想有很大关系。士人通过登第，实现修、齐、治、平的入世理想。积极入世，忠君报国，治理国家。个人的穷达，人生价值全在此。张乔《秦原春望》所云“无穷名利尘，轩盖逐年新。北阙东堂路，千山万水人”较有代表性。看“九华四俊”诗歌标题，“第”字就出现七次：张乔《送许棠下第游蜀》《送许棠及第归宣州》《送友人及第归江南》《送人及第归海东》，许棠《下第东归留别郑侍郎》，张蠙《送友人及第归》《下第述怀》。由于家境贫寒，“九华四俊”要实现自己的儒道理想，提高自己的地位，就必须通过登第这唯一的途径。《唐才子传》卷九《许棠》载：“咸通十二年李筠榜进士及第，时及知命，尝曰：‘自得一第，稍觉筋骨轻健，愈于少年，则知一名乃孤进之还丹也。’”求第思想让诗人功名意识强烈。张乔在《宿江叟岛居》云：“了得平生志。”张乔《岳阳即事》：“功名如不立，岂易狎汀鸥。”许棠《讲德陈情上淮南李仆射八首》：“三纪吟诗望一名。”许棠及第后，就连和尚贯休也在《闻许棠及第因寄桂雍》真诚祝贺他“势扶九万风彻极，名到三山花正开”。“名”字在他们诗歌中出现共二十一次，其中张乔六次，许棠七次，张蠙六次，周繇二次。如“孤立时全塞，求名势转难”（许棠《陈情献江西李常侍五首》其五）、“三纪吟诗望一名，丹霄待得白头成”（许棠《讲德陈情上淮南李仆射八首》其八）、“初向众中留姓氏，敢期言下致时名”（张蠙《上所知》）、“岂易及归荣？辛勤致时名”（张乔《送友人及第归江南》）和“提笔男儿事，功名立可夸”（周繇《送边上从事》）等诗句。不幸的是，由于他们生活在晚唐那个腐朽的年代，“名”根本提高不起来，更无从实现修、齐、治、平的儒道理想了。“九华四俊”中张蠙，官终金堂令，许棠只是县尉，周繇为至德令。甚至许棠做官后晚年回家，还为劳生而奔波。《唐才子传》云“后潦倒辞荣”。①

晚唐国事衰微，危机重重。士人积极干预现实的责任感被无情的现实碾得粉碎，求第思想实现之难，让士人渐失入世热情。在藩镇割据、宦官专权、党争不断的晚唐，他们是那样的无助和无奈。

①傅璇琮主编《唐才子传校笺》（第五册）卷9，中华书局1990年版，第27页。

“九华四俊”的诗作中，社会忧患意识薄弱，但也有少量诗歌反映了一定的社会现实。如张蠙《边将》就沉痛地道出了兵卒的悲惨命运：“战骨沙中金镞在，贺筵花畔玉蝉新。”许棠《过穆陵关》描绘“荒关无守吏”和“地广人耕绝”的情景，是晚唐乱世凄凉的生动写照。

2. 遁世隐居

残酷的社会现实使晚唐文士淡化仕进念头，很多文人寄情山水，栖息山林，以淡泊为乐。

周必大在《蹇岩升禅师塔铭》中云：“自唐以来，禅学日盛，才智之士，往往出乎其间”。士人与僧道往来密切，生活在晚唐乱世的“九华四俊”，更是如此。他们从小饱受儒家典籍熏陶，以博得一第为自己人生目标。可无情的现实让他们的理想难以实现。由于登第愿望在现实中屡屡碰壁，因此时常处在求第或归隐的矛盾中。晚唐士人一旦个人遭受挫折，常会访禅入道，在静谧无为的世界里寻找解脱，达到暂时的忘忧，抚慰心灵的伤痕。“九华四俊”也是如此，考察他们的诗作，求第奔趋同时，看到他们常怀退步抽身之计。张乔《赠友人》“几时献了相如赋，共向嵩山采茯苓”。许棠《言怀》云：“万事不关心，终朝但苦吟。从贫惭负债，渐老爱山深，日月销天外，帆樯弃海阴。荣枯应已定，无复系浮沉。”消极厌世心态明显，“万事不关心”，和禅宗“一切本无，四大皆空”很近，而“荣枯应已定，无复系浮沉”，又和道家“无为”理念相通。

“九华四俊”和晚唐众多寒士一样，以淡泊的襟怀在诗中构筑了清幽、绝尘的意境，使痛苦的心灵得到抚慰。如张乔《题终南山白鹤观》：“上彻炼丹峰，求玄意未穷。古坛青草合，往事白云空。仙境日月外，帝乡烟雾中。人间足烦暑，欲去恋松风。”写出了白鹤观的幽深、空旷，诗人徜徉其中，流连不忍离开。

隐居思想在“九华四俊”生活中具体表现为：一方面与僧道交往；另一方面则隐居名山。

第一，与僧道交往。在“九华四俊”作品里，有很多诗歌写与寺僧的交往。“九华四俊”交往的僧人很多，如栖白上人、贯休禅师、清越上人、子兰等。题咏寺院如《题灵山寺》《题广兴寺》《题金山寺》，题咏道观的有张乔《题终南山白鹤观》和《题古观》。这些作品都体现了“九华四俊”的隐居观念。在求第的挫折中，他们想栖心于佛门道观，以佛老思想来解决自己希冀入世却又难以入世的人生难题。“九华四俊”诗集里，有不少登临题咏寺院、赠僧访道、参禅拜佛等内容。张乔《送李道士归南岳》云:“扫月眠苍壁,和云着褐衣。洞虚悬溜滴,径峡长松围。”环境静而淡泊,令人神往。许棠《题金山寺》:“四面波涛匝,中楼日月邻。上穷如出世,下瞷忽惊神。刹碍长空鸟,船通外国人。房屋皆迭石,风扫永无尘。”同样写出了寺院环境的清幽空寂,《瀛奎律髓》卷四十七将其归为《释梵类》。张蠙《题紫阁院》:“每到思修隐,将回苦不能。”周繇《题金陵栖霞寺赠月公》:“欲结茅庵伴师住,肯饶多少薜萝烟。”说的最为直接。

“九华四俊”有些山水题材的诗歌吸纳了道家“清净、隐逸”等理念,在描摹自然之美,抒发俊爽之情的同时,也用朴实平淡的口语表达自己对自然的喜爱。张乔《游歙州兴唐寺》:“山桥通绝境,到此忆天台。竹里寻幽径,云边上古台。鸟归残照出,钟断细泉来。为爱澄溪月,因成隔宿回。”《瀛奎律髓选评》卷四十七释梵类评:“此吾州水西太平寺也。在唐时谓之兴唐寺,五六佳,末句谓溪清儿月可爱,因留至隔宿,亦善于立论,以歙溪极天下之清者。”[①]诗用“绝”“幽”“古”等词语,传达自己幽深淡冷的内心感受,浸透着诗人避世隐居的道教情怀。张乔《七松亭》:“已比子真耕谷口,岂同陶令卧江边,”用隐士郑子真自比,表现其避世隐居之心。

第二,隐居名山。

“九华四俊”都有隐居九华山的经历。张乔和许棠还曾一同隐居在庐山。周繇及第后,还时时想归隐,时号“诗禅”。《中国文学家大辞典》《张乔》条云:“尝隐居九华山苦学,与许棠、张蠙、周繇为时人号为‘九华四俊’。[②]”张乔广明元年(880)回乡后便栖老九华。张蠙隐居九华山没有实证,张蠙咸通年间后,除了偶尔漫游边塞和在京城外,也可能回九华山隐居。他的《过山家》中有“家山”一词。同样,张乔还有《归旧山》。九华山是著名佛教圣地,而庐山佛教和道教在晚唐时期很繁荣。公元四世纪,高僧慧远在庐山建东林寺,禅师竺道生在庐山精舍,开创“顿悟说”。后来,天师张道陵在庐山修炼,道教禅师之一的陆修静,在庐山建立简寂观。一时间庐山可谓“释道同尊”。

此外,“九华四俊”应举求仕,流落江湖时,时而会寓居禅林寺院和道观。

“九华四俊”的隐居思想,与他们自身有关,与时代历史文化背景也有很

①(元)方回选评,李庆甲集评校点《瀛奎律髓汇评》,上海古籍出版社2005年版,第1672页。

②周祖撰主编《中国文学家大辞典·唐五代卷》,中华书局1992年版,第412页。

大关系。从积极有为求第为宦转为消极避世的隐居，就他们自身来说，最重要的还是他们的经历。屡屡落第，纵然及第，也一直郁郁不得志。

晚唐时代氛围与文化背景加剧了"九华四俊"的隐居想法。晚唐佛教虽然因"武宗灭佛"事件遭受重创，但此后皇帝大多佞佛，佛教力量卷土重来，"九华四俊"成名时的懿宗皇帝佞佛更深，不仅在宫中设讲席，还自唱经文，手录梵文。

晚唐佛教道教都很发达，当文人士大夫在仕途上找不到归宿时，佛老远离尘世、万事皆空、无为等思想为他们提供精神避难所。《唐才子传》载，薛能"晚节尚浮屠，奉法惟谨"。①方干曾一度热衷仕进，但不第之后，便隐居镜湖，和很多僧人保持着来往，如清越、齐己、贯休等。郑谷最终栖老家乡的仰山。"九华四俊"在挫折中也常有惶惑、悲观的遁世之心，想栖心于佛门道观，来躲避社会现实的烦扰，消解内心的苦闷。

"九华四俊"的诗题含有"寺""僧""禅"字样的有四十一首，与僧人禅师交往的诗作有二十八首，与道士交往的诗作有七首，与隐士交往的有五首。张乔存诗一百二十首，僧禅题材三十一首，"僧"字入诗十九次。许棠存诗一百五十八首，僧禅题材有九首，"僧"字入诗三次。张蠙存诗一百首，僧禅题材有十一首，"僧"字入诗十二次。周繇存诗十八首，僧禅题材有五首，"僧"字入诗三次。足以说明佛教、道教思想观念对他们影响很大。

"九华四俊"一直在求第和隐居的矛盾中徘徊，不够旷达超脱。张乔"了得平生志，还归筑钓台"(《宿江雯岛居》)说得最明显。许棠明明知道"孤立皆难进，非关命独违"(《寄江上弟妹》)，但还是既慰人也慰己地劝李昌符："莫叹连年屈，君须遇至公"(《题李昌符丰乐幽居》)。

二、"九华四俊"的交游

唐人喜好游历，交游之风很盛。"九华四俊"为了求第而漫游南北，除了他们之间相互交游以外，还跟晚唐很多寒士一样，与当时很多朝廷官员、诗人文士及僧人禅师都有交往。

①傅璇琮主编《唐才子传校笺》(第三册)卷7，中华书局1990年版，第317页。

（一）“九华四俊”之间的交游

“九华四俊”长期奔波于江湖和京城之间。《唐才子传》云张蠙“初以家贫累下第”，谓周繇“家贫，生理索寞”，又云许棠“后潦倒辞荣”，云张乔“竟龃龉名途，徒得一进耳”。

“九华四俊”除在长安参加府试及会试交往外，诗人间互为好友，互有唱酬。如许棠在参加京兆府解试时，《唐才子传》载，其年（李）频以许棠久困场屋，以为首荐。这可能和李频的同情有关，可也与乡友张乔的谦让有关。《永乐大典》引《池州府志》记：“时李频以参军主试，……试以《月中桂》为题，乔诗擅场，人皆推为首选，乔曰：‘许君场屋旧游，乔何敢居上。’遂推棠为首。”①

许棠年岁在“九华四俊”中最大，其高才和独特的人生经历为张乔和张蠙所尊重。张乔写给许棠的诗歌有五首，当许棠下第时，张乔有《送友人进士许棠》《江上逢进士许棠》《送许棠下第游蜀》，而在许棠咸通十二年及第后回乡时，张乔《送许棠及第归宣州》：“失计复离愁，君归我独游。”其中有离别的难堪，更有一种难以名状的苦楚。在留守京城备考期间，张蠙作《和友人许棠题宣平里古藤》。许棠和张乔有共隐庐山的经历，许棠《题张乔升平里居》的“匡庐曾共隐，相见自相亲”一联，回忆了自己与友人往昔的隐居生活，抒发了自己对朋友的无限思念之情。张乔《城东寓居寄知己》：“病来久绝洞庭信，年长却思庐岳耕”，感情真挚。共同的隐居经历，使二人交谊深厚。

张乔、张蠙没有反映交往的诗作，可能和作品散佚有关。周繇被保存下来只有十八篇作品。元人辛文房《唐才子传》是一部经典著作，入列者只有二百四十三人，又附传者四十四人，一共二百八十七人，现今我们所见到的周繇著作，只有《全唐诗》卷六三五的二十三首诗和《全唐文》卷八二一中的《梦舞钟馗赋》一篇文章，作为终生吟诗作赋的才子，他的作品当远远不止这个数目。据陶敏考证，二十三首诗歌中只有十八首为周繇所作。这些作品中反映其交游的名篇有《送江州薛尚书》，而没与“九华四俊”其他三人交往之作。然周繇的好友，李昭象和杜荀鹤，二人又都是张乔好友，所以，张乔和周繇关系应该很亲密。“九华四俊”同属“咸通十哲”，“十哲”之名，与李频和薛能有关。李频是“咸通十哲”举进士的主考官，薛能是京兆尹，京兆府解试当与他有直接关系。况且，四人都有隐居九华的经历，又来自九华山周边地区，同时参加

①（清）徐松《登科记考》，中华书局1984年版，第861页。

京兆府解试和次年会试，四人关系应该亲近。

（二）与朝廷官吏的交游

1.李频

李频是姚合之婿，大中八年，擢进士第，授校书郎，受辟于黔中幕府，后官南陵主簿。试判入等，迁武功令。频性耿介，刚直守正，颇有政声。曾受懿宗褒奖，赐以绯衣、银鱼，并被擢为侍御史，累迁都官员外郎。乾符二年，表为建州刺史。既至，更步教条，民赖以安。翌年，卒于任。《新唐书·文艺传》卷二〇三云："李频，字德新，睦州寿昌人。"[①]即今浙江寿昌。同传又载："表丐建州刺史。既至，以礼法治下，更布条教。时朝政乱，盗兴，相推夺，而建赖频以安。卒官下。"[②]据《旧唐书·僖宗纪》所载，（乾符）二年春正月，以都官员外郎李频为建州刺史[③]。三年十一月，以度支巡院使李仲章为建州刺史。"[④]可见李频于乾符三年（876）卒于刺史任上。《新唐书·艺文志》著录《李频诗》一卷，《全唐诗》编其诗为三卷，自卷五八七至五八九。

"九华四俊"参加咸通十一年的京兆府解试，其年李频以京兆府参军主持此试，他们都是李频的门生。许棠落魄长安，应举多年不第，老于场屋，为李频所悯，乃以其为首荐，许棠最终于次年登第。李频有诗歌《送许棠及第归宣州》《送许棠归泾县作尉》赠之，饱含对友人登第作官的无限欣喜之情[⑤]。许棠也有两首诗歌《送李频之南陵主簿》和《寄黔南李校书》赠李频。张乔有《送南陵尉李频》："重作东南尉，生涯尚似僧。客程淮馆月，乡思海船灯。晚雾看春穀，晴天见朗陵。不应三考足，先授诏书征。"字字包含对李频高风亮节的赞许，结尾对李频为官清明表示敬佩。

"九华四俊"很尊敬李频，乾符三年，当频卒后，张乔、张蠙有吊唁李频的诗歌，赞扬其清风亮节，叹其生平坎坷。张乔《吊建州李员外》（此诗一作曹松），曹松有《哭李频员外》，故《吊建州李员外》应是张乔所作。诗云："铭旌归故里，猿鸟亦凄然。已葬桐江月，空回建水船。客传为郡日，僧说读书年。恐有吟魂在，深山古木边。"张乔试《月中桂》诗，尽管因为许棠在场屋多年而首

①（宋）欧阳修、宋祁撰《新唐书》，中华书局1975年版，第5794页。
②（宋）欧阳修、宋祁撰《新唐书》，中华书局1975年版，第5794—5795页。
③（后晋）刘昫等撰《旧唐书》，中华书局1975年版，第693页。
④（后晋）刘昫等撰《旧唐书》，中华书局1975年版，第697页。
⑤（清）彭定求等编《全唐诗》，中华书局1960年版，第6822页、第6823页。

荐，乔因此京兆府解试第二名，李频对乔有知遇之恩，张乔对恩师兼友人去世是伤感的。诗中用“猿鸟亦凄然”来诉说自己的悲伤和悲叹友人一生困顿不遇的凄凉。张蠙《哭建州李员外》云：“诗名不易出，名出又何为？捷到重科早，官终一郡卑。素风无后嗣，遗迹有生祠。自罢羊公市，溪猿哭旧时。”首联叹李频怀才不遇，也有一种自伤，颔联用李频的人生遭际来反衬其生事艰辛，后四句赞颂李频为官清廉，深得百姓爱戴。在《全唐诗》中，李频和周繇没有相互酬唱的诗作，周繇在京兆府解试名列第七，他肯定与李频有交往。

2. 薛能

《郡斋读书志》《唐诗纪事》《唐才子传》均载：“薛能，字太拙，汾州人。”生卒年不详。仕宦显达，会昌六年（846）进士，曾任京兆尹、工部尚书，许州刺史等要职。薛能“为政严察，绝请谒，耽癖于诗，日赋一章为课”。《新唐书·艺文志》著录《薛能诗集》十卷，《繁城集》一卷，《全唐诗》存诗四卷，收诗三百六十余首，见卷五五八至五六一。事见于《唐才子传》卷七、《新唐书·僖宗纪》、《唐诗纪事》卷六、《唐藩镇年表》卷二、卷三等。

“九华四俊”共同参加京兆府解试，当时京兆尹就是薛能，薛能“耽癖于诗”，应该和“九华四俊”有交往。薛能权知京兆尹在咸通十一年十月至乾符初，据《旧唐书·懿宗纪》载，咸通十一年（870）“京兆尹温璋贬振州司马，制出之夜，璋仰药而死。……十月，以给事中薛能为京兆尹。”[①]薛能和李频对包括“九华四俊”在内的“咸通十哲”是有知遇之恩的，郑谷称他们为“皆一时骚雅宗师”。

张乔曾受知于薛能，《唐摭言》卷十云：“其年府试月中桂诗，乔擅场。……其年频以许棠在场席多年以为首荐，乔与俞坦之复受许下，薛能尚书深知，因以诗唁二子曰：‘何事尽参差，惜哉吾子诗。日令销此道，天亦负明时。有路当重振，无门即不知。何曾见尧日，相与啜浇漓。’”[②]又据《唐才子传》，薛能肯定了二人的诗作和才华，暗含了对当时社会黑暗局面的不满情绪。张乔诗中没有和薛能的酬唱之作。

张蠙有诗《送徐州薛尚书》：“上将出儒中，论诗拟立功。州从禹后别，军自汉来雄。远驿消寒日，严城肃暮空。龙颜有遗庙，犹得奠英风。”薛尚书即

---

①（后晋）刘昫等撰《旧唐书》，中华书局1975年版，第676页。

②（五代）王定保《唐摭言》卷10，上海古籍出版社1978年版，第114页。

薛能,《唐刺史考》定薛能刺徐州于咸通十四年至乾符五年。[1]此诗作于此期间。张蠙高度赞扬薛能有儒将之风,具治国安邦之才能,相信他将作出辉煌的功绩。张蠙有《送薛郎中赴江州》诗,溢美之情贯穿全诗。薛能诗歌中没有赠予张蠙的文字。

周繇《送江州薛尚书》:"匡庐千万峰,影匝郡城中。忽佩虎符去,遥疑鸟道通。烟霞时满郭,波浪暮连空。树翳楼台月,帆飞鼓角风。郡斋多岳客,乡户半渔翁。王事行春外,题诗寄远公。"对江州之景描写很细腻,从"烟霞""行春"可见,薛能出刺江州在春天,陶敏《全唐诗人名考证》:"卷六三五'周繇'条:按《旧书·懿宗纪》:咸通十一年十月,'以给事中薛能为京兆尹。'疑能自郎中出守江州,复入拜给事中,方尹京兆。"[2]则此诗应该作于咸通年间。

"九华四俊",许棠和薛能交往最深。咸通十一年许棠能获得首荐,李频的同情很重要,但也和薛能的应允不无关系。薛能有《送进士许棠下第东归》:"长安那不住,西笑又东行。若以贫无计,何因事有成。云峰天外出,江色草色明。谩忝相于分,吾言世甚轻。"[3]诗歌用"西笑"之典故喻许棠高兴来京城应举,却失望东归,此诗字字饱含对朋友的安慰和劝勉之情,对友人的不幸遭遇深表同情,同时表达了对当时不公正的科举制度的不满。许棠《寄盩厔薛能少府》:"满县唯云水,何曾似近畿。晓庭猿集惯,寒署吏衙稀。冰色封深涧,樵声出紫微。时闻迎隐者,依旧著山衣。"按《唐诗纪事》卷六十《薛能》:"大中八年,书判入等,补盩厔尉。"[4]此时,许棠名落孙山,心中不免有无限的感伤,以诗歌赠友人薛能,倾诉心中的惆怅和表达对隐居生活的向往。

3.陆肱

陆肱与许棠、张蠙有交往,与许棠的交情较为深厚。现存张蠙赠陆肱的诗歌一首,而许棠作为陆肱故交,竟然没有诗歌。

宋王谠《唐语林》卷七云:"许棠初试进士,与薛能、陆肱齐名。薛擢第,尉盩厔,肱下第,游太原,棠并以诗送之,棠登第,薛已自京兆尹出镇徐州,陆亦出守南康,招棠为倅。"[5]按前文所考,许棠自会昌元年(841)开始应举,三人在此时已经齐名。可见,三人关系甚为密切。

①郁贤皓《唐刺史考》,江苏古籍出版社1987年版,第818页。
②陶敏《全唐诗人名考证》,陕西人民教育出版社1996年版,第892页。
③(清)彭定求等编《全唐诗》,中华书局1960年版,第6474页。
④(宋)计有功《唐诗纪事》,中华书局1965年版,第916页。
⑤王谠《唐语林》,上海古籍出版社1978年版,第258页。

郑谷有诗歌《南康郡牧陆肱郎中辟许棠先辈为郡从事因有寄赠》：“江山多胜境，宾主是贫交。”[①]可见二人在陆肱及第前已有交情。《唐诗纪事》卷五十三《陆肱》云：“肱，大中九年登进士第。咸通六年，自前振武从事试平判入等。后牧南康郡，辟许棠为郡从事。”[②]《据唐才子传校笺》考证：“然其谓棠为淮南馆驿官及陆肱南康郡倅之任则尚可信，惟其两任时间未明言，今亦未能确知，然大致在咸通十三年春后，任泾县尉之前。[③]那么许棠何时作泾县尉？据吴在庆先生考证，《讲德陈情上淮南李仆射八首》作年在咸通十三年春[④]。其八云：“应念无媒居选限，二年须更守渔矶。”则许棠在咸通十四年底或者十五年初应作泾县尉。又由郑谷《送许棠先辈之官泾县》“芜湖春荡漾，梅雨画溟蒙”[⑤]，知许棠当在咸通十五年（874）春作泾县尉。

陆肱和张蠙应该有交往。张蠙《南康夜宴东溪留别郡守陆郎中》云：“飘然野客才无取，多谢君侯独见知。”说明张蠙为陆肱激赏和鼓励，诗作对陆肱的感激之情。被保存的陆肱诗歌只有一首。陆肱没有与“九华四俊”酬唱的诗歌。

4.郑熏

字子溥，号孤卿，大中末为宣歙观察使，咸通中官至左丞，后以太子少师至仕。《唐五代文学编年史·晚唐卷》：“大中十一年（857），郑熏在宣歙观察使任。”[⑥]《资治通鉴》卷二四九：“大中十二年七月，丙寅，宣州都将康全泰作乱，逐观察使郑熏；熏奔扬州。……八月，甲午，以（崔）铉兼观察使。”[⑦]《新唐书·郑熏传》记：“熏奔扬州。贬棣王府长史书，分司东都。”[⑧]同传又载：“熏端劲，再知礼部举，引寒俊，士类多之。既老号所居为隐岩，莳松于廷，号‘七松居士’云。”[⑨]宋钱易《南部新书》戊卷载：“咸通中举子骑马，惟张乔跨驴。”[⑩]郑谷《故少师从翁隐崖别墅乱后榛芜感旧怆怀遂有追纪》云：“寄鹤眠云叟，骑驴入

①（清）彭定求等编《全唐诗》，中华书局1960年版，第7715页。

②（宋）计有功《唐诗纪事》，中华书局1965年版，第810页。

③傅璇琮主编《唐才子传校笺》（第四册）卷9，中华书局1990年版，第26页。

④吴在庆《增补唐五代文史丛考》，黄山书社2006年版，第329页。

③（清）彭定求等编《全唐诗》，中华书局1960年版，第7708页。

⑥吴在庆、傅璇琮著《唐五代文学编年史·晚唐卷》，辽海出版社1998年版，第413页。

⑦（宋）司马光编著《资治通鉴》，中华书局1956年版，第8071—8072页。

⑧（宋）欧阳修、宋祁撰《新唐书》，中华书局1975年版，第5288页。

⑨（宋）欧阳修、宋祁撰《新唐书》，中华书局1975年版，第5288页。

⑩（宋）钱易《南部新书》，中华书局2002年版，第65页。

室宾。”自注云：“咸通中，举子骑马，唯张乔跨驴。乔诗苦道真，孤卿延于门下。”[①]李频也是郑熏门生，《登科记考》卷二二云：“大中八年(854)颜标榜擢进士。”[②]同榜有刘沧、李循等三十人。知贡举为礼部侍郎郑熏。张乔与李频可能在咸通中就认识郑熏，张乔有《隐岩陪郑少师夜坐》《七松亭》《经隐岩旧居》，来表达自己对老师知遇之恩的感激和怀念之情。张乔还有《送龙门令刘沧》，张乔与刘沧的交游当在咸通年间张乔入郑熏门下时。

《唐诗纪事》卷七十《许棠》条云：“棠《洞庭》诗，有‘四顾疑无地，中流忽有山’之句。人以题扇。”许棠以《过洞庭湖》闻名当时，郑熏应该熟知。大中八年，许棠也参加会试，许棠下第东归，有诗《下第东归留别郑侍郎》云：“无才副至公，岂是命难通。”把自己落地的原因归为自己的无才，感伤中说着违心的话语。《唐才子传》卷八《刘沧》：“大中八年，礼部侍郎郑熏下进士。”郑熏为宣歙观察使时，许棠应该和他有交往。大中九年，许棠下第东归，有诗歌《东归留辞沈侍郎》，《唐国史补　因话录》卷六载“大中九年沈询侍郎以中书舍人知举”。[③]许棠集中有游宣歙诗数首：《题青山馆》《登凌歊台》《寄敬亭山清越上人》《宣城送进士郑徽赴举》等。郑熏和许棠应该有交往。

(三)与诗人文士的交游

1.咸通十哲

“九华四俊”同属“咸通十哲”，计有功《唐诗纪事》卷七十“张乔”条云：“(乔)咸通中，与许棠、俞坦之、剧燕、任涛、吴罕、张蠙、周繇、郑谷、李栖远、温宪、李昌符，谓之十哲”，并小注云：“十哲而十二人”，直至明胡震亨《唐音癸签》卷二十八明确以“咸通十哲”称之。[④]“九华四俊”与其他八人当有交往。

(1)郑谷

郑谷，两《唐书》无传。《唐诗纪事》卷七十云：“谷，字守愚，袁州人。”[⑤]其生平事迹见于《郡斋读书志》卷四、《唐才子传》卷六、《全唐诗》卷六七四诗人小传。其诗歌创作，《唐才子传》称郑谷幼年“聪颖绝伦，七岁能诗”，[⑥]郑谷困顿

①(清)彭定求等编《全唐诗》，中华书局1960年版，第7727页。
②(清)徐松《登科记考》中华书局1984年版，第822页。
③李肇等撰《唐国史补　因话录》，上海古籍出版社1979年版，第118页。
④(明)胡震亨《唐音癸签》卷二十八，上海古籍出版社1981年版，第288页。
⑤(宋)计有功《唐诗纪事》，中华书局1965年版，第1040页。
⑥傅璇琮主编《唐才子传校笺》(第四册)卷10，中华书局1990年版，第155页。

科场多年，据其《云台编自序》中称"游举场十六年，著述近千余首，……遂拾缀补遗，编成三百首，分为上、中、下三卷，目为《云台编》"，诗作散佚严重。据赵昌平《郑谷年谱》，郑谷于僖宗光启三年（887）登第，由此知郑谷当于懿宗咸通十三年（872）始应举。[①]

郑谷《南康郡牧陆肱郎中辟许棠先辈为郡从事因有寄赠》云："末路思前侣，犹为恋故巢"[②]，说明许棠和陆肱交谊已久，赞赏陆肱与许棠的友谊。《送许棠先辈之官泾县》："白头新作尉，县在故山中。高第能卑宦，前贤尚此风。芜湖春荡漾，梅雨画溟蒙。佐理人安后，篇章莫废功。"[③]赵昌平《郑谷年谱》定郑谷生于宣宗大中五年（851）[④]。由此看来，许棠与郑谷年龄相差近三十岁。许棠在咸通十五年（874）春作泾县尉，时年53岁，已入老境，所以郑谷说"白头新作尉"，对许棠的才能和气节加以赞许，含有劝勉之情。可见二人友谊不一般，然许棠集中没有与郑谷相酬之作。

郑谷和张乔可谓知交。郑谷《久不得张乔消息》："天末去程孤，沿淮复向吴。乱离何处甚，安稳到家吴。树尽云垂野，樯稀月满湖。伤心绕村落，应少旧耕夫。"[⑤]据《旧唐书·僖宗纪》《资治通鉴》卷二五四，广明元年十二月，黄巢入长安。又据《嘉靖池州府志》载，黄巢乱，张乔栖老九华，张乔当在广明元年回乡。则郑谷此诗应作于张乔离京之后。诗歌朴实如话，关心之情，担心之虑，贯注全诗。郑谷还有《怀张乔张霞》，张霞是张乔之弟。张乔也有《寄弟》诗。郑谷还有《访题进士张乔延兴门外所居》，诗句"近日问场内，因君起古风"，赞赏张乔的古雅诗风。

张蠙诗《郑穀补阙山松》，穀、谷同音，郑穀即为郑谷。据张海考证，郑谷迁官补阙在乾宁三年，此时张蠙已及第，投诗相赠，以山松为喻，贺谷升迁[⑥]。据《增订注释全唐诗》载，乾宁元年（894）春，授雩县尉，寻兼摄京兆府参军，又迁右拾遗；三年（896），迁右补阙；四年，迁都官郎中，世称"郑都官"。[⑦]《新唐书·艺文志》云蠙"乾宁进士第"，《直斋书录解题》卷十九谓其"乾宁二年进士"。

①赵昌平《赵昌平自选集》，广西师范大学出版社1997年版，第230页。

②（清）彭定求等编《全唐诗》，中华书局1960年版，第7715页。

③（清）彭定求等编《全唐诗》，中华书局1960年版，第7708页。

④赵昌平《赵昌平自选集》，广西师范大学出版社1997年版，第215页。

⑤（清）彭定求等编《全唐诗》，中华书局1960年版，第7716页。

⑥张海《张蠙考略》，《求索》2004年第3期。

⑦陈贻焮主编《增订注释全唐诗》（第四册），文化艺术出版社2001年版，第1021页。

《全唐诗》中,郑谷和周繇没有相互应酬之作。但二人共同参加了咸通十一年(870)和十二年(871)的考试。据《登科记考》卷二三,咸通十三年,周繇及第,按《唐五代文学编年史》,郑谷本年春落第,有诗作《石城》《鹧鸪》。郑谷和周繇定有交往。

(2)喻坦之

睦州(今浙江建德)人。早年以诗闻名,累进士不第,寓居长安。《唐才子传》云:"咸通中举进士不第,久寓长安,囊罄,忆渔樵,还居旧山。与李建州频为友。"[①]李频《送友人喻坦之归睦州》云:"归心常共知,归路不相随。彼此无依倚,东西各别离。"《贻友人喻坦之》:"共在山中长,相随阙下来,修身空有道,取事各无媒。"[②]据二诗所言,二人长居住山中相随赴京求仕,由"彼此无依倚"和"取事各无媒"知二诗歌当作于大中八年(854)李频及第前。据此推断,喻坦之和"九华四俊"的交往应该在咸通十一年之前。按前文,许棠早年就应试,又与李频为知交,许棠认识喻坦之应该很早。"九华四俊"四人可能因为李频的中介而与喻坦之相识,再者,张乔和喻坦之落第后,薛能以一诗《寄唁张乔喻坦之》赠二人,可见二人都为薛能赏识,说明二人与薛能有交情,也应因薛能的纽带作用,张乔、喻坦之关系应该不一般。

(3)李昌符

《唐才子传》云:"咸通四年礼部侍郎萧仿下进士。"[③]《唐诗纪事》《直斋书录解题》皆记其咸通四年进士。《登科记考》咸通四年有其名。然据《唐摭言》卷十,李昌符因在咸通十年应京兆府试而被称为"十哲",李昌符为"十哲"之一,十哲在当时均未中第,如果其在咸通四年中第,何由入列"咸通十哲"?而《唐摭言》的说法,为《唐诗纪事》《唐才子传》所引用。再按《北梦琐言》卷十:"唐咸通中,前进士李昌符有诗名,久不登第,……因出一奇,乃作《婢仆诗》五十首,于公卿间行之,……是年登第。"[④]

在咸通中,而且久不第,说明不应在咸通初年(四年)就中第。许棠因为在咸通十一年获得首荐而在次年登第,李昌符登第只能在此后。《唐才子传校笺·李昌符传》疑其在咸通十四年登第。[⑤]至于在哪一年登第,无考。

①傅璇琮主编《唐才子传校笺》(第四册)卷9,中华书局1990年版,第195页。
②(清)彭定求等编《全唐诗》,中华书局1960年版,第6815页。
③(元)辛文房撰,周绍良笺证《唐才子传笺证》,中华书局2010年版,第1893页。
④(宋)孙光宪《北梦琐言》,上海古籍出版社1981年版,第84页。
⑤傅璇琮主编《唐才子传校笺》(第三册)卷8,中华书局1990年版,第460页。

李昌符，《唐诗大系》谓其生年为长庆四年(824)，比许棠小两岁。许棠《题李昌符丰乐幽居》：“诗家依阙下，野景似山中。兰菊俱含露，杉梧为起风。破门韦曲对，浅岸御沟通。莫叹连年屈，君须遇至公。”诗歌对友人年年落第表示无限同情，相信友人最终会遇“至公”而中第。李昌符与“九华四俊”其他三人没有相互酬唱的诗作。张乔也寓居长安，许棠有《题张乔升平里居》，张乔当与李昌符有交往。

“咸通十哲”中的其他五人也应该和“九华四俊”有交往，然尚无诗文可考。

2. 乡友

晚唐皖南文化发达，在九华山周边地区出现了很多文人，如：杜荀鹤、顾云、殷文圭、张乔、李昭象、康骈、汪遵等，“九华四俊”是其中的代表。他们均来自宣歙道，在大九华地区范围内。“九华四俊”和众多的乡友都有交往。

(1)杜荀鹤

《唐才子传》云：“荀鹤，字彦之。”《舆地纪胜》卷二十二《池州人物》云：“杜荀鹤，唐人，有诗名，自号九华山人，顾云序其集为《唐风集》，见《池阳记》。”[①]又据《舆地纪胜》卷二十二《池州古迹》记云：“杜荀鹤旧居：世传在石埭县之长林驿。[②]《全唐诗》录其诗三卷。

杜荀鹤早年隐居九华山。《郡斋读书志》《唐诗纪事》《唐百家诗选》《唐才子传》均言其自号九华山人。《唐风集序》云：“大顺初，帝命小宗伯河东裴公掌邦贡，次二年，遥者来，隐者出，异人俊士，始大集都下，于群进士中，得九华山杜荀鹤，拔居上第。”[③]杜荀鹤有《秋日怀九华旧居》，其隐居九华无疑。另据《唐才子传校笺》，杜荀鹤生于会昌六年(846)。和张乔年龄相差不大。而且，僖宗乾符六年(879)杜荀鹤归九华，广明元年(880)张乔归九华。其间，张乔和许棠有隐居庐山的经历。张乔与杜荀鹤关系不一般，二人既为同乡，又同隐九华，都以诗名著称。据《隋唐五代文学编年史》，约于中和二年(882)到扬州，逢张乔[④]。杜荀鹤《维扬逢诗友张乔》：“天下方多事，逢君得话诗。直应吾道在，未觉国风衰。生计吟消日，人情醉过时。雅篇三百首，留作后来诗。”[⑤]

①王象之《舆地纪胜》，文海出版社1971年版，第182页。

②王象之《舆地纪胜》，文海出版社1971年版，第181页。

③(清)董诰《全唐文》，中华书局1983年版，第8585页。

④吴在庆、傅璇琮著《唐五代文学编年史·晚唐卷》，辽海出版社1998年版，第723页。

⑤(清)彭定求等编《全唐诗》，中华书局1960年版，第7940页。

为生逢乱世而叹,称颂了张乔诗作继承了《国风》传统。

杜荀鹤是周繇好友,在周繇执意归乡谋隐时,写《送福昌周繇少府归宁兼谋隐》进行规劝:“少见古人无远虑,如君真得古人情;登科作尉官虽小,避世安亲禄已荣。一路水云生隐思,几山猿鸟认吟声;知君未作终焉计,要着文章待太平。”[①]“知君未作终焉计”,说好友谋隐只是暂时的,“要着文章待太平”其实也在暗含友人的避世之想法不可能实现。诗作表面上送友人归隐,其实劝慰友人不要作“终焉计”,不要一辈子隐居。周繇最终还是任福昌县尉,后来还做过校书郎和至德令。

(2)顾云

《新唐书》卷六十《艺文志四》云:“顾云,字垂象,池州人”。[②]《全唐文》卷八一五载:“云,字垂象,池州人。咸通十五年进士。”[③]《唐诗纪事》卷六七《顾云》:“云,字垂象,池州鹾贾之子也,风韵详整。与杜荀鹤、殷文圭友善,同肄业九华。咸通中登第,为高骈淮南从事。师铎之乱,退居霅川,杜门著书。”[④]《唐诗纪事》卷六十七《李昭象》云:“移居九华,与张乔、顾云辈为方外友。”[⑤]可见顾云与“九华四俊”不仅是同乡,而且都有隐居九华的经历。顾云和张乔是诗友。张乔《赠进士顾云》:“潮门坎烟波别钓津,西京同□获□贫。不知守道归何日,相对无言尽几春。晴景远山花外暮,云边高盖水边 。与君愁寂无消处,赊酒青门送楚人。”一个“贫”字,说明二人生活颇为落拓困苦,用“相对无言尽几春”说明二人相识已经有几年,已经不止一次落第。据《唐五代文学编年史》,顾云初落第于咸通十年(869),说明二人相识当在869年左右[⑥]。中和二年(882),杜荀鹤《维扬逢诗友张乔》,说明张乔时在维扬,可能是去拜访顾云的。顾云于咸通十五年(874)登进士第,后为高骈淮南从事。“师绎之乱”,指光启三年(887)毕师铎起兵诛吕用之,囚高骈事,高骈中和二年(882)当在维扬。顾云和“九华四俊”其他三人没有应酬之作。

(3)李昭象

《唐诗纪事》卷六十七《李昭象》曰:“字化文,池州刺史方玄之子,父卒,因

①(清)彭定求等编《全唐诗》,中华书局1960年版,第7953页。

②(宋)欧阳修、宋祁撰《新唐书》,中华书局1975年版,第1617页。

③(清)董诰《全唐文》,中华书局1983年版,第8577页。

④(宋)计有功《唐诗纪事》,中华书局1965年版,第1012页。

⑤(宋)计有功《唐诗纪事》,中华书局1965年版,第1013页。

⑥吴在庆、傅璇琮著《唐五代文学编年史·晚唐卷》。辽海出版社1998年版,第547页。

家焉。懿宗末年，以文干相国路公岩，问其年，曰：‘十有七矣。’岩年尚少，尤器重之，荐于朝，将召试，会岩贬，遂还秋浦，移居九华，与张乔、顾云辈为方外友。龙纪中，杨行密奔宣州，以书招之，不从。”①李方玄何年在世？何年在任？李昭象，本荆州人（今属湖北），就是因为其父李方玄任池州刺史而跟随至此，父卒后，遂定居池州。李方玄刺史任在会昌元年至四年（841—844），卒于会昌五年（据杜牧《樊川文集》卷八《唐故处州刺史李君墓志铭并序》）。其时，李昭象至少也应该在会昌五年（845）或稍前出生，此后在池州生活多年。至其咸通十二年路岩外贬时至少已年二十六。《唐诗纪事》可能将二十七岁误记为十七岁。仅存的八首诗中，就有三首写给顾云，一首给杜荀鹤，残句是送周繇赴至德尉所作。应该说，李昭象本籍贯虽非池州，实际已移居于此。

据《新唐书》卷六三《宰相表》下，路岩由宰相出为剑南西川节度使在咸通十二年（871）四月②，《资治通鉴》卷二五二，咸通十四年五月“以西川节度使路岩兼中书令”，七月，懿宗崩，僖宗即位，十一月徙岩荆南节度使，十二月再贬路岩为新州刺史。③李昭象以文干谒路岩的时间应该在咸通十二年（871）四月至咸通十五年（874）十一月间，李昭象还秋浦移居九华时间当在咸通十四年年底。李昭象直到龙纪年（889）还隐居九华山。《嘉靖池州府志》载：“李昭象隐九华，与张乔、顾云辈唱酬，垂钓流觞……龙纪中被征，不赴。”④顾云于咸通十五年（874）及第后入仕途，而李昭象于咸通十四年（873）年底还秋浦移居九华，顾云入仕不久就授秘书省正字，《全唐诗》卷六八九李昭象有《题顾正字溪居》，说明顾云在及第后可能回过九华山。否则，三人不可能同时“垂钓流觞”。张乔在广明元年（880）后回乡隐居九华，与李昭象交谊深重。据《唐诗纪事》“周繇”条：“调池州之建德令，李昭象以诗送曰：‘投文得仕而今少，佩印还家古所荣’。”李昭象和周繇的交往当在咸通十四年（873）后二人隐居九华时。

3. 其他诗人文士

（1）曹松

“九华四俊”诗歌中没有与曹松的唱和之作。曹松，晚唐诗人，两《唐书》、

①（宋）计有功《唐诗纪事》，中华书局1965年版，第1013页。

②（宋）欧阳修、宋祁撰《新唐书》，中华书局1975年版，第1740页。

③（宋）司马光编著《资治通鉴》，中华书局1956年版，第8165—8168页。

④（明）王崇《嘉靖池州府志》，上海古籍书店1962年据明嘉靖间刻本影印。

两《五代史》俱无传。《唐摭言》卷八《放老》条云："松，舒州人也。"[①]《唐诗纪事》卷六五《曹松》云："松，字梦征，舒州人也。"[②]《唐才子传》也有同样记载。曹松长久隐居洪都西山，曹松有诗歌《避乱入洪州西山》(《全唐诗》卷七一七)，还有《再到洪州望西山》，题下自注云："松常栖此山"(《全唐诗》卷七一七)。徐松《登科记考》卷二四载其为光化四年(901)进士。据松集，《新唐书·艺文志》录为三卷，《全唐诗》编为二卷(卷七一六、七一七)。曹松《山中寒夜呈进士许棠》："山寒草堂暖，寂夜有良朋。读《易》分高烛，煎茶取折冰。庭垂河半角，窗露月微棱。俱入论(一作诗)心地，争无俗者憎。"[③]知曹松可能在西山隐居时，尝与许棠秉烛夜谈。曹松还有《庐山访贾匡》(《全唐诗》卷七一七)，许棠和张乔有共隐居庐山的经历，庐山与西山相距不远。许棠于咸通十二年(872)及第，依唐制，进士及第后，应在家等候吏部的铨选期限。曹松有诗歌《都门送许棠东归》："旧客东归远，长安诗少朋。去愁分碛雁，行计逐乡僧。华岳无时雪，黄河漫处冰。知辞国门路，片石认西陵。"[④]旧客诗少朋，说明二人相识已久，许棠离京，作为诗友，曹松满腹离愁。有此可证许棠和曹松之间的友谊较深。曹松和"九华四俊"其他三人没有相互酬唱的诗歌，但许棠曾与张乔共隐居庐山，曹松访问许棠，张乔应该和曹松有交往。

(2)林宽

《增订注释全唐诗》载"林宽，侯官(今福建福州市闽侯县)人。与唐末诗人李频、许棠、黄滔等友善。曾入习太学，漫游过边塞。约咸通末登进士第。曾任职于御史台。"[⑤]《直斋书录解题》著录《林宽集》一卷。今存诗一卷。黄滔《寄林宽》："相知四十年，故国与长安。俱喜今辰在。休论往岁难。"[⑥]黄滔与林宽相知四十年，写此诗时，二人应该均为晚年，二人年龄当接近。按吴在庆先生考证，黄滔生年应约在开成五年(840年)。林宽应该生年也在此年左右。

反映林宽和许棠交往的诗作如：《送许棠先辈归宣州》："发枯穷律韵，字字合埙篪。日月所到处，姓名无不知。莺啼谢守罍，苔老谪仙碑。诗道丧来

①(五代)王定保《唐摭言》，上海古籍出版社1978年版，第91页.
②(宋)计有功《唐诗纪事》，中华书局1965年版，第979页。
③(清)彭定求等编《全唐诗》，中华书局1960年版，第8225页。
④(清)彭定求等编《全唐诗》，中华书局1960年版，第8230页。
⑤陈贻焮主编《增订注释全唐诗》(第四册)，文化艺术出版社2001年版，第408页。
⑥(清)彭定求等编《全唐诗》，中华书局1960年版，第8098页。

久，东归为吊之。”[①]赞扬许棠的高才。《和周繇校书先辈省中寓直》，“省中寓直”，指的是在秘书省值班，校书，即为校书郎，掌校典籍，隶秘书省，可见，此诗应该是写在周繇咸通十三年(872)及第之后，唐代进士及第多授校书郎。诗云：“古木重门掩，幽深秖欠溪。此中真吏隐，何必更岩栖。”[②]写出了校书郎的生活环境，萧条的景象透露出清冷的闲散情态。

(3)李洞

《增订注释全唐诗》载：“李洞，字才江，京兆(今陕西西安)人，唐宗室之后。慕贾岛诗，铸贾岛铜像而顶戴之，事之如神，日诵‘贾岛佛’千遍。乾符至大顺间屡试不第，游蜀而卒。”[③]《唐摭言》卷一十《海叙不遇》云：“洞，三榜裴公，第二榜策夜，帘献曰：‘公道此时如不得，昭陵恸哭一生休。’寻卒蜀中。”[④]《唐才子传》载：“昭宗时凡三上不第，裴公第二榜帘前献诗云‘公道此时如不得，昭陵恸哭一生休’，果失意流落，往来寓蜀而卒。”[⑤]李洞有诗名而终生未第。事见于《唐摭言》卷一十、《北梦琐言》卷七、《唐诗纪事》卷五八、《唐才子传》卷九等。

李洞所著，《新唐书》卷六〇《艺文志》四著录《李洞诗》一卷，《郡斋读书志》卷一八记《李洞集》一卷，《直斋书录解题》卷一九所记同。《全唐诗》编其诗为三卷，录存于卷七一至卷七二三。

和李洞一样，张乔也是终生未第。共同的遭遇，相同的求举经历，使二人成为知友。咸通十二年(871)，李洞在长安，时张乔落第归宣州，洞有《送张乔下第归宣州》：“诗道世难通，归宁楚浪中。早程残岳月，夜泊隔淮钟。一镜随双鬓，全家老半峰。无成来往过，折尽谢亭松。”[⑥]据《登科记考》，许棠本年及第，乔下第，其归宣州可能在此时。李洞还有《怀张乔张霞》，张霞是张乔兄弟，诗云：“西风吹雨叶还飘，忆我战友隔海涛。”[⑦]“战友”是好友之意，语见于《诗·秦风·无衣》：“岂曰无衣，与子战友。”《嘉靖池州府志》卷七《人物篇》：“张乔寓居长安延兴门，与弟霞俱有文名。”李洞与“九华四俊”其他三人没有相酬之作。

①(清)彭定求等编《全唐诗》，中华书局1960年版，第6999页。
②(清)彭定求等编《全唐诗》，中华书局1960年版，第7004页。
③陈贻焮主编《增订注释全唐诗》，文化艺术出版社2001年版，第1459页。
④(五代)王定保《唐摭言》，上海古籍出版社1978年版，第109页。
⑤傅璇琮主编《唐才子传校笺》(第四册)卷9，中华书局1990年版，第218页。
⑥(清)彭定求等编《全唐诗》，中华书局1960年版，第8274页。
⑦(清)彭定求等编《全唐诗》，中华书局1960年版，第8294页。

(4)赵能卿

《增订注释全唐诗》载:“赵能卿,会稽(今浙江绍兴)人。工诗。曾举进士,落第而归。与许棠、郑谷、张蠙、罗隐友善,许棠等皆有诗赠送。”[①]

许棠《寄昭能卿》云:“我命同君命,君诗似我诗。俱无中道计,各失半生期。素业沧江远,清时白发垂。蹉跎一如此,何处卜栖迟?”诗人以自己的命运感叹友人不幸的遭际,用“无中道计”“白发垂”“何处卜栖迟”展现自己和友人的科举失意和年华流逝之悲。许棠能以自己的坎坷人生经历和诗歌来表现友人的困苦,说明二人关系非同一般。赵能卿和许棠年龄应该很接近。张蠙也有诗《和友人送赵能卿东归》赠之,诗云:“一第时难得,归期日已过。相看玄鬓少,共忆白云多。楚阔天垂草,吴空月上波。无人不有遇,之子独狂歌。”“相看”说明二人关系密切,共忆白云多,说明二人在应举前都有隐居经历。句末用“狂歌”典故,表现友人的豁达心境。

(5)陈陶

《唐才子传校笺》载:“陶,字嵩伯,鄱阳剑浦人。尝举进士,辄下,为诗云‘中原不是无麟凤,自是皇家结网疏。’颇负壮怀,志远心旷。遂高居不求进达,恣游名山,自称‘三教布衣’。大中中,避乱入洪州西山,学神仙咽气有得,出入无间。”[②]由于连连未第,于是在大众年间退隐居洪州西山自称“三教布衣”。《北梦琐言》云:“大中年,洪州处士陈陶者,有逸才。”[③]《增订注释全唐诗》云:“陈陶(803? —879?),字嵩伯。文宗大和初南游,足迹遍及江南、岭南等地。宣宗大中年间,游学长安,举进士不第。后隐居于洪州(今江西南昌)西山,与蔡京、贯休往还。有《文录》十卷,已佚。事见于《唐诗纪事》卷六《唐才子传》卷八。”[④]

曹松也隐居在西山,而张乔和许棠就隐居在离西山不远的庐山中。“九华四俊”与陈陶有关的诗作仅一篇,即张乔《哭陈陶》:“先生抱衰疾,不起茂陵间。夕临诸孤少,荒居吊客还。遗文禅东岳,留语葬乡山。多雨铭旌故,残灯素帐闲。乐章谁与集,陇树即堪攀。神理今难问,予将叫帝关。”张乔将陈陶和司马相如相比,可见对于人格和诗文的景仰。许棠和张乔共隐庐山,许棠和陈陶应该相识,应该有交游的诗歌,惜无存诗。

---

①陈贻焮主编《增订注释全唐诗》(第四册),文化艺术出版社2001年版,第863页。

②傅璇琮主编《唐才子传校笺》(第三册)卷8,中华书局1990年版,第415页。

③(宋)孙光宪《北梦琐言》,上海古籍出版社1981年版,第34页。

④陈贻焮主编《增订注释全唐诗》(第四册),文化艺术出版社2001年版,第1607页。

（6）许彬

黄滔《答陈磻隐论诗书》（《全唐文》卷八二三）云：“咸通季，初贡于小宗伯。……是时张乔、许彬、林希、刘皆咸有诗名，而退飞不已。”[①]据此可知许彬咸通末未及第。康骈《剧谈录》卷下亦云：“自大中、咸通之后，每岁试春官者千余人，其间有名，如……张乔、剧燕、许琳、陈觉，以律诗着……皆厄于一第。”[②]许棠有诗《留别从弟郴》（“彬”《全唐诗》一作琳）。

陶敏《全唐诗人名考证》卷六〇三至六〇四《留别从弟郴》注：“一作‘琳’。”当即许彬，盖彬、郴、琳形近易讹。[③]《全唐诗》卷六七八有其诗一卷，其中的小传《许彬》（一作郴，一作琳）》云：“许彬，睦州人，举进士不第，与郑谷同时，诗一卷”[④]《唐诗纪事》卷七十一《许彬》：“彬，睦州人。”[⑤]

许棠《留别从弟郴》，诗中云：“久贫成蹭蹬，多病惜支离。宗分兼交分，吾知汝亦知。”诗中用“久贫”和“多病”再现了许彬的生活的艰难，用“蹭蹬”说明了其人生的诸多不顺，其中就包括应举的不顺。诗歌结尾用“宗分兼交分”表达了自已和许彬的不一样的友谊。张乔能够和许彬并列，说明二人应该有交游之作，惜无存留。

（7）黄滔

黄滔，晚唐诗人。两唐书、两五代史均无传。《十国春秋》卷九十五本传云：“黄滔，字文江，泉州甫田人（一云侯官人）。”[⑥]屡举不第，困顿举场二十余年。徐松《登科记考》卷二四列黄滔为乾宁二年进士。《新唐书·艺文志》著录《黄滔集》十五卷和所编《泉山秀句集》三十卷，惜已散佚。现存四部丛刊影印明刻本《唐黄御史文集》八卷，《天壤阁丛书》本《莆田黄御史集》十卷。今编诗三卷（全唐诗）。[⑦]黄滔与“九华四俊”的交游之作现存一篇。黄滔《贻张蠙》（一本题下有同年二字）：“梦思非一日，携手却凄凉。诗见江南雹，游经塞北霜。驱车先五漏，把菊后重阳。惆怅天边桂，谁教岁岁香。”[⑧]由“惆怅天边桂”可知此诗在二人及第之前作，“梦思非一日，携手却凄凉”，说的是二人多年的

①（清）董诰《全唐文》，中华书局1983年版，第8671页。

②转引自胡震亨《唐音癸签》卷二十八，上海古籍出版社1981年版，第295页。

③陶敏《全唐诗人名考证》，陕西人民教育出版社1996年版，第882页。

④（清）彭定求等编《全唐诗》，中华书局1960年版，第7764页。

⑤（宋）计有功《唐诗纪事》，中华书局1965年版，第1052页。

⑥（清）吴任臣《十国春秋》，中华书局1983年版，第1373页。

⑦陈贻焮主编《增订注释全唐诗》（第五册），文化艺术出版社2001年版，第1331页。

⑧（清）彭定求等编《全唐诗》，中华书局，1960年版第8104页。

累累下第,“携手”道出二人感情较深。

(四)与僧人禅师的交游

1.栖白

栖白,生卒年不详。据《增订注释全唐诗》记载:“栖白,江南僧,后徙居长安荐福寺。大中中为内供奉,赐紫。约僖宗朝卒。与姚合、贾岛、刘沧、李频、曹松、李洞、贯休等均有唱酬。有《栖白集》一卷。事迹见《唐才子传》卷三。今存诗十六首。”[①]《唐摭言》卷十《海叙不遇》条载:“刘得仁,贵主之子,自开成至大中三朝,昆弟皆历贵仕,而得仁苦于诗,出入举场三十年,竟无所成。尝自述曰:‘外家虽是帝,当路且无亲。’既终,诗人争为诗以吊之,唯供奉僧栖白擅名。”[②]可见栖白当时诗才与名望甚高。李频在《题荐福寺僧栖白上人院》中称其因为“得道亦吟诗”而青云直上,以至于“内殿频征入”。[③]林宽也在《哭栖白供奉》里称赞“侍辇才难得,三朝有上人。”[④]张乔《吊栖白上人》,诗中云:“篇章名不朽,寂灭理如何? 内殿留真影,闲房洛贝多。”高度评价其一生,再现了其声望之高、诗篇之名气。张乔《寄荐福寺栖白大师》云:“高塔六街无不见,塔边名出只吾师。”以高塔六街和人作比较,高塔之高,六街之广,为人所共睹。栖白名望正如那高塔之高,所以高塔之边闻名遐迩的只有栖白。诗歌盛赞栖白的名望和高德。而且,以“吾师”称呼,可见张乔对其尊敬和推崇。许棠《赠栖白上人》:“闲身却不闲,日日对天颜。已住城中寺,难归海上山。诗传华夏外,偈布市朝间。欲问空门事,空门岂有关?”可以看出,栖白为内供奉,很受皇帝宠幸。栖白在长安推广教义,德行之高诗名甚,为当时文人和百姓所崇拜和景仰。张蠙赠给栖白的《赠栖白大师》:“剃发得时名,僧应别应星。偶题皆有诏,闲论便成经。扫叶寒烧鼎,融冰晓注瓶。长因内斋出,多客叩禅扃。”用东方朔乃岁星下凡的典故,将栖白与其相提并论,可见对其仰望之高。至于那“闲论便成经”言其佛学造诣,结句“多客叩禅扃”说明其交往的人众多,作为江南高僧,栖白曾经任宣宗、懿宗、僖宗等朝内供奉,赐紫,位高权重,德高才多。周繇时号“诗禅”,当与栖白有所往来,惜无交游之作可证。栖白没有与“九华四俊”唱和之诗作。栖白存诗十六首,作为有名的诗僧,诗

①陈贻焮主编《增订注释全唐诗》(第五册),文化艺术出版社2001年版,第529页。
②(五代)王定保《唐摭言》,上海古籍出版社1978年版,第108页。
③(清)彭定求等编《全唐诗》,中华书局1960年版,第6836页。
④(清)彭定求等编《全唐诗》,中华书局1960年版,第7002页。

歌数量定远远不止这个数字。

2. 贯休

贯休(832—913),俗姓姜,字德隐,婺州兰溪(今属浙江)人。一生游历四方,交游甚广。晚年入蜀,依前蜀高祖王建,赐号“禅月大师”。《宋高僧传》卷三十《梁成都府东禅院贯休传》:“释贯休,字德隐,俗姓姜氏,金华兰溪登高人也。”①《唐才子传》卷十亦云:“休,字德隐,婺州兰溪人,俗姓姜氏。”②休与李频、韦庄、罗隐、齐己等多有交往唱和,诗名甚着。卒后其弟子昙域“寻捡稿草及暗记忆者,约一千首,乃雕刻版部,题号《禅月集》”,生平事迹见于昙域《禅月集序》、《宋高僧传》卷三十、《唐诗纪事》卷七五等。《全唐诗》编其诗十二卷。

贯休与“九华四俊”的交游之作只有一篇,贯休《闻许棠及第因寄桂雍》,许棠于咸通十二年及第,此诗当作于是年,诗云:“时清道合出尘埃,清苦为诗不仗媒介。今日桂枝平折得,几年春色并将来。势扶九万风彻极,名到三山花正开。更有平人居蛰屋,还应为作一生雷。”③诗歌为友人“清苦为诗”终及第而欣喜,有对友人的期望之情,还有对自己“为作一生雷”的自勉之情。贯休晚年入蜀,《唐才子传校笺》考证贯休到达成都为天复三年(903)秋④。贯休入蜀后,受王建赏识和恩遇。而“九华四俊”之一的张蠙,《唐才子传校笺》在考证张蠙入蜀时间云:“按《资治通鉴》卷二二六载,昭宣帝天佑四年(公元907年)四月,朱全忠篡唐,建立后梁,改元开平,九月王建亦在蜀称帝,蠙当于此时避乱入蜀,拜膳部员外郎。”⑤贯休和张蠙都在蜀地,入蜀时间接近,同为王建所重,二人应该有所交往。贯休和周繇、张乔没有交游唱酬的诗作。

3. 清越

清越上人,两唐书无传,《全唐文》卷九二〇有《新兴寺佛殿石阶记》,末署“大中十四年二月二十一日敬亭僧清越记”⑥。大中十四年(860),张乔《赠敬亭清越上人》云:“海上独随缘,归来二十年。久闲时得句,渐老不离禅。砌木欹临水,窗峰直倚天。犹期向云里,别扫石床眠。”诗中展现清越居住的环境,表现其追求一种与世无争的生活和高洁的人格。张乔《再题敬亭清越上人山

①(宋)赞宁《宋高僧传》,中华书局1987年版,第749页。

②傅璇琮主编《唐才子传校笺》(第四册)卷10,中华书局1990年版,第428页。

③(清)彭定求等编《全唐诗》,中华书局1960年版,第9419页。

④傅璇琮主编《唐才子传校笺》(第四册)卷10,中华书局1990年版,第437页。

⑤傅璇琮主编《唐才子传校笺》(第四册)卷10,中华书局1990年版,第344页。

⑥(清)董诰《全唐文》,中华书局1983年版,第9588页。

房》云:“重来访惠休,已是十年游。向水千松老,空山一磬秋。石窗清吹入,河汉夜光流。久别多新作,长吟洗俗愁。”作此诗的时间距离上首诗当为十年,诗中重在描绘清越上人山房四周的那种清雅不俗的环境,透露出自己对其居住地环境地无限流连和称许之情。结尾“久别多新作,长吟洗俗愁”应该说的是张乔自己,多年不第,诗人只能在诗歌中陶醉,寻找一种精神寄托。张乔诗集中有三篇送给清越的诗歌,还有一篇《寄清越上人》,诗歌高度赞扬了友人清越上人的佛学造诣和高洁的人格。许棠和清越也有交往,《寄敬亭山清越上人》云:“南朝山半寺,谢朓故乡邻。岭上非无主,秋诗复有人。高禅星月近,野火虎狼驯。旧许陪闲社,终应待此身。”既称赏清越的佛学修养,还赞颂他的诗歌才华。

综上所述,“九华四俊”的交游较为广泛,需要注意的是,他们的交游活动伴随着他们的科举历程。四人之间的交游在作品中反映很少,只有张乔、许棠的交游之作相对多一点,且这些作品几乎都与应举有关。他们与朝廷官员的交往之作,除了文章中所涉及那些与他们是友朋关系的官员之外,还有一些泛泛之交的官员,张蠙和许棠的作品中有不少干谒之作。作为晚唐寒士的代表,他们与一些下层寒士有着很深的交往,交游之作甚多。同为科考的举子,一起经受应举的苦辛和欢乐,所以这些作品所反映的情感内容,在晚唐众多文士中具有典型性和普遍性。他们与僧人禅师的交游,表现他们的隐居思想,在漫长的求举不顺苦痛之后,通过与僧人禅师的交往,可以让他们暂时获得心灵的慰藉,达到内心的一种平衡。

三、“九华四俊”诗歌的内容

“九华四俊”生活在动乱的晚唐末世,为求科举而漫游四方,久困科场的坎坷经历,诗歌中充满着对个体身世的感伤。依据其诗歌的主题取向,可以把他们的诗作分为五类:寄赠酬唱诗、咏怀诗、山水诗、边塞诗和咏物诗。

(一)寄赠酬唱诗

“九华四俊”交游广泛,为应举常年奔走四方,与他交游唱和的既有春风得意的中第举子,也有多年落第的失意之士;既有地位较高的朝中官员和地方官吏,也有闲卧高吟的方外人士;既有恩师,亦有亲朋。这类诗歌,大致可以分为现实的悲欢和出尘的遐想两类。

《沧浪诗话·诗评》说:“唐人好诗,多是征戍、迁谪、行旅、离别之作,往往能感动激发人意。”[1]“九华四俊”身处衰世,生存艰难,孜孜求第,饱经乱世离别之痛苦,其寄赠酬唱诗之中往往抒发此种情意。如:

胜游虽来年,魂梦亦依然。瀑水喧秋思,孤云动夜船。断虹全岭雨,斜月半溪烟。旧日吟诗侣,何人更不眠。(张乔《思宜春寄友人》)

失计复离愁,君归我独游。乱花藏道发,春水绕乡流。溟火丛桥市,群山迭郡楼。无为谢公恋,吟过晓蝉秋。(张乔《送友人归宣州》)

旧国乱离后,新年惆怅归。雪开远楚地,花惹别秦衣。江徼多留滞,高秋会恐违。(许棠《将归江南留别友人》)

上马如飞鸟,飘然隔去尘。共看今夜月,独作异乡人。就养江南熟,移居井赋新。襄阳曾卜隐,应与孟家邻。(张蠙《别后寄友生》)

此别欲何往,未言归故林。行车新岁近,落日乱山深。野店寒无客,风巢动有禽。潜知经目视,大半是愁吟。(周繇《送宇文虞》)

这类诗作不只表达对友人的思念或者送别时的依恋,而且将自己身世飘零、人生失意融入其中。类似的人生坎坷,惺惺相惜的真情,在悲叹友人命运的同时,也为自己的命运而感伤。“九华四俊”在写友情的同时,常常将亲情融入其中,这在张乔诗中表现最突出。张乔《送友人归江南》以“亲安诚可喜,道在亦何嗟”安慰对方,乱世中亲人的安危显得十分重要。《送友人归袁州》云“远想安亲后,秋风梦不惊”,父母是儿女一生的牵挂。《送友人东归》以“故乡芳草路,来往别离心”来倾诉游子对故乡浓浓的思念。如张乔《送友人归宣州》:“失计复离愁,君归我独游。乱花藏道发,春水绕乡流。暝火丛桥市,晴山迭郡楼。无为谢公恋,吟过晓蝉秋。”友人回家,自己还要孤独远游,家乡一切都那么美好。

“九华四俊”寄赠酬唱诗作中,有不少干谒应酬之作,许棠和张蠙这类作品最多。如许棠《陈情献江西李常侍五首》,据《增订注释全唐诗》,李鹭在咸通九年(868)五月至十一年为江西观察使、检校左散骑常侍[2]。按《全唐文》卷

①严羽著,郭绍虞校释《沧浪诗话校释》,人民文学出版社1961年版,第198页。

②陈贻焮主编《增订注释全唐诗》(第四册),文化艺术出版社2001年版,第7453页。

七二四李骘《题惠山诗诗序》:"咸通十年二月一日,江南西道都团练观察处置等使、中散大夫、检校左散常侍使持节都督洪州诸军事,兼洪州刺史、御史中丞、上柱国赐紫金鱼袋李骘题记。"[①]其一云:

二十二三年,游秦复滞燕。徒陪群彦后,自苦此生前。
径折啼猿树,岩荒喷月泉。东堂曾受荐,垂白志犹艰。

许棠为求第而多年游历四方,自苦于一第。"东堂曾受荐",说明曾经得到过李骘举荐,但没有成功。《讲德陈情上淮南李仆射八首》溢美之句不少,如"多朝轩冕冠乾坤,四海皆推为至尊"。诗中也有对自我身世的感伤,"三纪吟诗望一名,丹霄待得白头成""平生南北逐蓬飘,徒得名成鬓已凋"。张蠙《投翰林张侍郎》:"举家贫拾起海边樵,来认仙踪在碧霄。丹穴虽无凡羽翼,灵椿还向细枝条。九衢马识他门少,十载身辞故国遥。愿与吾君作霖雨,且应平地活枯苗。"以仙宗、作霖雨来溢美张侍郎,以羽翼、细枝、枯苗来比喻自己,不无自我贬低之心。晚唐乱世,连生存都困难,理想破灭,在一般文人的诗中多会显露出乞求的语气,摧眉折腰事权贵。这些干谒之作,传达出晚唐末世文士处境的艰难。

"九华四俊"一生追求功名,屡试不第。对下第的举子,他们给予了同情和安慰。也许是同处于社会底层的因素,文人之间的惺惺相惜,他们可以在诗中尽情抒发心中的所有不快和抑郁,吟咏性情,互吐衷肠,用文字来关注对方的荣辱与命运。顾云下第后,张乔《赠进士顾云》用"与君愁寂无消处,赊酒青门送楚人"与其共担痛苦和忧愁。张乔《送友人往宜春》:"落花兼柳絮,无处不纷纷。远道空归去,流莺独自闻。墅桥喧碓水,山郭入楼云。故里南陵曲,秋期更送君。""空归",当为送未第举子,郑谷与张乔友善,其家就在宜春,所以此诗可能是赠给郑谷的。

许棠《留别从弟郴》中云:"久贫成蹭蹬,多病惜支离。"对从弟不幸的遭遇寄予了深刻的同情。当友人及第后,友人功成名就、飞黄腾达、喜报传来,诗人也满怀喜悦,以诗相贺。诗中也有不少对友人及第升迁的祝福等富有欢快色彩的篇章。张乔《送友人及第归江南》:"岂易及归荣?辛勤致此名。登车思往事,回首勉诸生。路绕山光晓,帆通海气清。秋期却闲坐,林下听江声。"

①(清)董诰《全唐文》,中华书局1983年版,第7453页。

对友人“辛勤致此名”表示祝贺。张蠙《送友人及第归》:“家林沧海东,未晓日先红。作贡诸藩别,登科几国同。远声鱼呷浪,层气蜃迎风。乡俗稀攀桂,争来问月宫。”对朋友及第荣归故里表达诚挚的祝福,对友人的高才和登第有羡慕之心。张乔《送龙门令刘沧》,刘沧大中八年及第,和李频是同门,同为郑熏的门生。诗云:“去宰龙门县,应思变化年。还将鲁儒政,又与晋人传。峭壁开中古,长河落半天,几乡因劝勉,耕稼满云烟。”对友人为官一方表示祝贺,更有对友人的期望和勉励。当然,这类诗歌和“九华四俊”传达出现实中悲伤诗篇之比较,数量较少,质量较差。因为,他们所传达的欢乐有一些礼尚往来的成分,并非全是现实生活的真实写照。

除了现实的悲欢,“九华四俊”的寄赠献酬诗里还有着“狎汀鸥”的出尘遐想。“九华四俊”虽然执着于科举,在那个衰乱的时代,随着社会矛盾的激化,社会日趋动荡不安,坚持儒家“致君尧舜上,再使风俗淳”的政治理想难以实现,在国运多艰的时代,诗人除了在现实生活中同友人喜悲同愁外,也需要一方净土来寻求内心的平衡和解脱。僧人那种出尘绝俗的生活态度和生活方式就为他们提供了寻求精神解脱的可能。佛寺道观的方外世界幽雅宁静,恰与烦忧的尘世形成鲜明对照。诗人眼中,僧人、道士、寺院、道观已成为一种象征,一种出世的理想世界。“九华四俊”都曾隐居九华,张乔和许棠还有隐居庐山的经历,他们漫游求第征途上常寓居禅林寺院,与僧人道士来往密切,也写有大量的和僧道交游的诗。这些诗歌,透露出他们对隐逸生活的向往,表现出尚禅慕道的隐思。张乔《赠敬亭清越上人》云:“犹期向云里,别扫石床眠,”羡慕上人的生活,暗含对隐逸生活的向往。《赠初上人》的“相看念山水,尽日话曹溪”,表现了寄情山水的清闲淡泊情怀。《赠棋僧侣》的“已与山僧敌,无令海客饶”则描述了与僧人下棋的闲雅生活。“诗传华夏外,偈布市朝间”(许棠《赠栖白上人》)、“行高无外染,骨瘦是真容”(许棠《赠志空道人》)、“玄谈穷释旨,清思掩诗流”(张蠙《赠闻一上人》)和“长生不必论贵贱,却是幽人骨主灵”(张蠙《华阳道者》)等诗句,突出对这些方外高僧道士的敬仰之情。他们敬仰僧人,在与他们的交往中寻求心灵的安慰,向往与僧人游赏山水、下棋论诗的清雅生活。周繇《题金陵栖霞寺赠月公》云:“欲结茅庵伴师住,肯饶多少薜萝烟。”干脆就想和高僧常伴。悠闲自在、恬淡适意成为最高的生活境界。于是隐逸处士、渔者常出现在诗人笔下,他们的自由超脱为诗人所向往追求。在他们的寄赠酬唱诗歌中,有一部分所寄赠的对象就是隐居之士。这些人多有隐居的情操和品行。诗歌突出“九华四俊”对一种闲散自乐的隐居生活的追求，从侧面反映出衰乱时代士人对乱世的悲观心理与绝望情绪。张乔《寄处士梁烛》：“贤哉君子风，讽与古今同。采药楚云里，移家湘水东。”对其隐居高雅的气节和闲散自在的风姿充满羡慕。《送陆处士》：“若向仙岩住，还应着薜萝。”张蠙《赠江都郑明府》有“更欲栖踪近彭泽，香炉峰下结茅庐”之句。张蠙《赠段逸人》云：“长笻自担药兼琴，话著名山即拟寻。从听世人权似火，不能烧得卧云心。”都描绘了隐居生活的闲适和自由散漫，相对于尘世间纷争，是理想所在。许棠《秋日陪陆校书游玉泉》：“共爱泉源异，频来不觉劳。散光垂鸟细，繁响出风高。沫滞潭花片，沙遗浴鸟毛。尘间喧与闷，须向此中逃。”纵情山水，乐山乐水，在此中闲游。“九华四俊”的全部诗中，诗歌标题直接或间接提到“僧”“寺”“道”“观”的就有六十四首诗，其中张乔三十六首，许棠九首，张蠙十四首，周繇五首。

（二）咏怀诗

咏怀即吟咏诗人怀抱、情志，“九华四俊”心中充满登第的渴望，屡次下第，家境贫寒让他们咏怀充满了身世感伤，当然，有也少量诗歌忧国忧民之诗。

诗歌吟咏的主题，重点在吟咏身世情怀，表现为思乡怀人之情，客愁漂泊之感，怀才不遇之叹及青春不再之痛。

1. 思乡怀人之情

“九华四俊”常年奔波于应举之路，难免有怀乡思人之情。他们辞别亲人，为了生活而应举，久在他乡而不能归家。加上屡屡下第，有时自觉无颜面对江东父老，为了求第，甚至漫游边塞。张乔、许棠、张蠙都有漫游边塞的经历，周繇是否有过边塞游历，不可确考。乡土之恋，亲人之恋，朋友之情都是人之常情。而思乡怀人成为咏怀诗的一大主题。

“九华四俊”经常用“梦”来咏怀。张蠙《叙怀》：“月里路从何处上，江边身合几时归。十年九陌寒风夜，梦扫芦花絮客衣。”思乡念亲之情走入梦中，寒风凛冽之夜，梦是苦涩的，芦花絮衣怎么能够抵挡住那刺骨的寒风！多年的下第，使他们的生活更加贫困不堪，这无疑又让思乡怀人之梦涂上悲凉的色彩。

张乔《吴江旅次》：“行人愁落日，去鸟倦遥林。旷野鸣流水，空山响暮砧。旅途归计晚，乡树别年深。寂寞逢村酒，渔家一醉吟。”正如陶渊明《归园田居》的“羁鸟恋旧林，池鱼思故渊”一样，在羁旅中，诗人有着浓厚的乡恋情结。许棠《忆宛陵旧居》云：“旧忆陵阳北，林园近板桥。江晴帆影满，野迥鹤声遥。岛径通山市，汀扉上海潮。秦城归去梦，夜夜到渔樵。”思乡怀人之情厚重。再如“故园魂梦外，长路归鸟重”（许棠《客行》）、“每逢明月夜，长起故山思”（张乔《秋夕》）和“几出东堂谢不才，便甘闲望故山回”（张蠙《抒怀》）等诗句，都含有浓重的思乡怀人情愫。

2. 客愁漂泊之感

“九华四俊”为应举而劳碌，家庭的贫困，生活的困苦，家世的低微，求第成了改变这一切的唯一途径。长期漂泊，羁旅他乡，回乡甚至不如漫游。许棠在《寄弟妹》中说：“垂老登云路，犹胜守钓矶。”这里的“守钓矶”，就是无官职家居之意。张乔《望巫山》写道“东归未必胜羁旅”。一些诗歌表现了他们客愁漂泊无依之感。张乔《雨中宿僧院》：“千灯有宿因，长老许相亲。夜永楼台雨，更深江海人。劳生无了日，妄念起微尘。不是真如理，何门静此身？”雨夜寄宿僧院，为劳生而愁苦感喟，彻夜难眠，黯然神伤；屋外楼台雨淅淅沥沥下个不停，屋内有江海人孤独的身影，情景交融，生动形象。写出了诗人江海漂泊无依的孤苦和凄凉。许棠《写怀》云：“汩没与辛勤，全钟在此身。半身为下客，终老托何人。”常年奔波在外，让他感到漂泊无依的悲苦和感伤，不知道身老寄托于何处。又《客行》云：“人事萍流水，年光鸟过空。”不但有时光逝去的感伤，更有一种人如水中浮萍，漂泊无依的感伤与落寞感浸透诗篇。张蠙《宿山驿》云：“驿在千峰里，寒宵独此身。古坟时见火，荒壁悄无邻。”寒冷的深夜，滞留在山中驿站，那古坟和荒凉的石壁，漂泊孤独之感油然而生。

3. 怀才不遇之叹

“九华四俊”用咏怀诗宣泄了怀才不遇的苦闷、孤独与感伤。胡震亨《唐音癸签》卷二十六：“晚唐人集，多是未第前诗，其中非自叙无援之苦，即訾他人成事之由。”[①]晚唐乱世，应举艰难重重。诗人们不仅嗟叹人生，也抒发人生失意的郁闷与愤懑。从中可以感受“九华四俊”空有满腹才华，却累累下第，怀才不遇的无奈、沮丧和不平情怀显现于诗中。许棠《春日言怀》：“东风万物新，独未到幽人。赋命自多蹇，阳和非不均。五陵三月暮，百越一家贫。早误闲眠处，无愁异此身。”直接抒发下第愁苦，感叹怀才不遇。张蠙《下第述怀》：

①（明）胡震亨《唐音癸签》，上海古籍出版社1981年版，第277页。

“十载长安迹未安，杏花还是看人看。名从近事方知险，诗到穷玄更觉难。世薄不惭云路晚，家贫唯怯草堂寒。如何直道为身累，坐月眠霜思枉干。”抒发自己十年应举，累累下第的辛酸和不遇；乱世薄情，颈联表面上深刻理解乱世应举之难，及第晚一点也不惭愧，只是担心家贫，自己潦倒一生；诗歌重点在于末联，“直道”，其实是说儒道，应举之路，自己劳生而应举，怀才不遇的凄苦悲凉和愤激之情，溢于言表。为了求第而四处干谒，张乔《延福里秋怀》云：“终年九陌行，要路迹皆生。苦学犹难至，甘贫岂有成？”干谒辛勤，却徒劳无功。许棠《长安书情》，也深感求谒无门：“僻寺居将遍，权门到绝因。”周繇《公子行》“青山薄薄漏春风，日暮鸣鞭柳影中。回望玉楼人不见，酒旗深处勒花骢。”“九华四俊”很多诗篇和诗句都反映了这一主题。如：

每到花时恨道穷，一生光景半成空。只应抱璞非良玉，岂得年年不至公？（张乔《自诮》）

无成归故里，不似在他乡。岁月追逐流水，山川空斜阳。回潮迷古渡，迸竹过邻墙。耆旧休存省，胡为止泪行。（许棠《重归江南》）

满国赏芳辰，飞蹄复走轮。好花皆折尽，明日恐无春。鸟避连云幄，鱼惊远浪尘。如何当此节，独自作愁人。（许棠《曲江三月三日》）

九衢秋雨掩柴扉，不似干名似息机。贫病却惭墙上土，年来犹自换新衣。（张蠙《长安寓怀》）

十五年看帝里春，一枝头白未酬身。（张蠙《投所知》）

“九华四俊”的咏怀诗难有盛唐人那种大气和豪情。李白《将进酒》：“天生我材必有用，千金散尽还复来。”面对挫折，李白“仰天大笑出门去，我辈岂是蓬蒿人”（《南陵别儿童入京》）。同样，面对怀才不遇的困境，“九华四俊”多是自我独自的感伤和苦痛，缺乏李白那种自负豪迈的胸襟。

4. 青春不再之痛

“九华四俊”一些诗作，慨叹了时光易逝、青春不再之痛。青春年少，本想早日登第，改变自己的生活状况和提高在自己的地位，博得一第荣身，当然也有儒家积极用事的理想。然而多年的未第，转眼间年龄一天天变大。他们应举多年，从年少一直到年老，孜孜不倦于仕途。“九华四俊”诗句中表达了对光阴飞逝的慨叹和感伤。如张乔《江行夜雨》感叹“江风木落天，游子感流年”那样，“九华四俊”有不少喟叹光阴逝去的诗歌。许棠《旅怀》：“终年未旅社舍，只似已五家。白发除还出，丹霄去转赊。夏游穷塞路，春醉负秦花。应是穹苍意，空教老若耶。”除了不第之苦，更多是容颜一天天老去的伤悲，结尾的两句是一种无奈，其实是一种自我安慰，可见心境凄凉至极。张蠙《十五夜与友人对月》：“每到月圆思共醉，不宜同醉不成欢。一千二百如轮夜，浮世谁能得尽看。”时间如流水，如白驹过隙，人生短暂，岁月蹉跎而自己竟无所成，只能在酒中沉醉，借酒忘忧。张乔《曲江春》：“寻春与送春，多绕曲江滨。一片凫鹥水，千秋辇毂尘。岸凉随众木，波影逐游人。自是友人老，年年管吹新。”一代代举子在应举中老去，青春不再的感伤在“年年管吹新”中更显悲凉和无奈。

“九华四俊”的咏怀诗视野很多都固定在自己身上，内容偏狭，表现一己之得失，情绪消极低沉，格调不高。咏怀诗没有盛唐诗歌那种大气磅礴的气象和精神风貌，晚唐的时代背景给他们诗歌涂上一层萧瑟凄凉的色调。

当然，咏怀诗中也有一些反映他们忧国忧民之心。张乔《将归江淮书》：“东风摇众木，即有看花期。紫陌频来日，沧州独去时。郡因兵役苦，家为海翻移。未老多如此，那堪鬓不衰。”不仅有未第的辛酸和时光老去的感叹，也一定程度上反映了战乱给人民带来的痛苦。许棠《冬杪归陵阳别业无首》其一：“闾里故人少，田园荒草深。”其四：“乡国乱离后，交亲半旅游。”战乱给乡人带来了不幸，反映了战乱对社会生产和人民和平生活的破坏。张蠙《长安春望》云：“故国别来桑柘尽，十年兵践海西艖。”忧国忧民之心溢于言表；《夏日题老将林亭》：“百战功成翻爱静，侯门渐欲似仙家。墙头雨细垂仙草，水面风回聚落花。井放辘轳闲浸酒，笼开鹦鹉报煎茶。几人图在凌烟阁，曾不交锋向塞沙。”百战功成的老将，门前冷落鞍马稀，别人立功受封，画像于凌烟阁中摆放，可自己只能在破败的林亭中自给自足，反映了老将的不幸和痛苦。

（三）山水诗

山水诗，以自然山水为主要审美对象与表现对象的诗歌。山水诗并不限于描写山水，同时渗透着作者的主观情感。“九华四俊”长期往来于京城与家乡之间，写下大量的山水诗。他们的山水诗，较少单纯写景描水，大多是写景抒情。

首先，“九华四俊”山水诗有一些表现出羁旅情怀，羁愁旅恨、孤独寂寞、

壮志难酬的感伤如影随形。如张乔《浮汴东归》:

日暖泗滨西,无穷岸草齐。
薄烟衰草树,微月迥城鸡。
水近沧浪急,山随绿野低。
羞将旧名姓,还向旧游题。

薄烟、衰草、微月,这些景色中有一种落寞的情怀,落第的阴影始终郁积在心中,以至"羞将旧名姓,还向旧游题"。惭愧、无奈、孤苦感折磨内心。再如许棠《早发洛中》:

半夜发清洛,不知过石桥。
云增中岳大,树隐上阳遥。
堑黑出沉月,河明欲认潮。
孤村人尚梦,无处暂停桡。

《瀛奎律髓》卷十四晨朝类评曰:"此一早发诗,不知二字便佳。盖曙中船过桥下也。中岳上阳以云增而大,以树隐而遥极有味,第六句亦佳。"①旅途辛苦可以想象。许棠在《过湍沟谷》中更把羁旅中的焦虑、忧心、辛苦写得深刻:

西去穷胡处,岩崖境不常。
石形相对耸,天势一条长。
栈底鸣流水,林端敛夕阳。
虽随兵马至,未免畏豺狼。

生命之忧,不光因为战乱,还有旅程中的豺狼,加上路险崎岖难走,诗人的孤苦悲哀忧惧相当深刻。张蠙也有《过黄牛峡》:

黄牛来势泻巴川,迭日孤舟逐峡前。

①(元)方回选评,李庆甲集评校点《瀛奎律髓汇评》,上海古籍出版社2005年版,第511页。

雷电夜惊猿落树，波涛愁恐客离船。
盘涡逆入嵌空地，断壁高峰缭绕天。
多少人经过此去，一生魂梦怕潺湲。

《升庵诗话》卷十二《盘涡》条云：“蜀江三峡中，水波圆折者名曰盘。‘盘’音‘漩’”。黄牛峡的险要气势，让人胆寒。

另一类诗歌则表现对隐居生活的向往。

唐王朝国势衰颓，朋党倾轧、宦官专权，藩镇割据，使种种社会矛盾日益加剧。文士们在乱世中求举，步履维艰。于是，现实与理想的矛盾，让士子们在仕与隐之间挣扎，普遍感到失望、惶惑和痛苦。晚唐诗歌里，像“登某寺”“题某禅院”比比皆是。

“九华四俊”山水诗，赞美山水自然，向往隐居的诗歌占了很大比例，山水诗多发感慨，情景交融。“九华四俊”出身寒门，生活经历相似，都有隐居经历，在科场奋斗多年。相同的生活遭遇和经历，他们深受佛老思想影响，其诗大多以描写自然界中的幽静景色为主，蕴含着“空”“静”“净”的佛理禅意。他们和禅僧道士有很多交往，游览过不少寺庙道观，以禅寺道观入诗，扩大了山水诗的表现领域，重视表现禅寺道观与自然山水相融之美，生发尘外之想。

如张乔《题古观》：

急景递衰老，此经谁养真。
松留千载鹤，碑隔六朝人。
洞水流花早，壶天闭雪春。
其如为名利，归踏五陵尘。

全诗描述古观的古老清幽，有感叹光阴易逝的情怀和隐居情怀，也有为名利而应举的一种无奈。再如张蠙《宿山寺》：

中峰半夜起，忽觉有青冥。
此界自生雨，上方犹有星。
楼高钟尚远，殿古像多灵。
好是潺湲水，房房伴诵经。

《瀛奎律髓》卷四十七释梵类云："三四已佳，五六尤佳，第六句无人曾道，末句亦可佳也。纪批：末句自佳。三四真景而语不工，六句鄙彼。"[①]写山寺高耸云霄，因为楼高，所以钟声传得很远，因为殿古，所以像很灵验。末联将诵经之声比作缓缓流动的水，绵延不绝，细而悠长。诗人留宿在此，如此的仙境，定让诗人流连忘归。再如许棠《题金山寺》：

四面波涛匝，中楼日月邻。
上穷如出世，下僩忽惊神。
刹碍长空鸟，船同外国人。
房屋皆迭石，风扫永无尘。

写金山寺居高临的气势和得天独厚的自然环境，其间"出世"一词暗含诗人出世之心。还有周繇的《题东林寺虎掊泉》：

胜致通幽感，灵泉有虎掊。
爪抬山脉断，掌托石心拗。
竹蔼疑相近，松阴盖亦交。
转令栖遁者，真境逾难抛。

首联开门见山，点出虎掊泉为灵泉；颔联颈联介绍其外形，描绘其景色；末联抒怀，如此仙境让想隐居的人难以抛弃，抒发自己隐居情怀。

"九华四俊"追求禅悦和与之相关的淡泊山水境界。在一些山水诗歌里，也有隐居思想。如张乔《游南岳》云："入岩仙境清，行尽复重行。若得闲无事，长来寄此生。涧松闲易老，笼竹晚生明。一宿泉声里，思乡梦不成。"为那南岳仙境所迷，流连不舍；泉水叮咚，美妙悦耳，表面上泉声阻扰思乡梦，其实是沉醉其间，不用思乡，沉迷美丽迷人的仙境中，诗人哪里还有思乡之念。周繇《白石潭秋霁作》："潭心烟雾破斜晖，殷雷声隔翠微。崖蹙盘涡翻蜃窟，滩吹白石上鱼矶。陵峰舴艋讴哑去，水出鸬鹚薄泊飞。秋霁更谁同此望，远钟

①（元）方回选评，李庆甲集评校点《瀛奎律髓汇评》，上海古籍出版社2005年版，第1673页。

时见一僧归。”秋雨停止，雨过天晴，潭中烟雾缥缈，青山隔着雷声；由崖而写盘涡、蜃窟，清风阵阵，浪花跃上渔矶，船在乘风破浪，不时传来讴哑之声；末联感喟有谁一起望这美妙的人间仙境，远方传来钟声，一位僧人归来，僧人定也常会欣赏此处美景。表现对隐居生活的向往。

“九华四俊”写湖光山色的名作有许棠《过洞庭湖》和张乔《华山》等，从自然的辽远高阔想人的命运，渗透着一种隐居情怀。许棠《过洞庭湖》：

惊波常不定，半日鬓堪斑。
四顾疑无地，中流忽有山。
鸟高恒畏坠，帆远却如闲。
渔父闲相引，时歌浩渺间。

《北梦琐言》卷二云：“许棠有《洞庭》诗，尤工，诗人谓之‘许洞庭’。”[①]《唐诗纪事》载：“棠，字文化，宣州泾县人。登咸通十二年进士第。有《洞庭》诗为工，时号‘许洞庭’。”[②]许棠描写的山水诗境界和情怀偏于狭小。孟浩然和许棠命运一样，落第的感伤始终萦绕在内心。然而同样描绘洞庭湖，他还是写出了“气蒸云梦泽，波撼岳阳城”这样有气魄的诗句。唐代宗大历三年(768)，杜甫登岳阳楼，望洞庭湖吟出“吴楚东南坼，乾坤日夜浮”(《登岳阳楼》)的名句。孟、杜之作写出洞庭湖磅礴气势和壮阔动感，表现了自己积极入世的情怀。而许棠诗则主要关注个人，写洞庭湖苍茫辽阔，写渔父过洞庭湖的宠辱不惊，其实是自己对渔父悠闲隐居生活的向往。许棠诗不仅在力度、强度上均显柔弱，而且境界上也不如孟、杜的苍莽、阔大。正如胡震亨所评：“视老杜‘乾坤日夜浮’，愈切愈小。”[③]许棠用了两个“闲”字，可见其避世的心态。在山水林泉中流连徜徉，以“身闲自得”为乐，洞庭湖的波涛汹涌，船行期间，渔父却闲引轻舟，闲歌唱答，这是悠然避世的情怀，许棠对这种隐居生活是向往的。张乔写景力作《华山》，写出华山的幽深高远及美丽灵动的仙境，诗中云：“每来寻洞穴，不拟返江湖。倘有芝田种，岩间老一夫。”流连于华山神奇仙境中，游而忘归。末句用一假设，道明自己的隐居情怀。

①(宋)孙光宪《北梦琐言》，上海古籍出版社1981年版，第9页。
②(宋)计有功《唐诗纪事》，中华书局1965年版，第1037页。
③(明)胡震亨《唐音癸签》卷八，上海古籍出版社1981年版，第78页。

(四)边塞诗

晚唐社会动乱,民生多艰,边塞也很难安宁。他们的边塞诗真实地反映这一社会现实。"举凡从军出塞,保土卫边,民族交往,塞上风情;或抒报国壮志,或发反战呼声,或借咏史以寄意,或记现世之事件;上自军事、政治、经济、文化,下及朋友之情、夫妇之爱、生离之痛、死别之悲,只要与边塞生活相关的,统统都可以归入边塞诗之列。"[①]"九华四俊"边塞诗数量分别为:张乔十首、许棠十九首、张蠙十八首、周繇二首,共四十九首,约占其诗歌总量(449首)的10.9%。数量虽然不多,但在晚唐边塞诗中,算是颇有特色。张乔、许棠、张蠙都曾游历边塞,周繇是否游历过边塞,难以确考,但从其《送边上从事》《送入蕃使》来看,他肯定也到过边塞。

"九华四俊"边塞诗最具特色的地方,在对边卒苦难的描写和对军将及统治者的批评上。边塞战争的残酷给人民带来极大痛苦,造成无数将士阵亡和千千万万家庭悲剧。如张乔《河湟旧卒》中云:"少年随将讨河湟,头白时清返故乡。十万汉军零落尽,独吹边曲向残阳。"诉说着唐军全军覆没的悲惨情景。《唐人绝句精华》:"此为老卒抒久戍之情也。"[②]老兵是不幸的,然而,那十万汉军更不幸。河湟,即今甘肃、青海黄河、湟水流域地区。宣宗大中三年失陷多年的秦、原、安乐三州及石门等七关复归唐朝。[③]据《资治通鉴》卷二四九载,大中五年(851),"张义潮发兵略定其旁瓜、伊、西、甘、肃、兰、鄯、河、岷、廓十州,遣其兄义泽奉十一州图籍入见,是河、湟之地尽入于唐。"[④]河湟陷于吐蕃近百年,至大中五年收复。近百年的战争给人们带来巨大灾难,河湟旧卒是残酷边塞战争的参与者和见证者。张乔不写收复意义而写旧卒,反映了其对边卒命运的同情。张蠙《边将》云:"战骨沙中金镞在,贺筵花畔玉蝉新。由来边卒皆如此,只是君门合杀身。"一边是战死疆场而无人掩埋的"边卒",尸骨上还留存着致命金镞,一边是灯红酒绿的庆功宴酒,以边将之乐衬边卒之悲。末联一语道破晚唐边卒的悲惨命运。其《吊万人冢》:"可怜白骨攒孤冢,尽为将军觅战功。"说得更简明,万具边卒白骨堆砌成将军的战功之阶。而在《边情》中,"圣主尚嫌藩界近,将军莫恨汉庭遥"批评统治者穷兵黩武,不公正

①胡大浚《边塞诗之涵义与唐代边塞诗的繁荣》,《西北师范学报》1986年第2期。

②刘永济选释《唐人绝句精华》,人民文学出版社1981年版,第255页。

③(宋)司马光编著《资治通鉴》,中华书局1956年版,第8037页。

④(宋)司马光编著《资治通鉴》,中华书局1956年版,第8048—8049页。

和不平等导致边卒命运的悲惨，让边卒士气低落，以致“惆怅临戎皆效国，岂无人似霍嫖姚”。

其二，与盛唐边塞诗描写美好壮丽的边塞风光抒发豪情壮志不同，晚唐边塞诗充满着冷淡和凄凉，处处散发着文士心境的凄苦，思乡之愁、不遇之恨渗透在满眼悲凄的景色里。他们边塞诗中描绘的景象，和盛唐边塞诗比较，再也没有“大漠孤烟直，长河落日圆”（王维《使至塞上》）的壮丽，[①]更没有岑参“忽如一夜春风来，千树万树梨花开”（岑参《白雪歌送武判官归京》）的唯美和浪漫[②]，多是那种凄冷悲凉的景象，我们感受到的寒士风骨渐衰的悲凉低吟，多表现浓重的感伤与凄凉。借边塞景色抒发对身世的感伤成了“九华四俊”边塞诗一个鲜明的特点。“九华四俊”家贫困苦，本想靠求第改变自己生活境遇，然而困顿举场，在科举失意后前往边塞游历，以期干谒结交权贵，为生计奔波。

晚唐末世，战祸弥漫，文人雅士游历边塞根本没有心境体会欣赏边塞风光，更多是抒愁写恨。纵观“九华四俊”诗歌，凄凉冷寂、衰瑟哀伤的写景诗句和词语俯首可拾。如“衰草城边路，残阳垄上笳”（周繇《送边上从事》）、“紫塞唯多雪，胡山不尽春。河遥分断野，树乱起飞尘”（许棠《雁门关野望》）、“陇狐来试客，山回鹘下欺人。晓戍残烽火，晴原起猎尘”（张蠙《过萧关》）等。“九华四俊”经常以诗来抒发思乡之愁。张乔《游边感怀二首》（其二）：“兄弟江南身塞北，雁飞犹自半年余。夜来因得思乡梦，重读前秋转海书。”乡路迢迢，诗人在梦里思乡念亲，又把来年的家书再读了几遍。许棠漫游时间最长，《题秦州城》云：“乱烧迷归路，遥山似梦中。此时怀感切，极目思无穷。”怀乡之情，只能在梦中相见。“遥山”指家乡陵阳山。不遇之恨，也在“他们的诗中有所体现，不第的阴影给他们游历边塞留下了心理创伤，因此在边塞诗诗中，很少有壮丽宏阔的边塞风景。许棠《出塞门》云：“步步经戎虏，防兵不离身。山多曾战处，路断野行人。暴雨声同瀑，奔沙势异尘。片时怀忧虑，白发数茎新。”末世的衰颓，边境已无昔日繁荣兴盛的气象，多是一种凄凉让人忧惧的景色。诗人出塞门，边塞之路崎岖难走，不光要担心戎虏的袭击，还要担心暴雨风沙的困扰，身心疲惫，白发催生。

其三，“九华四俊”边塞诗，其不仅仅关注士卒，也不只限于描写边地风景

①（清）彭定求等编《全唐诗》，中华书局1960年版，第1279页。

②（清）彭定求等编《全唐诗》，中华书局1960年版，第2050页。

来抒发对身世的感伤情怀，也有少量反映他们积极进取情怀。他们常常以独特的视角来思考边塞事物。这些诗歌反映了他们忧国忧民之心。晚唐边塞诗中经常能看到诗人对建功立业的怀疑与否定，“杀成边将名，名著生灵灭”（李咸用《陇头行》）[①]，“凭君莫话封侯事，一将功成万骨枯”（曹松《己亥岁二首》）[②]。而在“九华四俊”边塞诗歌中，却有少量诗歌表现对建功立业的渴望。如许棠《春日乌延道中》云：“虚负男儿志，无因立战功。”张蠙在《塞下曲》中云：“边事多更变，天心亦可忧。胡兵来作寇，汉将也封侯。无门展微略，空上往西楼。”谴责无能却受高官的军将，对国中无良将的担忧，为边事忧心，也为自己壮志不酬而愤懑不平。“九华四俊”游历边塞，主要是干谒，所以，有一些积极情怀的诗是很可以理解的。有时憧憬边塞和平繁荣前景：“大汉无兵阻，穷边又客游。藩情似流水，长愿向南流。”（张乔《书边事》）张蠙《蓟北书事》：“暑过燕僧出，时平虏客通。”《登单于台》：“边兵春尽回，独上单于台。”诗人们唱起赞歌，为眼前的安宁给自己带来便利而欣喜，同时表达了和平美好祝愿。在送友人边时，时见忧国之心，往往在歌颂国威、军威，勉励友人的同时，表现出诗人的志向和抱负。周繇《送边上从事》云：“提笔男儿事，功名立可夸。”积极进取情怀明显。周繇《送入藩使》云：“早终册礼朝天阙，莫遣虬髭染塞霜。”望友人完成任务早日归来，不仅忧虑友人的安危，还为国事而忧虑。许棠《送李左丞巡边》：

狂戎侵内地，左辖去萧关。
走马冲边雪，鸣鞭动塞山。
风收枯草定，月满广沙闲。
西绕河兰匝，应多隔岁还。

“风收枯草定，月满广沙闲。”不仅写风景，也暗喻乱已经平。晚唐乱世，文人大都极少热情关注国事，这是很难得的。

“九华四俊”的诗歌，尽管有少量诗歌反映其积极用世情怀，但冷酷的现实让人寒心。如张蠙《夏日题老将林亭》中的老将，百战功成，却门可罗雀，怀才不遇之悲溢出字里行间，委婉地批评朝廷对有功之臣不公待遇的同时，也

①（清）彭定求等编《全唐诗》，中华书局1960年版，第7384页。
②（清）彭定求等编《全唐诗》，中华书局1960年版，第8237页。

有自身不得意的嗟叹。老将就是“九华四俊”的缩影，他们空负才华，却屡试不第，不受重用。

（五）咏物诗

范仲淹《赋林衡鉴序》云：“指其物而咏者，谓之咏物。”指描状具体事物为主的诗作。元方回《瀛奎律髓》卷四二中说：“晚唐人非风花雪月禽鸟虫鱼竹树，则一字不能作。”指出晚唐诗人对于“物”的偏爱，晚唐拥有大量咏物诗。咏物诗折射出晚唐的社会现实，还有士人的内心世界。“九华四俊”咏物诗不多，一共二十三首，占其作品6%。其中张乔十首，许棠三首，张蠙九首，周繇一首。晚唐笼罩着浓重的世纪末氛围，凄伤与哀怨弥漫文坛，托物言怀的咏物诗变成文人宣泄忧伤的载体。“九华四俊”咏物诗，可以分成两类：一类是托物言怀之作，一类是单纯的咏物诗。

晚唐诗人心头积聚着愁云，常常借花草、虫鱼、松竹、兰菊来排遣心中郁闷。“九华四俊”诗歌，有一些诗歌反映别离漂泊之愁。张乔《蝉》云：

先秋蝉一悲，长是客行时。
曾感去年者，又鸣何处枝？
细听残韵在，回望旧声迟。
断续谁家树，凉风送别离。

以蝉比喻人，蝉鸣之时，客行于秋，去年奔波的举子，在何处栖身？末两句写送离愁。又如许棠《亲仁里双鹭》诗中云：

双来双去日已频，只应知我是江人。
对欹雪顶思寻水，更振霜翎恐染尘。
三楚几时初失侣，五陵何树又栖身？
天然不与凡禽类，傍砌听吟性自驯。

开头二句说的是来双鹭都认识自己，说明许棠多次未第回乡；三四句写双鹭振翎寻水，也指自己求举生涯；五陵，指的是长安，表面上说的是双鹭，其实说自己不知道何处栖身。张蠙《雨》诗云：

半夜西亭雨，离人独启关。
桑麻荒旧国，雷电照前山。
细滴高槐底，繁声迭漏间。
唯应孤吟者，明月长愁颜。

《瀛奎律髓》卷十七晴雨类评曰：“三四壮丽，尾句有味。”[①]三四句是写思乡之情，而首联诉说的是离人苦辛，尾句明月照吟者，明月寄托乡思，表现游子羁旅天涯的离愁。

“九华四俊”有一些诗歌以物譬人、寄托品格。袁枚《随园诗话》云：“咏物诗无寄托，便是儿童猜谜。”[②]葛晓音亦云：“咏物诗以有寄托为主，否则纵然肖形写貌酷似物象，终欠骨力。”[③]“九华四俊”咏物诗的一个特征就是常常以物譬人，寄托对高洁品格的赞扬和向往。晚唐文士咏物诗常常取材于菊、鹤、桂、竹、松等物对高洁人格的赞颂。张乔以《月中桂》诗：

与月转鸿蒙，伏暑万古同。
根非生下土，叶不坠秋风。
每以圆时足，还随缺处空。
影高群木外，香满一年中。
未种丹霄日，应虚玉兔宫。
何当细羽化，细得问玄功。

《唐诗笺要》：“宛肖之至，天工人巧，摇笔皆具。后四语言微寓请托，却字字如题，何等身分。”全诗着力描写月中仙境，突出月中桂与众不同。影高群木，香满一轮，再现月中桂的品格。《唐才子传》卷十《张乔》云：“试《月中桂》诗，乔云：‘根非生下土，叶不坠秋风。’遂擅场。”“根非生下土，叶不坠秋风”道出月中桂的高贵。而结尾四句，仿佛喻指自己高才横溢，表现对高第和月中仙境的向往。张蠙的《郑毂补阙山松》更是以物比喻人质量告诫的最好例子：

①（元）方回选评，李庆甲集评校点《瀛奎律髓汇评》，上海古籍出版社2005年版，第658页。

②（清）袁枚著、顾学颉校点《随园诗话》，人民文学出版社1982年版，第58页。

③葛晓音《杜甫诗选评》，上海古籍出版社2002年版，第7页。

“心将积雪欺，根与白云离。远寄僧犹忆，高看鹤未知。影交新长叶，皴匝旧生枝。多少同时种，深山不得移。”张海考证认为，郑谷迁官补阙在乾宁三年，此时张蠙已及第，以诗歌相赠，祝贺郑谷升迁。山松不惧冰雪，凌寒独自生枝长叶，喻指郑谷高洁的品性。许棠和张蠙都有《白菊》为题的诗，许棠《白菊》中就有“所尚霜雪姿。非关落帽期”的句子，张蠙诗里云“片苔相应绿，诸卉独宜寒”之句，赞颂白菊洁美的质量，表现对种人格的追求。

另一类是单纯咏物，这类诗歌对所咏之物进行客观的描写。如张蠙《野泉》：

远出白云中，常年听不同。
清声萦乱石，寒色入长空。
挂壁聊成雨，穿林别起风。
温泉非尔数，源发在深空。

从视觉听觉写出野泉的物态，具体而细致。再如《新竹》诗：“新鞭暗入庭，初长两三茎。不是他山少，无如此地生。垂梢丛上出，柔叶箨间成。何用高唐峡，风枝扫月明。”写出新竹生长的情态。张乔《题小松》：

松子落何年，纤枝长水边。
劚开深涧雪，移出远林烟。
带月栖幽鸟，兼花灌冷泉。
微风动清韵，闲听罢琴眠。

刻画松树生长的物态、松涛的清韵等。周繇唯一的咏物诗《咏萤》诗云：

熠熠与娟娟，池塘竹树边。
乱飞同曳火，成聚却无烟。
微雨洒不灭，轻风吹欲燃。
旧会书案上，频把作囊悬。

语言清新流畅，内容生动而有趣，中间四句描绘了萤火在微雨中不灭成聚却无烟的情态。

“九华四俊”诗歌内容大致可以分为上述五类。寄赠酬唱诗歌，指诗题有“留别”“送”“赠”“寄”“献”等字眼，标题中往往会出现寄赠对象。按此标准，寄赠酬唱诗歌，张乔七十首，许棠六十七首，张蠙四十八首，周繇六首，共一百九十一首，这类诗歌多为现实的悲欢离合，且往往悲苦明显多于欢乐，这符合晚唐寒士的心理特征。而出尘的遐想，更多反映他们内心的一种失望、焦虑和不安。咏怀诗多为个人身世之感伤幽情，这和他们长久奔波的应举经历相关。难能可贵的是，少量忧国忧民的诗作反映正直文人的良心和责任感。山水诗大多和羁旅应举伤情有关，在一些诗歌里，禅寺和道观与山水紧密相融。“九华四俊”除周繇外，其他三人都有游历边塞的经历，边塞诗关注战士苦难，将边塞风光写得清冷、衰飒，少量诗歌表现了积极用世情怀。他们咏物诗不多，常常借物喻人，纯客观描物的作品较少。

四、“九华四俊”诗歌艺术特色

“九华四俊”作为一个诗人群体，留存的作品数量不一，张乔和许棠作品较多，周繇诗歌较少，但四人诗歌艺术成就在晚唐诗坛还算水平较高。许棠和张蠙分别以《过洞庭湖》和《登单于台》驰名文坛，康骈《剧谈录》说张乔“以律诗著”，周繇被时人尊为“诗禅”。“九华四俊”诗歌有较为鲜明的艺术特色。下面从体裁形式、苦吟诗风、诗歌意象、表现手法四方面来探讨“九华四俊”诗歌的艺术成就。

(一)形式上专攻律绝体裁

苦心为诗的“九华四俊”和同时代大多数文士一样，偏好近体。他们大部分作品体裁都是律诗和绝句。现据《全唐诗》和《全唐诗补编》，列表统计如下(以下其完整存诗做出的统计，除此之外，许棠还有三个残句(七言))：

诗人	五古	七古	五律	七律	五绝	七绝	排律
许棠	0	0	140	15	0	0	4
张乔	0	1	126	13	4	28	3
张蠙	0	0	54	28	1	21	1
周繇	0	0	11	5	0	2	0
合计	0	1	331	61	5	51	8
百分比	0	0.2%	73.7%	13.6%	1.1%	11.4%	1.8%

“九华四俊”诗歌，张乔诗歌二卷，许棠诗歌二卷，张蠙和周繇各一卷，共六卷，诗歌总数四百四十九首和三个残句。

由上表可知，除张乔有一首七言古诗外，其余均为近体诗歌，其中以五律为主，其次是七律、七绝和五绝。张乔存诗一百七十二首，全部是近体，以五律七绝见长，诗中善于摹情状物，精于刻画，语言朴实真切；许棠存诗一百五十五首，全为律诗，以五律见长；张蠙存诗一百零四首，五律过半，七律和七绝几乎相等。“九华四俊”五绝很少，只有五首。“九华四俊”专攻律绝，有以下原因。

首先，“九华四俊”专攻律绝，与时代风气有关。

晚唐乱世，藩镇割据，宦官专权，朝廷里党争不断，社会长久动荡。晚唐寒士已无初盛唐文人的豪情壮志，表现在诗歌体裁选择上，他们偏好近体诗歌，而初盛唐时的那种纵谈时政和抒写功名雄心的古体诗，难以适应晚唐乱世文人灰暗幽苦的情怀。近体诗和古体诗所表现的内容不同，古体诗多为长篇大作，多描写宏大场景，特别适宜抒发豪放跌宕情怀，而近体诗短小精工，适合描写花鸟虫鱼、山水寺庙，多用于抒发个人幽约情绪。晚唐很多文士在诗歌创作中多关注个人，特别是以贾岛、姚合为代表的苦吟诗人，讲求近体诗声律、对仗等要素的锤炼，讲究字斟句酌的雕镂，注重诗歌艺术美的追求。

宋胡仔《苕溪渔隐丛话》前集引张文潜语云：“唐之晚年，诗人类多穷士。如孟东野、贾浪仙之徒，皆刻琢穷苦之言以为工。”①这一倾向对诗歌创作产生重要影响，近体诗更为流行。

“九华四俊”律诗现存三百九十二首，受到“姚贾”苦吟之风的影响，同时承杜甫“为人性癖耽佳句，语不惊人死不休”的诗歌创作精神，他们着力于字句的推敲，诗歌语言简洁生动，对仗工稳。如“星霜秋野阔，雨雹夜山空”（张乔《寄处士梁烛》）、“江晴帆影满，野迥鹤声遥”（许棠《忆宛陵旧居》）、“夜河蚌侵灯影，春禽杂橹声”（张蠙《送董卿知台州》、“公庭飞白鸟，官俸请丹砂”（周繇《送人尉黔中》）等，均为后人称道的佳句。“九华四俊”有不少佳句为人所称道，如张蠙五律就有五首被选入《唐百家诗选》。

近体诗成为晚唐诗歌主要体式，而近体诗中，律诗比绝句更为文人所喜爱。许棠全是律诗，张乔、张蠙、周繇律诗所占比重分别达到80.8%、78.8%、88.9%。相对来说，律诗比绝句在内容上更具表现力，更适于用来表达诗人纷

①（宋）胡仔编，廖德明校点《苕溪渔隐丛话》，人民文学出版社1962年版，第125页。

繁复杂的情感，故更多为晚唐众多诗人所用，许棠没有绝句，可能与其深重的苦难有关。“九华四俊”大量创作律诗，这与个人偏好有关，而更多则受了时代风气的影响。

“九华四俊”和晚唐中后期的大部分文士一样，诗作较少表现广阔的社会内容，他们更多关注个人，个人身世哀怨伤感的幽情需要近体诗来表现，于是他们大量创作近体诗。

其次，“九华四俊”专攻律绝，与律绝的发展有关。律绝在晚唐的兴盛，和其体裁自身的形成、发展、完善过程有关。

施子愉《唐代科举制度与五言诗的关系》曾就《全唐诗》中存诗一卷以上的诗人作品，在四唐分期框架内按体裁分类作出统计，[①]现转录如下：

体裁	初唐	盛唐	中唐	晚唐
五言古诗	633	1795	2447	561
七言古诗	58	521	1006	193
五言律诗	823	1651	3233	3864
七言律诗	72	300	1848	3683
五言排律	188	329	807	601
七言排律		8	36	26
五言绝句	172	279	1015	674
七言绝句	77	472	2930	3591

诗歌律化进程的完成，唐前期诗坛有重要贡献。袁枚云：“律诗始于盛唐……至中、晚唐而始备，至宋元而愈出愈奇。”[②]袁枚对律诗发展的综合概论，除说“律诗始于盛唐”不太确切（按：当起于初唐）以外，其余是应该肯定的。

晚唐一代，近体诗的创作呈递增趋势。从上述表格中统计可见，晚唐人绝句和律诗的创作远远超过盛唐。而且，在艺术探求方面，晚唐人注重严谨的格律，诗学方面产生了专门探讨诗歌技巧、方法的理论著作，即“诗格”。现存的有虚中《流类乎鉴》、齐己《风骚旨格》、郑谷与齐己、黄损一起作的《今体诗格》等，探讨体制、格律、比兴等问题。这些著作，深刻说明晚唐人诗歌理论

①原载《东方杂志》第40卷第8号，转引自陈伯海《唐诗学引论》，知识出版社1988年版，第175页。

②（清）袁枚《随园诗话》，人民文学出版社1982年版，第177页。

上已经相当成熟。其中《风骚旨格》，专门探究近体诗的写作技法。“九华四俊“专攻近体，他们看到了诗歌发展的趋势，他们尊重诗歌艺术的内部发展规律，他们学习贾岛，讲究诗歌艺术，用近体诗来抒发其幽重感伤的情怀。

再次，“九华四俊”专攻近体，与才力所限及应举需要有关。四俊诗歌，无论寄赠酬唱、咏怀，还是写景咏物、边塞游历，都主要叹老嗟苦，格调卑微软弱。和初盛唐代文人相较，“九华四俊”诗歌，缺乏积极向上的精神力量，题材狭窄，不能与盛唐李杜相比，也不能和前辈杜牧、李商隐、温庭筠相提并论。

“九华四俊”才力不足，眼界不宽，只能关注个人身边的狭小视野，胡震亨说：“晚唐人集，多是未第前诗，其中非自叙无援之苦，即訾他人成事之由。”[①]傅璇琮先生也说：“唐人以科举为题材的诗篇，还是以写落第的作品为最好，这包括两方面的内容，一是对自己久举不第的感叹，二是对别人不第失意的慰藉。”[②]他们无力驾驭长篇古体诗歌，而近体诗歌相对容易创作。

闻一多先生曾指出过两点：“一则五律与五言八韵的试帖最近，做五律即等于做功课，二则为拈拾点景物来烘托出一种情调，五律也正是一种标准形式。”[③]沈祖棻先生也说：“五言律诗之所以发达，是和进士科举有关的，因为当时考试规定要做五律。”[④]当时科举试诗讲求格律，常常规定为五律六韵，故“九华四俊”重视律诗，对仗韵律工整平稳。为求得诗名，晚唐诗人在短小的律、绝体裁创作中，精心锤炼出许多千古流传的警句和佳句。“九华四俊”专攻律绝，想以诗歌扬名，这对应举大有裨益。“白日地中出，黄河天外来”（张蠙《登单于台》、“四顾疑无地，中流忽有山”（许棠《过洞庭湖》），“根非生下土，叶不坠秋风”（张乔《试月中桂》）等，皆为人所熟知的警句。

李嘉言先生《长江集新校》中共收贾岛诗四百零六首（包括联句与残句），其中二百四十余首是五律（包括五排），占存诗总数的六成以上。贾岛可说是全力来写作五律的一位诗人，不仅数量多，且在《长江集》中质量也最高。“九华四俊”诗作中超过七成是五律，这与学习贾岛有关。

从“九华四俊”诗歌，可以看出诗歌格律发展到此已取得了相当的成绩。他们的诗最突出的就是律句的对仗工整而能有变化，灵活自然，尤妙在上下联之间活脱灵动，律诗中间两联写得较为成功。

---

①（明）胡震亨《唐音癸签》，上海古籍出版社1981年版，第277页。

②傅璇琮《唐代科举与文学》，陕西人民出版社2003年版，第424页。

③闻一多《唐诗杂论》，上海古籍出版社1998年版，第33页。

④沈祖棻《唐人七绝诗浅释·引言》，上海古籍出版社1981年版，第21页。

“九华四俊”专攻于近体，尤擅律诗。其律诗大部分对仗工稳，格律工整，圆润妥帖，至于内容的平庸，有句无篇，则是另一回事。张蠙六首诗歌被王安石收入《唐百家诗选》，除《社日村居》是七绝外，其他五首《送友人归武陵》《别后寄友生》《送友人赴泾州幕》《野泉》《述怀》全部是律诗。

“九华四俊”中许棠没有绝句传世，盖因为其忧苦深重情感需要律诗来表现，而短小绝句难以抒发其深重的愁苦。许棠七律只有十五首，成就不高。许棠诗歌直接抒怀的几乎都是五律，如一些诗歌明确标题为“写怀”“叙怀”“遣怀”等。而五律都是借写景或者述事来咏怀，许棠情感基调在四人中最为低沉，诗歌中所描绘羁旅的景物总有灰暗的色调。如枯草、衰苇、过客、野水、幽径等。七律之中，《成纪书事》写得最好，如其二：

> 蹉跎远入犬羊中，荏苒将成白首翁。
> 三楚田园归未得，五原岐路去无穷。
> 天垂大野雕盘草，月落孤城角啸风。
> 难问开元向前事，依稀犹认隗嚣宫。

苍穹浩野和落月孤城，还有那凄厉的号角声，境界宏大，真实描绘出战后荒凉衰败之景，抒发山河变迁悲怆慷慨情怀。张乔抒愁叹恨的七言诗以绝句居多，悲切声声可感，重在表现个人身世之苦，张乔用七言抒发了自己的身世忧愁。如《题河中鹳雀楼》《望巫山》《自诮》等篇，笔调有些苍凉。张乔边塞诗中有十首，张乔边塞诗歌七言近体体有七首，超过一半，其中，绝句四首，占全部十首边塞诗近一半。如绝句《宴边将》《游边感怀二首》《河湟旧卒》重在表达边卒的沉痛情感，诗作并不是渲染烘托边疆环境的恶劣。张蠙的七言诗歌比重最大，七言多写情，和许棠不同，张蠙直接抒怀的诗作几乎全部是七言绝句。如《自讽》《伤贾岛》《长安寓怀》《言怀》《叙怀》《抒怀》，只有《下第述怀》《言怀》是七律。酬赠干谒诗歌多为七言，如《自讽》《伤贾岛》《长安寓怀》《言怀》《叙怀》《抒怀》，张蠙和张乔一样，七言抒情比五言更为悲切。张蠙边塞诗几乎全部是五律。咏物诗除七绝《华山孤松》外，都是五律。周繇仅有两首绝句《津头望白水》和《公子行》，情景交融巧妙，意境优美。五律之中，多景楼三首尤佳。《全唐诗》将《登甘露寺》《甘露寺东轩》《甘露寺北轩》三诗单列出，《嘉靖池州府志》收录时合为《多景楼三首》，景色描绘极为优美生动，“盘山上几层，峭壁半垂藤”“山从平地有，水到远天无”“水静沙痕出，烟消野火平”。杨慎《升庵诗话》卷四十《多景楼周繇》云：“‘盘江上几层，峭壁半垂藤。殿锁南朝像，龛禅外国僧。海涛春砌槛，山雨洒窗灯。日暮疏钟起，声声彻广陵。’又：‘每日怜晴眺，闲吟只自娱。山从平地有，水到远天无。老树多封楚，轻烟暗染吴。虽居此廊下，入户亦踟蹰。’此二诗胜张祜《金山》诗，而人罕称之。”①

“九华四俊”绝句不多，并不是他们不会写绝句。除许棠没有绝句外，张乔总共三十二首绝句就有二十七首收入洪迈《万首唐人绝句》中。张蠙二十二首绝句有二十首入选《万首唐人绝句》，周繇二首绝句全部被收录。

（二）专精独诣的苦吟格调

晚唐末世，诗人们心志才力均不足，只能蜷缩于一隅浅唱低吟。以贾岛、姚合为代表的“苦吟”一派，对晚唐诗坛产生重要影响。尤其是贾岛，苦吟成僻，自称“二句三年得，一吟双泪流”，对晚唐诗人的影响广泛而深刻。《唐才子传》卷九《许棠》条云：“苦于诗文。”②郑谷在《故少师从翁隐岩别墅乱后榛芜感旧怆怀遂有追纪》，诗中有注云：“（张）乔诗苦道贞。”“九华四俊”是晚唐时学习贾岛的苦吟诗人中最为突出的一个诗人群体。他们与贾岛的身世有些相似，同生于乱世，也是科场不第、仕途不遇，因此，艺术追求比较一致，虽然他生活于唐末，但可归属于贾岛式的苦吟诗派。

晚唐苦吟之“苦”，不但创作内容多写个人生活的贫苦，还指其创作之苦。“九华四俊”在诗作中多次提到“苦吟”。“吟”字入诗，张乔27次，许棠29次，张蠙3次，周繇4次。如“万事不关心，终朝但苦吟”（许棠《言怀》）、“多年为客路，尽日倚栏吟”（张乔《回銮阁写望》）、“潜知经目事，大半是愁吟”（周繇《送宇文虞》）。张蠙诗歌中“吟”字出现仅有3次，可他写有怀念贾岛的诗歌《伤贾岛》：“生为明代苦吟身，死作长江一逭逐臣。可是当时少之际，不知知己是何人？”在对贾岛“少知己”的喟叹间，明显有以贾岛当代知音自居的意思。贾岛是深得“九华四俊”仰慕的，张乔也有《题贾岛吟诗台》一诗。在同时代诗人与“九华四俊”酬唱的诗作中，也提到其苦吟。许棠作诗唯求声律严谨，对仗工整，林宽说他“发枯穷律韵，字字合埙篪”（《送许棠先辈归宣州》）。③

①（明）杨慎著，王仲镛笺证《升庵诗话笺证》，上海古籍出版社1987年版，第360页。
②傅璇琮主编《唐才子传校笺》（第四册）卷10，中华书局1990年版，第17页。
③（清）彭定求等编《全唐诗》，中华书局1960年版，第6999页。

贯休《闻许棠及第因寄桂雍》云："时清道合出尘埃，清苦为诗不仗媒。"[①]杜荀鹤《维扬逢诗友张乔》："生计吟消日，人情醉过时。"[②]盛赞其吟唱的诗歌。杜荀鹤《送福昌周繇少府归宁兼谋隐》："一路水云生隐思，几山猿鸟认吟声。"[③]连猴子都能识别其吟声，可见周繇常苦吟。"九华四俊"字斟句酌苦吟诗风具体表现为：

首先，重炼字炼词，刻意追求工巧传神。如同贾岛诗"鸟宿池边树，僧敲月下门"，反复比较"推"和"敲"二字孰优孰劣，王安石诗"春风又绿江南岸"，经过多次筛选，才选定"绿"字一样。"九华四俊"作诗也讲究字句的推敲，以求有生动传神的艺术效果。如"落叶满江水，离人怀渭城"（许棠《秋江霁望》），"满"字的使用，突出落叶之多，正如李清照"满地黄花堆积"（《声声慢》）写哀愁一样，渲染了一种悲苦的氛围。张乔诗《江南别友人》中"醉别醒惆怅，云帆满乱流"，也用"满"突出离愁。满，说明离人之多，离愁之多。加上又是酒醒所见，离愁之重可以想象。张蠙《新竹》中"新鞭暗入庭，初长两三茎"之句，说的是新竹偷偷地进入庭院，刚开始就长了两三茎。这里"暗入"用了动词拟人化手法，更好地描摹出事物的情态特征。再如张乔《曲江春》的"岸凉随众木，波影逐游人"一联，岸因为树荫而凉，可说是随同众木，岸似乎也有树木之灵秀，更加凉快宜人，波影仿佛有意追逐着游人，把波影写活了，拟人手法使形象而兴致盎然。"九华四俊"也重视使用虚词。虚词可以使诗歌内容更含蓄而委婉，使诗歌富有协调和跌宕起伏的节奏美。"未老多如此，那堪鬓不衰"（张乔《将归江淮书》）中的"那堪"，渲染了诗人漂泊无依之感和深感光阴虚度、岁月蹉跎的焦虑情绪，且使这种内在的情思更为强烈，节奏感更强。"早终册礼朝天阙，莫遣虬髭染塞霜"（周繇《送入藩使》）中的"莫"字具有否定意味，在情感上形成了顿挫的节奏美。许棠名作《过洞庭湖》就成功运用了虚字：

惊波常不定，半日鬓堪斑。
四顾疑无地，中流忽有山。
鸟高恒畏坠，帆远却如闲。
渔父闲相引，行歌浩渺间。

①（清）彭定求等编《全唐诗》，中华书局1960年版，第9419页。
②（清）彭定求等编《全唐诗》，中华书局1960年版，第7940页
③（清）彭定求等编《全唐诗》，中华书局1960年版，第7953页。

“疑无”“忽有”“恒”“却”等,以虚字摹出洞庭湖气势风姿。

其次,化用典故。“九华四俊”用典多自然而不露雕琢痕迹,这是苦吟诗风的一种表现。对白居易浅切平易的诗风亦时有继承。他们的诗明白如话,不用偏僻之典,简洁晓畅。

1.语典

晚唐时期,文士们普遍喜欢佳词丽句,常化用前人诗句入诗,化用前人诗句的意境,以构筑自己的意境。化用诗句,是“九华四俊”苦吟诗风的重要表现,灵活化用前人诗句,给诗歌增光不少。许棠《遣怀》“此生何处遂,屑屑复悠悠”,分别化用了《汉书·王莽传》“晨夜屑屑,寒暑勤勤”和《诗经·邶风·终风》“莫往莫来,悠悠我思”。“山随绿野低”(张乔《浮汴东归》)袭用李白的“山随平野尽”,而刻画稍嫌细弱。张蠙“黄河天外来”则直接浓缩了李白“黄河之水天上来”。许棠的“片时怀万虑,白发数茎新”(《出塞门》)对时间的夸张可能是效仿李白“朝为青丝暮成雪”,但意蕴不够浑厚。张蠙“黄河天外来”(《登单于台》)直接浓缩了李白“黄河之水天上来”。张乔《题玄哲禅师影堂》“吾师视化身,一念即遗尘”,“化身”是佛教语,指的是佛随三界六道之不同状况和需要而变现之身。有取前人全句入诗,有取断句入诗,或正或反,灵活自如,增强了诗歌的深意和韵味。如张乔《刘补阙自九华山拜官因以寄献》的“冥鸿久不群,冥鸿化用了扬雄《法言·问明》的语句“鸿飞冥冥,弋人何篡焉”。张乔《投翰林萧侍郎》“微尘还助岳形仪”直接化用了《管子·形势解》的“山不辞土石,故能成其高”之句。

2.事典

“九华四俊”用典注重平实,不过分地求奇求险,显得较为自然,不取偏僻之典,避免造成语意生涩,他们借用平实容易理解的典故,更好地表达和抒发自己的情感。如许棠“无眠将及曙,多是说山阴”(《春夜同厉文学先辈会宿》),用“王羲之与群贤在会稽山阴之兰亭集会”的典故。典故的灵活自如,增强了诗歌的深意和韵味。“戎装佩莫铘,走马逐轻车”(周繇《送边上从事》),用“汉轻车将军李蔡被封安乐侯”之典故祝愿友人早日获取功名。张乔《送龙门令刘沧》“去宰龙门县,应思变化年”用鲤鱼登龙门典故,《自诮》“只应抱璞非良玉,岂得年年不至公”之句,反用汴和献玉之典,意思表面在说自己不如汴河,璞中所藏为良玉,看似自怨自责,暗里有愤慨不平之意。张蠙《边情》

“惆怅临戎皆效国，岂无人似霍嫖姚”，用西汉名将霍去病之感叹时无名将，为边情而忧心。

最后，“九华四俊”极为重视诗中对句的苦炼，诗歌中有不少名言警句。他们效法贾岛，着意于对句的锻炼，尤其锻炼中间两联写景句，以一两联佳句支撑全篇的现象更为明显。陆机在《文赋》里提出“警策”概念：“立片言而居要，乃一篇之警策。”[①]警策，即为警句。佳句的使用，使诗歌用字精彩，思想境界高，艺术境界奇丽。

许棠因《过洞庭湖》“四顾疑无地，中流忽有山”一联尤工，人多取以题扇，被称为“许洞庭”（《唐诗纪事》卷七十）。张蠙《登单于台》为文坛共知，其中最有名句子“白日地中出，黄河天外来”豪气满怀，颇有盛唐的磅礴凌云气势。“白”与“黄”颜色相对，“出”与“来”的使用，很有动感。无怪乎《诗薮》称：“白日地中出，黄河天外来，蠙句也。唐诗之壮浑者终于此。”[②]其诗之妙处正在字无虚设，句法对仗工整，简练而极有功力。

“九华四俊”的佳句颇多，还可以举出一些，如：

> 夏游穷塞路，春醉负秦花。（许棠：《旅怀》）
> 江晴帆影满，野迥鹤声遥。（许棠：《忆宛陵旧居》）
> 远驿销寒日，严城肃暮空。（张蠙：《送徐州薛尚书》）
> 清声萦乱石，寒色入长空。（张蠙：《野泉》）
> 星霜秋野阔，雨雹夜山空。（张乔：《寄处士梁烛》）
> 树黏青霭合，崖夹白云浓。（张乔《华山》）
> 衰草城边路，残阳垒上笳。（周繇：《送边上从事》）

“九华四俊”苦吟诗风，有以下原因：

其一，中唐以来苦吟传统对他们刻意苦吟产生重要影响。杜甫自述“为人性癖耽佳句，语不惊人死不休”，杜甫苦心为诗，在遣词造句方面格外讲究锤炼。孟郊为功名而夜学苦吟，反复推敲“夜学晓未休，苦吟神鬼愁”（《夜感自遣》）。苦吟之风发展到晚唐渐盛，成为一种普遍的文学现象，代表诗人有贾岛、姚合、杜荀鹤等，最典型的当数贾岛，《新唐书·韩愈传》云贾岛“当其苦

①（晋）陆机《陆机集》，中华书局1982年版，第3页。

②（明）胡应麟《诗薮》，上海古籍出版社1979年版，第305页。

吟，及值公卿大夫，不知觉也”。学习贾岛苦吟作诗的人很多，其中就包括“九华四俊”。闻一多先生在《唐诗杂论·贾岛》谈到晚唐“贾岛现象”时说：“由晚唐到五代，学贾岛的诗人不是数字可以计算的，除极少数鲜明的例外，是向着词的意境和词藻移动的，其余一般的诗人大众，也就是大众的诗人，则全属于贾岛。从这个观点来看，我们不妨称晚唐五代为贾岛的时代。”①

其二，求诗名的需要。晚唐诗人盛名很多由其个别美词丽句或诗篇而闻名遐迩。赵嘏凭借“长笛一声人倚楼”（《长安春望》）而被杜牧击节称为“赵倚楼”，郑谷因“雨昏青草湖边过，花落黄陵庙里啼”（《鹧鸪》）而被人称为“郑鹧鸪”，崔玉因“暂分烟岛犹回首，只渡寒塘亦并飞”（《和友人鸳鸯之什》）而被称为“崔鸳鸯”。张蠙有“白日地中出，黄河天外来”（《登单于台》）为世所称，许棠因写《洞庭湖》得名“许洞庭”。

作诗是文士求第的途径，“九华四俊”为了写好诗歌而苦吟，合情合理。诗名的大小，诗歌是否为当权者赏识，会影响考科举试的成绩，因为唐代科举考试试卷不糊名。“九华四俊”为了求第，苦吟以求写出好诗，获得诗名，期望有利于登第。为了写出好诗，“九华四俊”苦心创作出不少名词佳句。

其三，和他们人生遭际有关。“九华四俊”应举多年未第，即使及第做官后，也沉为下僚，人生颇为失意，通过“苦吟”作诗，可以让他们消解愁闷、安顿心灵，以“苦吟”方式在诗歌中吟穷叹苦，可以排除他们在现实生活中的无限忧愁，他们需要将这忧愁和隐痛融化在诗中，以求思想上有所寄托，自我安慰。而且，通过“苦吟”，写出好诗，可能被人传诵，这无疑会增加他们的成就感，并借以展示自己的存在价值，弥补科场和仕途不得意的遗憾。人生失意，而诗歌得意，以求得人生价值的自我实现。“九华四俊”惆怅满怀，喜欢吟唱，“此去知谁顾，闲吟只自宽”（许棠《暮春途次华山下》）、“迹路虽多险，江人不废吟”（许棠《银州北书事》）、“欲归难遂去，闲忆自成吟”（许棠《忆江南》）、“每日怜晴眺，闲吟只自娱”（周繇《甘露寺东轩》）、“洛下吟诗侣，南游只有君”（张乔《江南逢洛下友人》、“夜坐尘心定，长吟语力微”（张乔《山中冬夜》），他们正是凭借苦吟，来消解心中的深重悲苦，以释放身心，安慰自己。

“九华四俊”“苦吟”与贾岛类似，讲求“推敲”，却没有贾岛求诗歌那样“僻”，“九华四俊”诗歌求切，也与韩孟诗派苦吟求“奇”不同，故诗歌不晦涩难懂。而是明白如话，像白居易诗歌那样通俗、浅近。由于字斟句酌，言简意

①闻一多《唐诗杂论》，上海古籍出版社1998年版，第36页。

赅，凝练生动。

“九华四俊”苦吟炼字炼句，多求精美小巧，加强对句的苦炼，从全篇而言，内在联系不强，作品乏浑然天成的风貌。如张蠙因“白日地中出，黄河天外来”为文坛瞩目（《登单于台》），张乔《送友人进士许棠》因“夜火山头市，春江树杪船”之句被纪昀赞为“写景警策”（《瀛奎律髓汇评》）。警句之工，当系诗人殚精竭虑而成。但如果放至篇中，则诗歌其他部分不足以相称，所以作品乏完整意境。清人吴乔说：“效贾体者多专意中联，忽略首尾，故人都少之。”[①]如周繇《甘露寺东轩》：“每日怜晴眺，闲吟只自娱。山从平地有，水到远天无。老树多封楚，轻烟暗入吴。虽居此廊下，入户亦踌躇。”《瀛奎律髓》卷四七纪昀评：“三句‘有’字滞相，第四句自然，五六不妥，结二句尤晦而无味。”[②]再如许棠《题金山寺》：“四面波涛匝，中楼日月邻。上穹如出世，下涧忽惊神。刹碍长空鸟，船通外国人。房屋皆迭石，风扫永无尘。”《瀛奎律髓》卷四七纪昀评曰：“三、四拙极，结尤拙。”[③]清贺裳《载酒园诗话又编·李昌符》评曰：“‘芙蓉叶上三更雨，蟋蟀声中一点灯，’读之真亦凄然，惜颈联强弩，结更入俗耳。此则晚唐通病。”[④]整体上把握了包括四俊在内的晚唐诗歌的特点。

（三）凄清寒冷的诗歌意象

长期困顿不遇，浪迹江湖，功业未就，光景西流，年华虚度，触景伤怀。“九华四俊”作为晚唐寒士阶层代表，他们只能通过科举入仕，来改变生存的苦境。在应举征途上，困顿窘迫，独特的人生经历，使他们常常感到生存的孤独和忧苦，促成其诗歌意象凄清寒凉的特征。

“九华四俊”和晚唐大多文士一样，主要关注个人的身世之感。

首先，他们常常喜欢用具有孤独凄清的意象抒发情怀。“九华四俊”的孤独和忧苦，主要是个体在社会生活中的孤立无助和凄苦之感。“片席随高鸟，连天积浪间”（许棠《江上行》）、“风移残烧远，帆带夕阳摇”（《青山晚望》）、“早凉先咽去，返照后帆孤”（张乔《滕王阁》）、“明发别愁何处去，片帆天际酒醒

①郭绍虞编选，富寿荪校点《清诗话续编》，上海古籍出版社1983年版，第567页。

②（元）方回选评，李庆甲集评校点《瀛奎律髓汇评》，上海古籍出版社2005年版，第1672页。

③（元）方回选评，李庆甲集评校点《瀛奎律髓汇评》，上海古籍出版社2005年版，第1663页。

④郭绍虞编选，富寿荪校点《清诗话续编》，上海古籍出版社1983年版，第389页。

时"(张蠙(《南康夜宴东溪留别郡守陆郎中》)、"此时有行客,别我孤舟归"(许棠《送友人归江南》)、"黄牛来势泻巴川,迭日孤舟逐峡前"(张蠙《过黄牛峡》)、"孤村人尚梦,无处暂停桡"(许棠《过中条山》)、"猢沱河冻军回探,逻逊孤城雁着行(周繇《送入藩使》)、"广漠杳无穷,孤城四面空"(许棠《边城晚望》)等。在孤苦无助时,常借用孤帆,孤舟、孤村、孤城登具有凄清氛围的诗歌意象抒发孤独和悲苦。很多意象都表现诗人羁旅的生活状态,如"独向霸陵还"(张乔《宿昭应》)、"吴山独往"(张乔《吊前水部贾员外》)、"独归林下"(张乔《城东寓居寄知己》)、"高关闲独望"(许棠《雁门关野望》)、"独驻夕阳中"(许棠《经故杨太尉旧居》)、"独夜长城下"(许棠《失题》)、"独向天涯"(许棠《寄建州姚员外》、"独立长堤上"(许棠《汴上暮秋》)、"清宵独细听"(张蠙《宿开照寺光泽上人院》)、"独寻家"(张蠙《送人归南中》)等,这些意象反映个体孤独失意的情怀。孤独而又苦涩的意象在诗中反复出现,如孤云、孤竹、孤蟾、孤峰、孤浦、孤城、孤舟、孤坟、孤鹤、孤镜、孤店等。

"九华四俊"特别喜欢用"寒"来描摹物性貌态的意象,如寒日、寒水、寒涧、寒叶等。"寒"字出现次数最多,高达45次,其中张乔15次,许棠13次,张蠙16次,周繇1次。生活的贫寒与心境的凄寒使他们对客观景物的描写渗透诗人主观的浓重色彩,显示出清冷幽美的意境特征。"绝塞寒无树,平沙势尽天"(《张乔《塞上》)、"势随双刹直,寒出四墙遥"(张乔《兴善寺贝多树》)、"渔人遗火成寒烧,牧笛吹风起夜波"(张乔《题河中鹳雀楼》)、"离城风已暖,远岳雨翻寒"(许棠《暮春途次华山下》)、"晓林花落雨,寒谷鸟啼风"(许棠《奉天寒食书事》)、"清声萦乱石,寒色入长空"(张蠙《野泉》)、"驿在千峰里,寒宵独此身"(张蠙《宿山驿》)、"夜烧冲星赤,寒尘翳日愁"(张蠙《塞下曲》)、"迹迥兵难伏,天寒马易收"(张蠙《边将二首》其二)、"臧栗调高山阁迥,虾蟆更促海声寒"(张蠙《钱塘夜宴留别郡守》)、"野店寒无客,风巢动有禽"(周繇《送宇文虞》)。

此外,尚有张乔《东湖赠僧子兰》的"寒松",张乔《寄中岳颛顼先生》的"寒涧",《甘露寺僧房》的"寒火",张乔《赠头陀僧》的"寒灯",张乔《浔阳村舍》的"寒更",张乔《经九华山费征君》的"寒空",张乔《题贾岛吟诗台》的"寒鸟",许棠《寄盩厔薛能少府》的"寒署",许棠《秋日归旧山》的"寒夜",许棠《冬夜怀真里友人会宿》的""寒月",张蠙《送徐州薛尚书》的"寒日",张蠙《丛苇》的"寒水",张蠙《叙怀》的"寒风",等等。用"寒"作为修饰词,与寒有关的意象折射出时代凄寒的背景,传达出"九华四俊"忧愁寒苦的心态。

“九华四俊”尤其爱秋，诗中凡是与山水有关的景物描写大多以秋天为背景。仅从诗题即可看出这种倾向，“秋”字出现61次。其中张乔36次，许棠14次，张蠙9次，周繇2次。诗中有秋天的背景意象：秋草寒野、秋山荒台、秋风鸿雁、荒野枯松、晚风寒盘、落日蝉鸣等，大多染上了一层寒凉的秋意。就拿秋风秋雨意象来说，直接出现“秋风”一词的，就有7处。“星垂秋野阔，雨雹夜山空”（张乔《寄处士梁烛》）、“一宿秋风里，烟波隔捣衣”（张乔《题灵山寺》）、“圣日雄藩静，秋风老将闲“（张乔《北山书事》）、“秋风五陵树，晴日六街山“（张乔《长安书事》）、“远想安亲后，秋风梦不惊”（张乔《送友人归袁州》）、“根非生下土，叶不坠秋风”（张乔《试月中桂》）、“别离吟断西陵渡，杨柳秋风两岸蝉”（张乔《越中赠别》）、“秋风动衰草，只觉犬羊膻”（许棠《隗嚣宫晚望》）；“秋雨”一词出现2次，全在张蠙诗歌中，“夜灯多宿鸟，秋雨禁行人“（张蠙《经荒驿》）、“九衢秋雨掩闲扉，不似干名似息机”（张蠙《长安寓怀》）。秋与具体的物象发生作用，是“九华四俊”落寞寒凉心态的写照。

“九华四俊”不但爱秋，也喜欢写夕阳。似乎与落日残阳结下了不解之缘。诗中的夕阳之词有返照、落日、斜阳、残阳、晚照、残日等，共27首诗作出现夕阳意象。其中张乔有11首，许棠有12首，张蠙有2首，周繇有2首。夕阳意象不光折射出晚唐时代心理的苍凉，也更多地反映出包括“九华四俊”在内的众多寒士凄苦的心理感受：“松上斋乌在，迟迟立夕阳”（张乔《吊造微上人》）、“落日独归林下宿，暮云多绕水边行”（张乔《城东寓居寄托知己》）、“立久斜阳尽，无言似寂寥”（许棠《登临歊台》）、“夕阳唯照草，危堞不胜风”（许棠《过故洛城》）、“遥忆巴陵渡，残阳一望烟”（张蠙《丛苇》）、“行车新岁近，落日乱山深”（周繇《送宇文虞》）等诗句，这些斜阳残照黄昏烟霞，除了少数客观景色描写外，都寄托了诗人的主观感情。那一片夕阳中，映照着诗人政治失意的苦闷，人生失路的悲哀，孤旅无依的寂寞，韶华易逝的无奈，而在这些情感的背后，更潜藏着晚唐那整个时代的落寞背影。“九华四俊”对夕阳落日的偏好还与当时“夕阳无限好，只是近黄昏”的时代心理有关。

“九华四俊”诗歌中“水”意象也有深刻的内涵。“水”字入诗高达83次。其中张乔48次，许棠23次，张蠙7次，周繇5次。在这些作品中，水一部分作为客观的景色而出现，如“众水背流急，他山相向重”（张乔《华山》）、“砌木欹临水，窗峰直倚天”（张乔《赠敬亭清越上人》）、“钟定遥闻水，楼高别见星”（张蠙《宿开照寺光泽上人院》）、“水向昆明阔，山通大夏深”（张蠙《送友尉蜀中》）、

“山从平地有，水到远天无”（周繇《甘露寺东轩》）、“水静沙痕出，烟消野火平”（周繇《甘露寺北轩》）等诗句，水意象衬托环境的幽冷。而另一部分则起着兴发和象征的作用，打上了诗人的主观印记。水在我国古代诗歌中，一直都是抒情的载体，水有一定的生发和象征意义。诗人写水，在大多数情况下，是借助水来表达他自己心里的想法，抒发某种感情，引出后面的描写，让后面的内容不显得突兀。所以，在这里，水就起着兴发的作用。

水和忧愁有关，“竹风山上路，沙月水中洲”（张乔《岳阳即事》），“水随空谷转，山向夕阳偏”（许棠《瑰嚣宫晚望》），“栈底鸣流水，林端敛夕阳”（许棠《过湍沟谷》）。用水暗喻生命的短暂和无情。如“人事萍流水，年光鸟过空”（许棠《客行》）、“岁月逐流水，山川空斜阳”（许棠《重归江南》），水是浮华人生的写照，光阴一去不复返，如东流之水。水还可以表现离愁别恨，“露带山花落，云随野水流”（张乔《送蜀客》）、“瀑水喧秋思，孤灯动夜船”（张乔《思宜春寄友人》）、“地倾流水疾，山迭过云迟”（张乔《送三传赴长城尉》）、“积水浮魂梦，流年半别离”（张乔《送宾贡夷吾奉使归本国》）、“乱水藏幽径，高原隔远津”（许棠《题张乔升平里居》、“落叶满江水，离人怀渭城”（许棠《秋江霁望》）、“去程唯水石，公署在云萝”（张蠙《送缙云尉》）。

猿鸟意象细碎纤微，他们诗中常出现的是啼猿、鸣鸟等虽凄清却带有世间情味的意象，“九华四俊”之所以选择这类意象，除了因为其生活内容的缺乏与思想境界的狭小外，还有一层内含“同病相怜”之意味：他们同是卑微渺小，被社会被忽视与冷落的个体。张蠙《投翰林萧侍郎》就将自己喻成鱼和鸟：“灵湫岂要鱼栖浪，仙桂那容鸟倚枝。”“九华四俊”诗歌，“猿”字入诗22次，其中张乔14次，许棠5次，张蠙3次。张乔、许棠、张蠙、周繇诗歌中出现“鸟”字分别为18次、26次、7次、1次，一共52次。“雁”字在“九华四俊”诗歌中入诗21次，包括张乔5次，许棠14次，张蠙和周繇各1次。

以雁为例，秋雁南飞，自古雁意象就出现在古诗里。羁旅中，游子如同孤雁。四俊常年奔波于科举，漫游四方。“潇湘见来雁，应念独边游”（张乔《江上送友人南游》），“兄弟江南身塞北，雁飞犹自半年余”（张乔《游边感怀二首》其二））。许棠诗歌中运用雁意象最多，如“碛迥人防寇，天空雁避雕”（许棠《五原书事》）、“雁逆风鼓振，沙飞猎骑还”（许棠《塞下二首》其二）、“边声风下雁，楚思浪移舟”（许棠《题汧湖二首》其二）、“楚夜闻鸣雁，犹疑在塞天”（许棠《冬杪归陵阳别业五首》其五）、“半天初去雁，穷碛远来人”（许棠《失题》）、“愁迎离碛雁,梦逐出关书"(许棠《长安寓居》)、"江山不到处皆到,陇雁已归时未归"(《许棠《将过单于》)、"地广人耕绝,天寒雁下多"(许棠《过穆陵关》)、"江边相值夜,榆塞雁初来"(许棠《江上遇友人》)、"日开天际晚,雁合碛西秋"(许棠《汴河十二韵》)、"雁远行垂地,烽高影入河"(张蠙《朔方书事》)、"滹沱河冻军回探,逻逊孤城雁着行"(周繇《送入藩使》)。

"猿鸣三声泪沾裳"[①],猿意象常在诗歌中表达悲情。"九华四俊"一些诗歌,有一些作品以猿表现环境的清幽寒凉,"云霞朝入镜,猿鸟夜窥灯"(张乔《题郑侍御蓝田别业》)、"宅带松萝僻,身惟猿鸟清"(张乔《无题》)、"沿溪收堕果,坐石唤饥猱"(许棠《野步》)、"猕猴呼独散,隔水向人号"(许棠《登山》)等。除了以猿来表现环境的幽清之外,也以猿来渲染送别气氛。"袁江猿鸟清,曾向此中行"(张乔《送友人归袁州》)、"听猿吟岛寺,待月上江楼"(张乔《江南别友人》)、"蟋蟀既将定,猕猴应正吟"(许棠《送友人游蜀》)、"天南行李半波涛,滩树枝枝拂戏猱"(周繇《送杨环校书归广南》)等。或者衬托羁旅漂泊之愁,如"停骖一惆怅,应只岭猿知"(张乔《商山道中》)、"走月流烟迭树西,听来愁甚听猿啼"(张乔《宿潺湲亭》)、"雷电夜惊猿落树,波涛愁恐客离船"(张蠙《过黄牛峡》)等。或者怀念逝者,如"铭旌归故里,猿鸟亦凄然"(张乔《吊建州李员外》)、"别时群木落,终处乱猿吟"(张乔《吊前水部贾员外》)、"自罢羊公市,溪猿哭旧时"(张蠙《哭建州李员外》)。

为了消解生存的孤独感和人生旅程的忧愁苦痛,"九华四俊"诗中有酒、梦和僧禅意象:磬,钟,松,菊,云,月。晚唐士人对生活失望,饮酒可以让他们忘记人生中的烦恼忧愁。饮酒赋诗历来是中国文人雅士的传统,陶渊明饮酒赏菊作诗又是人们一心向往之事情。"九华四俊"一生志业难遂,从少年到白头,天地漂泊,无可奈何,只能沉沦酒乡,借酒浇愁,偶求一醉,姑且忘却世事纷扰,聊以慰藉。诗中写到"酒""醉"的有24首,其中张乔有9首,许棠有4首,张蠙有10首,周繇1首。和友人分别时候,诗人举酒相送:"对酒擎钟饮,临风拔剑歌"(张乔《赠边将》)、"樽前放浩歌,便起泛烟波"(张乔《送陆处士》)、"与君愁寂无消处,赊酒青门送楚人"(张乔《赠进士顾云》)、"听事棋忘着,探题酒乱巡"(张蠙《送薛郎中赴江州》)。"九华四俊"痛饮人生的苦酒,将自己沉浸在酒中。"浮生能几许,莫惜醉春风"(许棠《新年赠友》),"时因寻野叟,狂醉复狂歌"(许棠《东杪归陵阳别业五首》其三)。而酒醒更惆怅,醉时容

①(北魏)郦道元著,王国维校《水经注校》,上海人民出版社1984年版,第1068页。

易，酒醒之后的空虚与寂寞却更难承受：“醉别醒惆怅，云帆满乱流。”（张乔《江南别友人》）更多时候，以醉来表达羁旅的苦况。“寂寞逢村酒，渔家一醉吟”（张乔《吴江旅次》）、“自是昏醉客，来坐亦通宵”（张乔《空山寺空上人院》）、“东越相逢几醉眠，满楼明月镜湖边”（张乔《越中赠别》）、“沉醉不愁归棹远，晚风吹上子陵滩”（张蠙《钱塘夜宴留别郡守》）、“春雷醉别镜湖边，官显才狂正少年”（张蠙《别郑仁表》）。“九华四俊”以“酒”字入诗9次，“醉”字入诗12次。

在“九华四俊”的诗歌中，还不时出现“梦”。涉及梦的作品有22首，其中张乔6首，许棠11首，张蠙5首。梦中所想几乎都是个人之事：“引愁憎暮角，惊梦怯残砧”。真的写梦：“春宵多旅梦，夏闰远秋期”（张乔《荆楚道中》）、“春去计秋期，长安在梦思”（张乔《商山道中》）、“几时御水声边住，却梦潺湲宿此溪”（张乔《宿潺湲亭》）、“滴梦关山雨，资餐陇水鱼”（许棠《陇上书事》）。”九华四俊”的梦多在羁旅之间，所以多表现其思乡怀人：“夜来因得思乡梦，重读千秋转海书”（张乔《游边感怀二首》其二）、“胜游虽来年，魂梦亦依然”（张乔《思宜春寄友人》）、“相梦如相见，相思去后频”（张乔《寄南中友人》）、“遥想安亲后，秋风梦不惊”（张乔《送友人归袁州》）、“一宿经窗卧白波，万重归梦隔烟萝”（张乔《宿齐山僧舍》）、“旅梦迷归路，吟魂不在身”（许棠《旅次滑台投献陆侍御》）、“乱烧迷归路，遥山似梦中”（许棠《题秦州城》）、“秦城归去梦，夜夜到渔樵”（许棠《忆宛陵旧居》）、“乡程长恨远，旅梦亦愁贫”（许棠《陈情献江西李常侍五首》）、“故园魂梦外，长路别离中”（许棠《客行》）、“远梦亦羞归海徼，贫游多是滞边陲”（许棠《秦中遇友人》）、“会面却生疑，居然似梦归”（张蠙《云朔逢山友》）等。但是，现实的贫寒困苦也使得“九华四俊”的羁旅之梦涂上了悲凉的色彩。“梦残灯影外，愁积苇丛边”（张乔《江行夜雨》）“乡程长恨远，旅梦亦愁贫”（许棠《陈情献江西李常侍五首》），“十年九陌寒风夜，梦扫芦花絮客衣”（张蠙《叙怀》）。为应举而常年奔波，漂泊中的苦况不言而喻，思乡怀人在所难免。他们难以回乡且感到无颜回乡，只能在梦中实现归乡和见亲朋的夙愿，梦帮助他们消解忧愁，放松心灵。

晚唐末世，佛老思想流行。“九华四俊”在现实生活中屡屡失意，孤独和忧愁之感深深折磨其心，为了减轻痛苦，“九华四俊”常常游历寺庙，寄情山水。清幽寒凉的禅趣意象如竹、云、月、钟、泉、松常出现在他们的山水寺庙诗歌里。诗中大量出现僧、雪、鹤、松、竹、泉等表隐逸冷寂的物象，“九华四俊”善用“松”“竹”“月”等自然意象，既有高洁人格的自喻，又刻画了清幽的氛围。“松”傲雪轻霜，是清高有骨气的象征;“竹”以其潇洒之态常被当作脱俗的俊杰雅士的象征；“月”的清幽则是参禅拜佛高情雅趣的象征。在山水寺庙诗歌中，不乏“空山”“清涧”“枯松”“禅堂”等清幽孤寂的自然意象，不仅衬托出僧院的幽静，更体现出僧院青松傲立寒冬、超尘脱俗的高洁情操。以松为例：“果落痕生砌，松高影上楼”（张蠙《赠闻一上人》）、“古井生云水，高坛出异松”（张蠙《遇道者》）、“竹蔼疑相近，松阴盖亦交”（周繇《题东林寺虎掊泉》）、“松桧老依云外地，楼台深锁洞中天”（周繇《题金陵栖霞寺赠月公》）、“人间足烦暑，欲去恋松风”（张乔《题终南山白鹤观》）、“松上斋乌鸦在，迟迟立夕阳”（张乔《吊造微上人》）、“向水千松老，空山一磬秋”（张乔《再题敬亭清越上人山房》）、“地寒松影里，僧老磬声中”（张乔《题山僧院》）、“竹落穿窗叶，松寒荫井枝”（张乔《东湖赠僧子兰》）、“洞虚悬溜滴，径峡长松围”（张乔《送李道士归南岳》）、“松留千载鹤，碑隔六朝人”（张乔《题古观）、“院凉松雨声，相对有山情”（张乔《题诠律诗院》）、“静迟松桂老，坚任雪霜凋”（张乔《兴善寺贝多树》）、“旧时僧侣无人在，惟有长松见少年”（张乔《寄山僧》）、“饭野盂埋雪，禅云杖倚松”（许棠《赠志空上人》）等。许棠还有一首《和薛侍御题兴善寺古松》，借助松来表现自己怀才不遇之情，“自得天然状，非同涧底生”，松不但显现禅院的清幽，更能突出人的高洁情操。

值得注意的是，诗人运用这些典型的、有代表性的意象，并不是单独使用，而是将它们结合起来，互相交错，在一首诗歌中，经常用到两个以上的意象。如“孤帆收广岸，落照在遥峰”（许棠《日暮江上》），孤帆和夕阳意象并举，更显游子内心的凄凉孤独。张乔《江行夜雨》云：“梦残灯影外，愁积苇丛边”，梦、灯影、苇丛三意象综合使用，更显举子内心的孤凄。再如张蠙《经荒驿》“夜灯多宿鸟，秋雨禁行人”，“夜灯”暗指游子是归家之时，用“宿鸟”意象反衬“行人”的辛苦劳碌，加上那冷色朦胧的“秋雨”意象，更显游子心境萧瑟和凄凉。

“九华四俊”选择意象来表现他们特定情感，用孤、独、寒、秋、修饰的意象和夕阳、水、鸟、猿表现了他们生存的孤独和忧愁之感，而为了消解减轻这种痛苦，“九华四俊”选择梦、酒、僧禅意象。特定的情感使得他们的诗歌意象形成了凄清寒凉的特征。

(四)融情入景的表现手法

清代魏源《诗比兴笺序》论诗,认为“情不可以激”,应“有譬有喻”。意谓感情的抒发不可直切浅露。所以,诗人在抒情时往往寓情于景,情由景生,借景抒情,借助景物将情感娓娓道来。在借景抒情中,景物虽然有所选择和加工,但仍然保持着原本形态,情境溶解、渗透在景物之中,没有直露、强加的痕迹,这就是融情入景。[①]晚唐乱世,动荡的社会,坎坷的人生际遇使他们常处于忧愁凄苦的情感状态,无论羁旅他乡、还是漫游边塞,情感长期处于感伤的情景之中,欢乐太少,在寄赠酬唱诗、山水诗、边塞诗中,这种情绪自然地汩汩涌出。于是诗中表现的景物就融入情愫,景物都打上了诗人强烈的主观感情色彩。

“九华四俊”很多诗歌,将主观情思融进景物、意象之中,把情和景巧妙地融合在一起,显得情致深切而厚重,韵味隽永。如张蠙诗《经荒驿》:

古驿成幽境,云萝隔四邻。
夜灯多宿鸟,秋雨禁行人。
废巷荆丛合,荒庭虎迹新。
昔年经此处,终日是红尘。

诗人重经古驿,紧扣题目,触目所见一片萧条,首联开门见山指出古驿早成幽境,古驿显得是那样孤独又冷清。颔联描写夜灯下群鸟栖息此地,而那秋雨朦朦更给诗境涂上凄凉冷涩的氛围,那行人正如诗人自己,秋雨阻挡行人前行,而人生风雨更让诗人饱受沧桑寥落之苦。颈联用荆棘丛生的废巷和有老虎足迹出没的荒旧庭院诉说着一片衰败零落萧条。尾联今昔对照中感喟着往昔的繁华热闹的消逝。此诗所写云萝、夜灯、宿鸟、秋雨、行人、废巷、荒庭、虎迹都带着感情色彩,是诗人悲凉凄苦心理的写照。此情此景已萧凉之极,多年不第的悲苦情感通过衰败零落的景色显现出来。

“九华四俊”诗歌,融情入景的诗句很多,具体有以下几种表现。

首先,选择和情感基调相互协调的景物。诗中景物,并非随意拈来,任意搭配,而是精心挑选,包含著作者本人丰富的感情。将感情寄托于景物,通过

①徐中玉、陶型传主编《大学语文》,华东师范大学出版社2006年版,第218页。

景物来烘托内心感情，正所谓化景物为情思，景物化成主体的情思。

许棠《送李频之南陵主簿》云："听莺离灞岸，荡桨入陵阳。野蕨生公署，闲云拂印船。"送好友当官，身为友人，感到无比高兴。旅途上，在莺歌中友人离开长安，摇荡着船桨踏向故乡的道路，而"野蕨生公署，闲云拂印船"则是写友人闲适的官吏生活场景。愉快安逸轻松的生活中场景和景物，融入了诗人欣喜之情，同时，也有一种羡慕。同样是送别诗，周繇《送宇文虞》云："行车新岁近，落日乱山深。野店寒无客，风巢动有禽。"此种悲凉的"落日""乱山""野店""风巢"等典型景物，写出了凄寒的环境，极力渲染荒寂凄苦的气氛，是为末联"潜知经目事，大半是愁吟"服务，触目所见都是愁，人生经历也是愁。故以苦寒悲凉之景来显示友人的失意之情，以哀景衬托哀情。张乔《题河中鹳雀楼》："树隔五陵秋色早，水连三晋夕阳多。渔人遗火成寒烧，牧笛吹风起夜波。"通过一幕幕悲凉衰景，更多注入了诗人羁旅他乡，欲归不能的悲苦无奈，通过所见景物的具体描写主要是抒发尾联"十年重来值摇落，天涯归计欲如何"的感慨。

其次，融情入景时，注重景物受一定时间和空间影响而呈现出不同特点。

时间上，有春夏秋冬，有朝朝暮暮。许棠《汴上暮秋》云："独立长堤上，西风满客衣。日临秋风广，山接远天微。岸叶随波尽，沙云与鸟飞。秦人宁有素，去意自知归。"人在他乡的孤独和悲苦只有自己深切感知，以一系列秋天之景来渲染游子的孤独和彷徨。秋风、山接远天、叶落、沙云与鸟飞，这些景物突出秋天季节特征。这样的例子很多，如"孤帆收广岸，落照在遥峰。南北渡人少，高低归鸟重"（许棠《日暮江上》）写日暮情景，"乔枝聚暝禽，迭阁锁遥岑"（《秘省伴直》）和"月临山霭薄，松滴露花香"（《蓝溪夜坐》）写晚上情景。

空间上，景物要受大小、范围、地域等影响。以地域为例，张乔《送友人进士许棠》云："夜火山头市，春江树杪船。"《瀛奎律髓汇评》纪昀评："写景警策。"[①]而《唐贤小昧集续集》则云："楚蜀风景。十字写尽。"许棠下第归乡，用楚蜀之地风景来抒发对许棠的送别之情。"衰草城边路，残阳垄上笳"（周繇《送边上从事》，写出边塞所特有的景况，有一种苍凉慷慨的意绪。《登临歊台》云："平芜望已极，况复倚凌歊。江截吴山断，天临楚泽遥。云帆高出树，水市迥分桥。立久斜阳尽，无言似寂寥。"中间两联借用"江""吴山""楚泽""水市"

①（元）方回选评，李庆甲集评校点《瀛奎律髓汇评》，上海古籍出版社2005年版，第1047页。

“桥”之景，突出江南水乡地域的特点，融情入景，表达出对江南水乡的热爱，暗含对家乡的思念。

再次，通过浅切语言融情入景。“九华四俊”诗歌，在追求苦吟的同时，不仅受贾岛“苦吟”的影响，对白居易浅切平易诗风亦时有继承。诗歌较少用典，少用僻典，语言明白如话，意思浅近，简洁凝练。如“薄烟衰草树，微月迥城鸡”（张乔《浮汴东归》），薄烟、衰草、微月、迥城、鸡鸣，画面简洁、宁静，简单的名词并列中蕴含着极为丰厚的内涵。浅切的语言中有着深沉的情感内涵，融入诗人不第的苦愁。“墙头雨细垂纤草，水面风回聚落花”（张蠙《夏日题老将林亭》），“雨细”“纤草”“水面”“风回”“落花”都是寻常字眼。但在“雨细”和“纤草”间着一“垂”字，“风回”和“落花”间着一“聚”字，就写出灵动的气息，有了人的思想和情趣，来说明宅院的荒凉冷落并传达老将无聊寂寞的精神状态。诗歌语言浅切而有韵致。诗人善于抓住细微又有着典型意义的细节，体物工细，描写细腻准确，产生耐人回味的效果。许棠《冬杪归陵阳别业五首》其四中云：“败苇迷荒径，寒蓑没坏舟。衡门终不掩，倚杖看波流。”败苇、荒径、寒蓑、荒径、衡门、杖、波流都是寻常景物。而“迷”“没”“掩”“倚”都是一些平常动词，如“迷”字说明败苇很多，让人看不清路，荒径有败苇覆盖，显得更荒凉；“看”字说明在凝神观看，观看波流出神，在无奈注视波流时诗人肯定想到自己的身世，内心百无聊赖的悲苦寂寞油然而生，以至“衡门终不掩”。

融情入景，往往通过浅切的语言来表现。这样的例子还有：“雁塞虽多雁，云州却少云”（许棠《送友人北游》）、“顶峭松多瘦，崖悬石尽牢”（许棠《登山》）、“嘉陵路恶石和泥，行到长亭日已西”（张蠙《题嘉陵驿》）、“青山犹有路，明月已无人”（张乔《经隐岩旧居》）、“岸凉随众木，波影逐游人”（张乔《曲江春》）等。这些诗句皆明白浅切而情韵俱佳，这与“九华四俊”炼字炼句是分不开的。

总之，“九华四俊”很多诗歌都能融情入景，很多诗句都将主观感情寄托于客观事物，借客观事物抒发主观情怀，具有强烈感情色彩。

一、许棠诗歌笺释

过洞庭湖

惊波①常不定，半日鬓堪斑。
四顾疑无地，中流忽有山②。
鸟高[一]恒[二]畏坠[三]，帆远却如闲③。
渔父闲[四]相引④，时[五]歌浩渺⑤间。

【校记】[一]高：全唐诗校："一作飞。"[二]恒：全唐诗校："一作应。"[三]坠：全唐诗校："一作堕。"[四]闲：全唐诗校："一作时。"[五]时：全唐诗校："一作行。"

【注释】①惊波：指洞庭湖上令人惊心动魄的波浪。也暗喻人生旅途或仕宦历程中的大波浪。②二句为许棠名句。《唐诗纪事》载：棠《洞庭》诗有"四顾疑无地，中流忽有山"之句，人以题扇。又《唐诗选脉会通评林》："周珽曰：极言湖之汪洋灏瀚险荡。三四妙在'疑无''忽有'四字；五六妙在'恒''却'二字，俱以虚字摹出洞庭湖形势来。"按："山"指"君山"，在湖南岳阳县西南洞庭湖中，周七里有奇，也称"湘山"。《水经注》："洞庭湖中有君山，湘君之所游处，故曰君山。"③二句写洞庭湖空阔渺远景象，以高飞的鸟儿常恐力量不济会从空中坠落来写湖面的空阔，又以片片远帆的看似悠闲来衬托湖面的渺远，显然是过洞庭湖所见的真切景象。④闲相引：悠闲的渔父们相互唱答。⑤浩渺：指洞庭湖的万顷烟波。

【笺释】许棠何时因何事过洞庭湖，今无考。《北梦琐言》云"前辈许棠《过洞庭诗》，最为首出，尔后无继作者"。"前辈"云云，则是许棠未中进士时的作品。许棠咸通十二年(871)中进士第，时年已五十，此前困科场二十余年。从"半日鬓堪斑"句看，似有满腔的忧虑，应该是久困科场时期的作品。

这首诗是许棠的代表作。清代查慎行《初白庵诗评》说："句句是过湖景象，余尝身历其境，故知此诗之工。”《网师园唐诗笺》也赞赏“四顾”以下四句为“无声画”。然而，自明代胡震亨起即有微词，《唐音癸签》曰：“许文化（棠）致语楚楚，《洞庭》一律，时人多取以题扇。‘四顾疑无地，中流忽有山’，视老杜‘乾坤日夜浮’愈切愈小。”《瀛奎律髓》也引纪昀之说：“刻意张皇，而根柢浅薄，转形竭蹶，五句尤为拙俚，观此乃知孟、杜二公不愧凌跨一代也。”潘德舆《养一斋诗话》也说：“许棠有《洞庭》诗，号为‘许洞庭’。然‘四顾疑无地，中流忽有山’语意平弱，‘鸟飞应畏坠’尤涉痕迹，惟‘帆远却如闲’五字佳，然亦不必是洞庭诗。少陵、襄阳后，何为动此笔耶！”诸家所评各有胜处，平心而论，许棠的这两句诗确实缺少孟浩然“气蒸云梦泽，波撼岳阳城”那样的壮丽，缺少大唐盛世蒸蒸日上的雄壮浑厚气象，也没有杜甫“吴楚东南坼，乾坤日夜浮”那样的笔力，未能写出动荡颠簸的时代氛围，这主要是由于晚唐整体气象的衰飒，影响到诗人的胸襟怀抱，学力根柢固然是一个重要因素，而前辈高超的艺术成就难以超越也是重要原因，因此许棠的名句能够描写出过洞庭时的真切感受，也就难能可贵了，我们没有必要非让晚唐人去超越盛唐。

登渭南县①楼

近甸②名偏著，登城[一]景又宽。
半空分太华③，极目是长安。
雪助河流涨[二]，人耕烧④色残。
闲来时甚少，欲下重凭栏。

【校记】[一]城：全唐诗校：“一作楼。”按：作“楼”佳，因楼在城上，地势高，宜远眺，且与题合。[二]涨：全唐诗校：“一作广，一作急。”

【注释】①渭南县：汉新丰县地，苻秦始置渭南县。隋唐袭其名，属京兆府，故城在今陕西渭南县东南四里。②近甸：谓在长安郊外。城外曰郭，郭外曰郊，郊外曰甸。③太华：太华山在陕西华阴县南十里，即西岳华山，以西有少华，故曰太华。《水经注·华山》：远而望之若华状。又，“华岳本一山，当河，河水过而曲行。河神巨灵，开而为两，今掌足之迹仍存。”山之中峰曰莲花峰，东峰曰仙人掌，南峰曰落雁峰，即所谓华岳三峰也。④烧：即烧畲、烧荒。放火烧野草以肥田。《管子·轻重》：“齐公之北泽烧，火光照堂下。管子入贺桓公曰：‘吾田野辟，农夫必有百倍之利矣。’”

【笺释】此诗当作于赴京参加科举考试期间，具体时间难以确定。前两句说渭南县在京城近郊偏偏很有名气，登上城楼眼界变得非常开阔。接下四句描写登楼远眺景色：华岳群峰耸立半空，雄伟壮丽，向西极目远眺就是京城长安；华山脚下的黄河因为雪山融水的汇入，水面涨满，滚滚滔滔，如浑黄的飘带；黄河岸边，农夫正在野烧，火光已过，留下黑色的痕迹。末联说闲来时间很少，大概急于温习功课或有其他事务，所以想下楼，而景色的壮美又让他再次登楼。玩末句，“重凭栏”中似有隐忧，担心前途欤？抑或远客异地而思念家乡欤？

送李频[①]之南陵主簿[②]

赴县是还乡，途程岂觉长。
听莺离灞岸[③]，荡桨入陵阳[④]。
野蕨[⑤]生公署，闲云拂印床[⑥][一]。
晴天调膳[⑦]外，垂钓有池塘。

【校记】[一]床：全唐诗校：“一作章。”

【注释】①李频（？—876），字德新，睦州寿昌（今浙江建德县）人。自少聪颖能文，尤擅长诗歌。与同里方干友善，且尊之为师。慕姚合诗名，不远千里走访求教，姚合大加奖掖，以女妻之。大中八年（854）进士及第，授校书郎。调南陵主簿。又以试判入等，迁武功令。任内赈饥民，兴水利，抑豪强，颇有政绩，受到懿宗嘉奖，擢为侍御史，后迁都官员外郎。僖宗乾符二年（875）自求为建州（今福建建阳）刺史，治州有方，民赖以安。翌年卒于任所。乡民于梨山为他立庙，岁时祭祀。有《建州刺史集》（又名《梨岳集》）一卷行世。按：李频任南陵主簿时间当在大中八年（855）至乾符二年（875）之间，先任校书郎一职，不知任职期限，推测当在大中十一年（857）左右任南陵主簿。此时，许棠已经三十岁，他与李频相识当在京城考进士之时。李频应该与许棠年龄相差不大。②南陵：属宣州，即今安徽南陵县。主簿：官名。古者官府皆有主簿一官，负责簿书职责，诸州中下县主簿从九品上。③灞岸：灞水之岸。灞水流经陕西省中部，为渭水支流之一。灞水上有灞桥，桥边多柳树，从长安向北或向南常常在灞桥相别。④陵阳：汉县名，故城在今安徽省青阳县南。⑤野蕨：一种野菜，嫩叶可食，茎多淀粉。⑥印床：藏印章的文具。主簿掌管印鉴。⑦调膳：烹调食物。

【笺释】此诗当作于长安，时间是大中十一年（857）或十二年（858）春天。许棠应该是在为考进士而忙碌。首二句羡慕李频赴任南陵县主簿是还乡，所以应该不觉得路程漫长。三四句说草长莺飞的阳春三月我们在灞桥边离别，你将会乘船进入我的家乡青阳县境。后四句想象南陵官署闲适的景象：鲜嫩的蕨菜生长在官署中，暗喻可以像伯夷、叔齐那样食蕨菜隐居啸傲，悠闲的白云轻轻拂着官印的文具，晴天除了烹调食物之外，还可以垂钓鱼塘来消磨时光。诗中流露出一种归隐处幽的情致，尽管缺少盛唐、中唐时期士人的进取精神，但是描述家乡景物清丽闲适，还是可以慰藉游子思乡之心的。艺术上悬想异地景象以慰离人，也是值得称道的。

写　怀

汩没①与辛勤，全钟②在此身。
半生为下客，终老托何人③。
两鬓关中改④，千岩⑤海上春。
青云⑥知有路[一]，自是致无因⑦。

【校记】[一]知有路：全唐诗校：“一作非有碍。”

【注释】①汩没：埋没。②钟：集中，聚集。③下客：落魄的文人，寄人篱下。二句感慨深沉，抒写沉沦漂泊终老无依之感。④关中：指京城长安地区，许棠困于科场二十余年。改：改变，此指鬓发变白。⑤千岩：当指故乡千岩竞秀的美丽风景。⑥青云：青天，指高官。⑦致无因：无由达到。即无人援引，使自己宦途蹇涩难通。

【笺释】此诗当是科场最困难的时候抒发怀抱的作品，作地当在关中地区，应该是多次落榜之后的某年春天，悲叹年纪老大的时候。首两句说自己辛勤努力换来的是被埋没的命运，倒霉的事都仿佛聚集在自己一身；三四句悲叹半生飘零、沉沦不偶，眼看就要进入老境了，却还是不知何人可以依托，这两句将晚唐时代多少读书人的命运悲剧表现得异常深刻；五六句说自己的双鬓完全变白，青春时光消磨于关中这块既给人希望又让人绝望的土地，而故乡千岩竞秀的美妙春光则仿佛飘浮于海上，是那样遥远不可及；最后两句愤慨地说：“青云自有通天大道，只是我辈孤寒，无人援引，故而无法实现人生的理想！”

过中条山[1]

徒为经异岳[2]，不得访灵踪[3]。
日尽行难尽，千重复万重。
云垂多作雨，雷动半和钟[4]。
孤竹人藏处[5]，无因认本峰。

【注释】①中条山：在今山西省永济县东南，此山西起雷首，迤逦而东，直接太行。因在太行与华山之间，故名中条山。②异岳：奇异的山岳，此指中条山。③灵踪：灵异的踪迹。④钟：寺庙里的钟声。⑤孤竹：指伯夷、叔齐，为孤竹君之二子，故云。伯夷、叔齐隐于首阳山，首阳山又名雷首山。雷首山属中条山，故作者过中条山而思及伯夷、叔齐。

【笺释】此诗为作者途径中条山而作，具体时间难详，揣诗意，并无归隐之心，或是为举进士而奔忙吧。首二句写时间紧迫，尽管经过中条山这样灵异的山岳，却不得空闲去寻访灵踪；三四句写山行感受：一天将近结束而山路依然那样蜿蜒没有尽头，群峰重重重叠，给人以压迫之感，让人喘不过气来。这正是心绪难以闲静时候，赶山路的体验。五六句描写所见夏季常见景象：天上黑云浓密低垂，随时会下起倾盆大雨，使山路更加泥泞，而那轰隆隆的雷声与山寺的钟声相互应和。最后两句联想到曾经隐居中条山脉首阳山的伯夷、叔齐两位隐逸君子，可惜搞不清他们具体隐居的住处，照应首联的"不得访灵踪"，言外是此时还不时放弃仕途彻底归隐之时。

早发洛中[1]

半夜发清洛，不知过石桥[2]。
云增中岳[3]大，树隐上阳[4]遥。
堑[5]黑初沉月，河明欲认潮。
孤村人尚梦，无处暂停桡[6]。

【注释】①洛中：即洛阳。②石桥：指洛阳之天津桥，唐贞观时累方石为墩，改建成石础桥。③中岳：即嵩山。在河南登封县境。④上阳：唐代上阳宫在洛阳禁苑东，东接皇城的西南隅。⑤堑：壕沟。⑥停桡：停船。

【笺释】这是一首旅行诗，或许作者从长安出发途径中条山到达洛阳，再向南进发。首二句写半夜就乘船出发了，连过了洛阳著名的石桥都不知道。三四句写深夜所见景象：云雾笼罩，使嵩山显得更加巍峨雄伟，上阳宫隐藏于浓密的树林中显得十分遥远。五六句写眼前近景：护城河一片漆黑，因为一弯蛾眉月刚刚沉入山外，而余晖应在黄河水面上，泛出微白的弱光，让人感觉到潮水初涨。两岸有一些孤零零的村庄，此时人们正沉浸在酣梦之乡，而我则找不到一处暂时停船的地方。作者这样马不停蹄地奔忙，不知到底是为了什么？然写夜航的体验与感受是非常真切的。《瀛奎律髓》评曰：“此一早发诗，‘不知’二字更佳，盖曙中船过桥下也。‘中岳’因云增而‘大’，‘上阳’因‘树隐’而‘遥’，极有味。”

汝州郡楼望嵩山[①]

不共众山同，岧峣[②]出迥空[③]。
几层[④]高鸟外，万仞[⑤]一楼中。
水落难归地，云篱[⑥]便逐风。
唯应霄汉客[⑦]，绝顶[⑧]路方通。

【注释】①汝州：治所在今河南临汝县。②岧峣：形容山势高峻耸立的样子。③迥空：远空。④几层：指汝州郡楼。⑤万仞：指代嵩山。⑥云篱：疑“篱”当为“离”，与上句“落”相对应。⑦霄汉客：天上的仙人。⑧绝顶：山的最高处，此处指天空。

【笺释】此诗应为此次行程南下途中所作。首联即写极目所见嵩山奇异景象：这嵩山与其他大山迥然不同，它巍峨的雄姿耸立在远方的天空。三四句回写登楼：郡楼虽然只有几层，但是非常高峻，飞鸟都在楼下飞翔，而那万仞嵩岳却毫无遮拦的映入楼中。五六句写观赏夏季暴雨的景象：雨点落下来很难落到地面，因为随风飘扬而去，而那嵩山的云雾只要一离开山体就随风飘散，漫天追逐。最后两句是感想：说只有那天上的仙人，超越嵩山的绝顶正好迎来康庄的天衢。细味诗意，作者此行目的之一就是前往嵩山，羡慕仙人的自由，正是作者目前仕途不顺的表现。

将归江南留别友人①

连春不得意②，所业已疑非③。
旧国④乱离后，新年惆怅归。
雪开还楚地[一]，花惹别秦衣。
江徼多留滞⑤，高秋会恐违⑥。

【校记】[一]地：全唐诗校：“一作路。”

【注释】①此诗应是许棠登第前屡试不第将回江南故乡(宣州泾县)时所作。②不得意：指科场失败。③所业已疑非：对自己所学习的东西感到了怀疑，认为这样耗费心力于科场或许不值得。④旧国：指故乡经历过战乱。考《资治通鉴》卷249载：“大中十二年(858)秋，七月，丙寅，宣州都将康全泰作乱，逐观察使郑薰；薰奔扬州”。“淮南节度使崔铉奏已出兵讨宣州贼”，“十月崔铉奏克宣州，斩康全泰及其党四百余人”。《新唐书·郑薰传》亦记薰“出为宣歙观察使。前人不治，薰颇以清力自将。牙将素骄，共谋逐出之，薰奔扬州”。⑤江徼：江边，指宣州泾县。留滞：停留。⑥违：违背，避开。唐时进士考试在正月举行，各地举子多于秋日动身入京，即“秋贡春试”。句谓今秋恐难再入京应试。

【笺释】这是一首落第留别友人的诗歌。据吴在庆先生考证，此诗作于大中十三年的初春。参吴著《增补唐五代文史丛考》(黄山书社，2006年版)。

在唐代每年各地贡举到京城应进士试的举子大约有九百多人，而录取每年都在三十人左右，因此大批士子落榜就成为必然，但是像许棠那样二十多年困于科场还是罕见的，一方面说明进士科考试的残酷，另一方面也可以看出他的坚韧执着。与盛唐人虽落第仍然充满自信不同，晚唐人则多充满满腔的悲慨。特别是与故人或与中第者离别的时候，这种悲感会更加强烈。首联说自己连年科场失败，以至于对自己的学习与追求产生了深深的怀疑；三四句写将要返回经历战乱的故乡，在新春时节不得不怀着惆怅心情归去。五六写离别时情景：春天已经来了，秦地的雪开始融化，鲜花也已经开放，仿佛还牵惹着离人的衣襟，此情此境，人何以堪？最后两句答谢友人的关切：说我可能要在故乡的江边留滞一些时日，今年秋天就可能不再应举了。全诗流露出一种落寞无奈凄凉失意的情绪，正是千千万万落第士人的真切写照，许棠的失意是他个人的悲剧，也是时代的悲剧。

塞外书事

征路出穷边①，孤吟傍戍烟②。
河光③深荡塞，碛色④迥连天。
残日沉雕外，惊蓬到马前。
空怀钓鱼所⑤，未定卜归年⑥。

【注释】①穷边：荒僻的边塞。②戍烟：边防驻军的报平安或报警的烟火，单烟为平安火，双烟为敌情。③河光：黄河的波光。④碛色：沙漠的浑黄色。⑤钓鱼所：作者在故乡的隐居处。⑥卜归年：占卜回家的时间。

【笺释】这是一首漫游塞外的边塞诗，时间大致是大中十一年前历次科考失败之后，赴边塞游历，顺便找一条出路，作者前往边塞具体投靠谁不是很清楚。首二句写征路旁边的近景：一条大路通向荒凉无垠的边塞，骑马独吟不时看见路边的烽火台燃起烟火。三四句写远景：滚滚滔滔的黄河在边塞深处荡漾着金色的波光，漫天的黄沙雄浑苍茫一直延伸到天边。五六句写落日景象：一轮血红的残阳烧红了西边的天宇，落日与雕鹗一起西沉，而强劲的西风吹来，卷起飞蓬一直刮到作者身边。与王维“大漠孤烟直，长河落日圆”的雄浑壮阔相比，虽少了一些宁静安闲，却带来一缕悲壮辛酸。纪昀评价说：“雄阔，不类晚唐。”《重订中晚唐诗主客图》也说：“此乃同右丞诗意，其摹写高迥逼真处，亦几不多让矣。”确实如此，许棠的五律擅长刻画景物，境界比较阔大。最后两句抒发感慨：在这荒凉的边塞只好空自怀念曾经隐居垂钓的时光，至于归期那是很难预料的。全诗虽然境界开阔，格调雄浑，但是字里行间还是弥漫着一种无依的惆怅，带着晚唐人特有的悲凉意绪。

日暮江上

孤帆收①广岸，落照在遥峰。
南北渡人少，高低归鸟重②。
潮回沙出树③，雨过浦沉钟④。
渔父⑤虽相问，那能话所从⑥。

【注释】①收:收起,卷起。这里指停帆靠岸。②重:成双成对的意思,这里以归鸟的双双来衬托自己的孤独。③沙出树:指夕潮回落,白色的沙滩显露在江边的树林间。涨潮时这些树也许浸在水里。④浦:水边。沉钟:沉浸于钟声中。⑤渔父:打鱼的人。此处暗用屈原与渔父问答的典故。⑥话所从:道出今后应该去的方向。

【笺释】这是一首江上旅行诗,许棠一生四处漂泊,家又在宣州的泾县,往来江上应该是常事,当作于中举之前。首二句说天色晚了,自己所乘坐的一只孤独的小船,停泊靠在广阔的江岸上,一轮落日正在向遥远的山峰慢慢坠落。接下四句写眼前所见景象:渡口南来北往的客人非常稀少,只有相与还的归鸟双双飞翔,高高低低成群结队回到树林里温暖的小巢;晚潮涨起又退回去,树林间露出白色的沙滩,刚刚雨歇的水边传来寺庙清脆的钟声,这钟声仿佛还带着点潮润的水气。最后两句说尽管渔父殷勤关切询问我的去向,但是前途四处迷茫,犹如这傍晚的沉沉暮霭,我实在难以确定今后的归宿,表达出一种孤独无依的悲凉心态。如果将孟浩然《泊建德江》"移舟泊烟渚,日暮客愁新。野旷天低树,江清月近人"联系起来看,就会更加明显。同是傍晚泊舟江边,同是远离家乡,但是孟浩然能在大自然的明月清波中找到慰藉,思念家乡的愁情自然能够化解,显然,故乡始终是安顿诗人心灵的恬静处所;而许棠却是那样的孤苦无依,既找不到前途的路,也没有寄托精神的归宿。由此可见时代氛围对诗人精神境界的影响多么深远。

客 行

旅食[一]唯草草[①],此生谁我同。
故园魂梦外,长路别离中。
人事萍随水[②],年光鸟过空[③]。
欲吟先落泪,多是怨途穷[④]。

【校记】[一]旅食:全唐诗校:"一作日日。"

【注释】①旅食:寄食,客居异乡。草草:心绪不宁。②萍随水:喻生活像水中浮萍,漂泊无定。王勃《滕王阁序》:"萍水相逢,尽是他乡之客。"③鸟过空:形容时光飞逝迅速。④怨途穷:因穷困潦倒而悲怨。

【笺释】这是作者客居异乡抒写悲苦情怀的诗歌,作年难定,大致在走中举之前。首二句概括自己的孤独：寄人篱下心情不宁，没有人与我志同道合。三四句继续写孤苦无依：回故乡吧，故乡在梦魂之外，连梦回故乡都很艰难；去努力再追寻理想吧，可是眼前的漫漫长途，仿佛永远处于离别之中。五六句慨叹：这生活就像萍水相逢漂泊不定，而大好的青春时光却像鸟儿飞越长空转瞬即逝。最后两句抒情：想吟诗一首却不由自主落下泪水，因为我的命运总是如此的日暮途穷。此诗较为典型的表现了许棠对自己命运的感慨。

送李员外知扬子州留务①[一]

帝命分留务，东南向楚天②。
几程回送骑，中路见迎船③。
冶例开山铸④，民多酌海煎⑤。
青云名素重，此去岂经年⑥。

【校记】[一]留务：全唐诗校：“一作留后。”按：作“留后”是。

【注释】①李员外：可能是李频，因李频曾任都官员外郎，然后于乾符二年(875)年出任建州刺史。若此李员外真是李频，则李频在出任建州刺史之前，曾经任扬州留后一职。唐代于扬州置大都督府、淮南节度使。节度使因事离镇或出缺，则置留后暂时管领其事。②楚天：扬州一带古属楚地，故云。③二句写先骑马送行，一直送到迎接的船上，足见二人感情深厚。④冶例句：扬州附近的六合县有冶山，相传汉代吴王刘濞在此铸钱。⑤民多句：说扬州距离海近，民多煮海为盐。⑥岂经年：形容时间很短就会返回朝廷。

【笺释】许棠是咸通十二年(871)进士及第的，细味诗意，此诗作地应在长安。此前，李频出任南陵主簿时，许棠曾有诗相送。后李频回朝当了都官员外郎，这次赴任留后是受帝命，可能是暂时的，故诗中说“青云名素重，此去岂经年”。也许李频在扬州留后任上有一两年之久，回来再到朝廷任职，于乾符二年出任建州刺史。

首联点题，说李员外接受皇帝命令前往扬州任留后，向东南进入楚国天宇。三四句写作者送别的真情，先骑马陆行，在下马送上前来迎接的船只。许棠与李员外感情深挚或许在他身上寄托了厚望，故如此殷勤。五六句写扬州风俗，暗示扬州是出盐产铁的富庶之地，官重位显。最后两句期待李员外早日回朝任更大的要职。送别诗而写异地风俗是其特色，与韩愈送人入桂林写“江作青螺带，山如碧玉簪”同一机杼。

春暮途次华山下①

他皆宴牡丹②，独又③出长安。
远道行非易，无图④住自难。
离城风已暖，近岳雨翻寒⑤。
此去知谁顾，闲吟只自宽⑥。

【注释】①次：止宿，留宿。②宴牡丹：考中进士者都要于放榜日举行宴会，一般地点在曲江杏园，又称杏园宴。③独又：又独自。此句写再次落第后离开长安的落寞心情。④图：地图。⑤岳：西岳华山。翻：反而。⑥自宽：自我宽慰。

【笺释】这是一首写再次落第离开长安途次华山的诗。首联运用对比：考中进士者都兴高采烈地参加曲江杏园宴会，四周鲜花盛开，美女如云；而我则只能再次丧魂落魄地离开长安。三四句写自己的困境：行走吧，道路遥远，前途漫漫，困难重重；住下吧，又没有地图，也找不到具体地点。五六句写景：明明离开长安时还是风和日丽，谁知到了华山脚下反而寒雨潇潇。最后两句说没有人同情、关照，只有闲吟诗句自我宽慰罢了。

旅次滑台投献陆侍御①

已是鸿来日②，堪惊却背秦③。
天遥三楚④树，路远两河⑤人。
旅梦难归隐，吟魂不在身。
霜台欹冠豸⑥[一]，赖许⑦往来频。

【校记】[一]冠豸：全唐诗校：“一作豸次。”

【注释】①滑台：唐滑州治所白马县，即古滑台城，在今河南滑县东。侍御：官名。唐殿中侍御史或监察御史之别称。陆侍御，不详。②鸿来日：鸿，大雁，冬天飞往南方过冬，夏季北返。鸿来日，在北方则指夏天。③背秦：离开关中地区。④三楚：战国楚地，以淮北、沛、陈、汝南、南郡为西楚；彭城以东，东海、吴、广陵为东楚；衡山、九江、豫章、长沙为南楚。⑤两河：唐时称河北、河南二道为两河。⑥

霜台：御史台。猗：同“猗”，叹美之词。冠豸：即著豸冠，豸冠就是獬豸冠，古代御史所戴。⑦赖许：表感激之意，说朋友容许我多次拜访。

【笺释】此诗与前一首作于同年，时间是初夏。许棠春天离开长安，途次华山时已经到暮春了，所以遭遇寒雨觉得气候反常，到滑台时，应该是夏天了。首二句还是感慨不得不离开秦京长安，“已”与“堪”“却”呼应，写出内心的不甘与无奈。三四句写景，对仗工整，境界开阔：遥远的南国天空，一片茫茫的蔚蓝，视野的尽头是像荠菜一样的树林，与天空一样茫茫的眼前的道路，穿过两河地区通向南方，而路上却只有我孤零零的身影。这两句令人想起“雨中黄叶树，灯下白头人”来，结构都是名词性短语，两两对举，含蕴非常丰富，诗中满含凄凉的感伤情绪。五六句抒发感慨：身在旅途，归梦难成，更谈不上归隐了，而吟诗吧，却仿佛魂魄已经脱离了躯体，魂飞梦断确实够凄惨伤怀之至。最后两句点投赠陆侍御，既羡慕他头带豸冠，正直威严，又感激他容许我数次造访。陆侍御与许棠是关系不错的朋友，这次投诗既有旅途劳顿之意，也有望其援引之意。

重归江南

无成归故里，不似在他乡①。
岁月逐流水，山川空夕阳。
回潮②迷古渡，迸竹③过邻墙[一]。
耆旧④休[二]存省⑤[三]，胡为⑥止泪行。

【校记】[一]回潮二句：全唐诗校：“一作岸移迷钓石，竹广认邻墙。”[二]休：全唐诗校：“一作稀。”[三]省：全唐诗校：“一作者。”

【注释】①二句：写落第回到故乡感到温暖的心情。②回潮：潮水后退然后再返回的小一些的潮称回头潮。③迸竹：破土而出的竹子，竹编在地下穿行，所以自家的竹林常有竹笋生长在邻家院落。④耆旧：故老，年老的旧好。⑤存省：慰问。⑥胡为：为何，为什么。

【笺释】这是一首游学离家多年之后，重回故乡的诗歌，当与前首诗作于同年。一方面故乡给归来的游子以温暖，另一方面，游子落魄归来心中充满无限的愧疚。首联就是这种交织在一起的感情表露，虽然一事无成，但是总不似他乡的漂泊无依。三四句是名联：青春岁月随着潺潺流水悄悄远逝，故乡的山川静静地沐浴在夕阳的余晖里，年复一年地盼望游子凯旋，可是而今等来的不过是失败的落寞。五六句转写眼前景色：古老的渡口沉浸在迷茫之中，只有那不怕寂寞的回头潮还是坚韧地默默地怕打着岸边的礁石，而那新生的竹子则恣意横生，竟然已经长到邻居的墙院里了。在不变与新变之间，许棠禁不住热泪盈眶，最后两句说，老朋友啊，你们就别来安慰我了，我的心里正在落泪啊。读此诗，我们深深感到在晚唐时代，落第归来者内心难以排解的苦痛，因为举进士为官是他们唯一的出路。由于许棠困于场屋几十年，因而他的感受最为深刻。

寄黔南李校书①

从戎②巫峡外，吟兴更应多。
郡响蛮③江涨，山昏蜀雨过。
公筵饶越味④，俗土尚巴歌⑤。
中夜怀吴梦，知经[一]滟滪⑥波。

【校记】[一]经：全唐诗校："一作惊。"

【注释】①黔南：唐时于黔州（治今四川彭水）置黔中观察使，黔中观察使或称黔南观察使。李校书：即李频。大中八年（854）登进士第，为校书郎，受辟黔中幕府。②从戎：从军。李频受聘幕府，故称。③蛮：古代对南方少数民族的泛称。蛮江，即指南方的江河。④越味：南方越族菜肴的风味。古时江、浙、闽、粤之地为越族所居，称百越之地。⑤巴歌：泛指巴楚民歌。⑥滟滪：即滟滪堆，长江三峡瞿塘峡中的险滩，在四川奉节县东。

【笺释】李频大中八年（854）进士及第，授校书郎，调南陵主簿，迁武功令。据此诗，则调任南陵主簿前，还受聘黔南幕府从事，时间在大中十年前后。《送李频之南陵主簿》一诗写作地点在长安，李频赴任南陵主簿也是带校书郎衔，受聘黔南幕府也是这一身份，说明此次受聘或者是受朝廷旨意出使黔南，并未任具体职务，不然调任南陵主簿时当带前所任官衔。许棠作此诗当在长安谋求进士试，故诗题有"寄"字。诗首联点题：说你这次从戎边幕远在三峡之外，南国异样风景应该激发你浓厚的诗兴。三四句想象李频所在黔南彭水的景象：郡楼耸立江边，由于雨季到来，江间波浪汹涌，声响回荡在郡城上空；四周群峰高耸，浓云密布，大雨倾盆，导致江水猛涨。五六句写当地的风味特色：宴席上有丰富的越地菜肴，风味独特；佐欢的是巴渝民歌，婉转的歌喉与热辣辣的舞蹈更是令人神往。最后两句抒发怀乡之情：午夜睡梦中回到故乡，应该知道经过险峻的滟滪堆后，就进入了康庄大道。李频是许棠最要好的朋友，李频的任何官职调动，他都有诗相送。这首诗最突出的地方就是通过悬想友人所在地的生活情境，来寄托对友人的相思之情。

东归留辞沈侍郎①

一第久乖期②，深心③[一]已自疑。
沧江④归恨远，紫阁⑤别愁迟。
稽古⑥成何事，龙钟⑦负已知。
依门⑧非近日，不虑旧恩移⑨。

【校记】[一]深心：全唐诗校：“一作终身。”

【注释】①沈侍郎：沈询，大中九年(855)为礼部侍郎，知贡举。②第：科举及第。久乖期：长时间没能中举。③深心：内心深处。此句说由于久困科场，内心已经深深怀疑自己的能力了。④沧江：泛指江水。江水成青苍色，故称沧江。⑤紫阁：终南山峰名，在长安城南御宿川，其北就是著名的渼陂，为长安的游览胜地。胡松《游记》：“渼陂上为紫阁峰，峰下陂水澄湛，环抱山麓，方广可数里，中有芙蕖凫雁之属。”杜甫《秋兴》：“紫阁峰阴入渼陂。”⑥稽古：稽考古道。⑦龙钟：潦倒失意的样子。⑧依门：投靠他人门下。⑨不虑：不料。旧恩：过去的恩情。

【笺释】大中九年沈询知贡举，许棠当参加了这年的进士试，但再次落榜，因此东归时写了这首留别坐师的诗歌。首联写自己对命运的抱怨：考进士长期不能如愿，致使内心深处产生了对自己的怀疑。三四句写离别时的“归恨别愁”：回归故乡吧，失意落寞的遗恨犹如沧江之水，连绵不绝；而告别长安，在紫阁峰前依然迟疑徘徊，恋恋难舍。五六句写尽自己的落魄：稽考古道则一事无成百不堪，潦倒失意又对坐师的知遇之恩深怀歉疚。最后一联说，投靠您的门下不是从今日开始的，没有料到您昔日对我的恩遇有所转移了。这首诗显然有一种牢骚之意，也许许棠本年应该中选而未能成功，故作这样的推想。

题开明里友人居

城中尘[一]外住①，入望是田家。
井出深山[二]水，阑②藏异国花。

风巢和鸟动，雪竹向人斜。
来往唯君熟，乡园共海涯[3]。

【校记】[一]尘：全唐诗校："一作园。"[二]山：全唐诗校："一作泉。"

【注释】①尘外：尘世之外。此句言虽住城中，但犹如住在尘世之外。②阑：通"栏"。③海涯：海边。

【笺释】这是一首赞美友人尘外生活情趣的诗，作时不详，当为长安应举之时。首联赞美友人住处远离尘嚣的宁静，虽在城中，却犹如住在尘世之外，放眼望去皆是田家景象。接下四句具体描写脱离尘世的景致：水井里可以汲取深山的泉水，清冽而甘甜，花圃之中栽种着来自异国他乡的名贵花卉；微风过处，树枝摇曳，鸟巢和鸟儿一起轻轻晃动，微雪压着翠竹枝头，干枝向人倾斜。最后两句说：竹林之中的小径，来往只有你熟悉这里的环境，乡园犹如海边一般静谧安详。言外就是无限的钦羡。许棠的这类诗很注重烹炼中间两联，既有细致独到的观察，又有宁静优美的田园意境，对仗工整也值得重视。

遣　怀

此生何处遂[1]，屑屑复悠悠[2]。
旧国[3]归无计，他乡梦亦愁。
飞尘长[4]满眼，衰发[5]暗添头。
章句非经济[6]，终难动五侯[7]。

【注释】①遂：成功，指进士考试成功后能进入仕途，一展怀抱。②屑屑：劳碌不安的样子。《汉书·王莽传》："晨夜屑屑，寒暑勤勤。"悠悠：忧思深长。《诗·邶风·终风》："莫往莫来，悠悠我思。"③旧国：故乡。④飞尘：奔波途中马蹄踏起的灰尘。长：常常。⑤衰发：白发。⑥章句：指儒家经典，当时士子考科举，所读的教材是初唐时期孔颖达所著的《五经正义》，这是读书人必读的书籍。经济：经国济民。⑦五侯：指当时当权的宦官或外戚，泛指权贵之家。西汉成帝封诸舅王谭、王商、王立、王根、王逢时为五侯（见《汉书·元后传》）。又东汉桓帝时，宦官单超、徐璜、具瑗、左悺、唐衡同时封侯，世称五侯（见《后汉书·宦者传》）。

【笺释】这是一首异乡漂泊深感功业无成的抒怀之作，当作于久困科场的后期，因为头上暗生了白发。首联深感科举失败的困苦，这辈子仿佛都看不到希望，只能在长年苦辛、终日勤勤，但忧思深远，不可收拾。次联说回归故乡吧，毫无办法，既未能中举入仕，又囊中羞涩，身无分文；异乡作客，漂泊无依，屡屡碰壁，遭人白眼，连梦中也尽是满腹的忧愁。此联可以与王维“独在异乡为异客，每逢佳节倍思亲”相比较，王维是异乡为官，且有漂泊之感，而许棠则是异乡作客，科举无望；王维也思念亲人思念故乡，但思念中含有一种甜蜜的情感，有一种欲回家与亲人团聚的温馨想象，而许棠却无法也不能回到故乡，或者说即使回到故乡也不能解脱科举失败的忧愁。由此可见盛唐人与晚唐人心境的差别。颈联回视自己的困窘状态：连年的奔波，眼里所见无非灰尘扑面，既有自己的马儿踏起的灰尘，更多的还是那些得意者的马蹄溅起的，对许棠来说无非就是一个辛酸；而岁月流逝，白发渐渐滋生了，一个“长”字一个“暗”字是诗眼，表达了许棠天涯漂泊的悲苦境况。尾联更加感慨：经书虽熟有什么用呢？既不能中举一展怀抱，又不能济世安民，而且干谒也没有作用，满腹经纶毕竟不能得到“五侯”这样的宦官或外戚的青睐。足见晚唐时期朝政的窳败和士人前途的灰暗。许棠是在写自己的遭际，实际上也是整个晚唐时期士人心理的一个缩影。

送龙州樊使君①

曾见邛人②说，龙州地未深。
碧溪飞白鸟，红旆③映青林。
土产唯宜药④，王租只贡金⑤。
政成⑥开[一]宴日，谁伴使君吟。

【校记】[一]开，全唐诗校：“一作闲”。

【注释】①龙州：唐代属下州。《旧唐书·地理志》：“隋平武郡，唐武德元年改为龙门郡，贞观元年改为龙州，天宝元年，改为江油郡，乾元元年复为龙州。在京师西南二千六百六十里，至东都三千一十五里。”使君：称州郡长官为使君。樊使君，名不详。②邛人：指四川人。邛，汉代西南少数民族国名，在今四川西昌东南。③红旆：红旗，指樊使君府前的旗帜。④宜药：宜，谓土宜，古人认为不同性质的土壤，适宜不同种类植物的生长。龙州此地适宜药物的生长，故称“宜药”。【按】龙州及舟曲一带盛产川贝、党生、大黄等珍贵药材。⑤贡金：龙州出产黄金。⑥政成：指治理有政绩，出现政通人和的景象。

【笺释】这是一首送别诗，创作时间及具体送别地点不详，大约也是羁留京城时所作。樊使君名字不详。可能许棠未去过四川龙州，故诗中所写龙州，一方面是出于地理知识的了解，另一方面则出于想象。首联借邛人之言，说龙州并不在大山深处，是一片山地、河流、平原交织的丘陵。次联想象龙州景色：溪水(即汶川江)碧绿，白鸥成群在水边飞翔，使君官府掩映在翠树丛中，门前的红旗迎风飘扬。颈联写龙州特产，既有川药又有贡金，是物产富庶之地。尾联祝颂樊使君一定会治理好龙州，出现政通人和的局面，但是在喜庆的宴会上，唯独缺少与使君唱和的朋友，借以表达惜别之情。此诗最佳的地方并不在表达了惜别之情，而在于对龙州风景和物产的想象，给人以清新温馨之感，与王勃《送杜少府之任蜀州》感慨宦海沉浮的伤别略有不同，但缺少王勃“海内存知己，天涯若比邻”的雄浑气象。

寄盩厔薛能少府①

满县唯云水，何曾似近畿②。
晓庭猿[一]集惯，寒署吏衙③稀。
冰色封深涧，樵声出[二]紫[三]微。
时闻迎隐者，依旧著山衣④。

【校记】[一]猿：全唐诗校：“一作禽”。[二]出：全唐诗校：“一作在”。[三]紫：全唐诗校：“一作翠”。【按】作“翠”是，“紫微”是天上星座名，一般用来指“皇宫”或指“朝廷”。“翠微”则指青苍色的深山，山里有樵夫，故说“樵声出翠微”。

【注释】①盩厔：唐县名，属京兆府，今陕西周至县。少府：县尉的别称。薛能(？—880)，字大拙，汾州(今山西汾阳)人。会昌六年(846)进士及第。大中末书判中选，补盩厔尉。后辟太原、陕虢、河阳从事。咸通中薛能摄嘉州刺史，归朝迁主客、度支、刑部郎中。俄为同州刺史、京兆尹。后历徐州感化军节度使、工部尚书。复节度徐州，徙许州忠武军节度使。广明元年(880)薛能全家死于军乱。薛能有诗癖，日赋一章为课。今存诗四卷，见《全唐诗》卷五五一至五五四。②近畿：畿，古称天子所领之地，后指京城管辖的地区。即京兆府管辖的附近方圆约五百里的地区。近畿，也称“畿甸”“畿内”。③衙：动词，指吏员早晚到官署参见官长，请示公事。④山衣：隐士所穿的布衣，指不穿官服。

【笺释】薛能大致与许棠年纪相近，但是中举时间较早，武宗会昌六年就进士及第，但十年之后才以书判入选，补盩厔尉。若照此推算，则许棠在薛能补盩厔尉期间，应该困于科场达十年之久了。从“冰色封深涧”一句来看，此诗当作于大中十三年冬天，作地当在长安。

这首诗是寄赠薛能的，薛能此时年纪应该在四十岁左右，任盩厔县尉是一个较清闲的职务，所以几近隐居。首联说周至县有白云山水胜境，适合隐居，此地正处骊山之下，有仙游寺、马嵬坡等古迹，根本不像是在近畿地区，因为公务一点都不繁忙。次联即将此一点坐实，早晨的庭院里空无一人，那猿猴进进出出，也习惯了这样的生活，寒冷的官署则早晚都没几个吏员来回报工作，显得异样的清闲。这等于是投闲置散，无所事事。颈联宕开一笔描写景物：深冬季节，每一条深涧都是冰封状态，一片苍凉冷寂，只有那深青色的翠微之中不时传来樵夫打柴的声音。樵夫，并非真正的像卖炭翁那样的农人，而是隐居不仕的读书人。所以尾联说，时常听说薛能在迎接隐者来访时，脱下官府而穿着隐士一样的布衣。总观全诗，写想象中的薛能清闲散逸的生活，可能寓有为他才高处散鸣不平的一面，也有羡慕其悠闲淡远襟怀的一面。颔联、颈联虚实相衬，对仗工整，很有特色，颇显锤炼之功。

送李左丞巡边①

狂戎②侵内地，左辖去萧关③。
走马冲边雪，鸣鞞④动塞山。
风收枯草定，月满[一]广沙闲。
西绕河兰⑤匝，应多⑥隔岁还。

【校记】[一]月满：全唐诗校：“一作日闭”。

【注释】①左丞：即尚书左丞，正四品上阶，掌吏部户部礼部诸司事务。李左丞，具体指谁不能确定。巡边：受皇帝委派到边塞巡视工作，主要是督查战事并慰抚将士努力戎行，为国效力。【按】咸通十一年(870)正月，南诏骠信蛮进攻东川，围成都，与唐军战于新津、双流等地。二月，颜庆复为东川节度使，率诸军力战，大破之。故李左丞应该是在正月巡边，与诗中“走马冲边雪”正合。诗中“狂戎”也许是指南诏吗？许棠在此年曾到北地边塞漫游，七月之后入李骘幕府，不知此李左丞是不是李骘？②狂戎：指狂妄入侵的边塞少数民族，可能是指南诏，因为咸通十一年只有正月南诏入侵东川。③左辖：即左丞。萧关：古代关名，在今宁夏固原县东南。④鸣鞞：击鼓。鞞，军中所用的一种战鼓。⑤河兰：河州、兰州，河州治所在今甘肃临夏东北，兰州治所在今甘肃兰州。⑥应多：应该最多，指在时间上最大的限度。

【笺释】咸通十一年因去年徐州庞勋之乱，时局艰难，故礼部停贡举。许棠正月尚在京城应举，正好遇上李左丞巡边，作此诗相送。后六七月之间北游边塞，再入江西观察使李鹭幕府。也许当时许棠以为战事要一年多的时间，不知边乱二月即平定。惟诗中所写边塞景象为北地，与东川不合。待考。

这首诗是一首送人巡边的边塞诗，很有雄杰气象。首联点明巡边原因，狂戎不自量力，挑起边衅，悍然入侵内地，引起朝野巨大的震动，因此李左丞奉皇命出使巡边，一直到达边塞重镇萧关。次联想象左丞出使的气势，马队踏着残雪像疾风掠过原野，战鼓声声震动了边塞巍峨的大山。颈联舒缓一下紧张的气氛，转笔描写风定时的塞漠景象，风静下来了，白草也就静静的不动，而那一轮满月照着一望无际的沙漠，给人闲静辽远的印象，也象征左丞携带皇威使边关受到震慑而安定的景象。尾联说向西绕过河州、兰州几圈，应该最多一年就能够使边关完全安定下来。

许棠的边塞诗充满一种盛唐延续下来的雄杰之气，是值得赞许的，但是由于晚唐国力下降，唐王朝对边塞的控制减弱，边塞战争已经没有盛唐、中唐时期那种雄视四周攻无不克战无不胜的高度自信，所以总体上看，缺少一种宏伟的力量。

题青山馆（即谢公旧居）①

境概②殊诸处，依然是谢家。
遗文③齐日月，旧井照烟霞。
水隔平芜④远，山横度鸟斜。
无人能此隐，来往谩⑤兴嗟。

【注释】①青山：在安徽当涂县东南，一名青林山。南齐谢朓尝筑室及池于山南，因称为谢公山。②境概：环境的景象，周围的景色。③遗文：谢朓留下来的诗文。④平芜：杂草茂盛的原野。⑤谩：通“漫”，徒然，白白地。

【笺释】这是许棠游览大青山谢朓留存遗迹时所题写的怀古诗，从结尾“来往谩兴嗟”来看，似乎他经常来这里游历，很难确指哪一次具体时间，但从“兴嗟”来看，感慨是很深的，有一种向往归隐却不能如愿的感叹，应是中举之前的作品。

首联赞叹谢公山的环境景色与其他地方很不相类，带有谢氏隐居的特色。次联虚实相生，谢公的诗文绚丽夺目与日月齐辉，这是虚而实；而谢公当年留下的水井依然在烟霞中散发着来自南朝的文化气息，这是实而虚。这样虚实交织，令人产生思古之幽情，又由衷使人对青山的自然与人文景观赞叹不已。颈联回到现实的真景：一望无际的原野绿草如茵，隔着浩荡的大江，一直漫向天际；大青山横亘眼前，飞鸟相与还巢，在风中侧翅飞翔，多么自由自在！尾联慨叹无人能像谢公那样隐居于此山，自己来来往往也只能空自嗟叹。谢朓是一个“既欢怀禄情，复协沧州趣”的诗人，即他既怀恋仕宦朝廷的功名利禄，也不忘隐居山林笑傲烟霞的情趣，实际上在古代，知识分子是不可能两全其美的，谢朓最后卷入政治斗争成为牺牲品，正说明了这一点，而许棠面对谢朓留下的诗文和遗迹，所感慨的也许就是仕宦与归隐这熊掌鱼肉的不可得兼。对许棠来说，或许更有感触，他是“怀禄情”没法满足，而“沧州趣”也无从得到，所以怀念谢公自然感慨更深。

雁门关①野望

高关②闲独望，望久转愁人③。
紫塞④唯多雪，胡山不尽春。
河遥分⑤断野，树乱起飞尘⑥。
时见东来骑⑦，心知近别秦。

【注释】①雁门关：在今山西代县西北雁门山。雁门山东西岩峭拔，中间有路，盘旋崎岖。绝顶置关，谓之西陉关，也称雁门关，自古为戍守重地。与宁武、偏头为山西三关，所谓外三关。是山西太原的北部屏障。②高关：即雁门关。雁门关靠近北岳恒山东侧，地势险峻，控制山西大同（凤城）与太原（龙城）之间的通道。③愁人：使人发愁。④紫塞：指北方边塞。秦筑长城，土色皆紫，故称紫塞。⑤分：中分，从中间切开。⑥飞尘：因战马奔驰树林间而扬起灰尘。⑦骑：马兵。

【笺释】咸通十一年因庞勋之乱，时局艰难，因而本年停礼部考试。此年夏秋之间，许棠北游边塞至天雄军驻地秦州一带，经过雁门关而作此诗。作此诗时应在春夏之交。

雁门关，也叫西陉关，位于恒山东部雁门山两峰对峙的峡谷之中，本身地势就在黄土高原之上，加上隆起的山脉就更高了，而关又筑在山顶，俯守要冲，是险峻陡峭的雄关。许棠这次北游边塞，一是想散散多年科场失意的忧郁，二是看看能否在边关找到机会。所以在悠闲的时候，登上雁门关独自向四周眺望，由于前途的灰暗，许棠没有杜甫望岳"一览众山小"那样的豪迈，倒是产生齐景公登牛山那样的触目伤怀，因而感到雁门关使人愁怀满目。次联写登览时的景象：虽是春夏之交，但是紫塞边关依然是大雪覆盖，尽管胡人边地的山峦还是不尽的春色。颈联是远近交织的景象：远处黄河像黄色的飘带，又像锋利的刀子，切开原野在向南流去，而近处高低错落的树林中突然腾起一阵飞扬的尘土。尾联解释原因说，原来是从东方飞驰而来的骑兵，或许边关又发生了紧急的情况，这才发现自己已经离开了秦京，进入了气氛紧张的边塞。

许棠的边塞诗大多运用近体五律，有一股高古气息，但缺少岑参、高适边塞诗那种雄浑劲健的气势，一方面受诗歌体裁的限制，另一方面也与作者的精神境界相关，许棠是一个落魄之人，寻求投笔从戎的机会都得不到，自然缺少渴望建功立业的豪迈，而更多的是对家乡的思念和个人愁怀的抒发。艺术上刻画景物精细入微，对仗工致，也是应该肯定的。

五原书事①

西出黄云外，东怀白浪遥。
星河愁立夜②，雷电独行朝。
碛迥③人防寇，天空雁避雕④。
如何非战卒，弓剑不离腰。

【注释】①五原：唐盐州五原郡，治所在五原县（今陕西定边）。《元和郡县志》卷四盐州："五原县，本汉马岭县地，贞观二年与州同置，谓龙游原、乞地干原、青岭原、可岚贞原、横槽原也。"书事：书写所见所感。②立夜：此句是倒装句法，应为"立夜愁星河"，下句应为"行朝独（见）雷电"。为了押韵故调换语序，显得新颖别致。③碛迥：沙漠辽远。④雕：一种猛禽。常盘旋于高空，俯视下面的鸟雀甚至原野上的小动物，确定目标后，往往突然向下俯冲发动袭击。故雁群南来北往的时候，经常要避开雕隼的攻击。

【笺释】此诗应作于咸通十一年夏季，与上一首同时稍后，因为诗中已是夏天景象，许棠的行程路线是，由长安出发，北游太原，再向西去天雄军驻地秦州。

首联点明行程路线，向西已经进入黄云密布的塞外，因而怀念东面的黄河渐渐远去的白浪了。次联是晓行夜宿的所见所感：夜晚停止脚步站在苍茫雄浑的沙漠里，只见浩瀚灿烂的星河在穹庐似的天空闪烁，不由得产生孤独寂寞的愁怀，而早晨踽踽独行却见乌云密布的天空突然电闪雷鸣，气候变化倏忽不定，就像我的前途一样令人难测。颈联继续描写所见的独特景象：沙漠辽远空旷，没有遮拦屏障，因而人们要建造各种设施防止外寇的入侵，而天空中盘旋着大雕，那来来往往的大雁则躲避猛雕的袭击。尾联书写近景，为什么不是战斗的士兵，他们腰上也挂着弓剑呢？一下子就将边关紧张恐惧的气氛烘托出来了。

这首诗是许棠边塞诗中雄浑之作，不仅写景气象宏阔，意境雄浑，而且善于侧面烘托，将所见所感与心理活动交融在一起，有情景交融之妙。句法上运用倒装，显得刚劲峭拔，令人耳目一新。

送从弟归泉州①

问省归南服②，悬帆任北风。
何山犹见雪，半路已无鸿。
瘴③杂春云重，星垂夜海空。
往来如不住④，亦是一年中。

【注释】①泉州：唐代州名，唐景云二年置，治所在今福建泉州。②问省：归家省亲。南服：南方偏远之地。服，古代王畿以外的地方，每五百里为一区划，按距离的远近分为五等地区，即侯服、甸服、绥服、要服、荒服等五服。③瘴：瘴气。④住：停留。

【笺释】这是一首送从弟回泉州省亲的诗歌，作地应该是在京城，这位从弟可能也是在长安应试，或者落第之后南归。时间是在春季放榜之后，观诗中“何山犹见雪”可知。从弟名不可考。

首联点题，从“悬帆任北风”可知，从弟是沿黄河乘船南归的，因此特意点明“北风”。次联跨度很大，出发时北方的山峰还有残雪覆盖，而一过长江，走到半路已经看不见大雁了，因为据说大雁飞到湖南衡阳就不再南行了。颈联想象从弟一路的景象：南方的瘴气与春天的云气交织在一起，给人沉重低垂的感觉；夜晚来临，繁星满天，低垂着似乎与大海相连。境界显得特别空阔，景象十分壮观。尾联说，即使不在家里停留，南北往来也需要一年的时间。时间之长令人悬想，如果是高中，肯定不会在家里待如此长的时间，而慰抚落第的伤口，需要更长的时间。所以，看似平淡的尾联实际上包含很多遗憾与惋惜，未见兴奋急切的情感表达，也许许棠此年一定未能中举，此诗当作于咸通十二年之前。

留别故人

殊[一]立本不偶，非唯今所难。
无门[二]闲共老，尽日泣相看。
鸟畏闻鶗鴂[①]，花惭[三]背牡丹。
何人知此计，复议[②]出长安。

【校记】[一]殊：全唐诗校："一作孤。"[二]门：全唐诗校："一作闻。"[三]惭："一作愁。"

【注释】①鶗鴂：又名伯劳。秋天鸣。屈原《离骚》："恐鶗鴂之先鸣兮，使夫百草为之不芳。"②复议：还在议论。

【笺释】这是一首许棠落第之后离开京城留别故人的诗歌，作于咸通十二年之前的某一年春天。首联说自己特立独行本来就会遭遇不偶，落拓无依，并非今天所难堪，而是一直以来长期如此，开篇即可见出万般无奈的苦痛。次联想象回家之后的难堪：没有名气没有成功也没有门路，只好在家里闲居中慢慢老去，尽日以泪洗面，面对家人哭泣相逢，那是多么感伤的场面呀！颈联转回到长安离别时的心态：最怕听到鶗鴂的鸣叫，因为鶗鴂在百草凋零的季节唱出悲音，让人伤感，眼下正是牡丹盛开的春天，而自己却不得不怀着惭愧的心情离开牡丹南归。尾联说，没有人知道我南归的计划，还在议论我为什么这时候离开京城。可以见到故人的同情与惋惜。许棠一生数次落第，几近木然，而一旦回家就会引起内心的剧痛，令人同情落泪。

塞下二首[①]

其　一

胡虏偏狂悍[②]，边兵不敢闲[③]。
防秋[④]朝伏弩[⑤]，纵火夜搜山[⑥]。
雁逆风鼙振[⑦]，沙飞猎骑[⑧]还。
安西[⑨]虽有路，难更出阳关[⑩]。

其 二

征役已不定[11]，又缘无定河[12]。
塞深烽砦密[13]，山乱犬羊[14]多。
汉卒闻笳泣[15]，胡儿击剑歌。
番情终未测[16]，今昔谩言和[17]。

【注释】①塞下：是唐代新乐府辞的乐府杂题。【按】宋郭茂倩《乐府诗集》第九十三卷收录自贯休至沈彬等十六人题为《塞下》的作品，漏掉了许棠的这两首。②偏：很，非常，副词。狂悍：骄狂而凶悍。③不敢闲：不敢悠闲放松警惕，即时刻准备作战。④防秋：古代西北方入秋以后，胡人在秋高马肥的时候，常常入侵边关抢夺财物、粮食、马匹、人口等，因此边塞经常发生战事，届时边兵特别加以警卫，称为防秋。据《旧唐书·陆贽传》“臣谓宜罢诸道将士番替防秋之制”（卷一三九第12册第3815页）来看，中唐时期奉天之难以后，“防秋”制度已经弊病丛生，故陆贽建议改革。到晚唐时期“防秋”还是边塞重要的边备。⑤伏弩：埋伏弓箭手，准备袭击入侵的敌兵。⑥搜山：夜晚举起火把搜寻潜藏的敌人侦察兵。⑦逆：迎。鼙：军鼓，一说骑兵挂在腰间的小战鼓。⑧猎骑：以打猎为名巡边的骑兵。⑨安西：唐开元时置安西四镇节度使，治龟兹（今新疆库车）。贞元六年后，以辖境尽入吐蕃而废弃。⑩阳关：古关名，汉代建置。在今甘肃省敦煌西南，是进入西域的重要关口。⑪征役：征战服役的任务。⑫缘：沿着。无定河：源出内蒙古伊克昭盟乌审旗，东南流经陕西横山、绥德清涧，入黄河。因急流溃沙，河道深浅不定，故名。无定河地区经常发生战争，雍陶有诗句：“可怜无定河边骨，犹是春闺梦里人”。⑬烽：烽火台，有敌情时，燃烽烟报警。砦：通“寨”，守卫用的栅栏、营垒。⑭犬羊：狗和羊，因胡人善养犬羊，故蔑称胡兵为“犬羊”，犬羊多，即胡兵到处都是。文天祥诗句“疲兵敢犯犬羊锋”。⑮笳：古管乐器名。魏晋以后，以笳笛为军乐，入卤簿。⑯番：旧指我国西部及西南部的少数民族。在唐代，多指吐蕃。这里泛指边关敌人。⑰谩言和：徒然说是和亲。谩，徒然，枉然。

【笺释】许棠在咸通十一年夏秋之际曾北游边塞，这两首新乐府辞《塞下》就是此时所作。从诗意来看，当时边塞并不平静，虽然没有重大的战事，但是边关气氛非常紧张，从许棠的诗中可以窥视晚唐时期边关的一些情形。

第一首，首联即交代背景和渲染紧张气氛，因为胡虏骄狂凶悍，常常蠢蠢欲动，所以守卫边疆的士兵都非常警惕，不敢悠闲怠慢。中间二联，描写紧张繁忙的战地生活情景：早晨士兵们埋伏在山坳里树林深处，控扼胡兵出入的要道，拈弓搭箭，准备随时向进犯的敌人发起突然袭击；夜晚则举起火把，形成包围圈，地毯式的搜索可能潜藏山林草丛中的敌人侦察兵；大雁迎风飞鸣与士兵们击鼓的声音相呼应和，一阵黄沙腾起灰尘之后，得得得的马蹄过去，是我们进行围猎实际上乃巡边的骑兵回来了。尾联抒发感慨，说通向开元盛世时期开辟的安西四镇都护府的道路虽然还在，但是那片辽阔的土地早已落入吐蕃之手，连阳关也不能西出了。言外之意，晚唐时期，国力衰弱，无力靖边，甚至连肃清内乱都没有办法，真是日薄西山，难以自振啊！尽管许棠也有渴望国家中兴的理想，但是举步维艰的形势，不得不使他徒唤奈何。

第二首，首联说在边关戍守服役参加征战没有定期，又要沿着无定河前进了，这里可是千年白骨累累的战场。次联描写无定河边的严峻形势：塞外的烽火台和戍守的栅栏、营垒密密麻麻的随处可见，那一片乱山丛林中到处都是胡人的士兵，战斗一触即发，凝重的氛围显得杀气腾腾，令人恐惧。颈联展现胡汉士兵不同的心态：唐兵长年驻守边关，不能与家人团聚，因此产生厌战情绪，当他们听到胡笳吹奏出凄凉哀伤的曲调，不由得思念家乡，伤心落泪；而敌军的营垒之中，那些以征战喋血为乐的胡兵，则在击剑啸歌。鲜明的对照可以看到边关形势的严峻，可以看出晚唐时期边关士兵的厌战情绪，表现出当时唐朝国力的衰落。尾联说，因为吐蕃等外族的敌情是反复不定，难以猜测，所以还是丢掉幻想吧，今日不要徒然议论和亲来解除胡人的威胁。言外之意就是要拿起武器，准备斗争到底。尽管没有“不教胡马度阴山”“不破楼兰终不还”那样的自信与豪迈，但是不存幻想，坚持战斗，保家卫国，毕竟还未完全丧失汉民族的精神意志。

题张乔升平里居[1]

下马似无人，开门只一身。
心同孤鹤静[2]，行过老僧真[3]。
乱水[4]藏幽径，高原隔远津[5]。
匡庐[6]曾共隐，相见自相亲。

【注释】①张乔，字伯迁，池州（今安徽贵池县）人。尝隐居九华山苦读。唐懿宗咸通十一年（870），应京兆府试。有诗名，与许棠、喻坦之、郑谷等合称“咸通十哲”。黄巢起兵，复退隐九华山。存诗二卷。升平里：是张乔在长安应举时所居住的地方。徐松《唐两京城坊考》卷三：“升平里在长安朱雀门街东第四坊。”②孤鹤句：相传仙人多骑鹤，所以用鹤喻仙人或得道之士。此处以孤鹤比拟张乔的孤傲高洁的贞静品性。③行：行为。此句赞扬张乔的行为比得道老僧还要率真。④乱水：好几条小溪交会在一起，或者河流弯弯曲曲，忽东忽西流淌。许棠诗歌好用“乱”字，如“树乱起飞尘”“山乱犬羊多”等。⑤津：渡口。⑥匡庐：即江西的庐山，因匡裕先生受道于此而得名。【按】张乔在应举前与退隐后都是隐居在九华山，故此他与许棠、张蠙、周繇合称“九华四俊”。据此诗，则知他还与许棠曾经隐居过庐山。大致时间在年轻时应举求仕期间，可能是短暂的隐居。

【笺释】这是一首题赠友人张乔的诗歌。晚唐人有很多题写在友人居住处的诗歌，一般多是歌颂友人安静的隐居生活和贞静品格，借以表达与友人真挚的情谊。

许棠与张乔，既是老乡，又曾经一道隐居读书，志同道合，如今都漂泊在京城参加举业，一道经历过屡次落第的折磨，所以他们之间的友情就更加特别，更加深挚。从这首诗，我们可以想见张乔的为人与品性。首联非常新颖，突出一个“幽”字，张乔所居住的升平里，虽然也算较为繁华的市区，但是由于他很贫穷，所以很少有人来往，此处好像没有人居住似的，推开门一看只见张乔孤身一人。次联运用比喻、对比来写张乔的真与静：他的心如同孤鹤一样贞静，他的行为则比得道的高僧还要率真。由此可见张乔好静尚真的精神品格，既超凡脱俗，又孤傲高洁。颈联宕开一笔，描写周围的环境：一条幽静的小径伸向郊外，弯弯曲曲的河水萦绕在小径周围的丛林之中，隔着一片高高突起的原野，那里才是黄河的渡口。一个“藏”字一个“隔”字，不仅写出了居处的幽静闲远，而且暗示不得要津的落拓孤栖处境。尾联转为安慰，说一起曾经隐居匡庐读书，那时该是多么惬意洒脱啊，而今飘荡京城的人海之中，我们相见自然更为亲切。大有他乡遇故知的喜悦之情，以及天涯沦落共慰藉的惺惺相惜之意。从整首诗的意境来看，许棠与张乔虽然情感颇密，然也不经常来往。

题郑拾遗南斋①

明时无事谏，岂是隐明君②。
每值离丹陛③，多陪宴白云④。
门连萧洞⑤僻，地与曲江⑥分。
满院皆柽竹[一]⑦，期栖鸾鹤⑧群。

【校记】[一]竹：全唐诗校："一作柏。"

【注释】①拾遗：官名，八品。唐置左右拾遗各十人，掌供奉讽谏。南斋：居室南面的书斋。郑拾遗，名字不详，待考。②明时：朝政清明时候。明君：贤明圣君。指唐懿宗。这两句看似指责郑拾遗在圣君明时不加以进谏，实际上是讽刺在这样局势下，像郑拾遗这样的耿直忠诚之士被迫无所事事。③丹陛：宫殿的台阶，因漆成红色，故称。④白云：指白云缭绕的高山，郑拾遗家在山间（可能是别业），唐人好静处，一些官员常常在郊外建有别墅。宴白云，即在郑拾遗建在高山的别墅里饮酒。⑤萧洞：指仙洞，道观。道教称神仙所居之处为洞天、洞府。萧，指仙人萧史。秦穆公时，有萧史者善吹箫，穆公女弄玉好之，结为夫妇。遂教弄玉吹箫作凤鸣，引来凤凰止其屋，穆公为筑凤凰台，二人居其上，数年，随凤凰飞去。见《列仙传》。⑥曲江：即曲江池。在今陕西西安市东南。秦置宜春苑，汉为乐游原，有河水水流曲折，故称曲江。隋文帝以曲名不正，改为芙蓉园，唐复旧名。开元中更加疏浚，为都人中和、上巳等盛节游赏胜地。⑦柽：木名，即红柳。⑧鸾鹤：仙鹤。指与仙道者为友。

【笺释】这是一首题写在郑拾遗南面书斋的赠诗，表达了许棠对道家隐居清静生活的向往。作年当在长期流寓京城考试屡遭挫折之后，具体时间难以确定。

首联说郑君在政治清明的时候却无事进谏，岂不是等于隐居于贤明圣君的朝廷？次联说，每当他退朝归来，我就陪他去高山别墅里宴饮。颈联描写郑拾遗山居的幽静环境：大门连着道观，非常清幽僻静，其地远离曲江的喧闹嘈杂。尾联说，满院都是红柳、翠竹、松柏，高雅洁净，使我也期望成为鸾鹤群中的一员。即成为郑拾遗仙道中人的朋友。

唐人有道教信仰原不足为奇，但是像郑拾遗这样在皇帝身边掌供奉讽谏的清要官员，却无事可谏，在晚唐时局艰难之际，岂非怪事？联想到安史之乱刚刚平息之后杜甫任右拾遗时，"明朝有封事，数问夜如何"那样的彻夜不眠急于向皇帝进谏，还有中唐元和初年，元稹、白居易积极进谏，甚至用新乐府诗讽喻朝政得失，则可见晚唐时代的朝政已经成为一塌糊涂的泥塘，表面上看无事可谏，而实际上则是问题太多太严重，已经无力回天了。所以，许棠向往郑拾遗那样的亦官亦隐的生活，也就可以从侧面看出朝政的腐败和士人已经难以有所作为了。

渭上①送人南归

远役与归愁，同来渭水头。

南浮应到海[②]，北去阻无州[③]。
楚雨天连地[④]，胡风夏甚秋[⑤]。
江人如见问，为话复贫游[⑥]。

【注释】①渭上：指渭水上游的渭州。北魏永安三年置，以渭水而名，在今甘肃陇西县一带。唐安史之乱后属吐蕃，中和四年(884)复归唐，其后移置于今甘肃平凉一带。参《太平寰宇记一五一卷·渭州》。②海：指南海。此句说友人南归，应该一直要走到南海之滨。③无州：边境没有州县的地方。此句说自己一直西行要走到无州的荒凉之地。④楚雨：南方的雨。因为是夏季，正是江南黄梅季节，高温闷热，暴雨连天。⑤胡风：北风。这边塞之地，即使夏天也如同秋季。⑥为话：为说，对他们说。贫游：因贫困而远游。

【笺释】这是一首客中送客的诗歌。作年大致是咸通十一年夏季，与《塞下》二首同时作。

首联是双绾写法，友人要南归自然产生离别的愁情，而自己则要继续西行赴远役，前途难测，也就更加忧愁。“愁”成为绾结自己与友人的情感结点。次联展开具体叙述，说友人一直向南应该要乘船浮到南海之滨，而我则一直向西要走到无州的荒凉之地。一样的漂泊，一样的沦落，因而产生“同是天涯沦落人”的慨叹，这两句空阔无边，较为雄浑。颈联还是双写：你将要去南国，正遇到高温闷热的梅雨季节，你将会遇到连天的暴雨，需要珍重身体，注意安全啊，而我的征途上则是夏季如秋的胡风劲吹，同样也需要注意冷暖的变化。尾联说，万一在长江边碰到有人询问我的消息，请你一定告诉他们我还在贫困之中进行远游。这是多么辛酸的告白！唐人思念家乡，多喜欢“凭君传语报平安”，甚至是“行人临发又开封”，也有“洛阳亲友如相问，一片冰心在玉壶”那样的表白，而许棠托友人传达的竟然是“贫游”的消息，令人感到凄凉。

寄睦州陆郎中[一]①

下国多高趣[②]，终年半是吟。
海涛[二]通越分[③]，部伍杂闽[三]音[④]。
晓郭云藏市[⑤]，春山鸟护林。
东浮[四]虽未遂[⑥]，日日至中心。

【校记】[一]诗题,全唐诗校:"一作寄陆睦州。"陆,全唐诗校:"一作侯。"[二]海涛:全唐诗校:"一作潮汐。"[三]闽:全唐诗校:"一作蛮。"[四]浮:全唐诗校:"一作游。"【按】作"游"是。许棠因陆睦州之故,产生东游的想法,但因为长期羁留京城,所以只能日日在心中想念而已。

【注释】①睦州:唐州名。治所在今浙江建德。辖境相当于今浙江桐庐、建德、淳安三县地。境内山川雄伟。郎中:唐尚书省六部诸司正长官。按:陆郎中即陆墉,咸通五年自金部郎中拜睦州刺史。见《严州图经》卷一。又,侯郎中即侯温。②下国:原指诸侯国或小国,此指下等州郡。高趣:高尚的趣味,指林泉高致。这里指下州政务轻简,有充分的时间可以悠游山林泉壤,吟诗作赋。③越分:越州地界。④部伍:部属,部下官员。闽音:南方越语,闽南话口音。⑤郭:外城。云藏市:指山城地理位置高,市井房屋被云雾缭绕,仿佛是云藏在市里。⑥遂:愿望实现。

【笺释】这是一首寄赠睦州刺史的诗歌,表达了许棠想东游吴越的愿望。由于诗题一作"侯睦州",而陆睦州和侯睦州都确有其人,还需要稍作辨正。陆墉咸通五年自金部郎中出为睦州刺史,当时许棠在京城,与其交往可能关系还不错,所以想去依陆墉是有可能的。如果是侯郎中侯温,也有可能,因为侯温也是咸通年间由郎中出为睦州刺史。唯两人谁先谁后难以确定。与许棠关系密切的诗友李频有《侯郎中任新定二首》(《全唐诗》卷五八二),题中"新定"正是睦州,天宝时期曾改为新定郡,李频用的是曾改名。按,咸通六年,陆龟蒙在睦州与刺史陆墉游,寒食夜玩月而赋诗《引泉寺》(《全唐诗》卷六一九),其中有"上嗣位六载(即唐懿宗咸通五年),吾宗刺桐川"之句,可见刺史姓陆无疑。其诗题下注:"睦州龙兴观老君院作。"又有《新定太守一百五夜南馆玩月》(《全唐诗》卷六二六),据《严州图经》,此太守应该是陆墉,而侯温或许是陆墉的前或后任。

许棠此时还流寓在京城,因而充满对睦州风物的想象。首联即羡慕陆墉治理下州政务轻简,有充裕的时间悠游山林,几乎一年之间有半年在吟咏,可见生活多么闲适自在。次联想象睦州景象和风俗,那里大海的潮汐会沿着入海的河道涌入越州的地界,像钱塘江大潮就是典型的表现,而睦州的很多官员也都操着闽南吴越的口音,与中原很不相同。颈联想象山城独特的景观:城市建在山腰之间,地理位置高,每天早上隐藏于云雾之中;春天来了,百鸟鸣叫,仿佛护卫着山林,人与鸟能够和谐相融。尾联说,虽然我东游的愿望没有实现,但是去睦州游历并与睦州刺史唱和的想法,日日都盘旋在心中。许棠通过诗歌表达了想摆脱科考羁绊,去追随陆睦州过上悠游山林闲适生活的愿望。但是,我们另一方面也要注意到，咸通年间并非政通人和的治世，许多社会矛盾正在酝酿之中，像许棠、陆墉等人，一味追求清静悠闲的高雅生活，实际上正是脱离现实的倾向，而士人们政治上找不到出路或者虽有官职却无所事事，正是社会衰落的标志，也是最终引发农民起义的原因。所以，我们对许棠的这类精神追求，应持批判的赞赏。

投徐端公①

无谋寻旧友，强喜亦如愁。
丹桂阻丹恳②，白衣成白头③。
穷吴迷钓业④，大汉事贫游⑤。
霄汉期提引⑥，龙钟⑦未拟休。

【注释】①端公：唐代侍御史的别称。②丹桂：旧时以丹桂比喻科举及第。阻：阻隔。丹恳：即丹诚，赤诚之心。此句言未能科举及第而与徐端公往还表达赤诚之心。③白衣：犹布衣，指未出仕的人。白头：头发白了，指自己数十年困于科场。④穷吴：僻远的吴地。迷钓业：沉迷于严光一样的隐居垂钓生活。⑤大汉：西汉。事贫游：像汉高祖那样与贫穷朋友交游。⑥霄汉：喻地位显贵者。期：期待。提引：提拔，引荐。⑦龙钟：衰老疲惫的样子。

【笺释】这是一首投赠徐御史的干谒诗，写出了自己久困科场的窘态，期望得到徐某的提携。作地当在长安，作年不可考，大致在咸通十年左右，从诗中说白头可推断年龄当在四十七八岁左右。

这位徐端公应该是许棠的旧友，故开头就说，自己因为没有办法所以只好去找老朋友，勉强的欢喜难以掩饰内心真实的愁苦。次联解释原因：自己久困科场不能进士及第，因此阻断了与徐公的往来，未能表达自己的赤城敬意，现在自己年近五十了，头发都白了，竟然还是一介布衣。其间寓含了多少屈辱与悲愤！颈联运用典故，说自己在穷乡僻壤沉迷于严光那样的隐居垂钓生活，又像汉高祖当年只能与一班穷朋友交游。尾联表白心声，说期望深居霄汉的端公能够提携引荐，即使到了龙钟暮年，我也不甘心这样沉沦下去，而要继续努力，达到内心的愿望。

这首诗，大量运用重言复词，表达缠绵执着的感情，在干谒诗中比较独特。但是如果将它与盛唐时期孟浩然《临洞庭湖赠张丞相》相比，则可见晚唐人干谒也缺少高度的自尊和自信。诗中充满悲苦无奈的情调，唯那份执着与坚韧还是应当肯定的。

出塞门①

步步经戎虏②,防兵③不离身。
山多曾战④处,路断野行⑤人。
暴雨声同瀑⑥,奔沙势异尘⑦。
片时怀万虑⑧,白发数茎新⑨。

【注释】①塞门:边关。②戎虏:指外寇吐蕃控制的地区。③防兵:防身的兵器。④曾战:曾经发生过战斗。此句说这里的山大多发生过战斗,极形塞外气氛的紧张。⑤野行:野,作副词用,在野外行走。断:绝,没有踪迹。此句说塞外断绝了行人的踪迹。⑥瀑:瀑布,形容暴雨倾盆时遮天盖地的巨大声势。⑦奔沙句:说飞沙走石,其势与平时所见尘土扬起大不一样。⑧片时:刹那之间,指时间很短。万虑:百感交集。⑨数茎:数根。因为焦虑头发顿时变白了。

【笺释】这是许棠咸通十一年夏秋之际北游边塞时所作的诗,地点在塞外,从诗句可见边塞形势的严峻。

首联说一步一步行走都要经过胡虏控制的地区,防身的兵器不能离开身体,这是多么紧张多么危险的行役!如果仅仅是游历恐怕不需要如此冒险,抑或许棠是必须穿过敌占区有什么任务吗?接着写边境的荒凉,这里的山大多发生过战斗,处处留下遗痕,路上断绝了行人的踪迹,到处是令人恐惧的死寂。颈联描写夏季的气候风云突变,忽然狂风四起,飞沙走石满穷塞,扬起漫天黄尘,接着暴雨倾盆,人好像陷入了遮天盖地的巨大瀑布群中。这一联描写经过塞外旷野遭遇暴风雨的景象,真切形象,颇有边塞的特色,如果不是亲历边塞,恐怕难以写出。

尾联抒慨,这样恶劣的环境,紧张的氛围,刹那间真实百感交集,万虑入心,想起自己年近半百依然要到这样危险的边关寻求出路,不由得使人头上生出数茎白发,令人感叹唏嘘不已。

这首诗颔联锤炼颇为凝练,运用倒装,强调"山"的"曾战",和"路断""野行"的寂寞荒凉,如临其境。颈联以瀑布比喻暴雨也很新奇,奔沙的描写也很怪异,给人真切而新奇之感,具有很强的艺术感染力。

新年呈友

一月月相似，一年年不同。
清晨窥古镜，旅貌近衰翁①。
处世闲难得，关身事②半空。
浮生③能几许，莫惜醉春风④。

【注释】①旅貌：漂泊异乡的容貌。衰翁：衰弱颓靡的老头。②关身事：关系到个人前途的事，如科举、仕途、干谒、进取、退隐之类。③浮生：道家认为人生在世虚浮不定，故相沿称人生为浮生。④醉春风：在春风里买醉消遣。

【笺释】这是过新年抒发岁月蹉跎人生感慨呈给友人的诗歌，作年不可考，大致在中举之前。

首联抒发年岁飘逝的感慨：一个月一个月都是这样相似的流逝了，但是一年又一年却是那样的不同，因为天增岁月人增寿，岁月不居，人渐衰老啊！颔联坐实这种感慨，清晨照镜，窥视镜中的形象，已经白发侵鬓了，长年漂泊异乡为客，容貌已经接近衰翁，渥然红润的青春容颜已经消逝，而自己还是一事无成百不堪，这是怎样的命运！颈联自嘲，说人生在世这样的悠闲实在是难得，关系到个人前途的那些事，诸如举业、仕途、干谒、进取、退隐之类，大半已经落空。言外之意，就是不必再去作任何努力了，所以尾联说，这了无生意的残生还能有多少时间呢？不如趁着这春天的美妙光阴，买醉消遣吧！半世困于举场，感慨苍凉，春光买醉，人生无常，人生无奈啊！

银州北书事①

南辞采石远②，北背乞银深③。
碛路虽多险[一]④，江人不废⑤吟。
雕依孤堠立⑥，鸥向迥沙沈⑦。
因共边人熟，行行起战心⑧。

【校记】[一]险：全唐诗校：“一作阻。”

【注释】①银州：唐州名，治所在今陕西榆林东南。②采石：即采石矶。在安徽当涂县西北，乃牛渚山北突入江中之矶。③背：离。乞银：即银州治所骢马城，虏语骢马为“乞银”，故云。④碛路：沙漠戈壁滩的砂石路。⑤废：停止。⑥堠：古代瞭望敌情的土堡。⑦迥沙：远处的沙滩。沈：落下去。⑧战心：战斗的决心。

【笺释】这是咸通十一年北游边塞到达银州书写所见所感的诗歌。这首诗比较特殊的地方是许棠很强调自己“江人”的身份。

首联“南辞”“北背”对举，说已经远离故乡的采石矶，进入了银州骢马城以北的边塞地区，强调了南人入塞的身份，未见豪迈却含有一种辛酸。颔联写心境，尽管沙漠里戈壁滩的砂石路奇险难行，但是我这生长在长江边的人还是能够平静地行吟不辍。颈联是南北双写：扑入眼帘的是凶猛大雕站立在孤零零的土堡之上，蓝天托出它凶悍的剪影；而悬想故乡的大江之滨，此时正是落霞与孤鹜齐飞的时候，那沙鸥落向远处的沙滩。【按】这一句很是难解，因为沙漠里没有沙鸥，只能作悬想来解。尾联表达从军边塞的决心，因为与边人已经很熟了，故而产生了参加战斗的决心。或许许棠此时心中想起了班超“投笔从戎”的往事，想起了杨炯“宁为百夫长，胜作一书生”、岑参“功名只向马上取”等诗句，激起了热情。但显然缺少盛唐人的自信与豪迈，显得比较窘迫与无奈。

寄赵能卿①

我命同君命，君诗似我诗。
俱无中道计②，各失半生期③。
素业沧江远④，清时白发垂⑤。
蹉跎⑥一如此，何处卜栖迟⑦。

【注释】①赵能卿：与许棠一起在科场蹉跎半生的朋友，其生平事迹不详。②中道：中途，半路。指人生的中年。③半生期：半辈子的期望，指进士及第。④素业：清素的家业。沧江：泛指青苍色的江水，指家乡的长江。⑤清时：太平盛世。⑥蹉跎：时间白白流逝，一事无成。⑦卜：选择。栖迟：安居的地方。

【笺释】这是一首抒发人生感慨寄赠朋友的诗歌，从“清时白发垂”来看，当作于咸通十二年中举之前。

首联抒慨，我的命运与赵能卿的命运是如此的相似，就像你的诗歌与我的诗歌一样，只能是不幸悲伤的结晶。我们已到人生的中年，但是都没有办法取得成功，半生飘零在科举考试的独木桥上，白白浪费了锦绣时光。颈联进一步慨叹：

离家数十年，那清闲朴素的耕种家业和温柔慰抚心灵的沧江已经非常遥远了，在这清明盛世竟然落得一个一事无成却白发低垂的结局，感慨是非常深沉的。于是尾联邀约友人一道归隐：这样蹉跎岁月何时是个尽头，在哪里能够找到栖息安身的处所呢？尽管这位赵能卿的生平事迹难详，但是从诗意来看，他与许棠应该是知己朋友，而且也是沦落举场不能自拔却又不甘心沉沦的人，由此可见许棠人生悲剧的普遍性。

夏州道中①

茫茫沙漠广，渐远赫连城②。
堡迥烽[一]相见，河移浪旋③生。
无蝉嘶折柳④，有寇似防兵⑤。
不耐⑥饥寒迫，终谁[二]至此行。

【校记】[一]烽：全唐诗校：“一作旗。”[二]谁：全唐诗校：“一作难。”

【注释】①夏州：唐州名，治所在今内蒙古乌审旗南白城子。②赫连城：即夏州治所，晋末，赫连勃勃在此建立大夏国，营起都城，故称。③移：移动。旋：立刻，马上。④嘶：凄楚哽咽的声音。折柳：指《折杨柳》曲。⑤防兵：防止敌人进攻的士兵。⑥不耐：难耐。难以忍受。

【笺释】这是咸通十一年许棠北游边塞时到达夏州所写的诗歌。

过了夏州，就接近秦州了。夏州治所赫连城渐渐远去，迎面而来的是茫茫沙漠，在广袤的沙丘上，远处的堡垒和烽火台相互对峙，黄河在沙漠里移动，大风过处，河面立刻掀起滚滚浪涛。已经很难看见“大漠孤烟直，长河落日圆”那样宁静壮丽的景象了，因为现在是乱世，边塞陷入战争状态。尽管是夏天，这里却听不见蝉鸣，也没有当年“羌笛何须怨杨柳”那样的凄楚哽咽的边塞歌曲，只见高度警觉的士兵拿着武器，仿佛前方有敌军袭来。而我难以忍受塞外饥寒交迫的生活，为什么要到这样艰苦、令人恐惧的地方来呢？

也许，许棠此行没有达到目的，即未能寻找到机会从军幕府，故而发出哀怨的感慨。从许棠的边塞诗，我们可以看到当年边关的紧张气氛。从艺术上看，颈联上虚下实，是运用遮表法，用没有“吹奏折杨柳的凄楚曲调”与唯有“紧张的戒备”相对照，突出了塞外的劳苦艰辛，很有隽永的韵味。

经故杨太尉旧居①

在汉信垂功②，于唐道更隆③。
一川留古迹，多代仰高风。
树折巢堕鸟④，阶荒草覆虫⑤。
行人过岂少，独驻⑥夕阳中。

【注释】①杨太尉：即杨震（？—124）。汉弘农华阴人，字伯起。通晓诸经，时人称为“关西孔子”。任荆州刺史时，有人夜赠金十斤，谓“夜无知者”。杨震拒之曰：“天知，神知，我知，子知，何谓无知？”安帝时，官至太尉。因为直言得罪权贵大将军耿宝及中常侍樊丰等，有诏遣归本郡，杨震悲愤难抑，饮鸩而死，时年七十余岁。见《后汉书·杨震传》卷五十四。②信：的确。垂功：有卓越的功勋流传下来。垂，流传。③道更隆：杨氏儒学方面的成就更受推崇。④堕鸟：鸟巢坠落。⑤覆：覆盖，掩盖。⑥独驻：独自停驻凭吊。

【笺释】许棠大中九年应举落第东归，曾作《东归留辞沈侍郎》（见前），这首诗可能就是此次东归途径华阴杨震故居时所作，通过凭吊东汉安帝时期清操自守、刚正不阿且精通儒学的杨太尉，来抒发感慨。

首联赞颂说杨震在东汉确实有功勋流传后世，因为杨家自从汉高祖时的杨喜（封赤泉侯）起，数代皆有功于前汉、后汉；到了唐代，崇尚儒学，杨震所崇尚的儒家之道得到弘扬，故曰“于唐道更隆”。次联说整个华阴地区都留下关于杨震的一些古迹，数代以来，人们都敬仰杨震的高风亮节。杨震在五十岁前是一个穷究儒家经典的著名学者，被称为“关西孔子杨伯起”；五十岁之后为官清正廉洁，有名的“畏四知”成为官场佳话，又痛恨私谒，不畏权势，坚持原则，禀性刚直耿介。这些品格正是晚唐时代所缺乏的，许棠敬仰杨震，也就是期望出现这样正直无私的好官。颈联描写杨太尉故居的衰败景象：大树已经折断，鸟儿的巢摇摇欲坠，台阶已经杂草丛生，一片荒芜，只有虫子在草间鸣叫。与杜甫缅怀诸葛亮的诗句“映阶碧草自春色，隔叶黄鹂空好音”相比，许棠的诗句没有杜甫那种唯美的印象，只有真实的荒芜寂寞。杜甫表达了无人凭吊诸葛丞相的感伤情怀，期望有诸葛亮那样的忠臣出来重新收拾破碎的河山，而许棠想要说的是，像杨太尉这样曾经显赫的人，其旧居竟然如此荒凉，足见儒学的衰微，也可以从侧面暗示出晚唐时期的官场一片黑暗。尾联即是感叹：来来往往的行人不知有多少，唯独我在夕阳中驻马凭吊，发思古之幽情。

从这首怀古诗，可以略窥许棠心目中的理想官员形象，和他对当时官场的黑暗的深深忧虑。

东归次采石江①

东下经牛渚②，依然是故关③。
客程临岸尽，乡思入鸥闲④。
雨涨巴来[一]浪⑤，云增楚际[二]山⑥。
渔翁知未达⑦，相顾不开颜⑧。

【校记】[一]来：全唐诗校：“一作天。”按，作“天”佳，长江之水从巴天流下来，更见气势。[二]际：全唐诗校：“一作国。”按，作“国”佳，前句既是“巴天”，此句接以“楚国”，境界开阔，更有气势。

【注释】①次：止，停留。采石江：即采石矶，在当涂县，是长江南岸的著名渡口，南北往来从这里渡江。②牛渚：山名。在今安徽当涂县西北，其山脚伸入长江的部分就是采石矶。③故关：即乡关，故乡的口岸。④鸥闲：白鸥在水边悠闲地飞翔。⑤巴来浪：长江自巴蜀流出，故称。从“雨涨”来看，许棠回家当在夏季江水暴涨之时。⑥楚际山：采石矶在江南，这一带古代属楚地，故云。⑦未达：没有考中进士，落魄的样子。⑧不开颜：脸上露出鄙夷的表情，没有笑容。

【笺释】这首诗与前首《经故杨太尉旧居》同时稍后所作，到了采石江，就进入宣州地界，实际上已经踏进了故乡的土地。

首联说向东经过牛渚山，看到采石矶还是原来的样子，应当是家山向人亲近，可是我并非衣锦还乡，所以心中不禁有一丝难过。接着说，这次回家的路程跨上采石矶的江岸就算到了终点，但是乡思的情意总不能像江边江上翩翩飞翔的白鸥那样悠闲。颈联注目眼前的江山：长江浩荡东去，因为夏季雨水丰沛，江水汹涌暴涨，滚滚滔滔的是从遥远的巴天流下来的大浪，而那些秀美柔润的南国的山峰则被白云笼罩。它们仿佛在欢迎游子的归来，但是江边的渔翁则露出鄙夷不屑的眼光，因为我还是一身青衣，未能中举，所以他们与我相顾却没有露出笑容。

此诗表达了落第者回乡遭到鄙夷的辛酸和难言的苦痛。

陇上书事[①]

城垒[一]连云壑[②]，人家似隐居。
树飞鹦鹉众[③]，川下鹡鸰疏[④]。
滴梦[⑤]关山雨，资餐[⑥]陇水鱼。
谁知江徼客[⑦]，此景倍相于[⑧]。

【校记】[一]垒：全唐诗校："一作堞。"

【注释】①陇：即陇山，六盘山南段的别称。今甘肃一带因此山而习称为陇上。②城垒：城墙与营垒。云壑：很高很深的山谷，云雾缭绕。陇上一带的人家大多居住在高山深谷之中。③鹦鹉：陇山上有很多鹦鹉。见《元和郡县志》卷三九。④鹡鸰：鸟名，大如鹦雀，巢于沙上草窝中，常在水边觅食。⑤滴梦：梦境因雨声滴破。孟郊《秋怀》诗："冷露滴梦破，峭风梳骨寒。"许棠诗似本此。⑥资餐：供应餐食。⑦江徼客：家在长江边的人，许棠在陇水边徘徊，突然想起家乡故如此说。⑧相于：相亲相厚。

【笺释】这是咸通十一年北游边塞到达陇上时所写的边塞即景诗，带有陇上独特的生活气息。

首联描写陇上人家独特的居住环境，城墙和堡垒缭绕在白云之间，这里的人家好像都是隐居在高山深谷之中。陇山独特的环境适合鹦鹉的生活，所以到处都是飞来飞去的红嘴绿毛鹦鹉，而山下的陇水边鹦雀这种水鸟却很稀少。次联接着写边关的气候和物产：这里由于地理位置落差大，经常下雨，即使是夏季，那雨也是冰冷的，将我这游子的梦境滴得破碎不堪；好在每天的饭食，都能吃到陇水的鲜鱼，让我想起家乡的味道。因此尾联说，我这个生长于长江岸边的漂泊北方的游子，面对这样的情景，倍感亲切，不禁对陇上有相亲相厚的感觉。陇上真是塞上江南。

陈情献江西李常侍五首[①]

其　一

二十二三年，游秦复滞燕[②]。

徒陪群彦[3]后，自苦此生前。
径折[4]啼猿树，岩荒喷月泉。
东堂[5]曾受荐，垂白[6]志犹坚。

其　二

淅淅复栖栖[7]，人间只自迷[8]。
终年愁远道，到老去何蹊[9]。
始见红叶落[10]，又闻黄鸟啼[11]。
不因趋大旆[12]，谁肯暂提携。

其　三

童蒙[13]即苦辛，未识杏园[14]春。
谩倚[15]无为日，还成不偶[16]人。
乡程[17]长恨远，旅梦亦愁贫。
天地虽云广，殊难[18]寄此身。

其　四

春闱久已滞[19]，秋赋又逢停[20]。
选士[21]疑[一]长阻，伤时自不宁[22]。
秦城[23]还逐梦，楚徼[24]影随形。
此去吟虽苦，何人更肯听。

其　五

孤立时全塞[25]，求名势[26]转难。
身多离下国[27]，分合[28]阻长安。
越鸟[29]啼春早，蛮花[30]送雨寒。
丘门[31]沾顾[32]重，未别欲阑干[33]。

【校记】[一]疑:全唐诗校:"一作宜。"按,作"疑"是,是许棠怀疑会长期受阻,而不是应该长期受阻。

【注释】①江西李常侍:李骘。咸通九年(868)五月至十一年(870)为江西观察使、检校左散骑常侍。见《唐方镇年表》卷五、《全唐五代人名考证》。江西观察使治洪州(今江西南昌)。②秦:今陕西省一带。燕:今北京市及河北省北部一带。许棠留滞河北幽燕之地,事迹无考。③群彦:才德杰出的人群。④径折:道路曲折。⑤东堂:晋郤诜试东堂得第,自称"犹桂林之一枝"。后因称试院为东堂。⑥垂白:接近白头,指年岁已老。许棠此时已经接近五十岁,故称。⑦淅淅:风雨声。栖栖:忙碌,心中惶惶然,不能安居的样子。⑧自迷:自我感觉迷失方向,无所适从。⑨蹊:小路。⑩红叶:经霜变红的树叶。红叶落,指冬季。⑪黄鸟:黄鹂,黄莺。黄鸟啼,指春天。⑫大旆:大旗,此指李常侍。⑬童蒙:知识未开的幼稚儿童。⑭杏园:园名。故址在今陕西西安市郊区大雁塔南面。唐时新及第进士游宴之地。⑮谩倚句:言胡乱地虚度年华。谩,同漫。⑯不偶:不遇,命运不幸。⑰乡程:回乡的路程。⑱殊难:特别难。⑲春闱:指春试。闱,考场。唐时礼部进士考试在正月举行。久已滞:很长时间没有入选中举。许棠写此诗时,已经困于科场近三十年,故云。⑳秋赋:即秋贡。唐时府州的科举考试在秋日举行,经府州考试合格者,贡至尚书省参加礼部进士考试。"秋赋又逢停"一句是考证此诗作年的关键,《旧唐书·懿宗纪》卷十九(上)载:咸通十年十二月"诏以兵戈才罢,且务抚宁,其礼部贡举,宜权停一年。"又咸通十一年四月敕:"去年属以用军之际,权停贡举一年,今年去戈,却宜仍旧。来年宜别许三十人及第,进士十人,明经二十人,已后不得援例。"故许棠此诗应作于咸通十一年春。㉑选士:即通过科举考试选拔人才。㉒自不宁:自然感到内心不能宁静。㉓秦城:指长安。㉔楚徼:楚地的边远地方,许棠家乡在泾县,故称。㉕孤立:孤单无助。时:时机。塞:阻塞。㉕势:势必。㉗下国:下州,指宣州。㉘分:命分。合:应该。㉙越鸟:泛指南方的鸟。㉚蛮花:泛指南方的花。㉛丘门:犹丘墙。《论语·子张》:"子贡曰:'譬之宫墙,赐之墙也及肩,窥及室家之好。夫子之墙数仞,不得其门而入,不见宗庙之美,百官之富。得其门者或寡矣。'"此以丘门称颂李常侍,言其道德学问高深。㉜沾顽:犹言"沾溉",即受到恩惠和照顾。㉝阑干:泪流纵横的样子。

【笺释】这是一组作于咸通十一年春天的诗歌,主要目的是向时任江西观察使的李骘陈情,希望他能够再次引荐(观"东堂曾受荐"可知),因为这一年四月朝廷恢复暂停一年的进士考试,而且增加了十个进士名额,这对许棠来说是最好的机会,实际上他也抓住了这次机会,终于在次年(咸通十二年)进士及第。此组诗题目是“陈情献”诗，李骘当时在江西南昌，说明许棠这年春天必在南昌，或许献诗陈情之后，得到李骘的推荐，许棠因此北游边塞，秋季之后返回长安，参加次年的进士考试。

第一首第一句“二十二三年”，从咸通十一年倒推23年是宣宗大中二年(848)，即许棠从大中二年起开始参加进士考试，时年二十七岁[许棠咸通十二年中举五十岁，逆推当生于穆宗长庆元年(821)]。二十三年来，许棠是常常作客长安又留滞幽燕一带(按，许棠曾北游幽燕边塞，当在大中后期或咸通初期)，说明他漫游西北秦州之前曾到过东北边塞，科举失利，许棠曾希望从军边塞谋求出路，但前后两次均未果。次联说我是白白地陪在一群杰出的英才之后，此生只能屡屡品尝失败的痛苦。颈联写自己行路难的遭遇：道路如此曲折，到处都是啼猿的大树，只能与猿猴一样哭出心中的哀怨，月光下荒凉的岩石边正在喷涌着泉水，遭逢的景象正是许棠人生的写照，这两句虽为写景却带有象征意味。尽管如此，但许棠决不放弃追求，因此尾联说我曾经得到过您李常侍的推荐，所以即使头发白了还是意志坚定决不改变！

第二首前四句陈说自己的人生遭际和感受：我这一生仿佛是在淅淅沥沥的风雨声中栖栖遑遑地度过，有时候觉得这整个人间都是一片迷茫，没有走出去的路径；终年都是为那遥远的路途发愁，到了垂垂老境还是找不到一条出路。后四句即是向李骘陈情求援：满山红叶的冬季刚刚过去，黄莺婉转的春天已经来临，如果李常侍您也不能提携我，我还能去投靠谁呢？表达了对李骘深情的期待。

第三首回顾自己一生读书从事科举的艰辛，期望得到李骘的垂怜。前四句说，我从童蒙时代起就开始经历苦难，先是由于家境贫寒，生活清苦，读书之后的进士科举之路更为艰辛，二十三年过去了我还是未能享受杏园的春光，只不过是糊里糊涂地虚度岁月年华，成为长期遭遇不偶之人。这四句是内心真切的感受，没有亲历很难道出。后四句抒发感慨：回乡的路对我来说是那样的遥远，总觉得有家难回，而漂泊天涯吧，连梦境里都为贫困无钱而发愁，这天地之间何其广阔，但就是没有我安身立命的处所。如果联想起李白所说的“大道如青天，我独不得出”和杜甫的“飘飘何所似，天地一沙鸥”，则知许棠心中悲慨十分深沉。

第四首前四句写眼前的遭遇：进士考试是几十年都失败了，而今年偏偏又逢停止科举，州府的选举贡士怀疑要长久受阻，时下艰难，自然感到内心不能宁静。后四句将李常侍当作知音，期待得到他的引荐：我还期待再去长安追逐我的梦想，在这江南也不过茕茕孑立形影相吊，我的苦吟除了您还愿意倾听呢？

第五首前四句还是陈说遭遇：我是孤立无援，前途堵塞，求名求利势必非常艰难，一身漂泊长年离开乡园，而在长安命中注定受到阻碍。后四句是离别时祈求李骘的眷顾：南国的鸟正在啼唤，南国的春花已经盛开，冒着绵绵春雨和料峭寒风，我将告别您，一想到您对我的厚恩大德，还未离别我就老泪纵横了。

观这组诗的最后一首，当是许棠拜见李常侍之后，得到了李骘的推荐，因此呈上这组诗，并告别即将北上长安。然后开始了北游边塞之旅。这组诗是考证许棠生平及其心路历程的重要作品，艺术上反复陈情，情深意切，回忆与现实交织，既有追求的苦涩，也有追求的坚韧，既有干谒求援的渴望，却没有奴颜婢膝，尽管没有盛唐人的豪迈与自信，但也不失晚唐人的执着，诗中流露出科举仕进之途的艰辛苦痛，则可以作为时代缩影的写照。

经八合坂①

蹑险②入高空，初疑势不穷③。
又缘千嶂尽④，还共七盘同⑤。
下辨⑥东流水，平随⑦北去鸿。
天然无此道，应免患穷通⑧。

【注释】①八合坂：形容坡形的错综交互。坂，山坡。②蹑险：踏险，攀登险峻的山岩。③穷：尽。势不穷，山势向上高耸没有尽头。④缘：沿着。千嶂：形容山峰丛簇众多。嶂，像屏障的山峰。⑤共：与。七盘：形容山势多盘旋曲折。⑥下辨：向下俯视，能够辨别。⑦平随：向远方平视，目光跟随着。⑧患：以……为患，即担忧的意思。穷通：指仕途的闭塞与通显。

【笺释】这首诗还是咸通十一年北游边塞时所作，从八合坂的地形来看，应当是六盘山地区，即在陇上，此诗或作于《陇上书事》同时。

首联突兀，说攀登险峻的高岩，向上仰望，仿佛山势高耸入云没有尽头，大有"太乙近天都"的感觉，不过许棠未用夸饰，只是写实。次联写登岭的具体感受，沿着丛簇起伏的像屏障似的山峦前行，又盘旋曲折在螺旋似的山路上，大有实地行走的现场感。三联写登顶所见景象，向下俯视，则见黄河如丝向东流去，平视远天，则见悲鸣的鸿雁向北飞去。尾联抒慨，说大自然如果不开创这样陡峭曲折的道路该有多好，人间也应该没有闭塞显通的仕途忧患了。由一次漫游的登山而兴仕途穷通的感慨，可见许棠心中始终抹不去科举失败与干谒无果的悲痛。

此诗写攀登八合坂的经历，有真切的现场感，与盛唐王维、李白边塞诗的概貌描写异趣，较有特色。

送友人北游

北出阴关①去，何人肯待君？
无青山拥晋②，半浊水通汾③。
雁塞④虽多雁，云州⑤却少云。
兹游殊⑥不恶，莫恨暂⑦离群。

【注释】①阴关：塞北关名。唐张蠙《登单于台》：“欲向阴关度，阴关晓不开。”抑或题中友人就是张蠙？张蠙与许棠是同乡，又是一起隐居九华山的“九华四俊”之一。单于台在唐云中县（今山西大同）西北四十余里（或作四百二十里，或作百余里）。见《元和郡县志》卷一四。阴关当在其附近。②晋：周成王封弟叔虞于唐，叔虞子燮父改国号为晋，其地据有今山西大部分与河北西南地区。“无青山”句，节奏为：“无青-山拥-晋”。该句意为：没有青苍色的大山簇拥着晋地。因为恒山之北很是荒芜，由于降雨稀少，故山峰植被稀少，山多为光秃秃的状态，呈现黄褐色。③汾：汾河，又称汾水。源出山西省太原汾阳县北管涔山，南流至曲沃县西折，在河津县入黄河。汾水流经黄土高原，河水颜色很浑浊，故言“半浊水通汾”。④雁塞：指雁门关。在山西代县西北。《山海经·内西经》：“雁门山，雁出其间。”亦曰陉岭，自雁门以南谓之陉南，以北谓之陉北，东西山岩峭拔，盘旋崎岖，中有路，绝顶置关，谓之西陉关，亦曰雁门关，自古为戍守重地。⑤云州：唐贞观十四年置，治所在今山西大同。⑥兹游：这次游历。殊：很，非常。程度副词。⑦暂：暂时。

【笺释】这是许棠送友人北出雁门关前往云州游历的一首送别诗，详味诗意作者当时也可能就在晋州太原一带漫游，这位友人要越过阴关前往山西大同，所以赋诗赠别。

首联说你还要北出阴关，不知道有谁能够接待你，即是说不知能否得到云州主帅的赏识，接纳你。晚唐人游幕边塞绝对不是为了观光游赏，而是为干谒，祈望能够找到一条仕进之路，或者祈求幕府将帅能够援手荐引，使自己能够实现科举中第的理想。次联描写友人前往之地的苍凉景象：没有一点青草覆盖的黄褐色雄峻的高山簇拥着这太原城，苍凉而雄浑；切开黄土高原的浑浊的河水汇入滚滚南下的汾河，激越而悲壮。这一联可以看出许棠写景的笔力，他喜欢运用新奇的句法刻画景物，颇有力度感。三联以雁塞的“雁”与云州的“云”对举，颇有象征意味，一方面以雁塞虽多雁，来交代目前正处于秋季，而这些大雁很快就不得不离开雁塞南下避寒；另一方面以云州之云来比喻游子，云州本来就很少有云，此地干涸少雨，故天空很少云彩，而你却要前往那荒凉的边地，所以更见孤独。许棠在诗句中寄托了对友人的关怀与同情，这就是所谓的惺惺相惜吧。尾联还是慰勉友人说：你这次漫游云州应该会有一个好的结果，所以我们暂时的离别请你不要因为离群之悲而过分痛苦。言外之意说我们都在期待你取得成功并顺利回来。

友人是谁，为何前往云州，均难详端绪。但诗中流露出来的悲凉之气，还是带有特定的时代印记。

登凌歊台[①]

平芜望已极[②]，况复倚凌歊。
江截吴山断[③]，天临楚泽遥[④]。
云帆高出树[⑤]，水市迥分桥[⑥]。
立久斜阳[⑦]尽，无言似寂寥[⑧]。

【注释】①凌歊台：台名。南朝宋刘裕南行，曾登此台，因于此筑离宫。故址在今安徽省当涂县。歊，暑热之气。凌歊，消除暑热之气。②平芜：杂草繁茂的原野。极：尽。③吴山：泛指吴地之山。断：长江从两山之间穿过，似将山拦腰截断，故云。④楚泽：泛指楚地的水泽湖泊。长江以南地区多湖泊沼泽之地。⑤云帆句：长江边有很多树木，远看江面上的船帆高出树梢，好像是帆船从树梢上驶出来。句法来自王维“树杪百重泉”之句，很有层次感与立体感的画意。⑥水市：江边生活了很多靠打鱼捞虾的船户，每天捕捞的新鲜鱼虾螃蟹等水产品，都集中在桥下面或江岸码头边，进行交易，形成水上市场。由于桥面很高，故给人“迥”的感觉。⑦久立斜阳：长时间伫立于夕阳之中。⑧寂寥：情绪落寞凄凉。

【笺释】这是许棠进士落榜之后南归故乡，经过凌歊台时所写的一首诗歌，时间可能是大中九年夏秋间。

凌歊台在许棠故乡宣州附近的当涂县，是一处南朝宋开国皇帝刘裕留下的遗迹，据说刘裕南巡时曾登此台，并建行宫于其上，常登台纳凉。许棠这次南归正好途经此地，故登台眺望，发思古之幽情。首联说极目远眺眼前一望无际的绿色原野,何况登上了凌歊台的高处,更是一览无余,空阔悦目。次联描写具体的景色,主要抓住江南水乡泽国这一点来展开,长江滚滚西来,像一柄利剑劈开吴山向东奔流,形成“两岸青山相对出”的雄峻画面,一个“截”字一个“断”字写出长江冲决山梁和大地的巨大力量和声威;蓝天覆盖在遍布南楚大地的湖泊之上,那水面显得如此淼淼迥远。三联描写近景:目光越过树端,只见江面上的船帆高出树梢,好像帆船是从树梢上驶出来,这是学王维的名句“树杪百重泉”,很有层次感与立体感;江边以捕鱼为生的船户,每天捕捞的新鲜鱼虾、螃蟹等水产品,都集中在桥下面或江岸码头边,进行交易,形成水上市场,由于桥面很高,故给人“迥”的感觉。尾联说这故乡熟悉的景象和渔民简朴的生活,是多么富有诗意,可惜的是我不能回乡隐居,因为我还有心愿没有实现,所以久久站立在夕阳的余晖中,默默沉思,心中有很多难以说出的苦楚,只能一任无边的寂寥将我包围。许棠无言的沉默和所感受到的苍茫寂寥,就是他十几年来科举失败带来的无奈和悲凉,所以会随时触景生情,缠络难解。

曲江三月三日①

满国赏芳辰②,飞蹄复走轮③。
好花皆折尽,明日恐无春。
鸟避连云幄④,鱼惊远浪尘⑤。
如何当此节,独自作愁人⑥。

【注释】①曲江:即曲江池,故址在今陕西西安市东南。唐时为都人中和、上巳等节之游览胜地。三月三日:上巳节。人们在这天到水边洗濯、宴饮,以祈福驱邪,也称为修禊。②满国:整个都城。芳辰:美好的春光。③飞蹄句:言车马一齐出动。④连云幄:高接云霄的帐篷。⑤远浪尘:溅起很高的浪花。⑥愁人:心情愁苦的人,即是说看到别人在尽情欢乐,而自己因为未能中举,心情非常愁苦。

【笺释】这是某年春天三月三日上巳节,许棠落榜后在长安曲江赏春时写的一首诗,抒发落榜后伤春落寞情绪,因为在长安经历了太多的春天,具体哪年难以确定。

首联描写京城三月三日上巳节热闹的游春场面:人们倾城而出游春修禊、踏青宴饮,真个是马儿飞奔车轮滚滚,人声鼎沸,热闹非凡。次联说我真担心这么多人折花赏花,也许明天就无花可赏了,以夸张的笔调写赏春游乐的人特别多,从侧面衬托春光的迷人，也为下文书写自己的失意作铺垫。三联换一个角度再铺写游人如织的场面，草地上人们宴饮寻欢所搭建的帐幕连成一片，侵占了鸟儿的香巢，使它们不得不躲避到远处的丛林之中，水面上轻舟画舫随处游荡，浪花伴着音乐四处飞溅，连那些水里的游鱼也吓得钻进水底潜藏自己的行踪。这是多么繁华热闹的景象，然而良辰美景奈何天，赏心乐事谁家院，那都是别人的欢乐，而自己因为落榜，只能在春天百花盛开的季节独自伤神。

此诗可以看出许棠科举失败的内心苦痛，真切而自然，艺术上充分运用对比和铺垫，来烘托自己的伤春之情，是很成功的。

赠栖白上人①

闲身却不闲，日日对天颜②。
已住城中寺，难归海上山③。
诗传华夏外④，偈布市朝间⑤。
欲问空门事⑥，空门岂有关。

【注释】①栖白：僧人名，是皇家寺院的僧官，擅长写诗。林宽《哭栖白供奉》（《全唐诗》卷六百）曰："侍辇才难得，三朝有上人。琢诗方到骨，至死不离贫。"尽管是住在城里的寺院，并为皇宫供奉僧，但还是因贫穷而死。上人：对僧人的敬称。②天颜：皇帝的容颜。此句说栖白天天要面见皇帝，因此非常忙碌。③海上山：即传说中的蓬莱、方丈、瀛洲三座仙山。此句指回山寺居住。④华夏外：指国外。⑤偈：佛经中的颂词，梵语偈佗的简称。⑥空门：佛教谓诸法皆空，以空为入道之门，故称空门。参见《释氏要览》上《称谓空门子》。

【笺释】这是许棠酬赠栖白上人的诗歌，当作于滞留长安期间，具体哪一年难以确定。

栖白和尚是皇家寺院的僧官，擅长写诗，与许棠、林宽等都是好朋友。如林宽《哭栖白供奉》（《全唐诗》卷六百）曰："侍辇才难得，三朝有上人。琢诗方到骨，至死不离贫。"尽管是住在城里的寺院，并为皇宫供奉僧，但还是因贫穷而死。许棠作此诗时，栖白尚在，故对他的遭遇和生活多所关注。首联说你虽然是清闲之身却终日不得清闲，因为天天要面见皇帝，要么为皇帝讲经，要么为皇帝祈福。次联说你已经住在京城中的寺庙了，所以再也不能回到海上仙山。可能这位栖白上人是江浙一带海边某寺庙的高僧，故说"难归海上山"。三联赞颂上人的诗名盛大，诗歌早已传到国外，偈语颂赞也布在人口，朝野称颂。尾联说我想向你问问空门修道的事情，哪里知道空门也有关卡。言外之意是埋怨上人太忙，没有时间相聚请教。

从此诗，我们可以看到晚唐皇帝佞佛的一个侧面，也由此可见世风的变化，连佛门也难以得到清静。

野　步①

闲赏②步易远，野吟③声自高。
路无人到迹④，林有鹤遗毛⑤。
物外趣都别⑥，尘中心枉劳⑦。
沿溪收堕果⑧，坐石唤饥猱⑨。

【注释】①野步：到野外闲游散步。②闲赏：闲游赏玩景物或山野景象等。③野吟：在野外吟诗。此二句写许棠闲游山野时的悠然自得情状。④此句说这是人迹罕至的山野小径，表现许棠的探奇寻幽之趣。⑤此句说树林间有仙鹤遗落的羽毛。⑥物外趣：世外的情趣，超脱于世事之外的闲情逸致。⑦尘中心：尘世之中热衷功名利禄之心。枉劳：白白的劳苦，即刻意追求富贵利禄最终都是徒劳的。⑧堕果：熟透了掉落地面的果子。⑨唤饥猱：呼唤猕猴来吃捡拾的果子。这是一种超脱尘寰的闲趣。

【笺释】这是一首写到野外人迹罕至的地方吟诗消闷的诗歌，作时作地不详，详味诗意，当在江南故乡不远的山野。

首联说心情闲暇的时候，到野外闲游欣赏山野景物，不知不觉间，就走到了很远的地方，周围没有其他的人打搅，故吟诗的声音也就特别高，进入到一种酣畅淋漓的境界。次联说这里很少有人的行迹，非常幽僻，繁茂的树林间常常可以看到仙鹤遗留的羽毛，说明这里是高雅仙鹤居住的地方，而这也正是许棠心中寻找的清静雅洁的净土。三联抒发感慨：自己丢弃了超越尘世的闲情逸致，为了功名利禄而白白地苦苦奔走劳累，到头来弄得身心俱疲，真有点得不偿失啊！所以顿悟之后，许棠以一种轻松洒脱的态度，做出了这样充满童趣的举动：他沿着潺湲流淌的小溪捡拾掉下来的坚果，坐在溪边石头上，呼唤饥饿的猿猴们来吃这些果实。一种想与猿猴亲近的闲情逸致透露出他内心归隐的强烈愿望。这正是追求功名仕途失败后的必然皈依。

过湍沟谷[一]①

西去穷胡[二]②处，岩崖境不常③。
石形相对耸，天势一条长④。
栈⑤底鸣流水，林端敛夕阳。
虽随兵马至⑥，未免畏豺狼⑦。

【校记】[一]沟：全唐诗校："一作浦。"[二]胡：全唐诗校："一作湖。"按，作"胡"是。

【注释】①湍沟谷：谓有湍急水流、沟壑的山谷。按，观第一句"西去穷胡处"可以推测，此诗当作于北游秦州时，可能湍沟谷就是这次漫游旅途中一处险要的山谷，岩壁陡峭，沟壑幽深，河流湍急，故需要从栈道行走。②穷胡：直达胡人境地。③境不常：环境迥异他处，很不平常。即非常奇险。④天势句：谓湍沟谷陡峭而狭长，在沟底仰望，天空成为一条长长的线。极形容沟谷的险恶。⑤栈：栈道，在陡峭的岩壁上，凿石架木而成的路。⑥兵马：边塞的骑兵部队。⑦豺狼：凶猛的野兽，这里可能暗喻凶恶的胡兵。

【笺释】此诗当作于许棠咸通十一年北游边塞之时。观第一句"西去穷胡处"可以推测，此诗当作于北游秦州时，可能湍沟谷就是这次漫游旅途中一处险要的山谷，岩壁陡峭，沟壑幽深，河流湍急，故需要从栈道行走。

首联说这胡人居住的地方，环境真是迥异奇险，不同寻常。接下两联描写初次看到湍沟谷的惊险景象：峡谷两面的石壁对峙高耸，如利剑如刀锋，崭削峭拔；那天空宛如一条狭长的细线，横穿而过；人行走在栈道上，脚下就是奔腾呜咽的河水；向西面高峰一看，山顶的林木正在收敛血红的夕阳。这可与许棠见惯的江南大江与原野迥异啊！所以尾联说即使是跟随在巡逻的士兵之后，心里也难免产生对豺狼虎豹的畏惧。言外之意是，这边塞不仅环境险恶，而且常常遭到胡人的侵扰，很没有安全感。显然，许棠的边塞诗缺少盛唐时期那种克敌必胜的信念，从侧面折射出晚唐国力的衰弱与不振。

送友[一]人游蜀

巴兴千万寻①，此去若为心②。

蟋蟀既将定[3]，弥猴[4]应正吟。
剑门[5]秋断雁，褒谷[6]夜多砧。
自古西南路[7]，艰难直至今[8]。

【校记】[一]诗题全唐诗校：“一本无友字。”

【注释】①巴：指巴山。兴：起，举。②若为心：怎么样的心态。③蟋蟀句：言蟋蟀蟋蟀将不复鸣叫，季节转寒。《诗经·豳风·七月》：“十月蟋蟀入我床下。”④猕猴：又名沐猴，母猴，俗称猢狲。⑤剑门：山名。在四川剑阁县北。唐于此置剑门关。⑥褒谷：陕西省西南有褒斜谷，为沿褒水（南流入沔）、斜水（北流入渭）形成河谷。其南口称褒谷（在勉县褒城镇北十里），北口称斜谷，旧为川陕间交通要道。⑦西南路：指从长安通往四川的蜀道。⑧此句说自古至今蜀道总是那样艰难难行。

【笺释】这是许棠在京城送友人入蜀的一首送别诗，写作时间是某年的秋天，此友人是谁难定，具体那一年也难定，大致在咸通十年之前。

首联说巴蜀的大山高达千万寻，你此次漫游巴蜀是一种怎样的心态啊！言外感慨万千，尽管没有李白当年写《蜀道难》时的那种惊叹雄奇，但在许棠看来去西蜀总不是一件称心如意的事情。次联点明时间，眼前正是秋天，蟋蟀已经不鸣叫了，巴峡的猕猴应该正在日夜哀鸣，也就是说你在这深秋季节前往巴蜀，一定不要受大自然的影响，要保持良好的心态。三联想象友人途中的景象：你经过剑阁的时候，天空再也没有南飞的大雁，你到达褒谷的时候一定会听到到处传来的捣衣之声。这大雁正是游子的象征，而捣衣之声也最容易引起游子的思乡之情。许棠着意强化这两个意象，就是对友人真诚的关怀与慰勉。尾联说从长安前往巴蜀的道路，从古到今还是如此的艰难，真是“蜀道之难难于上青天”啊！

通过悬想一路景象来安慰远行之人，是古代送别诗是惯用手法，许棠常常客中送客，多历经这样的况味，所以显得特别真挚动人。不过字里行间总勉不了那种难以摆脱的悲凉意绪。

题秦州城[1]

圣泽滋遐徼[2]，河堤四向通。
大荒收虏帐[3]，遗土复秦风[4]。
乱烧[5]迷归路，遥山[6]似梦中。

此时怀感切，极目[7]思无穷。

【注释】①秦州：唐州名。治所在今甘肃秦安县（属天水郡）北，唐属陇右道。②圣泽：皇帝的恩惠。滋：滋润。遐徼：遥远的边界。徼，疆界，边界。晚唐时期，秦州就是最远的边境了，可见国家版图边幅的窘窄。③大荒：旷远的荒漠。虏帐：敌军的帐篷。秦州宝应二年（763）陷于吐蕃（见《元和郡县志》卷三九），大中三年（849）七月收复（见《资治通鉴》卷二四八）。④遗土：曾经丢失的土地，指秦州。秦风：关中的风俗习惯。⑤烧：放火烧野草以肥田。乱烧，到处都是焚烧野草的烟雾。⑥遥山：远山，因为远山被野烧的烟雾缠绕，若有若无，故言像在梦中一样。⑦极目：眺望远方。

【笺释】这是许棠咸通十一年秋天游幕边塞到达秦州时写的一首诗。

首联正大开篇，说皇恩浩荡，能够滋润到秦州这塞外边城，城池的河堤通向四面八方，可以看出一种宏大的气象。次联说在这大荒之处收复了当年的失地，这片遗失近九十年的故土而今重新恢复了秦地的遗风，这真是空前的战功啊！从许棠兴奋急切的语气中，我们可以感受到大中三年（849）收复自宝应二年（763）陷于吐蕃的秦州，对当时的人们是多么重要的鼓舞！也由此可见晚唐时期唐朝边境的窘迫。三联描写眼前景象：到处都是焚烧野草肥田的烟雾，让人迷失了回去的道路，远山也因为烟雾缠绕仿佛是在梦中。尾联说，此时此地，遥望着无穷的远方，心里不禁感慨万千。到底是些什么感慨呢？大抵不外乎科举失败、干谒无果、游边不遇等，诸如此类的人生挫折，也许还有整个时代衰飒的气象，有对自己前途的迷茫惆怅。

许棠的边塞诗，写景宏阔雄奇，但是总体格调是沉浸在悲凉的气氛之中。

寄敬亭山清越上人[1]

南朝山半寺[2]，谢朓故乡邻[3]。
岭上非无主，秋诗[4]复有人。
高禅[5]星月近，野火虎狼驯[6]。
旧许陪闲社[7]，终应待此身。

【注释】①敬亭山：山名。在安徽宣城县北，一名昭亭山，又名查山。相传为南齐谢朓赋诗之所，山以此名。山高数百丈，千岩万壑，为近郊名胜。②南朝句：

南朝崇尚佛教,齐梁时期达到高峰,几乎所有的名山都建有寺庙。杜牧诗句“南朝四百八十寺,多少楼台烟雨中”为生动写照。③谢朓(464—499):字玄晖,祖籍阳夏(今河南太康县),永嘉南渡后谢氏居住建康(今南京市),谢朓生于建康。曾为宣城太守,迁吏部侍郎。是南齐著名的山水诗人。后为萧遥光诬陷被杀。④秋诗:秋日赋诗。⑤高禅:高超的佛教修养。禅,梵语“禅那”的省称,意译“思维修”,静虑之意。⑥虎狼驯:凶恶的虎狼被驯服。⑦闲社:可能是为消闲而召集的诗会,又晋高僧慧远曾与雷次宗等僧俗十八人于庐山东林寺结莲社奉佛,此或用其事。

【笺释】这是许棠寄赠宣州敬亭山半山寺高僧清越上人的一首诗,作地可能在京城,具体时间不详。

首联说南朝时期遗留下来的半山寺,与宣州太守谢朓的故乡建康临近。提“南朝”让人想起那是一个举国推崇佛教的时代,“南朝四百八十寺,多少楼台烟雨中”,佞佛气氛何其浓郁;提谢朓又让人联想起风流飘逸的宣州太守及很多与他关联的宣州遗迹,在许棠的心中,故乡浓郁的宗教气息和诗的氛围是他永远追忆的幻梦。次联说敬亭山上并非没有主人,而今谢朓曾经赋诗的山顶又有了上人这位新的主人了,将清越上人与谢朓联系起来,就有一种特别的况味。三联想象月夜的景象:高高的禅寺仿佛与天上的星宿接近,在这里习禅修道真可以到达静寂的境界,野火照耀山梁,能使虎豹驯服,虎豹是畏惧野火,更畏惧这里的佛禅气氛。从一个侧面写出了清越上人佛性的高深。尾联说我曾经答应过跟随上人结社研究佛学,可惜现在身不由己,还在苦苦奔波于科举仕途,但我最终还是要皈依佛教的。

此诗可以看出许棠心中盘绕着佛教情结,可能与早年隐居庐山和九华有关。

秋江霁望①

高秋偏入望,霁景②倍关情。
落木[一]满江水,离人怀渭城③。
山高孤戍断④,野极⑤暮天平。
渔父⑥时相问,羞[二]真⑦道姓名。

【校记】[一]木:全唐诗校:“一作叶。”[二]羞:全唐诗校:“一作修。”按,作“羞”是,因为长年漂泊在外,科场失意,故面对渔父的相问,羞于启齿,心中有难言的苦痛。另外,作“修”者,是用楚辞“渔父”典故,在真正的隐者渔父面前,作者“修真”道姓名,表达隐居的愿望。但于全诗意境不合。

【注释】①霁望:雨后眺望。②霁景:雨后的景色。③渭城:秦咸阳,汉武帝元鼎三年改名为渭城。故地在今陕西省长安县西。④戍:防守用的营垒、城堡。孤戍,单独的一个堡垒。⑤野极:原野的边际。⑥渔父:可能是作者秋江霁望时,在江边遇到的渔翁。也可能是运用屈原楚辞《渔父》的典故,以渔父指代隐者。⑦羞真:羞于启齿,真的难以(说出自己的姓名)。按,修真,修炼自己的心性。

【笺释】题目作《秋江霁望》,当作于秋天,但此江是指长江还是另有所指则难以断定,从诗中“落木满江水”和“山高孤戍断”来看,可能指三峡一带的长江,可能是许棠巴蜀之游的作品。

首联说秋雨初霁,天朗云开,高秋景象偏偏扑入眼帘,加倍引起我的感伤之情。是什么样的感伤呢?次联作了回答,落叶纷纷飘满江面,使我这漂泊的人无限怀念起长安来,面对“无边落木萧萧下”的景象,许棠没有当年杜甫心忧天下兵戈动荡的胸怀,只是关注着自己个人科举难成的悲伤,格局小了很多。三联写景渲染这种悲伤情怀,说高山之上戍守者的营垒孤独地耸立,傍晚的天空一直延伸到原野的边际。高山、孤戍、暮天、原野,组成空旷清寒苍茫悲凉的秋天境界,有力地渲染了漂泊客游者内心的孤独情怀。结尾虚构一个渔翁的询问,来表达内心的羞愧,长期参加科举考试,屡屡落榜,功业不就,又不能像渔翁那样悠然归隐,所以连姓名都难以说出口,可见许棠内心仕与隐的矛盾何等深重。

陇州旅中[一]书事寄李中丞①

三伏②客吟过,长安未拟还。
蛩声[二]③秋不动,燕别④思仍闲。
乱叶随寒雨,孤蟾⑤起暮关。
经时高岭[三]外,来往旆旌⑥间。

【校记】[一]中:全唐诗校:“一作舍。”[二]声:全唐诗校:“一作惊。”[三]岭:全唐诗校:“一作枕。”

【注释】①陇州:唐州名。治所在今陕西陇县。中丞:御史中丞,御史台副长官。这位李中丞姓名事迹待考。此时当在朝,而许棠写作此诗时还在边塞地区,观“长安未拟还”可知。②三伏:农历夏至后第三个庚日起为初伏,第四个庚日起为中伏，立秋后第一个庚日起为末伏。三伏是一年中最热的时候。此诗或是许棠咸通十一年北游边塞时所作。③蛩声：蟋蟀的鸣叫声，说明已经入秋了。④燕别：燕子已经回南方去了。⑤孤蟾：孤月。据说月中有蟾蜍，故以蟾代月。⑥旌旆：旌旗，驻扎有军队的地方，都会树立将帅的大旗。此处指敌我双方的驻扎之地，即有战争的地区。

【笺释】这是咸通十一年秋许棠游边塞到达陇州时寄给李中丞的一首诗。

李中丞可能是李骘，咸通十一年春夏间还在江西任观察使，秋后即调任京城欤？许棠曾写五首诗向他陈情，故于次年中进士。

首联三伏热天在我的漂泊客吟中就很快过去了，而我还没有回长安的打算，因李中丞已在长安，许棠说“未拟归”，可能另有原因。次联蟋蟀已经不鸣叫了，燕子也已经回了南方，在这苍茫的秋天，而我的心思竟然如此悠闲，这是故作通达。所以三联继续写景，说飘落乱飞的黄叶随着寒冷的秋雨，一片狼藉；一轮孤独的月亮挂在薄暮的关头，给人一种凄凉孤寂之感。尾联写边塞严峻的现实状况，说我时常经过高山峻岭，在四处驻扎的兵营之间来往穿行。言外是说战争气氛浓重，战斗会一触即发。许棠描写边塞的严峻形势和自己的孤寂无依情状，可能还是含有向李中丞陈情，渴求援引的深一层用意。

秋日归旧山[①]

山云蝉满树[②]，欲住更何安。
上国[③]回将晚，孤峰[④]别自难。
碛遥鸿未到[⑤]，江近夜先寒[⑥]。
泉石[⑦]虽堪恋，行人[⑧]不愿看。

【注释】①旧山：故乡的山。此诗是许棠从边地回故乡宣州泾县时所作。②山云句：此句写初秋景象，言暴雨之后漫山都是云雾，树上到处一片蝉鸣。③上国：指京都地区。④孤峰：指故乡的旧山。⑤碛遥：边塞的沙漠地带很遥远。鸿未到：大雁还没有回归南方。⑥江近句：说故乡地处长江之滨，夜晚已经变得寒冷了，秋意已经来临。⑦泉石：指故乡的山水。⑧行人：远行之人。

【笺释】许棠这次离京回家可能是争取贡举的名额，然后又要赴京参加进士考试。此诗当作于咸通十一年北游回到宣州的七八月间。

首联想象故乡的山上白云飘飘，目下还是满树鸣蝉的初秋，而我却要回归故乡,心里难以安适。次联说返回京城的时候一定很晚,而要离别故乡的山峰又是那样的难堪,这是仕与隐双重矛盾交织的结果。从许棠内心真实的情况来看,他是既怀念故乡又依恋京城,所以离别任何一方都很痛苦。三联写接近故乡时的感受,说沙漠很遥远,所以大雁还未来到南方,表明是初秋时节,而我这位游子却早早地将要踏上故乡的土地;由于地近长江,所以夜晚首先感到一阵阵寒意,这是游子内心的独特感受。尾联说故乡的泉石虽然值得留恋,但是我这位长期落魄的游子却不忍心多看。因为心中的愧疚实在太深了。

许棠常常念及的愧疚,不过是长期困于举场,半生飘零不偶罢了。

下黄耳盘①

独下黄盘路,多虞部落连②。
云晴仍著地③,树古自参天④。
乱鸟⑤飞人上,惊麇⑥起马前。
行行无郡邑⑦,唯见虎狼烟⑧。

【注释】①黄耳盘:地名,当是边关的一处荒凉之地。②多虞:多忧虑。部落:指边地少数民族聚居的部族。③著地:挨着地面。此句形容山高,即使是晴天,白云还是贴着地面飞动。这与江南天高云淡景象迥异。④参天:树木高耸直上云天。此句写森林里大树参天入云,但是行人稀少。⑤乱鸟:受到惊吓乱飞的鸟儿。⑥惊麇:受惊的麇鹿。这两句显然是侧面写边地战事频仍,连鸟兽都不得安宁。⑦无郡邑:边地荒凉,无人居住,只有营垒相连。⑧虎狼烟:即狼烟,指敌人的烽烟。相传古代的烽火用狼粪。暗示边地战事紧张。

【笺释】这是许棠咸通十一年游幕边塞经过边关一个叫黄耳盘的荒凉之地时,所写的一首诗。

首联写独自一人经过黄耳盘时,最担心的是要经过一片片连在一起的少数民族居民的部落,一下子将边关紧张的气氛展现出来,并有很强的现场感。次联写黄耳盘的独特景象:这里地势是如此的高耸,即使晴天白云也仍然飘浮在地上,大树都苍劲勃郁,自由自在地将枝枝叶叶伸向蓝天。也许是奇特的景象吸引了许棠的注意,才写了这首诗。三联描写一幅惊慌动乱的画面:受到边警惊吓的鸟儿慌乱地从行人头上飞过,寻找安全的避难所;惊慌失措的麇鹿突然从马头前奔驰而过。显然前方出现了战乱或喧嚣,才造成这兵荒马乱的景象。尾联说我走着走着，沿途都看不到任何城邑，只见到处是胡人点燃的烽烟。由此可见边塞的形势相当紧张，战争似乎一触即发。从许棠的边塞诗中看到晚唐边境的严峻形势，也看到许棠游幕边塞时的恓惶惊惧的心境。

旅 怀

终年唯旅舍，只似已无家①。
白发除还出②，丹霄去转赊③。
夏游穷塞路④，春醉负秦花⑤。
应是穹苍意⑥，空教老若耶⑦。

【注释】①已无家：长年漂泊在外，好像已经无家可归。②除还出：除掉后又生出。③丹宵：天空。《北堂书钞》（卷一五一）汉贾谊诗：“青青云寒，上拂丹霄。”此喻极远之地，可能指朝廷。去：离开。赊：远。④穷：穷尽，走到尽头。塞路：边塞的路。按，据此句诗，这年夏天许棠曾走到边塞尽头，说明此诗当作于咸通十一年秋天之后。⑤负秦花：辜负了秦地的春天的鲜花。按，此年春天停科举考试，故不可能中举游览秦地的春景，只能以酒浇愁。⑥穹苍：即苍穹，苍天。⑦若耶：即若耶溪，又名浣沙溪，在浙江绍兴市东南。相传为西施未入吴宫时浣纱之所。此以浣纱越女老于若耶溪喻己之不遇。

【笺释】咸通十一年因去年庞勋之乱停科举考试，故许棠有夏秋之间游幕边塞的经历，此诗当作于此年秋天从边塞回归故乡的途中。

首联感慨长年漂泊在行旅途中，常常寄居旅馆，仿佛自己是一个无家可归的人，这是很沉痛的感受，对于许棠这类长期沦落不偶的人来说，有家不能归，功业又无成，这是极大的苦楚。次联推进一步，说两鬓的白发拔掉了又重新长出来，这是岁月不饶人的表现，大有“白发壮心惊”的感慨；而仕进无路，反而感觉离京城越来越远，这是心理渺茫的感受。年华的消逝，岁月的蹉跎，功业的无望，是缠绕许棠心头的三重悲苦。三联写自己刚刚从遥远的边塞漫游归来，又空自辜负了今春长安的鲜花，说明停科举考试对许棠影响很大，更加重了内心的负担。许棠认为这一切都是老天的有意安排，所以结尾说让我归老于若耶溪吧。说明写作此诗时许棠已经来到了江南的山阴一带。

对于许棠来说，举场不顺，仕途失意，到了一处总会说归隐于此，不可当真，只能算抒发一时的内心感受。许棠曾隐居九华、庐山等地，但中进士之后，却没有践行隐居的愿望，这是许棠的悲剧，也是整个晚唐的悲哀。

题金山寺[①]

四面波涛匝[②]，中峒楼[一]日月邻[③]。
上穷如出世[④]，下忽惊神[⑤]。
刹[二][⑥]碍长空鸟，船通外国人。
房房皆叠石[⑦]，风扫永无尘[⑧]。

【校记】[一]楼：全唐诗校："一作峰。"[二]刹：全唐诗校："一作塔。"

【注释】①金山寺：在江苏镇江市西北金山上，古塔上凌霄汉，下临长江。②匝：环绕。金山位于长江中间，四面环水，所以四面的石壁都会与江水碰撞激起浪花。③日月邻：金山寺塔顶高耸入云，与日月临近，极言塔顶之高。④出世：超出人寰，超出人世间。⑤峒：窥视。惊神：因俯视见到四面都是惊涛骇浪而惊惧。⑥刹：塔。佛教徒弘扬佛法的庙宇，多建于深山或峭岩之上。⑦叠石：这些古寺一般都用巨石打下坚固墙基，然后墙壁也用条石砌成，坚固永久，能抵抗风雨的侵蚀。⑧永无尘：长年接受风雨洗涤，所以干干净净，没有灰尘。

【笺释】这是咸通十一年许棠游边塞南归途经建康登金山寺时所写的一首诗。

首联写金山寺的地理形势，四面被江水包围，滚滚波涛一圈圈环绕在山脚下，激起白色的浪花，山顶寺庙的塔尖高耸入云，仿佛与日月临近。次联说向上看这高耸的塔仿佛要超出尘世，向下俯视则见四面都是惊涛骇浪而惊惧。写出了在金山寺上的所见所感。三联转换视角写高处与远处，说塔顶太高阻碍了天空飞翔的鸟儿，而江面上来来往往的船只上还载着外国人。尾联转写近处，说这里的房子都用巨大的条石做墙基，坚固耐用，还能抵抗风雨大浪，所以外墙都干净无尘，是一个清静之地。

一首登临诗，四联都描写景物，比较少见，许棠的诗歌写景比较细致，但格局并不宏阔，原因是心胸没有盛唐人那样宽广，笔力也不够雄壮。

送王侍御[一]赴宣城[①]

朝回离九陌[②]，岛外[③]赏残春。

经宿[4]留闲客，看云[5]作主人。
时清难议隐[6]，位重亦甘贫[7]。
岩洞真仙境，应休别卧邻[8]。

【校记】[一]御：全唐诗校：“一作郎。”

【注释】①侍御：唐殿中侍御史或监察御史之别称。宣城：唐宣州治所，今安徽宣城市。王侍御，名字事迹待考。②朝回：朝见皇帝回来。九陌：汉长安城中有八街、九陌，后泛指都城大路。③岛外：指远离京城的宣城。王侍御离开京城正好能赶上到宣城欣赏残春之景。说明此诗作于初春，唯作年难定。④经宿：整个夜晚。⑤看云：欣赏白云。⑥时清：时世清明。许棠诗中常见这样的字眼，现在看来似颂实讽。难议隐：难以议及隐居之事。⑦甘贫：心甘情愿过贫苦的生活。⑧应休：应该停止追求功名利禄。别卧邻：离别京城去与你（王侍御）作邻居。这是羡慕而愤激的话，安慰王侍御，也表达自己想回家隐居的心情。

【笺释】这是许棠送王侍御赴宣城任职的一首送别诗，具体时间难定，因为王侍御事迹无考，但作地当在长安。从“岛外赏残春”一句看，应作于初春，或许此时许棠正忙于考试吧。

首联交代王侍御赴宣城的背景，说王侍御早上朝见皇帝回来，就要远赴宣城任职，可以赶上江南的残春了。说明王侍御是受皇帝的旨意前往宣城的，这应该是一件荣宠的事。次联说整个晚上我都陪着王侍御话别，羡慕他可以到江南作青山白云的主人。三联是伤心人别有怀抱，许棠说时下朝政如此清明，我还难以议及隐居之事，即还想有所作为，而你王侍御处在这样重要的位置上竟然心甘情愿过清贫的生活。则这位王侍御可能是因事贬官宣城。所以尾联说宣城的岩洞真是神仙洞府，我也应当停止追求功名利禄去跟你比邻而居。

一面追求仕进，一面渴望归隐，是许棠不变的心态。

题汧湖二首[1]

其　一

偶得湖中趣，都忘陇坻[2]愁。
边声风下雁，楚思[3]浪移舟。
静极[4]亭连寺，凉多[5]岛近楼。

吟游[6]终不厌，还似曲江头。

其　二

陇首[7]时无事，湖边日纵吟。
游鱼来复去，浴鸟[8]出还沉。
蜃气[9]藏孤屿，波光[10]到远林。
无人见垂钓，暗起洞庭心[11]。

【注释】①汧湖：渭河支流之一名汧水，今名千河。汧湖或为汧水所形成的湖。②陇坻：即陇山。《汉书·地理志》下"陇西郡"唐颜师古注："陇坻谓陇坂，即今之陇山也。"在陕西陇县西北。③楚思：即思楚。许棠故乡安徽泾县，古属楚地，故称思乡之念为楚思。④静极：风平浪静，水面静极了。亭连寺，是写水中倒影，亭子与寺庙连在一起。后面的"岛近楼"也是在湖面欣赏水中倒影的感受。⑤凉多：凉意增加了，感觉到秋意更浓。前面有"风下雁"表明是在秋季。⑥吟游：一边游览一边吟诗。⑦陇首：陇头，陇山头。《乐府诗集》卷二十一《汉横吹曲·陇头》解题引《三秦记》曰："其坂九回，上者七日乃越，上有清水四注下，所谓陇头流水也。"⑧浴鸟：水鸟，在水面上时沉时浮，捕鱼时钻入水中，然后浮出水面。⑨蜃气：湖海中风平浪静时，远处出现的由折光形成的城郭楼宇等幻象。⑩波光：日光或月光在湖面上闪烁出细碎的亮光，就是波光。此句说波光闪烁一直与远方的树林相连。⑪洞庭心：《水经注·沔水》云："范蠡灭吴，返至五湖而辞越，斯乃太湖之兼摄通称也。"太湖又名洞庭湖。故称隐居之心为洞庭心。

【笺释】这是许棠咸通十一年秋天游幕来到渭河支流的汧水流域游赏汧湖时，所写的两首游览诗。

第一首，首联说偶然得到游览汧湖的兴致，忽然忘掉了留滞陇上的忧愁，突出悠游湖上享受闲适的轻松愉快心情。次联说大雁带着边塞的风声开始南下了，而在我怀念故乡的时候，湖上的波浪轻轻拍打着我乘坐的小船。这一联联想壮阔，将边塞、汧湖与故乡勾连在一起，遂将边塞的苍凉与故乡的温馨即湖上的悠闲交织在一起，把许棠的人生遭遇展现出来。三联写风平浪静时候的美妙景象：山亭与水中倒影紧紧连在一起，楼阁临近水中小岛的倒影，秋风吹来，凉爽极了。尾联说一边游览一面吟诗，情怀无限，仿佛置身于长安曲江边上。可见，许棠心中永远神往的地方还是京城，时刻梦想有朝一日能够中举高第，畅游曲江。

第二首，首联说在陇山每天都无所事事，所以天天来到湖边纵情吟诗，说明许棠到边塞寻求出路，没有得到援引，只好以游玩山水来消愁解闷。次联写眼前景，游鱼悠然自乐的游来游去，水鸟自由自在地在水中出没沉浮，以鱼儿和水鸟的自由来反衬自己的不得自由。三联描写远景，湖上的海市蜃楼藏在湖中远处的小岛上，虚无缥缈，令人神往，而那粼粼的波光，微微荡漾，一直漫向遥远的树林。次联虚实交织，亦真亦幻，颇有韵味。尾联说我在这里游玩并没有看见垂钓之人，也就是说没有看到有援引的希望，所以暗自产生了泛舟洞庭隐居待时的志愿，结尾既用范蠡泛舟五湖的典故，又暗用孟浩然临洞庭的感叹，抒发自己怀才不遇之悲。

这是许棠写得较好的山水诗，值得重视。

宿青山馆①

下马青山下，无言有所思。
云藏李白墓②，苔暗谢公③诗。
烈烧④飞荒野，栖凫宿广陂⑤。
东来与西去，皆是不闲时⑥。

【注释】①青山：在安徽当涂县东南，一名青林山。青山西北有李白墓。馆：青山脚下的旅馆。②李白墓：在大青山西北，下临长江，是著名历史遗迹。③谢公：指谢朓，曾在大青山筑馆凿池隐居，并赋诗。④烈烧：焚烧野草的烈焰。说明此诗所写的为秋季景色。⑤栖凫：栖息的野鸭。广陂：广阔的湖面。⑥不闲时：都是农忙季节，故云不是清闲的时候。说明许棠来往大青山多在春秋两季。北上时在秋季，落第东归一般在暮春初夏。

【笺释】这是许棠在故乡与京城之间往来夜宿大青山脚下旅馆时所写的一首诗，时间在秋季，具体哪一年难以确定。

首联说下马来到青山下，默默无言却满腔思绪，多年的奔波劳碌毫无结果，而奔波还要继续，苦苦的追求不见佳音，而追求也难以终止。次联说白云藏进了李白的墓地，青苔遮没了谢朓的题诗，两位与青山不朽的英灵渐渐隐藏起历史的行迹，而我辈还在这里苦苦追寻。沧桑的时空转换，几世轮回，才变成眼前的苍凉。三联写眼前的秋景：只见焚烧野草的烈火在旷野里蔓延，烟雾腾腾；栖息的水鸭游向了广阔的湖面。尾联说我东来西去经过这大青山，都是没得到闲暇的时候，言外之意是说想停下匆忙的脚步，悠闲地在这大青山好好瞻仰李白、谢朓的影迹，或者就隐居于此，成全自己的隐居梦。许棠每到一处，都想过上早年隐居的生活，但是始终未能如愿。

宿同州厉评事旧业寄华下①

从戎②依远地，无日见家山③。
地近风沙④处，城当甸服⑤间。
阻河通渭水⑥，曲苑带秦关⑦。
待月⑧登楼夜，何人相伴闲⑨。

【注释】①同州：唐州名，治所在今陕西大荔县。评事：官职名，掌平决刑狱，属大理寺。厉评事生平事迹待考。旧业：旧居。华下：可能指华州。②从戎：从军。按，许棠未见从军记录，可能指到边塞游历。③家山：家乡的山，指代故乡。④风沙：多风的沙漠地带。⑤甸服：指王畿外围地区。服，古代王畿以外的地方，每五百里为一区划，按距离的远近分为五等地区，即侯服、甸服、绥服、要服、荒服等五服。甸服离王畿一千里左右。⑥阻河句：同州地处黄河西岸，东行为黄河所阻。又同州临洛河可通渭水。⑦曲苑："曲苑"与上句"阻河"相对，"曲"当作动词用，弯曲环绕之意。"苑"指沙苑，在同州治所南十二里，唐时在此置沙苑监。带：连。秦关：同州朝邑县（今大荔县朝邑镇）西南有临晋关，战国时置。⑧待月：等待月亮升起。⑨相伴闲：悠闲地相伴。说明许棠此夜是独自登楼待月。

【笺释】这是许棠咸通十一年北游边塞到达同州时，住宿在厉评事旧居寄给华州朋友的一首诗。

首联说我投笔从戎到遥远的边地，已经有很长时日没有见到家山了，言外就是非常想念故乡及其亲友。次联写同州的地理特点，这里接近多风的沙漠地带，城池处于离京城一千多里的甸服之间。三联说同州地处黄河西岸，东行为黄河所阻，而临洛河可通渭水；沙苑弯曲如带环绕着临晋关，具有重要的战略地位。来到这荒凉的边地，自然想起华州的朋友，所以尾联说我独自在夜晚登楼等待月亮的升起，可惜没有友人陪我度过这悠闲的时光。许棠所谓的"闲"，并非真正的闲适，因为他游边不遇，建功无成，说悠闲只不过自我宽慰罢了。

闻蝉十二韵[一]

造化①生微物，常能[二]应候鸣②。
初离③何处树，又发去年声。
未蜕④唯愁[三]动，才飞似解惊⑤。
闻来邻海徼⑥，恨起过边城⑦。
骚屑⑧随风远，悠扬类雪轻⑨。
报秋凉渐至，嘶月思偏清⑩。
互默⑪疑相答，微摇⑫似欲行。
繁音⑬人已厌，朽壳⑭蚁犹争。
朝士严冠饰⑮，宫嫔逞鬓名⑯。
乱依西日噪⑰，多引北归情⑱。
筱露⑲凝潜吸，蛛丝忽迸萦⑳。
此时吟立者[四]㉑，不觉万愁生㉒。

【校记】[一]全唐诗校：“一本只十韵云：造化全微物，常能应候鸣。初离何处树，又发去年声。骚屑随风远，悠扬类叶轻。报秋凉渐至，嘶夜思偏清。默守疑相答，微摇似欲行。繁音人已厌，朽壳蚁犹争。朝士严冠饰，宫嫔逞鬓名。乱依西月噪，多引北归情。筱露凝潜吸，蛛丝迸忽萦。此时吟立久，万绪一时生。”[二]常能：全唐诗校：“一作偏宜。”[三]唯愁：全唐诗校：“一作微能。”[四]立者：全唐诗校：“一作听久。”

【注释】①造化：大自然。②应候鸣：顺应季候而鸣。③初离：刚刚离开。④蜕：脱去皮壳。《史记·屈原列传》：“蝉蜕于浊秽。”⑤解惊：懂得受了惊吓。⑥海徼：海疆，海边。⑦边城：边境的城池。⑧骚屑：纷扰不宁。⑨悠扬句：谓蝉鸣的悠扬声音像轻盈的雪花飘落。⑩清：高洁。《论语·公冶长》：“崔子弑齐君，陈文子有马十乘，弃而违之，至于他邦……子曰：‘清矣。’”⑪互默：蝉鸣之后沉默一段时间，仿佛是相互之间的默契。⑫微摇：形容蝉鸣声细而摇晃的样子，好像要远行的架势。⑬繁音：繁杂单调的鸣叫声。⑭朽壳：死后留下的尸体，成为蚂蚁争夺的对象。以上四句写蝉悲惨的一生，实际上诗人是以蝉自喻。⑮严冠饰：古代侍臣冠加金蝉貂尾。唐时中书令、侍中、散骑常侍之冠，也饰以金蝉貂尾。严：整肃貌。⑯逞鬓名:《古今注·杂注》:“魏文帝宫人莫琼树,制蝉鬓,望之缥缈如蝉。”⑰此句说蝉夕阳西下时乱鸣聒噪。⑱北归情:思念故乡的感情。⑲筱:小竹。筱露,竹叶上的露水。古人认为蝉性高洁,只饮露水。《荀子·大略》:“饮而不食者蝉也。”⑳迸萦:吐丝环绕。此句当写蝉无辜遭遇蜘蛛的袭击,被蜘蛛吐丝缠绕,将成为蜘蛛捕食的美餐。㉑吟立者:指站在树下吟诵诗句的诗人。㉒万愁生:百感交集,感慨丛生。指有蝉的悲剧命运联想到人生的悲剧命运。

【笺释】这是许棠的一首托物言情的咏蝉诗。从“闻来邻海徼”一句看,作地当在离海滨不远处,又从“恨起过边城”一句看,则是经历过游边之后,再从“多引北归情”一句来看,可以断定此诗作于故乡宣城。许棠此时已经经历过很多次失败,也漫游边塞干谒过,都毫无进展,但北归之心未改,故此诗当作于咸通十一年之前的某一年的夏秋之间。

首四句说蝉是大自然创造的微小的生命,能够顺应季候而鸣叫,蝉是初夏从地底下爬出来,依附在树上或草茎脱去蝉蜕开始鸣叫,深秋时节走完人生的旅程,今年发出的声音还是与去年一样,它是一种不知冬春的小动物,许棠对蝉情有独钟,因为他从蝉的身上看到了自己的影子。接下的四句在另外的版本中是没有的,但是有了这四句更完整,前两句写蝉未蜕皮时身体僵硬只能微微地活动,到了能飞的时候,面对一个陌生的世界,担心害怕,一旦有什么动静蝉都会受惊而乱鸣飞走,蝉是警惕性很高的小虫,经常害怕受到侵扰与伤害,写出了初生之蝉的特点,也与人生初次踏上旅程时的那种怯生生的心态相应;后两句写听蝉的地点,可以作为考证此诗写作时间地点的证据,作者说在离海边不远的地方闻到蝉鸣,鸣声里仿佛还带着边地的遗憾,蝉声无所谓遗恨,显然这是许棠闻蝉鸣而想起在边塞的凄苦感受。接下四句写蝉声的不同感情色彩:蝉声有时纷扰焦躁不安,随风飘荡很远,仿佛一个人心中充满焦虑烦闷;有时候则悠扬婉转动听,仿佛雪花在纷纷飞落轻舞;到了夏末初秋凉爽的时候,月夜里的蝉鸣却显得那样清澈高洁,仿佛与月光一样透明。这四句显然是许棠人生不同心情托蝉声加以表现,蝉鸣的声音虽然随季节变换有所变化,但是只有心境不同的人才能感受到其中细微的差别。接下四句继续写蝉的鸣声和蝉的结局,有时候蝉叫累了,也忽然停歇一会,这沉默的空白,仿佛是相互之间的默契;有时候嘶嘶呀呀细长而摇曳的拖声,又仿佛是要作出远行的架势;有时候暴雨般密集的蝉声大合唱,让人感到心情烦躁,而它们死后的躯壳也成为蚂蚁们争夺的对象。蝉的这一生是渺小的,也是无人关注的,它们的存在似乎完全是一种没有必要的偶然,这也是晚唐时代许棠一类人的命运。接下四句说蝉也有重要价值,它的形象成为古代重臣帽子的样式，古代侍臣冠加金蝉貂尾，唐时中书令、侍中、散骑常侍之冠，也饰以金蝉貂尾；也成为宫廷妇女发髻的样式，像魏文帝宫人莫琼树，就梳成蝉鬓，望之缥缈如蝉；蝉在太阳西下时刻的狂鸣乱叫，又引起我北归京城的感情，即是说倍感功业不成的悲伤。最后四句写蝉与世无争，只是在深夜偷偷地吸食竹叶树叶上的露水，可是却遭到蜘蛛的袭击，被蛛丝缠绕，将成为蜘蛛们的美餐，想到这里，许棠在树下久久站立吟诗，顿时感到万种愁情涌上心头。他是在悲叹蝉的一生，更是在悲叹自己的人生。如果说骆宾王在监狱里听到蝉鸣时高叫“无人信高洁，谁为表予心”是表达身陷囹圄的满腔悲愤，李商隐闻蝉时说“五更疏欲断，一树碧无情”是悲叹环境的冷酷无情，表现的是无人理解的寂寞痛楚的话，那么许棠所要表现的则是晚唐时代心地高洁的士人们像蝉一样无人关注、寂寞无依、任其自生自灭的悲剧命运。

冬杪归陵阳别业五首[①]

其　一

无媒[②]归别业，所向自乖心[③]。
闾里[④]故人少，田园荒草深。
浪翻全失岸[⑤]，竹迸[⑥]别成林。
鸥鸟[⑦]犹相识，时来听苦吟[⑧]。

其　二

眠云[⑨]终未遂，策马暂休期[⑩]。
上国[⑪]劳魂梦，中心甚别离[⑫]。
冰封岩溜[⑬]断，雪压砌松欹[⑭]。
骨肉嗟名晚[⑮]，看归[⑯]却泪垂。

其　三

学剑[⑰]虽无术，吟诗似有魔[⑱]。

已贫甘事晚[19]，临老爱闲多[20]。
鸡犬唯随鹿[21]，儿童只衣蓑[22]。
时因寻野叟[23]，狂醉复狂歌[24]。

其　四

乡国乱离后[25]，交亲半旅游[26]。
远闻诚[27]可念，归见[28]岂无愁。
败苇迷荒径[29]，寒蓑没坏舟[30]。
衡门[31]终不掩，倚杖[32]看波流。

其　五

游秦复滞燕[33]，不觉近衰年。
旅貌同柴毁[34]，行衣对骨穿[35]。
篱寒多啄雀，木落断浮烟[36]。
楚夜[37]闻鸣雁，犹疑在塞天[38]。

【注释】①冬杪：冬末，陵阳：山名，相传为陵阳子明得仙处。在许棠故乡宣州泾县西南一百三十里。别业：别墅。本宅外另建的园林游息之所，也称别馆。②无媒：无人引荐、介绍，故仕途蹭蹬。③乖心：与心相背。④里闾：乡里。⑤全失岸：田园靠近江边，因为无人管理，年久荒芜，遇上雨大浪高，田岸都被江水冲垮。⑥竹迸：竹杯因为无人料理，所以竹子到处乱生，另外成为一片竹林了，极言其恣意生长之态。⑦鸥鸟：江边江鸥、鹭鸶等水鸟。⑧苦吟：刻苦吟诗。⑨眠云：指山中隐居。刘禹锡《西山兰若试茶歌》："欲知花乳清泠味，须是眠云卧石人"又李白《赠孟浩然》："红颜弃轩冕，白首卧松云。"⑩休期：归家休憩。⑪上国：京城。此句写离开京城之后依然魂牵梦绕之状，极言举场失败的不甘心。⑫甚别离：甚于离别。一旦真的离开举业心里非常痛苦，因为毕竟为之耗费了大半生心血。⑬岩溜：悬崖之间的瀑流，冬天被冰封冻成冰瀑。⑭砌松：墙角台阶前的松树，古人山居正屋之前的空地上喜欢植松树，象征坚贞高洁。欹：倾斜欹侧。极言雪厚而重。⑮骨肉：亲属。嗟名晚：嗟叹成名（指科举及第）之晚。⑯看归：看到(我)功业无成归来。⑰学剑:习武从军。《史记·项羽本纪》:“项籍少时,学书不成,去学剑,又不成。项梁怒之。籍曰:‘剑一人敌,不足学,学万人敌。’”⑱吟诗句:许棠说自己酷爱吟诗好像是着了魔一样。可见吟诗成为他精神唯一的寄托。⑲甘:甘心。事:成事,即科举及第。⑳临老:临近老境。爱闲:喜爱闲适清静。㉑随鹿:(鸡犬)跟随在林间野鹿的后面。唐人诗:“马随山鹿放,鸡逐野禽栖。”㉒衣蓑:穿着蓑衣,指农夫一样打扮。㉓野叟:野老,作者自称。㉔狂醉句:言作者喝酒之后吟诗的狂野之状,以倾泻心中积郁。㉕乡国句:指大中十二年(858)宣州康全泰作乱事,见前注释。㉖交亲:亲朋好友。半旅游:大半在外逃难或游历。㉗远闻:听说在外远游者。诚:确实。㉘归见:回家见到(留守者)。㉙败苇句:极言家园荒芜的惨状,芦苇新生的和枯死的交织在一起,混乱一片,连荒凉的小径也掩盖起来了,说明无人照料,无人居住,也无人来往,这是战乱后乡村荒废的景象。㉚寒蓑句:寒冷的冬天,蓑衣与破船一起沉没在水中。㉛衡门:横木为门,喻简陋的房屋。“衡门之下,可以栖迟。”㉜倚杖:拄着拐棍。㉝此句与前《陈情献江西李常侍五首》第一首第二句相同。㉞旅貌:旅人之貌。柴毁:骨瘦如柴。《晋书·许孜传》:“俄而二亲没,柴毁骨立,杖而能起。”㉟对骨穿:衣服像穿在骨头架子上。㊱断:绝迹。浮烟:冬天山谷里的岚气或炊烟。㊲楚夜:南国的夜晚。㊳塞天:塞外的天空。

【笺释】这是许棠在某年冬末回归故乡阳陵山旧居时写的一组抒写遭际和感慨的诗歌。从诗中“乡国乱离后”一句看,当作于大中十二年宣州康全泰作乱之后,大致在大中末至咸通初年之间,许棠此时已经十几次落榜,深感举业难成的悲伤。

第一首,首联说无人引荐、介绍,故仕途蹭蹬,所有的理想都事与愿违,这是许多年来经历的一种概括。可见晚唐时期没有强有力者的援引,要登科第比登天还难。次联到家后所见的凄凉境况,已经很少看到故人了,田园荒芜长满了杂草。三联说田园靠近江边,因为无人管理,遇上雨大浪高,田岸都被江水冲垮;竹林也因无人料理,所以竹子到处乱生,另外成为一片竹林了。尾联说只有旧时相识的鸥鸟,不时飞来,倾听我的苦吟之声。在如此荒凉破败的情境下,犹能赋诗,可见诗歌成为许棠唯一的精神慰藉。

第二首,首联写自己的艰难困境,早年高卧松云的心愿还没有践行,策马从京城回家暂时休憩。次联说京城上国只好在梦中思念了,心里其实不愿意与之别离,因为要实现仕进的梦想,只有去京城啊!一旦真的离开举业心里非常痛苦,因为毕竟为之耗费了大半生心血,恋阙又思家是许棠心中永远的矛盾。三联回到眼前的现实，寒冬腊月，冰天雪地，悬崖上的瀑布冻成了冰溜，河水断流了；院子里的老松，因为沉重的积雪压在枝头，树枝已经倾斜欹侧了。尾联说骨肉至亲嗟叹如此年龄犹未成名，看着我白首归来都流下了伤心的眼泪。这眼泪是许棠最怕看到的，而他自己的眼泪却只能往肚子里咽。落第回家迎接他的只能是举家的悲伤。

第三首，心态稍微平静了一些，许棠似乎又恢复的故态。首联说我虽然从戎没有什么办法，但是我的吟诗却像着了魔一样，无论多么艰难困苦，都难以抑制我写诗的兴趣，可见吟诗成为他精神唯一的寄托。次联说我已经如此贫穷，但我还是心甘情愿在晚年能够中举成名，而临近晚境却心里却喜爱闲适清静。三联说鸡犬都是散养，它们跟随者山里的野鹿混在一起，儿童们因为家贫穿的衣服像蓑衣一样，尽管贫寒，但也随性自适。所以尾联说我时常会出门寻找乡野老者，痛饮狂欢狂歌，一解心中的烦闷。

第四首，首联说故乡经历康全泰的动乱之后一片衰飒，有交往的亲朋故旧大半都因为躲避战乱，流离漂泊在外。听说他们远走异乡心里确实非常想念，但是如果他们回到家乡看见我还是如此光景，心里也会忧愁。三联极言家园荒芜的惨状，芦苇新生的和枯死的交织在一起，混乱一片，连荒凉的小径也掩盖起来了；寒冷的冬天，蓑衣与破船一起沉没在水中。说明无人照料，无人居住，也无人来往，这是战乱后乡村荒废的景象。所以尾联说破旧的柴门终日敞开着，我拄着拐杖依门看着眼前的水波缓缓流淌，愁情满怀。

第五首，首联回忆此前的经历，既游历过西秦边境也到过北方燕地，都曾经滞留边塞，无所归依，一转眼之间，几十年已经过去了，我渐渐进入了老境，两鬓开始斑白。次联写自己长期漂泊瘦削不堪的形象：骨瘦如柴，衣服好像穿在骨头架子上。三联说由于特别寒冷，破烂的篱笆墙下集聚了很多寻找食物的鸟雀啄食，上天知道它们能找什么，树叶已经掉光，山林一片凄寒萧瑟，绝对不可能有烟岚或炊烟升起，到处是死一般的静寂，毫无生气与活力。尾联写自己的恍惚心态，夜晚偶尔仿佛还能听到边塞大雁南来北往的鸣叫声，让我仿佛还置身于苍茫的边塞。

这五首诗歌，可以看出许棠生活的具体情状和内心的矛盾纠结，整体上看是感慨万端，但归结到一点，还是仕进无望却归隐不成的矛盾，环境的凄寒破败死寂，只不过加深了他内心的苦痛。遥想那样的时代，像许棠那样的寒门士子，四处游走无果，干谒失败，仕进难成，而归隐吧，家乡又如此破败，真可谓上天无路入地无门。这组诗对了解晚唐时期士人的生活与心态有重要意义，也是许棠自己命运的真切写照。

送王侍御①赴宣城[一]

戴豸却[二]驱鸡②，东南上句溪③。
路过金谷口[二]④，帆转石城⑤西。
水树连天暗，山禽绕郡[三]啼。
江人谙旧化⑥，那复俟招携7。

【校记】[一]诗题：全唐诗校：“一作赴越城令。”按，作“宣城”是，因为诗中“句溪”在宣城。[二]口：全唐诗校：“一作外，一作尽。”[三]郡：全唐诗校：“一作县。”

【注释】①王侍御：名字事迹待考。②戴豸：戴獬豸冠。獬豸冠为古代御史所戴之冠。獬豸，传说中的兽名。《晋书·舆服志》：“或说獬豸，神羊，能触邪佞。汉杨孚《异物志》云：‘北荒之中有兽，名獬豸，一角，性别曲直。见人斗，触不直者。闻人争，咋不正者。楚王尝获此兽，因象其形，以制衣冠。’”驱鸡：汉荀悦《申鉴·政体》：“睹孺子之驱鸡也，而见御民之方。”后因以驱鸡喻指出任地方官。③句溪：在安徽宣城东南三里。溪流回曲，形如句字，故称。④金谷：涧名。在河南洛阳市西北。晋石崇建园于此，世称金谷园。⑤石城：即石头城，在今江苏南京。王侍御盖自洛阳乘船经汴河至润州（今江苏镇江），而后溯长江而上，经石头城至宣城。⑥谙：熟悉，习惯于。旧化：昔日的教化。⑦俟：等待。招携：招抚离去的人。《左传·僖公七年》：“招携以礼，怀远以德。”注：“携，离也。”

【笺释】此诗与前《送王侍御赴宣城》同题，当是同时所作。

首联说王侍御是以御史头衔出任东南宣城的地方官，正好接前诗“朝回离九陌”之句，此诗写得比较轻松，多一路行程的悬想。次联想象王侍御会路过河南的金谷口，肯定会有石崇当年的金谷宴集，然后转从水路，定会自洛阳乘船经汴河至润州，而后溯长江而上，经石头城到达宣城。这一路的山水行程本是许棠极熟悉的，通过沿途的想象，来慰藉王侍御离别的情怀。三联继续想象王侍御到达宣城时所看到的景象，宣城地处江南，水网纵横，绿树葱茏，给人水树连天的印象，漫山遍野的山禽环绕着郡城啼鸣，有一种山野的况味。尾联祝愿王侍御一定会取得政绩，因为这里的人民熟悉昔日的教化，抑或王侍御是再次任职宣城？所以最后许棠说到时候我不等你召唤就会前去拜望你，与你共同高卧青山白云。

这首诗全从虚处传神，写得空灵隽永，较前诗更佳。

春日乌延道中[1]

边穷厄[2]未穷，复此逐归鸿[3]。
去路多相似，行人半不同。
山川藏北狄[4]，草木背东风[5]。
虚负男儿志[6]，无因立战功[7]。

【注释】①乌延：在陕西省横山县南。唐长庆四年，夏、绥、银节度使李祐筑乌延城于芦子关北，以护塞外。②厄：困苦，危难。③逐归鸿：跟随北归的大雁到边关去。④北狄：对北方少数民族的泛称。⑤东风：春风。⑥虚负：白白地辜负。⑦无因句：许棠的边塞之行未能找到杀敌报国建功立业的机会，故称。

【笺释】这是许棠在某年春天经过陕西省横山县南的乌延道中所写的一首诗。许棠咸通十一年夏秋间曾北游边塞，未曾滞留到次年春天，这可能是另一次游边。具体时间难以确定。

首联说边境我是穷尽了，但是我的厄运却没有尽头，因此在这阳春大雁北归的季节，我不得不跟随大雁前往北方边地。许棠的诗歌世界里，鸿雁占了很大的比重，他常常将自己与鸿雁对举，因为自己也是一只迁徙漂泊的大雁。次联说此次去北方的道路还没有什么变化，而北上的人群却大半不同。言外之意是很多人已经实现了人生理想，只有我还在苦苦挣扎，次联极见辛酸。三联写乌延道一带的荒凉，山川藏着胡人，他们不是会发动袭击，草木枯黄显然没有得到春风的滋润。尾联抒慨，说白白地辜负了我男子汉的志向，未能找到杀敌报国建功立业的机会。由此诗，可以看出许棠北游边塞还是渴望有所作为的，在晚唐边塞诗中可以算作有血气的作品，与他咸通末期游边塞的作品中弥漫的悲伤恐惧情绪明显不同。

寄华阴刘拾遗[1]

坚心[2]持谏诤，自古亦艰难[3]。
寄邑虽行化[4]，眠云[5]似去官。
河分中野[6]断，岳[7]入半天寒。
瀑布冰成日[8]，谁陪吟复看[9]。

【注释】①华阴:即今陕西华阴县。以其在华山之北而名。刘拾遗:刘蜕。咸通四年十一月,自左拾遗贬华阴令。见《旧唐书·懿宗纪》。②坚心:坚定决心。③艰难:处境艰辛困难。④寄邑:寄居县邑。行化:推行教化。⑤眠云:隐居。⑥中野:荒野之中。⑦岳:西岳华山。⑧瀑布冰成:瀑布在严寒的冬季结成凝固的冰瀑。⑨吟复看:一边吟诗一边观赏冰瀑奇景。

【笺释】此诗作于咸通四年冬天。十一月,长安县尉、集贤校理令狐滈为左拾遗。制出,左拾遗刘蜕、起居郎张云上疏论令狐滈父亲令狐绹当权之日,接受李琢贿赂,让李琢出任安南都护,因贪暴侵刻獠民,导致林邑蛮攻安南府,天下骚动。故令狐滈不宜居谏官之列。当时,令狐绹在淮南,上书论斥。最终皇帝贬张云为兴元少尹、刘蜕为华阴令。刘蜕赴任之后,许棠在长安,故寄诗安慰他。

首联说刘蜕坚定决心要向皇帝进谏,这样忠贞直谏自古至今都是非常困难的。在晚唐时代,奸臣当道,忠耿的直谏往往没有好结果。次联说华阴小县虽然被推行了教化,但是整日与白云为伍无异于去官归隐。三联转而想象华阴雄奇的景象:黄河滚滚滔滔自北而南,劈开华山,冲开原野,气势磅礴;西岳华山高耸半空,山峰白雪皑皑,四野充满凛然的逼人寒气。尾联安慰刘蜕,说当瀑布在严寒的季节凝固成冰瀑的时候,有谁来陪伴你一起吟诗一起观赏冰瀑的奇景呢?许棠通过对刘蜕的慰藉,来表达对时局黑暗的不满。

忆江南

南楚西秦远①,名迟别岁深②。
欲归难遂③去,闲忆④自成吟。
雷电间⑤倾雨,猿猱斗堕林⑥。
眠云机⑦尚在,未忍负初心⑧。

【注释】①南楚:指许棠的故乡宣州。西秦:即长安。②名迟句:言成名(科举及第)迟而别家久。②难遂:难以实现心愿。④闲忆:闲暇时回忆家乡。⑤间:顷刻。此句描写雷雨天的景象,忽然之间电闪雷鸣,顷刻之间大雨倾盆,雷声仿佛就是暴雨的先导。⑥斗堕林:因争斗从树上掉落下来。按,这是回忆故乡夏季独特的景象,或许有某种象征意味。⑦机:机心。指隐居的意愿。⑧初心:最初的考中进士的愿望。

【笺释】这是许棠滞留京城回忆江南故乡表达内心矛盾的诗歌,具体时间难以确定。

首联说故乡宣州与京城相距遥远，科举考试迟迟难以成名，所以离别故乡已经很久了。次联说欲回故乡但是愿望没有实现，故不能回去，闲来无事又回忆起故乡来，自然而然吟诵出了诗篇。由此可见许棠心中的矛盾纠结难解。三联是写回忆中故乡夏天的景象：乌云密布的天空，忽然电闪雷鸣，顷刻之间大雨倾盆，雷声仿佛就是暴雨的先导；那些调皮的猿猴在树林间嬉戏打闹，竟然从树枝上掉落下来，狼狈的逃跑了。尾联说我隐居山林的意愿还没有改变，只是不忍心违背当初一定要考中进士的初心。言外之意即是说一旦考上进士，就要归隐去追求林泉高致。

此诗表现了许棠内心真实的矛盾纠结状态，很有代表性。

送前汝州李侍御罢归宣城[①]

吟诗早得名[②]，戴豸[③]又加荣[④]。
下国[⑤]闲归去，他人少此情[⑥]。
云移寒峤[⑦]出，烧[⑧]夹夜江明[⑨]。
重引池塘思[⑩]，还登谢朓城[⑪]。

【注释】①汝州：唐代州名，治所在今河南临汝。李侍御，生平事迹待考。曾任汝州刺史，从他罢官归宣城来看，可能就是宣城人。罢：罢官。②早得名：很早就享有诗名，这位李侍御年龄当与许棠接近，也是许棠的诗友。③戴豸：戴獬豸冠，即做侍御。④加荣：指做汝州刺史。⑤下国：下州，指宣州。⑥此情：这样的闲适心情。看来李侍御罢官归宣城，心情还是很放松的。⑦寒峤：峤，尖峭的高山。寒峤，耸立在清寒秋季天空的高山。⑧烧：放火烧野草以肥田。⑨夹夜江明：夹江两岸的夜晚可见野烧的火光通明。长江两岸地区，在秋季收获之后有焚烧秸秆的习惯。⑩池塘思：即思念隐居的池塘。谢朓曾于宣州当涂县青山南筑室及池。⑪谢朓城：即宣城，谢朓曾任宣城太守。

【笺释】这是许棠送前汝州刺史李侍御罢官回归故乡宣城的送别诗。作地当在长安。

首联赞美李侍御早年就有诗名，而且中举后又荣升侍御史，真是令人羡慕。次联说如今罢官闲居又可以悠闲地回归故乡宣城，其他人就很难有这种闲适的心情了。三联想象故乡的秋天景象：白云从清寒陡峭的山谷里缓缓飘出来，夜晚沿江两岸焚烧田间野草的火光，照得江面一片通明。这是许棠印象中最美的故乡秋景，如今动情的回忆，在羡慕李侍御能够欣赏这美景的同时，也含有欲回归故乡的心愿。尾联说李侍御将会重新引发归隐谢朓池塘的愿望，并登上谢公楼寄托怀古的幽思。

在许棠很多与故乡有关的诗歌中，都寄托着对谢朓的追思，可见谢朓在许棠心目中的地位。

失　题[一]

独夜长城下，孤吟近北辰①。
半天②初去雁，穷碛③远来人。
月黯氛埃积④，风膻⑤帐幕邻。
惟闻防虏寇⑥，不语暗伤神⑦。

【校记】[一]诗题：全唐诗校：“一作送前汝州李侍御罢归宣城第二首，一作塞下曲。”按，诗歌内容是关于塞外生活的，当作《塞下曲》为宜。

【注释】①北辰：北极星。②半天：半空之中。初去雁，说明是深秋季节。③穷碛：荒僻的沙漠。④黯：暗淡，因为有尘埃云雾遮掩。氛埃：云气与尘埃。积：堆积，厚重。⑤膻：羊肉的腥味。⑥防虏寇：防备胡虏来侵犯。寇，动词，侵犯。⑦暗伤神：暗自神伤。

【笺释】这首诗题目一作《送前汝州李侍御罢归宣城第二首》或《塞下曲》，当以后题为是。其作地当在边塞，时间可能在咸通十一年北游边幕的秋天。

首联写自己的孤独处境，夜晚独自一人在长城之下吟诗，仿佛接近了北极星，这是一种奇特的感受，在塞外的高原上，星空低垂，人们会产生错觉，似乎跟天上的星星挨得很近，用星星来慰藉孤苦寂寞的心境，有一种苍凉且苍茫的感慨。次联以人雁对举：半空之中沙漠的大雁正排着人字飞向遥远的江南，而我这江南的游子却北上来到这荒凉的沙漠，这样的对比有一种凄苦难言的悲伤，说明自己不如这些远飞的大雁。三联写月夜边塞严峻的气氛：月亮黯淡无光，云气与尘埃积聚在一起，给人带来沉重的压抑感，晚风吹来，带着浓重的腥膻味，原来身边不远处就是军队扎营的幕帐。尾联说唯一听到的话就是要警惕防止胡人夜晚来偷袭，这使我默默不语，独自神伤。言外之意是说，游幕边塞本来是想找到一条出路，但是谁知一无所获，还时刻有生命的危险。许棠的边塞诗，多流露出不遇之叹，带着沉重的身世之感，缺少盛唐边塞诗那种豪迈的气概。

本诗除了尾联稍弱，其他几联带有独特的边塞气息和漂泊孤寂的深沉感慨，有一种苍凉悲涩的况味。

送裴拾遗宰下邽①[一]

受谪因廷谏②，兹[二]行不出关③。
直庐辞玉陛④，上马向[三]仙山⑤。
地古桑麻广，城偏仆御⑥闲。
县斋高枕卧⑦，犹[四]梦犯天颜⑧。

【校记】[一]宰下邽：全唐诗校："一作赴畿令。"[二]兹：全唐诗校："一作东。"[三]向：全唐诗校："一作过。"[四]犹：全唐诗校："一作应。"

【注释】①宰：作宰，为县令。下邽：唐县名，属华州，在今陕西渭南县北。秦武公移邽戎民于咸阳以东，渭水北岸，置县，因陇西有上邽，故名下邽。下言"地古"即因此。按，裴拾遗，事迹待考。②受谪句：言裴拾遗因为廷谏而贬官下邽令，其遭遇与刘蜕相同，抑或也作于咸通四年吗？待考。③不出关：杨朴齿为关外侯，武帝遂徙关三百里，在新安。下邽在新安与潼关之间，故言不出关。④直庐：朝官值宿的处所。玉陛：皇宫殿阶，指皇帝，也指代京城。⑤仙山：神仙居住的地方，指下邽。⑥仆御：仆人与属下。⑦高枕卧：高枕无忧，为反语。⑧犯天颜：直谏触怒皇帝。

【笺释】这是送友人裴拾遗离开京城去下邽任县令的送别诗。当作于长安。

裴拾遗因为直谏得罪皇帝，由拾遗贬到下邽任县令。考咸通四年刘蜕也因为直谏贬为华阴令，可能裴侍御也是此次贬官，则此诗作于咸通四年。

首联交代裴侍御贬官因为直谏，但是此次贬官还算幸运，因为并没有贬到关外。次联写裴侍御走出朝官值宿的馆舍，离开京城，翻身上马前往仙山下邽，看似轻松洒脱，却满含悲愤。三联转而写下邽的优势：此地有悠久的历史，杨朴齿为关外侯，所以汉武帝特意移关三百里，这里遍布桑麻，土地肥沃，物产丰富，而且城池处于幽僻之所，所以政务特别清闲，很适合闲居养性。尾联说我猜想你在县斋高卧的时候，在梦里还要犯颜直谏皇帝。这个结尾可以看出这位裴侍御是一位忠诚耿直的人，作者十分赞赏这样的为官品质。从中可以看到许棠为官的理想。也可以看出晚唐朝政的窳败。

隗嚣宫晚望[①]

西顾伊兰[②]近，方惊滞极边[③]。
水随空谷转，山向夕阳偏[④]。
碛鸟多依地[⑤]，胡云不满天。
秋风动衰草，只觉犬羊膻[⑥]。

【注释】①隗嚣宫：隗嚣所筑宫室。在唐秦州伏羌县（今甘肃甘谷东南）。隗嚣（？—33）：汉天水成纪人。王莽末，据天水郡起兵，初附刘玄，旋属光武，后又称臣于公孙述，为朔宁王。光武西征，嚣愤恚而死。见《后汉书·隗嚣传》。②伊兰：伊州、兰州。皆属陇右道。伊州治所在今新疆哈密，兰州治所在今甘肃兰州。③滞极边：久留极远的边地。④此句因与上句对仗，作了倒装，应为“夕阳向山偏”。⑤碛鸟：沙漠里的鸟雀。依地：在地上行动或飞翔。⑥犬羊：指敌兵。膻：羊肉的膻味。

【笺释】这是许棠咸通十一年游幕边塞到达秦州伏羌县，晚望隗嚣宫时所写的一首诗歌。

首联说向西一望与伊州、兰州非常临近，才忽然感觉自己已经滞留在及其遥远的边地了，“方惊”二字惊心动魄，写出了许棠内心的震撼震惊，是他漂泊孤独甚至带着点恐惧的表现，也表现出晚唐人胸襟气象的窘迫，想一想当年，岑参到达北庭都护府的轮台也没有这样的惊恐，而是带着好奇的心态，憧憬着建功立业的美好未来，由此可见晚唐边塞的荒凉冷落。次联写景：河水随着空旷苍凉的谷底蜿蜒流淌，而那山峰仿佛随着夕阳向西偏斜。这显然是一种错觉，后句正常的语序应该是“夕阳向山偏”，许棠善于运用倒装句法，给人新颖别致之感。三联视线由山水夕阳转向地面和天空，沙漠的鸟雀大多在沙地上走动觅食或偶尔贴地低飞，天空中云层堆积但未能完全铺满天幕，给人凌乱仓皇之感。尾联继续写景，秋风掠过衰败枯黄的白草，只感到送来一阵阵强烈的犬羊的腥膻味。令人产生厌恶恶心的感受。

隗嚣宫是一个历史遗迹，其本身就是一段混乱历史的标志，许棠选择此地景象描写入诗，是为了表现自己独特的苍凉况味。

江上行

片席①随高鸟，连天积浪②间。
苇宽云不匝③，风广雨无闲④。
戍影临孤浦⑤，潮痕在半山⑥。
东[一]原归未得，荏苒滞江关⑦。

【校记】[一]东：全唐诗校："一作秦。"按，作"秦"是，此诗作地应在长江之上，故作者想"归"的当是北方之地，秦原当指长安。说明许棠曾沿长江上溯，或许有巴蜀之行。

【注释】①片席：即片帆，孤帆。席：船帆，古人忌讳言"帆"(因与"翻"同音)，故称"帆"为"席"。②积浪：一层层堆积起来的大浪，江面上浪头一阵阵扑来有堆积之感。③苇：指江岸的芦苇。匝：环绕。此句说芦苇宽阔无际，云不能环绕它。④风广：狂风毫无遮拦的扑来，故言广。雨无闲：大雨在狂风劲吹之下，不能悠闲的落下，而是横着飞坠。两句描写江上遭遇狂风暴雨的情状，很精彩。⑤戍影：戍守将士的身影。浦：水边。按，此句可两解：一指自己从边关回来，到了孤浦的水边；二指孤浦的水边可以见到戍守士兵的倩影。⑥潮痕：潮水浪头扑打岩石留下的痕迹。在半山：说明浪大潮高，极言惊险。⑦荏苒：时光流逝。江关：即瞿塘关。战国巴楚相争时置。汉有江关都尉，治所在鱼腹县(今四川奉节县)。杜甫诗："庾信生平最萧瑟，暮年诗赋动江关。"

【笺释】题目为《江上行》，并不是运用歌行体，而是写自己江上行船的经历与感受。从诗中描述的打浪滔天景象和最后一句中"江关"一词来看，此诗可能是许棠离京入蜀沿长江三峡上溯江流时所写。

首联写自己的一叶孤舟随着高空飞翔盘旋的鸟儿行进在连天堆积的大浪之中，让人联想到杜甫描写三峡的"江间波浪兼天涌"和"不尽长江滚滚来"等诗句，孤帆、大浪、高鸟组合成雄阔、险峻的景象，惊心动魄。次联描写江边两岸的景象：沿江堤岸的芦苇宽阔无际，形成一条绿色的长廊，连云彩也不能环绕它；大雨在狂风劲吹之下，不能悠闲的落下，而是横着飞坠江面。两句描写江上遭遇狂风暴雨的情状，疯狂雨猛，险象环生。三联说我这个刚刚从边塞归来的孤独的漂泊者，来到了孤寂的江浦，而那潮头的浪痕竟然打湿在半山之上，这是何等的惊恐万状！尾联感慨地说："京城是难以返回了，我竟然不得不滞留在风大浪急的江关！”言外是无限的凄楚与悲凉。

这当是许棠科举失利、游边无果、干谒无望时，借江行的经历来表达内心的独特感受。描写风雨的一联很形象，有极强的现场感。

登　山

信步上鸟道①，不知身忽高②。
近空[一]无世界③，当楚④见波涛。
顶峭⑤松多瘦，崖悬石尽牢⑥。
猕猴⑦呼独散，隔水向人号⑧。

【校记】[一]全唐诗校：空，“一作云。”

【注释】①鸟道：谓险绝的山路，仅通飞鸟。北周庾信《庾子山集·十二·秦州天水郡麦积崖佛龛铭》：“鸟道乍穷，羊肠咸断。”唐李白《蜀道难》：“西当太白有鸟道，可以横绝峨眉巅。”②身忽高：忽然感觉身在高山之巅。③世界：世间，人间。④楚：本为木名，即牡荆。此处泛指荆棘丛莽。⑤顶峭：山顶峭拔，石丛林立。⑥牢：坚固，牢固，欲坠不坠。⑦猕猴：又名沐猴、母猴，俗称猢狲。淮南小山《招隐士》：“猕猴兮熊罴，慕类兮以悲。”⑧号：长鸣哀号。

【笺释】此诗可能作于许棠巴蜀之游期间，具体时间难于确定。首联写自己信步攀登鸟道，穿过丛莽石林，忽然登上山顶，感觉自己高出人寰，万峰地伏脚下，可见山巅高耸。次联写眼前所见景象，接近天空一片空阔碧蓝，没有一点人间迹象，越过丛林则见大江在峡谷中滚滚滔滔。三联写近景，山顶陡峭，石罅里生长的松树都是鳞皮虬枝，瘦骨刚劲，而悬崖峭壁上的巨石欲坠不坠，显得坚固。尾联写大山的幽深，一群猕猴受到惊吓，一只脱离了族群，隔着山涧在向人哀号求援。

这首诗还应当作于科举考试遭遇挫折期间，一方面通过描写登山的所见所感表现“行路难”或“蜀道难”的景象，另一方面通过猕猴的哀鸣，曲折的表达内心孤苦离群的哀痛。

哭宣城元征君[一]①

高眠终不起，远趣②固难知。

琴剑[3]今无主，园林旧许[4]谁。
苔封[5]僧坐石，苇涨鹤翘[6]池。
后代传青史[7]，方钦[8]道德垂[9]。

【校记】[一]君：全唐诗校："一作士。"

【注释】①元征君：据《名胜志》载，宣城有元处士，逸其名，杜牧、许浑都曾赠诗与元处士。元君多隐庐山学《易》，常为相国师服。许棠此诗则是哭祀元处士的，作年难考。②远趣：隐居避世的高远意趣。③琴剑：指元征君生前练习功夫的琴和剑，古代隐士多崇尚道家，一面练习太极剑法，一面弹琴陶冶性情。④许：答应。⑤苔封：指元君曾经坐过的石上已经长满了青苔。⑥翘：翘首而立。此句指元君所养的仙鹤曾经翘首而立的池塘也已经荒芜。⑦青史：古代以竹简记事，故称史书为青史。⑧钦：钦佩，景仰。垂：流传。

【笺释】据杜牧《赠宣州元处士》诗，知这位元征君隐居于宣州泾县的陵阳山，与许棠乃同乡，杜牧的赠诗当写于宣宗大中年间，说明元征君此时还健在，而许棠写哭诗时，这位元征君已经去世多年了，估计此诗作于咸通年间。

首联写元征君的遭际与志趣，他高卧白云一睡不起，既指元征君的不遇，也暗示他已经离开了人世，但是他的高情远趣是无人知道的。在许棠的时代，像元征君这样高卧避世的处士很多，他们不为时代所用，并非他们没有用世之志，而是朝政黑暗窳败，找不到出路而被迫隐居，所以，许棠哭他的志趣无人知道，实际上也有慨叹时代没落和感慨自己不遇于世的含义。次联写元征君去世后，他生前练习的太极剑和娱情乐志的古琴，只能空自与灰尘为伴，而他栖居的园林也不知为谁人所得，总之是物是人非了。三联写主人离去后的荒凉景象，他曾经打坐练功的石头已经长满了青苔，那仙鹤翘首而立凌波照影的池塘则被疯长的芦苇掩盖了，一片荒凉。尾联说元征君的高尚情怀和事迹已经载入了青史，我钦佩景仰他的品德，并相信将会永久流传。

这首诗带有特定时代的悲剧气氛，有一种难以掩饰的悲凉心境。

寄建州[1]姚员外[2]

诬谮[3]遭遐谪[4]，明君即自知。
乡遥辞剑外[5]，身独向天涯。
岭堠[6]蛮云积，闽[7]空瘴雨[8]垂。

南来终不遂[9]，日探[10]北归期。

【注释】①建州：唐代州名，治所在今福建建瓯县。②姚员外，姚鹄，或指姚合，待考。员外，即员外郎，唐尚书省诸司副长官。③诬谮：捏造罪状陷害人。④遐谪：贬谪远方。⑤剑外：唐都城长安，在剑阁东北，故将剑阁以南的蜀中地区称为剑外。⑥堠：古代瞭望敌情的土堡。⑦闽：古民族名，聚居在今福建省境。《周礼·夏官·职方氏》：“掌天下之图，以掌天下之地，辨其邦国、都鄙、四夷、八蛮、七闽、九貉、五戎、六狄之人民与其财用、九谷、六畜之数要，周知其利害。”其中，七闽指东南方的少数民族部落，后因称福建为闽。⑧瘴：南方暑热多雨，地面蒸腾的热气，含有毒素，故称瘴气。⑨不遂：指南下看望朋友的愿望未能实现。⑩日探：天天打听消息。

【笺释】这首诗是考证许棠生平交游的重要作品，题目中的姚员外指姚合或姚鹄。【按】姚合曾任户部员外郎，那是敬宗宝历（825—827）时期的事，此诗许棠只有几岁，不可能寄诗给姚合，另外，姚合生平履历未曾贬官到建州。若是指姚鹄，考察他的生平，虽然是巴蜀人，但也未到过建州，且从未任员外郎官职。此人与许棠关系密切且感情很深，待考。

首联说姚员外远贬遐方是受到小人的谗言诬陷，这一点连圣明的皇帝也是知道的，言外即是说连皇帝也很无奈，可见陷害者势力强大。次联说辞别蜀中故乡，孤身一人前往闽越贬所。三联描写闽地的环境气候，那里山岭上的瞭望敌情的土堡常年笼罩在浓密的积雨云层之中，天空飘落着含有蒸腾瘴气的毒雨，环境非常恶劣，真担心友人难以适应南方的生活。尾联说，我欲南下看望朋友的愿望始终未能实现，只好天天打听友人北归的消息。据此诗，显然写作的地点是在长安，应该是许棠困居京城时期的作品。

诗中想象闽地恶劣的环境与友人受诬陷远贬的苦痛心态是相合的，也表现出许棠对友人的深深关切，值得称道。

送厉校书[1]从事凤翔[2]

赴辟[3]依丞相[4]，超荣[5]事岂同。
城池当陇右[6]，山水是关中[7]。
日有来巴使[8]，秋高出塞鸿。
旬休随大旆[9]，应到九成宫[10]。

【注释】①校书：官名，即校书郎，掌校雠典籍。厉校书，事迹不详。②从事：官名，唐时州府或节度使佐吏均泛称为从事。凤翔：唐置府，治所在今陕西省凤翔县。又，唐置凤翔节度使，治所在凤翔府。③赴辟：接受征召赴官。④丞相：指曾任丞相或带相衔的凤翔节度使。具体何人待考。⑤超荣：极高的荣宠。晚唐时期，很多文人赴幕府任职觉得是一种莫大的荣耀，由此可见，朝廷向心力大大减弱。⑥陇右：唐设陇右道，管辖今陇山以西至新疆东部一带。凤翔府属关内道，地近陇右道。⑦关中：相当于今陕西省一带。唐都关中之地。⑧来巴使：从巴蜀来的使臣。⑨旬休：唐时官吏每十天休息一天，称为旬休。大旆：大旗。借指节度使。⑩九成宫：唐离宫名。在陕西麟游县西，为天子避暑之所。麟游县唐时属凤翔府。

【笺释】这是一首送友人入幕府为官的诗，当作于许棠困守京城的某年秋天。从诗意来看，这位厉校书与许棠关系很不一般，此诗反映出晚唐人对入幕府的心态，因此很有意义。

首联说厉校书以校书郎身份被带丞相衔的凤翔节度使辟为属官，这是极高的荣耀，由此可见地方幕府对失意文人的吸引力很强。次联写凤翔府的地理形势，城池正当陇右道的要冲，山水就是八百里秦川的关中。三联说凤翔府公务繁忙，每天都有川蜀来往京城的使节，秋高季节也有出使西域的使臣。尾联推想在每旬休假的时候，厉校书一定是跟在节度使的身边，应该到过皇帝避暑的九成宫，那是多么荣耀的事啊。本来天子避暑的离宫，官员是不能随便进入的，晚唐时期，藩镇势力强大，皇帝也很少行幸离宫，故官员可以前往，说明朝廷控制力的减弱到了严重的地步。

本来诗人们最艳羡的是在朝为官，即使朝官比地方官收入少，他们也宁愿在朝廷，像王勃送杜少府入蜀时，说“无为在歧路，儿女共沾巾”，就典型地表现了不愿为地方官的心态，而晚唐时期则相反，自京城赴边幕反成为极荣耀的好事，正好说明世风的衰颓。其中或许也吐露了许棠落魄时幽微难言的痛苦。

春夜同厉文学[①]先辈会宿[②]

江汉久分路，京关重聚吟[③]。
更为他夜约，方尽昔年心[④]。
月隔明河[⑤]远，花藏宿鸟深[⑥]。
无眠将及曙，多是说山阴[⑦]。

【注释】①文学：官名。唐王府属官有文学一人。府、州佐吏亦各置文学一人，掌以五经授诸生。厉文学，或即是前诗中应凤翔府征召的厉校书，与许棠是朋友，观此诗，二人关系还很密切，曾经一起聚饮，然后分散各地，再次聚会京城，畅谈通宵，并邀约他日约会，或许二人兴趣相投。②先辈：唐时同年及第者互称先辈。会宿：同宿。③此联说明，许棠与厉文学曾经分别了很长时间，而今再次聚会京城饮酒赋诗。④此联说明，许棠与厉文学关系密切，短暂的聚会还不能尽兴，相约他日再次聚会。⑤明和：天河，银河。此句为倒装句，应该是“明河隔月远”。⑥宿鸟：栖息的鸟儿。此句为倒装句，应该是“宿鸟藏花深”。⑦山阴：县名，在今浙江绍兴市。晋永和九年(353年)暮春，王羲之与群贤宴集于会稽山阴之兰亭，曲水流觞，饮酒赋诗，并撰写《兰亭集序》，成为后世文人仰慕的雅事，即“兰亭情结”。后因称文人聚会、宴集为山阴会。

【笺释】这首诗也是许棠寄居京城时所作，时间当在前一首《送厉校书从事凤翔》之后，抑或许棠在送厉校书赴凤翔幕府之后也离开了京城，到次年春天来到京城参加考试时，与厉文学(即厉校书)再次聚会饮酒赋诗，并相约他日再聚。

首联先回忆两人曾经在江汉离别很久，而今重聚京城，分外喜悦之情形于言表。次联说先约好他日相聚，方能倾诉昔年相知相聚的温馨。三联说在如此美好的春夜，明月远隔着银河闪着银辉，栖息的鸟儿深藏在芬芳浓郁的花丛中，多么美妙的春天！尾联说我们彻夜难眠畅谈往事，无限怀恋往昔的文人雅集。

晚唐时期，文人也经常性的聚会饮酒赋诗，也追慕东晋王羲之们风流文雅的诗酒聚会，但是，他们却不再模仿王羲之写《兰亭集序》来创作即兴纪游的诗序，宴会诗序的整体性衰落乃至消失，是一个值得关注的现象，说明诗人们的兴趣发生了转移，也说明晚唐日薄西山的时代缺少初唐、盛唐时期文人聚会的激情壮彩。

长安书情[①]

疏散[②]过闲人[③]，同人[④]不在秦。
近来惊白发，方解[⑤]惜青春。
僻寺[⑥]居将遍，权门到绝因[⑦]。
行藏[⑧]如此辈，何以谓谋身[⑨]。

【注释】①书情：抒发内心独特的感情。②疏散：萧疏闲散，无所事事的情状，实写落魄潦倒的困窘。③过闲人：超过闲人。④同人：志同道合的友人。⑤方解：方才懂得。⑥僻寺：幽僻人迹罕至的寺庙，这些地方往往是穷困落魄书生寄居的地方。⑦绝因：断绝因缘。⑧行藏：指出处行止。⑨谋身：为生计出路谋划。

【笺释】这首诗是许棠落魄长安久困科场时抒发辛酸遭际的诗歌，令人想起杜甫久困长安的遭遇。写作时间当在中进士的咸通十二年之前。具体时间难以确定。

首联写自己萧疏闲散超过无所事事的闲人，而志同道合者又不在京城，表现他孤独困苦内心感受无处倾诉的境况，可见其多么艰辛。次联写新近突然发现头上长出了白发，才明白科场举业已经白白磨耗了青春岁月。三联写贫困无助，只能寄宿在偏僻的人迹罕至的寺庙里，而权贵高门则无人引荐早就断绝了拜谒的因缘。想当年杜甫犹能“朝扣富儿门，暮随肥马尘。残羹与冷炙，到处潜悲辛”，相比之下，晚唐的许棠更见悲惨，足见时代阴霾的浓重，使士人得不到任何帮助，而科举的道路又是如此艰难，教人情何以堪！尾联说，自己出处行藏都只能这样，还能凭什么来谋生呢？言外就是无尽的辛酸。真可谓满怀悲慨，无处倾诉。

诗歌语言平易，情感真切，具有一定的感染力，堪称佳作。

过故洛城[1]

七百数还穷[2]，城池一旦空。
夕阳唯照草，危堞[3]不胜风。
岸断[4]河声别，田荒野色[5]同。
去来[6]皆过客，何处问遗宫[7]。

【注释】①故洛城：指周之洛阳城，周平王定都于此，又称王城，故址在隋唐洛阳城之西、洛水北岸，今洛阳市王城公园一带。②七百数：指周朝立国的年数。《左传·宣公三年》：“成王定鼎于郏鄏（王城），卜世三十。卜年七百，天所命也。”③危堞：直立高耸的城墙上如锯齿的矮墙，也称“女墙”。④岸断：指洛水的河岸已经坍塌毁坏。⑤野色：荒野的景色。⑥去来：曾经在此辉煌过的人和正在此处流连凭吊的人。⑦遗宫：指洛阳王城古迹无处可寻。

【笺释】这是许棠路过洛阳王城古迹时所写的一首充满“黍离之悲”的凭吊怀古诗，写作时间应该在中举之前。

首联即抒慨，说东周的洛阳王城，当年占卜得到七百年定都的吉卦，如今也成为空荡荡的废墟，令人顿生感慨。次联写近景，一轮血红的残阳照在一片茂盛的野草之上，那残存的直立高耸的女墙仿佛禁不住吹拂，似乎随时都会坍塌。三联写远景，远处洛水故道的河岸早已崩颓，河水也改道听不到潺潺的流水声，田野荒芜到处都簇生着同一颜色的野草。尾联抒慨，曾经在这里建立辉煌业绩的人们和如今来到这里凭吊遗迹的人们，都不过是秋风中匆匆行走的过客，连个询问古宫遗迹的人也找不到了。

全诗流露出浓重的悲伤情调，可以看作作者对已经远去的王朝背影的感伤，也可以看作是作者对晚唐时代日落黄昏的不祥预感。具有典型的晚唐氛围。

寄庐山贾处士①

时泰②亦高眠③，人皆谓不然。
穷经休望辟④，饵术⑤止期仙⑥。
彭蠡⑦波涵月，炉峰⑧雪照天。
常闻风雨夜，到晓在渔船。

【注释】①贾处士：《全唐诗人名考证》谓即贾匡，曹松有《庐山访贾匡》诗。处士，未仕或不仕的读书人。②泰：《易·泰》：“天地交，泰。”引申为通畅，安宁。③高眠：比喻隐居不仕。④休：断绝。辟：征召。⑤饵：吃，食。术：草名。根茎可人药。古人认为服食芝术可以长生不老。⑥期仙：期望成仙。⑦彭蠡：湖名。在江西省。《史记·夏纪》：“彭蠡既都。”唐张守节《正义》引《括地志》：“彭蠡湖在今浔阳县东南五十二里。”隋时因湖接鄱阳山，故又名鄱阳湖。⑧炉峰：即庐山的香炉峰。

【笺释】许棠曾经隐居庐山，这位贾处士或许即旧时相识，此诗作年难以确定。

首联说贾处士在时世清明的时代竟然高卧白云隐居不仕，熟悉他的人都认为这样做不应该。通过反衬写贾处士才不为世用的慨叹，实际上是含有悲叹的，慨叹有才能的人找不到出路。次联写贾处士的人生境况，他虽满腹经纶，饱读经书，却断绝被朝廷征召的愿望，虽服食芝术，却不期望羽化登仙。三联非常精彩，描写彭蠡湖和庐山的壮丽景象，彭蠡湖的浩淼烟波涵蕴着清丽的月光，潋滟闪亮；庐山的香炉峰负雪峥嵘，照亮了天空。以冬天壮阔奇景烘托贾处士开阔的胸襟气度。尾联说贾处士闲逸潇洒，常听说他在风雨之夜，高卧在渔船上知道天亮，真个是“斜风细雨不须归”的飘逸洒脱。言外就是对贾处士隐居生活的无限向往。

此诗具有空灵隽永的韵味，体现出虚处传神的艺术技巧。

下第东归留别郑侍郎①

无才②副至公③，岂是④命难通。
分⑤合吟诗老，家宜逐浪空⑥。
别心悬阙下⑦，归念极吴东⑧。
唯畏重回日⑨，初情⑩恐不同。

【注释】①郑侍郎：礼部侍郎郑熏，知大中八年贡举。②无才：诗人谦称。③副：符合。至公：非常公正。古称考场为至公堂。④岂是：怎么是，哪里是。强烈的自嘲反问语气。⑤分：命分，命中注定。⑥逐浪空：比喻像小船随波浪漂泊颠簸。⑦阙下：宫阙，朝廷。⑧极：至，到。吴东：许棠的故乡在宣州泾县陵阳山，古属吴地东南。⑨ 重回日：再次回到家乡的时候。⑩初情：离家赴考出发时信心满怀的感情。

【笺释】这首诗作于宣宗大中八年(854年)春天落榜后返回故乡之前。许棠生于穆宗长庆元年(821年)，大中二年(848年)二十七岁时开始科举考试，至此已经六年了。按，郑处诲《授郑熏礼部侍郎制》曰：“仪曹剧任，中台慎择。总百郡之俊造，考五礼之异同，必求上才，以允佥属。中散大夫、尚书工部侍郎郑熏，高阳茂族，通德盛门，秉庄氏之遗风，蕴名卿之品业。文谐《骚》《雅》，鼓吹前言，誉洽缙绅，领袖时辈。操守必修其谦柄，进退常践于德藩，叠中词科，亟升清贯。持橐列金华之侍，挥毫擅紫闼之工，贰职冬官，克扬休问。是用俾司贡籍，以振儒风。朕以化天下者，莫尚于人文；序多士者，以备乎时选。育才之本，惟善是从。搴拔既尚于幽贞，耸劝勿遗于曹绪。无求冠玉，无采雕虫，当思取实之方，必有酌中之道。尔其尽虑，以率至公。可守礼部侍郎。”又据《旧唐书》本传，郑熏“端劲，举引寒俊，士类多之”。是年郑熏榜中进士三十人，其中就有许棠的好友李频、刘沧等。

此诗首联抒发自嘲的愤激感情，说自己没有才能不符合主考官的要求，岂是命运不能通达？次联说命中注定只应该吟诗终老，四海漂泊为家。三联写离别郑侍郎时的矛盾心情：虽然离别而去，但一颗心还悬挂在京城，回家吧又思念遥远的江东故土。尾联说最担心的还是再次踏上故乡的时候，那丧魂落魄的困窘与初出家门是信心满怀的感情大相径庭啊！言外就是流露出一种依恋座主渴望提携的愿望。没有资料显示郑熏接受此诗后的心境，只好从诗句中体味了。由此可见晚唐士子科举的心态与遭遇。

泗上①早发

独起无人见，长河[一]夜泛时。
平芜②疑自动，落月似相随。
楚外离空早，关西③去已迟。
渔歌④闻不绝，却轸⑤洞庭思⑥。

【校记】[一]河：全唐诗校：“一作淮。”按，泗水在淮河流域，作“淮”是。

【注释】①泗上：泗水之滨。泗水，源于今山东省泗水县陪尾山。因其四源合为一水，故名。②平芜：杂草繁茂的原野。唐高适《田家春望》诗：“出门何所见，春色满平芜。”宋欧阳修《踏莎行》：“平芜尽处是春山，行人更在青山外。”③关西：指函谷关以西的地方。④渔歌：打鱼渔夫所唱的民歌。⑤轸：轸念，怀念。⑥洞庭思：隐居的念想。暗用屈原《渔父》的典故。

【笺释】细味诗意，许棠从泗水之滨很早出发，目的地应该是南方，当是落第东归渡过淮水、泗水时所作。

首联写晚上乘船渡过淮水，四周没有人影，作者孤身一人就早早出发。次联写晚上乘船的景象及其感受，原野自己仿佛在缓缓移动，一轮落月却好像紧紧相随，感受真切，描写细致。三联说南国的天空还沉浸在茫茫夜色之中，而关西的都城却已经越来越远了。尾联回到眼前境界，不时传来渔夫的歌声，使我产生了隐居江湖的意念，欲夜歌沧浪隐钓烟了。

这首诗较为突出的艺术特点是紧紧抓住夜晚乘船这一视角来写，显得空灵虚阔，意境清澈，较有韵味。但显然还没有达到杜甫《旅夜书怀》中“星垂平野阔，月涌大江流”那样的气概，也缺少“飘飘何所似，天地一沙鸥”那样深沉的感叹。这主要是时代氛围整体衰飒带来晚唐人意志的衰颓所致。

赠天台僧①

赤城②霞外寺③，不忘旧登年。
石上吟分④海，楼中语近天。
重游空有梦，再隐⑤定无缘。
独夜休⑥行道，星辰静照禅⑦。

【注释】①天台：山名。在浙江天台县北。陶弘景《真诰》：“山有八重，四面如一。当斗牛之分，上应台宿，故曰天台。”山为仙霞岭脉之东支。形势高大，西南接括苍、雁荡，西北接四明、金华，蜿蜒东海之滨，如衣之有缘。北有石桥长数十丈。自古号为飞仙所居。②赤城：山名。在天台县北六里，为往天台山必经之路。山的颜色红艳如霞，东晋孙绰《游天台山赋》：“赤城霞起而建标，瀑布飞流以界道。”③霞外寺：形容山寺极高。④分：分辨，辨别。⑤再隐：再次隐居。⑥休：休息。⑦禅：梵语“禅那”的省称，即禅定、静思息虑之意。

【笺释】此诗可能是大中八年落榜后南归，渡过淮河泗水之后，南下东游天台山时所作的赠给天台僧人的诗歌。高僧是谁，俟考。观全诗，许棠此次是重游天台山，此前何时游天台（或隐居天台），不详。

首联写天台山寺庙高耸云霞之上，分明还记得初次登临时急切的心情，而这次重游则心情更为复杂。次联回忆当年在石桥上吟诗、愿望东海的情景，在高楼谈玄论道有一种接近天空的感觉，极写山之高、寺之高，有一种浪漫的情怀，但还缺少李白“危楼高百尺，手可摘星辰。不敢高声语，恐惊天上人”的飘逸感。三联跌入感慨，说这次重游只能空有梦想，恐怕无缘再来这仙山隐居了，落榜之后本应该隐居山林，是什么原因让许棠不能隐居呢？最后两句说，独自休息在行道之上，闪烁的星辰静静地照着庙宇和崇山峻岭，心里在品味佛家禅境的万虑皆空的况味。

综观全诗，没有什么激动翻腾的情感，大抵归于佛境的禅静，显出一种消极空寂的情怀，或许落第的悲伤须要禅静的安慰吧。

冬夜与友人会宿

君初离雁塞①，我久滞雕阴②。

隔闰[③]俱劳梦，通宵各话心。
禁风吹漏[④]出，原树映星沉[⑤]。
白昼常多事[⑥]，无妨到晓吟。

【注释】①雁塞：山名。南齐刘澄之《梁州记》：“梁州县界有雁塞山，传云此山有大池水，雁栖集之，故因名曰雁塞。”按其地当在蜀汉间，后泛指北方边塞。北周庾信《对烛赋》：“龙沙雁塞甲应寒，天山月落客衣单。”②雕阴：郡名。即唐绥州，隋曰雕阴郡，治所在今陕西绥德县。因治所西南有雕阴山而得名。③隔闰：农历数年一闰，“隔闰”即相隔数年。④漏：也称宫漏、禁漏，古代计时器。此句为倒装句，应为“风吹禁漏出”。⑤星沉：星星落入地平线，被原树遮没。此句应为“树映原星沉”或“星映原树沉”。⑥多事：指边境不安宁，时有战事。

【笺释】这首诗当时咸通十一年秋许棠北游塞垣时与老友相遇同宿夜话的作品。

首联交代与友人相遇的背景及地点，友人刚刚离开雁塞关，而自己则长久滞留在雕阴郡，言“久滞”，可能有几个月之久了，则作此诗或许在九十月之间。次联说两人分别后只是空劳梦中思念，今日相遇终于可以各自倾诉遭遇和心迹了。三联写景，窗外寒风阵阵，传来计时的漏声，表明夜已经很深了，而原树掩映的星辰已经沉入了地平线，此联带有边塞气息，显得空旷苍茫。尾联说白天边塞还是时有军事，不妨就夜晚通宵聊天吟诗吧。

这首诗的颈联写景境界阔大，是许棠边塞诗中较雄壮的一联，独特的相遇与人生的漂泊及科举的失意交织在一起，带有一种苦涩辛酸的杂味。

送元遂上人[①]归吴中[②]

落发在王畿[③]，承恩著紫衣[④]。
印心[⑤]谁受请，讲疏[⑥]自携归。
泛浦龙惊锡[⑦]，禅云虎绕扉[⑧]。
吴中知久别，庵树[⑨]想成围。

【注释】①元遂上人：长安慈恩寺名僧。许棠有《题慈恩寺元遂上人院》诗。上人：对僧人的敬称。②吴中：今江苏吴县，春秋时为吴国都，古亦称吴中。③落发：削发为僧。王畿：古代称京城附近地区，此指京城。④著紫衣：指天子赐给名僧紫色的袈裟，始于唐武周时期。⑤印心：佛家语，谓以佛之心直印于众生之心。⑥讲疏：讲解佛教经文的文字，相当于教师授课的讲稿。⑦龙惊锡：谓泛舟时龙为其锡杖（禅杖）所惊。⑧虎绕扉：谓于云中（高山上）坐禅时老虎绕户为之守护。⑨庵树：吴中故庙里当年手种的树。

【笺释】这是许棠在长安送元遂和尚归吴中的送别诗，当作于咸通十二年之前。

首联叙上人年轻时在长安落发为僧，而今深得皇帝的恩宠，已经穿上了紫色的袈裟，很是风光。次联写上人讲经化俗的生活，经常接受请托到大庭广众中去讲解佛经，超度俗众，完毕后，讲疏由自己亲自带回来。三联写上人修行造诣很深，渡河乘船时，水中蛟龙害怕他的禅杖，不敢兴风作浪，坐在高山上打禅，老虎围绕着门户守卫。尾联说这次回归吴中故土，想必当年在庙里手种的小树已经有几围粗了，大有“木有如此，人何以堪”的慨叹。

从这首诗，可以看出数十年的沧桑变化，也流露出自己蹉跎岁月的浩叹。

赠志空上人①

了了在心中，南宗与北宗②。
行高无外染③，骨瘦④是真容。
饭野盂⑤埋雪，禅云杖倚松。
常修不住性⑥，必拟⑦老何峰。

【注释】①志空上人：许棠相识的僧人，可能是游方僧，无固定修行场所，与前一首诗中的元遂上人有别。②南宗与北宗：佛教禅宗自五祖弘忍以后，分为南北二宗：南宗为六祖慧能所立，其后又分为沩仰、临济、曹洞、云门、法眼等五家；北宗为神秀所立，其教行于北方。③无外染：心灵不受外物的污染。④盂：和尚化缘时所用的盛汤浆或饭食的器皿。⑤不住：佛家语，即无住。指一切事物和现象均处于因果联系和生灭无常之中。《大智度论》曰：“观诸法念念无常，无有住时。”佛教以“无住”作为“诸法皆空”的重要内容。⑥拟：打算，计划。

【笺释】此诗赠一个云游四方的僧人，当与前一首同时稍晚，应作于冬天，因诗中有“饭野盂埋雪”之句。

首联赞颂志空和尚佛道修养高深，他没有门户之见，对南宗和北宗的教义都很精熟。次联赞扬他行为高尚、品性真纯，没有受到外物的污染，他形销骨立、云游四方，显出苦行僧一般的真容。三联写他简单清苦的生活，在野外随便吃点化来的饭食，然后用雪清洗一下，打禅的时候，禅杖就靠在松树边。尾联说，规劝他常年修行无住的佛性，应当考虑考虑选一座山峰作为终老之所。即应该结束这种漂泊云游的生活。

从尾联来看，志空和尚的清苦漂泊生活也许正是许棠自己人生的映照，他劝上人选择山峰修行，也许正是自己倦游京城想过上稳定生活愿望的一种曲折表现。

边城晚望

广漠杳①无穷，孤城四面空。
马行高碛②上，日堕迥沙③中。
逼晓④人移帐，当川树列风⑤。
迢迢河⑥外路，知直去崆峒⑦。

【注释】①广漠：广袤无际的沙漠。杳：渺远。②高碛：指高高的沙丘。③迥沙：遥远的沙漠。④逼晓：近晓，拂晓。⑤树列风：树在风中排列成行。⑥河：指黄河。⑦崆峒：山名。在甘肃平凉市西，又作空桐、空同。《史记·五帝纪》：“（皇帝）西至于空桐，登鸡头。”即此。黄河支流泾水就发源于此。

【笺释】这是咸通十一年许棠北游边塞到达原州沙漠边城时写的一首边塞诗。

首联写边塞孤城的地理形势，四面空旷无际，都是广袤无边的沙漠。次联写骑马登上沙丘所见景象：金黄色的沙丘起伏连绵漫向天边，一轮血红的夕阳正在遥远的沙漠中缓缓下坠，显然缺少王维诗歌“大漠孤烟直，长河落日圆”的壮丽浑阔气象，反倒有一种萧瑟感。三联写边塞夜宿遇风的境况，大漠里狂风大作时，飞沙走石，拔树掀屋，所以拂晓时风起了，人们赶快将帐篷移到避风的地方，而河边却可以看到迎风舞蹈的排列成行的树木。尾联说我要前往崆峒的道路正在遥远的黄河之外，正有路途漫漫之慨。

作为边塞诗，晚唐时期显然缺少盛唐、中唐时期的气象，文人游边塞或入幕府，大多为了寻找出路，不全是为了欣赏塞外风光，而晚唐时期，边塞已经很不景气，且战事频繁，已经不能激起人们建功立业的豪情壮志，倒成了书写行路艰难的感慨的触媒。许棠这首诗就充满前途迷茫或路在何方的感慨。

汴上[①]暮秋

独立长堤上，西风满客衣[②]。
日临秋草广，山接远天微[③]。
岸叶随波尽，沙云与鸟飞。
秦人宁有素[④]，去意[⑤]自知归。

【注释】①汴上：汴水之滨。汴水：即汴河，是隋唐大运河重要的河段，其上流受黄河水为荥渎，也叫南济；在荥阳的一段叫浪荡渠；向东流叫官渡水。又东流到大梁城北叫阴沟。后面有《汴河十二韵》诗，大体同时所作。②客衣：许棠作客漫游，故称身上衣服为客衣。③微：细微看不清楚，只见一道远山的痕迹。④秦人：关中之人。宁：岂。素：通“愫”，诚心，真情。⑤去意：归隐山林之意。

【笺释】细味诗意，此似为游边塞归来在汴水之滨所作的写景抒怀诗。

首联写自己独立汴河长堤之上，西风劲吹，客里漂泊，甚感孤苦无依。次联写景，落日照临，秋草无边，空旷渺远；远山一抹起伏在天际，如有若无。三联写深秋季节，秋风萧瑟，树叶都快落尽，只留下光秃秃的枝条；黄沙漫天，彤云飘飘，与水鸟一起飞翔。尾联抒慨，长期滞留关中，并未见到秦人有什么真诚的情感，因此决意隐居山林，心里知道还是不如归去吧。显然是寻求帮助无果后，深感人情薄似纸，世态炎凉最容易引起漂泊者心灵的浩叹。

艺术上，许棠五律的颔联和颈联锤炼工整，颇有对称之美，像此诗颔联境界阔大，颈联观察入微，都有较强的表现力。

春日言怀[①]

东风万物新[②]，独未到幽人[③]。
赋命自多蹇[④]，阳和[⑤]非不均。
五陵[⑥]三月暮，百越[⑦]一家贫。
早误[⑧]闲眠处，无愁[⑨]异此身。

【注释】①言怀：即书怀，抒怀。②东风：春风。万物新：春天万物生机勃勃。③幽人：隐士，此自指。④蹇：《易·蹇》：“蹇，难也。”谓命运多舛。⑤阳和：春天的暖气。⑥五陵:皆汉帝之陵,即长陵、安陵、阳陵、茂陵、平陵。汉时富豪多居于此。⑦百越:江浙闽粤之地,古为越族所居,称百越。此指作者故乡宣州泾县。⑧早误:早年读书为错误,即“儒冠多误身”之意。⑨无愁:无忧无虑。

【笺释】这是一首春天抒发落寞伤怀的诗,写作地点当在长安,可能是多次落榜后抒慨的作品。

首联运用对比,讲春回大地万物皆欣欣向荣、生机勃勃,却好像遗忘了我这样幽独隐居落魄的人。次联推开一层说,原来是我的命运艰难舛误,而春天的暖气都是一视同仁啊!三联再次运用对比,长安暮春三月,春光旖旎,到处都是五陵豪贵赏花踏青,只有我这百越南方的漂泊者,穷困潦倒,无依无靠。尾联反思命运悲剧的原因,都是追求科举、儒冠造成的,如果能够早下决心隐居青山白云,哪里会有这样的烦愁呢?也不必这样浮萍漂荡啊!

除了对仗工整之外,运用对比抒情也是很有特色的。

奉天①寒食②书事

处处无烟火,人家似暂空③。
晓林花落雨④,寒谷鸟啼风⑤。
故里⑥芳洲外,残春甸服⑦中。
谁知独西去,步步泣途穷⑧。

【注释】①奉天:唐县名,属京兆府。故城在今陕西乾县。②寒食:节令名。在农历清明前一日或二日。南朝梁宗懔《荆楚岁时记》:“去冬节一百五日,即有疾风甚雨,谓之寒食,禁火三日,造饴大麦粥。”相传春秋时晋国介之推辅佐重耳(晋文公)回国后,隐于山中,重耳烧山逼他出来,介之推抱树而死。文公为追悼他,禁止在介之推死日生火煮食物,只吃冷食。以后相沿成俗,叫做寒食禁火。③似暂空:似乎人家都空无一人。④花落雨:花瓣在春雨中凋落。⑤鸟啼风:鸟在春风中啼鸣。⑥故里:故乡,指宣州泾县。⑦甸服:古代在王畿外围,每五百里为一区划,按距离远近分侯服、甸服、绥服、要服、荒服为五服。此处指京城外围地区,即指奉天县。⑧泣途穷:谓悲叹陷于困境。阮籍“时率意独驾,不由径路,车迹所穷,辄恸哭而反。”见《三国志·魏书·王粲传》注引《魏氏春秋》。

【笺释】这是咸通十二年前某年落榜后,于寒食节滞留奉天时的作品。

首联说寒食节这天,奉天城里到处都没有烟火,仿佛是一座空城,这种毫无生气的景象极易让许棠这样远离故乡漂泊在外者产生孤寂的感慨，加上刚刚落榜，所以心情就更加落寞悲伤。次联描写眼前景象：天刚放晓，树林里的花朵经过春雨的打击，纷纷飘落，一地狼藉的残红；而得意的鸟儿却坐在春风里卖弄婉转的歌喉，仿佛故意与我作对。花鸟本来是娱人之物，但是由于心境阴沉、情绪低落，故而产生厌烦之感。三联点明思念家乡，故乡远在芳洲之外，遥不可及，而自己却孤身漂泊在京城甸服的残春之中，仕途坎坷，故乡难回，孤独无依，真是情何以堪！此诗可以看出多次落榜给他带来盘缠郁结、无以释怀的感伤之情是何其深重！

长安寓居①

贫寄②帝城居，交朋日自疏③。
愁迎离碛雁④，梦逐出关书⑤。
经雨蝉声尽，兼风杵韵馀⑥。
谁知江徼塞⑦，所忆在樵渔⑧。

【注释】①寓居：寄居。②贫寄：因穷困潦倒而寄居。③日自疏：一天天自然疏远。有贫居闹市无人问大的感慨。④愁迎句：面对离开沙漠南来的大雁而生愁。⑤梦逐句：梦魂追随着书信而出函谷关，意谓思念家乡心情迫切。⑥杵韵馀：捣衣的声音久久萦回在耳边，意谓该制作寒衣了。⑦江徼塞：长江边的关山，指故乡宣州的阳陵山。⑧樵渔：打柴捕鱼，指隐居的生活情趣。

【笺释】这首诗作于前面《奉天寒食书事》之后，又回到长安寄居的秋天。

首联感慨自己贫穷困窘的寄居在这举目无亲的长安城，交接的朋友一天天变得疏远了。次联说看着那沙漠里南来的大雁，一股乡愁油然而生，夜晚的梦中，自己追随着书信飞出了函谷关，一路向东而去。三联转回到眼前景象，经过秋雨的催逼，寒蝉走完了短暂的人生，销声匿迹了，在一阵紧似一阵的秋风中，捣衣的声音仿佛在催促人们更换寒衣。这万户捣衣声更增强了对故乡的思念，因此尾联说，我的温馨的家乡远在千里芳洲之外的长江之滨，多么神往当年打柴捕鱼的隐居生活啊！

此诗抒发羁旅乡愁非常真切自然，写秋景工细，白描如画，结尾的悬想令人回味无穷。落魄时总是想起回乡隐居，但是秋天一到又会为了心中的科举梦而奔赴京城，京城与故乡都难于进退取舍成为许棠纠结一生的情结。

写　怀[①]

此生居此世，堪笑复堪悲。
在处[②]有岐路[③]，何人无别离。
长当多难日，愁过少年[④]时。
穷达都判了[⑤]，休闲镊[⑥]白髭。

【注释】①写怀：即书怀，抒怀。②在处：到处，处处。③岐路：岔路。《列子·说符》：“‘嘻！亡一羊，何追者之众？’邻人曰：‘多歧路。’”此指人生道路的十字交叉口。④少年：年轻力壮的时期。《礼记·曲礼》以二十岁至三十岁为少年。⑤穷达：指仕途的困厄和显达。判了：已成定局，所以姑且听之任之。⑥休闲：不要在闲暇时候。镊：用镊子拔除，夹取。

【笺释】这是一首书写抒发人生感慨的诗歌，从“穷达都判了”来看，当是咸通十年左右情绪最低落时候的作品。

首联是感慨深沉的自嘲，说我这一辈子活在这样的世界上，是如此的可笑又是如此的可悲。没有经历过人生的挫折和悲苦，是写不出这一联的，足见时世与命运的荒诞无稽。次联拓展一步，说人间到处都是歧路，无所适从，再说我也不是最惨的特例，而今像我这样的人很多，到处都是悲伤的离别和吞声的哭泣。三联再联想到整个时代，我们一路走来，都经历了漫长的苦难生涯，青春的美好年华都在忧愁中度过，都磨耗在几十年的科举考场上。这是多么惨沮的不幸！尾联故作通脱，说穷困与显达早就命中注定，我就索性豁出去吧，随波逐流得过且过吧，不要在闲暇时候用镊子拔除白色的髭须啦！即是说再怎么拔除白发也挽留不住青春的岁月。

这首诗语言平易，却表达了很深的感慨，流露出一种命运弄人无可奈何的悲叹，既自嘲也嘲弄了荒唐的时世。表现了典型的晚唐人的心态。

白　菊

所尚雪霜姿[①]，非关落帽期[②]。
香飘风外别，影到月中疑。
发[③]在林凋后，繁[④]当露冷时。

人间稀有此，自古乃[5]无诗。

【注释】①尚：崇尚。雪霜姿：菊花洁白的资质。白居易《席上赋白菊》："满园花菊郁金黄，中有孤丛色似霜。"②落帽期：指重九，重阳节。《晋书·孟嘉传》："后为征西桓温参军，温甚重之。九月九日，温宴龙山，僚佐毕集。时佐吏并著戎装，有风至，吹嘉帽堕地，嘉不之觉。温使左右勿言，欲观其举止。嘉良久如厕，温令取还之，命孙盛作文嘲嘉，著嘉坐处。嘉还见，即答之，其文甚美，四座嗟叹。"后因成为九月九日重阳登高的典故。李白《九日》："落帽醉山月，空歌怀友生。"③发：开花。④繁：茂盛。⑤乃：竟然。

【笺释】这是一首通过歌咏白菊来寄托情趣的诗歌，似作于羁旅京城的深秋，姑系于此。

首联说自己崇尚秋菊的洁白芳姿，与九月九日重阳佳节无关，即不是因为登高而赏菊，而是出于对菊花品性的喜爱，由此可见许棠内心崇尚高洁的人生意趣。次联说自己在菊花飘香的季节远离故乡，踽踽独行，在月光中看到菊花的影子却感到一丝迟疑。有一种远离家乡漂泊在外的恍惚之感。三联转回来咏菊花，说她在秋叶飞飞的时候开始发花，到寒露冷如坚冰的时候，花繁叶茂，这是多么高雅坚贞、不畏严寒的君子之花啊！尾联抒慨，说人间本来就很少见到这样的隐逸君子，为什么竟然没有专咏菊花的诗歌呢？言外之意，许棠要写诗歌咏菊花的隐士品格。显然，许棠是想通过咏白菊来表达向慕陶潜隐居的高洁旨趣。诗中未见悲苦情怀，可能是此时心境已经平静。

中秋夜对月

月月势皆圆[1]，中秋朗最偏[2]。
万方[3]期一夕[4]，到晓是经年[5]。
影蔽星芒尽[6]，光分物状全[7]。
惟应苦吟者，目断[8]向遥天。

【注释】①势皆圆：月亮每个月都会趋向十五的团圆，即每个月都有月圆的时候。②朗最偏：明朗而且最圆。偏：王锳《诗词曲语辞例释》认为相当于文言的"甚""颇"，白话的"最""很"，表程度的副词。并引诗为证。如许棠还有《塞下》："胡虏偏狂悍，边兵不敢闲。"③万方：四方，全国各地。④期一夕：都期待中秋月圆之夜，因为这是普天之下的举家团圆之夜。⑤经年：从去年中秋到今夜天亮，已经历了一年。⑥蔽：掩盖，遮蔽。星芒尽：星星的光芒被月光遮盖而消失了。⑦物状全：由于月光明亮，物体的形状清晰的暴露出来，看得很真切。⑧目断：目光看到尽头。

【笺释】这是一首中秋月圆之夜思念家乡的诗歌，写作此诗时许棠离家已经整整一年了，时地难于确定，估计应在长安。

首联说每个月都会有月圆之夜，但每年的中秋却是月亮最圆最亮的时候，写出了中秋圆月特殊的美，表现出对中秋圆月的一片深情赞许。次联说因为中秋之夜是普天之下人们期待的团圆时刻，而我却四处漂泊，到今天晚上已经整整离家一年之久了，这是多么难耐的凄楚乡愁啊！三联描写今夜明月照耀天地的景象：天空碧蓝如洗，月明星稀，星星的光芒都被月亮的光辉掩盖了；地上月光如水，万物都露出清晰的轮廓，是一个水晶般的琉璃世界，如此良夜，怎能不激起游子思乡的情怀。因此，尾联说像我这样的苦吟者，面对这轮满月，为强烈的思乡所逼，只好无奈地把目光投向遥远的南天。

这首诗颈联写景逼真独特，带有工整细致的特点，尾联的目断遥天，也有将乡思引向无穷的悠远意味。

陪郢州①张员外宴白雪楼②

高情日日闲，多宴雪楼间。
洒槛江干雨③，当筵④天际山。
带帆⑤分浪色，驻乐⑥话朝班⑦。
岂料羁浮者⑧，樽前得解颜⑨。

【注释】①郢州：唐州名，治所在今湖北钟祥县。汉竟陵县地，属江夏郡，晋为石城，隋为郢州治。明嘉靖十年置钟祥县，清因之，为安陆府治。②白雪楼：楼名。相传古代郢中有歌“阳春白雪”，曲调高雅，国中和者不过数人。楼在湖北钟祥县城西。③江干：江岸，江畔。梁元帝《乌栖曲》：“复值西施新浣纱，共泛江干瞻月华。”杜甫《宾至》：“岂有文章惊海内，漫劳车马驻江干。”④当筵：面对酒筵。⑤带帆：江面上船帆如带。⑥驻乐：驻马行乐。⑦朝班：朝官排列的次序。⑧羁浮者：羁旅漂泊者，自指。⑨解颜：开颜而笑。

【笺释】这是一首写于郢州的宴会诗，具体写作时间难以确定，从漂泊羁旅的情况看，应该是多次应举失败后所作。许棠大中末至咸通初，曾游览洞庭湖一带，郢州与洞庭湖很近，是同时所作欤？诗题中的张员外生平事迹不详，但他可能很欣赏许棠的诗才，所以邀请许棠参加宴会，而许棠可能只是路过此地参加宴会赋诗而已。

首联赞美张员外多高情逸致，又有富裕的闲暇时间，所以常常在白雪楼上宴请宾客。这位张员外具体职务不详，但他与晚唐大多数官员一样，只不过投闲置散，以吏为隐而已，所以赞美他的闲适，实际上写出了晚唐时代的平庸与没落。次联写白雪楼筵席上所见的开阔景象，江面上烟雨蒙蒙，雨点飞过江面，洒在白雪楼朱红的门槛上，而天际的远山扑面而来，正对着酒香四溢的筵席，大有"众山遥对酒，孤屿共题诗"的意境。三联进一步写景，江面上风帆点点，那带状的白帆与江面的滔滔白浪同一颜色，驻马江边行乐，一起谈论朝官的次序，生发出一些感慨。尾联说哪里料到像我这样漂泊羁旅的游子，今日却得到喜笑颜开的机会，能在酒席上一展诗才，一吐心中的块垒呢！

许棠的诗歌，整体格调低沉，难得见到这样短暂的欢乐，其实酒席上片刻的欢颜正说明他心中积郁了很深的苦楚。从艺术上看，这首诗写景境界开阔，富有诗情画意，情景交融，很有韵味。

和[一]薛侍御题兴善寺①松

何年劚到城②，满国③响[二]高名。
半寺阴常匝④，邻坊⑤景亦清。
代多无朽势⑥，风定有余声⑦。
自得天然状，非同涧底生⑧。

【校记】[一]和：全唐诗校："一作同。"[二]响：全唐诗校："一作向。"按，作"响"佳。

【注释】①兴善寺：在长安靖善坊。殿崇广尽一坊之地，寺内不空三藏塔前多老松。薛侍御，未详。②劚到城：移栽到城里。劚：掘取。③满国：全京城。④阴常匝：树荫匝地，遮盖了半个寺庙。⑤邻坊：相邻的里坊。两京及州县之郭内为访，郊外为村。⑥代多：年代久远。无朽势：枝叶苍劲，没有枯朽的树枝。⑦有余声：一阵风吹过，大树枝叶摇晃，发出松涛的余韵响声。⑧涧底生：用左思《咏史》其二典故，诗曰："郁郁涧底松，离离山上苗。以彼径寸茎，荫此百尺条。"

【笺释】此诗作于长安，具体时间难定。题中薛侍御可能是薛能，因许棠有《寄盩厔薛能少府》（见前22页）诗，薛能也有《送进士许棠下第东归》诗：“长安那不住，西笑又东行。若以贫无计，何因事有成。云峰天外出，江色草中明。谩忝相于分，吾言世甚轻。”（《全唐诗》卷五五八）薛能会昌六年中进士，但十年后方选调盩厔尉。考薛能履历，似未曾任侍御史衔，或许另有其人。另外，查《全唐诗》薛能诗集共四卷（五五八卷至五六一卷），未有《题兴善寺松》诗。俟再考。

首联写兴善寺的古松不知何年何月移栽到京城，只知道它在整个长安城都享有盛名。次联描写老松的树冠之高之大，它的树荫匝地遮蔽了半个寺庙，连相邻街坊的阳光也变得清澈明亮。三联说虽然年代久远，但古松枝叶扶疏，虬枝苍劲，生机勃勃，没有任何枯朽的枝条，一阵风过，松涛响起，清泠入耳，久久回荡着余韵。尾联赞美古松天然质朴的姿态，不像左思诗中的郁郁涧底松，活得压抑苦闷。

许棠通过咏古松，表达追求自然适意、无拘无束的生存状态，渴求一种自由的人生境界。显然，还是曲折地倾吐自己久困举场、飘荡无疑的苦痛。

题郑侍郎①岩隐[一]十韵

朝退②常归隐，真修大隐③情。
园林应得趣④，岩谷自为名。
野步难寻寺⑤，闲吟少在城。
树⑥藏幽洞⑦黑，花照远村明。
海石⑧分湖路，风泉递雨声⑨。
性高怜散逸⑩，官达⑪厌公卿。
架引藤重长⑫，阶延笋迸生⑬。
青门⑭无到客，紫阁⑮有来莺。
物外⑯身虽隐，区中⑰望本清⑱。
终难依此境，坐[二]卧⑲避钧衡⑳。

【校记】[一]岩隐：全唐诗校：“一作隐岩。”按：作“隐岩”是。《新唐书·郑熏传》：“既老，号所居为隐岩。”[二]坐：全唐诗校：“一作坚。”详诗意，作“坚”佳。

【注释】①郑侍御：郑熏，字子溥。曾于大中八年知贡举。②朝退：即退朝，朝见皇帝之后。③大隐：指隐于朝市者。晋王康琚《反招隐诗》："小隐隐林薮，大隐隐朝市。"（《文选》卷二十二）④应得趣：应该体味到园林隐居的乐趣。⑤难行寺：道路难走的寺庄，即幽僻的寺庙。⑥树：郑熏在庭院中植松七棵，当是枝繁叶茂，扶疏纷披，故云。⑦幽洞：深黑的岩洞，郑熏隐居处称"隐岩"，其居所旁应有巨大的岩洞。⑧海石：郑熏的园林可能有一些来自南方海边的奇石，或许那些奇形怪状的石头类似海边的礁石。⑨递雨声：传来雨声。指风过瀑泉，吹来下雨一样清泠泠的水声。⑩散逸：闲散超逸。⑪官达：官运通达，郑熏以太子少师致仕，故云。⑫藤重长：架上的青藤苍老，又重生新的枝条。⑬笋迸生：竹笋在台阶边冒出地面。⑭青门：汉代长安城东南门，因门色青，俗称青门。此泛指京城城门。⑮紫阁：终南山峰名，在长安城南御宿川。杜甫《秋兴八首·其八》："昆吾御宿自逶迤，紫阁峰阴入渼陂。"⑯物外：尘世之外。⑰区中：人世间。⑱望本清：本来就有清高的名望。⑲坐（坚）卧：坚定意志高卧云林。⑳钧衡：钧、衡都是衡量裁物的准则，因借为评量人才。多指为相或为吏部长官。

【笺释】这是一首题在郑熏隐岩的五排，表达对郑侍郎的钦敬之情。郑熏是许棠大中八年举进士时的座主，虽然此年落选，但他对郑熏还是很敬佩的，他的同乡好友张乔是郑熏的门下常客，郑曾邀约张乔论诗，许棠当也拜谒过郑熏的隐居处所。

郑熏是晚唐名士，《全唐诗》小传说他"擢进士第，历宣歙观察使。懿宗（860—874年在位）初，召还。太常少卿，累吏部侍郎，进左丞。后以太子少师致仕。号所居为'隐岩'。莳松于庭，号'七松处士'。"《全唐诗》卷五四七存诗《赠巩畴并序》一首。考诗序，郑熏非常重视《易经》《老子》及僧肇的佛学。傅璇琮先生《唐翰林学士传论·晚唐卷·郑熏》对郑熏履历考证甚详，认为"宣宗朝翰林学士中，与当时诗文名家有如此广交深情，如郑熏那样，是极为少见的"。（第245页）按，傅著提到李频、张乔、刘沧、郑谷等人与郑熏的交往和题诗，而独缺许棠，此诗似可以增补。

此诗首四句说郑侍郎退朝之后就归隐，是修炼大隐隐朝市的那种真正的情趣，他追求园林的真趣，给隐居的处所题名"隐岩"。接下六句写隐居生活及景物，郑侍郎独自寻找人迹罕至的荒僻寺庙散步，很少在人声鼎沸的城市吟诗；他家庭院里的松树参天入云，枝叶扶疏，掩映着岩洞深幽的入口，春天来了，周围花香四溢，花光照耀得远村也一片光明；园中到处是浑身眼窟的奇石，分开通向湖边的道路，微风过处，泉流瀑布传来清泠泠的声音，仿佛飞来一阵风雨。接下两句说郑侍郎性情闲散超逸，高出云表，不喜欢与达官贵人来往。接下四句再描写景色，架上的藤萝重新长出娇嫩的绿叶，台阶边的空地上竹笋长出地面，一派生机勃勃景象，没有从京城里前来拜访的客人，只有终南山谷里的黄莺飞到庭院里来唱着春天的歌曲。最后四句说，郑侍郎虽然超然物外归隐林泉，但是他清高的名望早已在人间传扬，最终他担心难以常在此境中徘徊，所以坚辞高官厚禄决心高卧云林。

全诗表达了对郑侍郎隐居生活情趣的崇敬和赞美，也流露出决心归隐的人生志趣。

宿灵山兰若①

江心天半寺，一夕万缘空②。
地出浮云上，星摇积浪③中。
滴沤④垂阁雨，吹桧⑤送帆风。
旦夕闻清磬⑥，唯应是钓翁⑦。

【注释】①灵山兰若：灵山，故称有道观、佛寺的山为灵山。兰若，梵语“阿兰若”的省称，指寺院。诗题中的灵山兰若可能指浙江温州城北孤屿山，山在永嘉江中，有两座山峰。山寺建于唐咸通年间。谢灵运《登江中孤屿》有诗句曰：“乱流趋正急，孤屿媚中川。云日相辉映，空水共澄鲜。”可见风景特佳。②万缘：佛家指一切因缘。又，万物皆处于因缘联系中，故万缘也指万物。空，佛教谓虚幻不实，认为万物皆空，四大皆空，整个宇宙都是虚幻的。③积浪：层层堆积的浪花。因孤屿耸立江中，江水湍急，四面拍打山脚下的石壁，激起一堆堆雪浪花。④滴沤：沤，水泡。从高阁屋檐滴下的雨点，在江中激起一个个小水泡。⑤桧：一种常绿乔木，幼树的叶子像针，大树的叶子像鳞片，雌雄异株，雄花鲜黄色，果实球形，种子三棱形。也叫刺柏，寺庙多植此类生长缓慢的长寿树种。⑥清磬：清越的磬声。磬，佛寺的一种打击乐器，形状像钵，用铜制成。⑦钓翁：钓鱼者，指隐者。

【笺释】许棠大中八年、九年皆在长安应举，且都以失败告终，大中九年落榜后，曾沿洛阳东下，过淮泗，再越长江，向东南方向游览，估计就是这次东游到过永嘉的灵山兰若。此诗就是寄宿山寺时所作。

首联就写登上了高耸陡峭的江心孤屿顶峰的寺庙，庙宇仿佛耸立在半天之上，尽管江心孤屿的实际高度仅一百多米，但是在四周都是江水的环境下，却显得特别高峻峭拔，登金山、焦山、小孤山的寺庙皆有这种超出尘世的感觉，所以许棠感到一夜之间万象皆空，进入了佛教空寂的境界。次联描写俯视所见景象，大地好像是从浮云中耸出，天上的星辰仿佛在堆积的浪花中摇晃，这种景象实际上只能出现在想象中，主要是为了突出灵山兰若的高峻。三联转换视角，说从寺庙屋檐垂下的雨滴掉进江水之中，叮叮咚咚激起一个个小水泡，并发出清脆的响声，而那江面上风帆片片，江风越过江面，扫过孤屿，摇晃着山上成片成片的桧树，沙沙作响。最后一联说朝夕听闻佛寺的清脆激越的磬声，身心俱静的人，应该是隐居垂钓的渔翁。言外就是羡慕这样的隐居闲逸生活。科举失败给心灵带来巨大的伤痛，只有在佛门清净空寂的境界中得到一丝慰藉。

这首诗意境清澈，空灵飞动，写景状物，细致工整，格调也比较轻盈，是许棠写得比较好的作品。

亲仁里双鹭①

双去双来日已频②，只应知我是江人。
对欹雪顶③思寻水，更振霜翎④恐染尘。
三楚⑤几时初失侣，五陵⑥何树又栖身。
天然⑦不与凡禽类，傍砌⑧听吟性自驯⑨。

【注释】①亲仁里：长安坊名，在东市西南。见《唐两京城坊考》卷三。②频：频繁多次。③对欹雪顶：即雪顶对欹，写双白鹭亲昵交颈之态。④霜翎：雪白的羽毛。⑤三楚：战国楚地，分西楚、东楚、南楚，合称三楚。此猜想双鹭何时从南国来到京城。⑥五陵：指长安。⑦天然：天生。⑧砌：石级台阶。⑨驯：双鹭经常听诗人吟诗变得性情温驯。

【笺释】这是许棠在京城应举时所写的一首咏物诗，具体作年难以确定。

首联叙事，说这一双白鹭每天都要好几次飞到我住的院子里来，大概知道我是来自长江之滨的人吧，这一带有幽默的推想，将自己与双鹭之间的因缘揭示出来。许棠是个洁身自好的人，对洁白的事物充满天然的喜好，前面有他咏白菊的诗，也有咏皎洁月光的诗，还有在白雪楼上饮酒赋诗，观赏江心孤屿寺庙时也非常喜爱雪浪花，等等，都表现对高洁、雪白事物的赏爱。由此可见其人生意趣的大概。次联转而猜想双鹭的心态，它们交颈亲昵，雪白的头顶对在一起，好像是寻思哪里可以找到栖息的水滨；它们振动洁白的翅膀，仿佛怕沾染人世间的灰尘，多么喜爱洁净的一对高雅的精灵！许棠在双鹭的身上寄托了自己的人生理想。三联以终极关怀的仁者之心推测双鹭的遭际，它们是在什么时候失去各自的伴侣，双双来到这人地生疏没有湖泊只有森林的陌生京城的？为何要成为别人的耳目近玩呢？像当年李商隐问孤鸿那样，“为问孤鸿向何处，不知身世自悠悠”，许棠担心双鹭在京城何处能够栖身，言外之意说，你们像我一样，在这异地他乡漂泊，难以找到栖身之所啊！尾联再转而赞颂双鹭，说你们天生就与凡禽不是同类，由于天天在我的院子里台阶前听我吟诗，性情也变得如此温驯。将双鹭置身于一种高雅的文采风流之中，更增双鹭品性的雅致。

许棠很少写作七律，这首咏物诗由于是将人与鸟双方绾合在一起，有一种同是天涯沦落人的感慨，加上对双鹭细致的描摹和心态的推测，故而显得浑融有味，可以算得上意境浑然一体的佳作。

成纪[①]书事[②]二首

其　一

东吴远别客西秦[③]，怀旧伤时暗洒巾[④]。
满野多成无主冢[⑤]，防边[⑥]半是异乡人。
山河再阔[⑦]千余里，城市曾经一百春[⑧]。
闲与将军议戎事[⑨]，伊兰[⑩]犹未绝胡尘。

其　二

蹉跎远入犬羊中[⑪]，荏苒[⑫]将成白首翁。
三楚田园[⑬]归未得，五原岐路[⑭]去无穷。
天垂大野雕盘草[⑮]，月落孤城角啸风[⑯]。
难问开元向前[⑰]事，依稀犹认隗嚣宫[⑱]。

【注释】①成纪：唐秦州属县，故城在今甘肃秦安县北。秦州唐宝应中(762)入吐蕃，大中三年(849)收复，治所自上邽(今甘肃天水)移置成纪。②书事：因某件具体的事情抒发感慨。③客西秦：在秦州之西的边塞作客漂泊。④洒巾：洒泪。⑤无主冢：客死他乡没有墓碑的坟墓。⑥防边：戍边或屯田防守。⑦再阔：

再次拓展疆域，因为此处土地曾在九十年前丢失，陷于吐蕃。⑧一百春：一百年。从代宗宝应二年（763）算起，到宣宗大中三年（849），共计86年，宽泛一点可称百年。⑨戎事：边防军事。许棠游边幕，有从军献策的意图。⑩伊兰：匈奴等少数民族聚居地区伊州、兰州，皆属陇右道。伊州治所在今新疆哈密，兰州治所在今甘肃兰州。⑪犬羊中：指边地游牧民族聚居地。⑫荏苒：光阴流逝、推移。⑬三楚田园：南方故乡。⑭五原：秦九原郡，汉武帝改为五原郡，有五原县。地在今内蒙古五原县。另，唐代长安、万年二县，有毕原、白鹿原、少陵原、高阳原、细柳原，称五原。还有，唐代龙游原、乞地干原、青岭原、可风贞原、横槽原，也称五原。在今宁夏境内。此处似指边塞。歧路：岔道。⑮雕盘草：大雕在草原上盘旋。⑯啸风：军中号角在呼啸的秋风中吹响。⑰向前：从前。⑱隗嚣宫：隗嚣所筑宫室。在唐秦州伏羌县（今甘肃甘谷东南）。参前《隗嚣宫晚望》注释①。

【笺释】这两首七律当与前面的五律《五原书事》作于同一时期，即咸通十一年秋天作于边塞成纪、五原。

第一首，首联抒慨，说我离别故乡来到边塞客游漂泊，怀旧伤时，禁不住暗自流下悲伤的眼泪。放眼望去，路边到处是客死他乡者无名的坟墓，而守边戍边的大半都是来自异乡的人，可以想见，这些人也将会成为新的孤魂野鬼，此情此景，怎不教人心催泪落！三联写到时事，大中三年以来，收复了成纪、五原等失去的土地，使国家的版图重新拓展一千多里，这里的城池曾经阅历了一百个春秋。不管怎样，这毕竟是值得歌颂的大事，但是当我闲暇与将军议论军事的时候，伊州、兰州一带还时常有胡人挑起的战事，边疆并不安宁。

第二首，首联说自己随着岁月的蹉跎，来到这胡人聚居的边地，而光阴飞逝，依然一事无成，眼看自己马上就变成白发老翁了，心里顿生逝川之叹。次联抒写目前的艰难困境，南国的故乡远在千里之外，是有家难回，而在这荒凉的五原边塞，却是歧路纵横，令人无所适从，找不到任何出路，前途一片茫然。三联转而描写塞外风景：雕鹗鹰隼在草原的上空盘旋，蓝天衬托出它们矫健的英姿，边塞孤城在月光的照耀中，城头上的号角正在呼啸的秋风中吹响。苍凉雄浑与凄凉悲伤相互交织，逼出尾联说开元盛世的光景已经难于追寻，眼前只能依稀辨认当年隗嚣所筑宫室，还在暮色苍茫中显示它那远逝的辉煌的背影。

许棠的边塞诗，写景苍莽阔大，有一种刚劲的骨力，但是始终难以掩盖内心深处流露的悲凉情绪，与他长期科举失意、功业无成有关，更与整个时代缺乏雄心与气魄密切相关，像许棠这样的文人长期沦落不偶、贫困失意固然是主要方面，而一些幸运通达者，不过投闲置散或无所事事，更是时代的悲哀，更有甚者，无辜者背井离乡来戍守边关，却只能抛尸荒原，到处都是无名的坟墓，更使人感到空前的绝望。晚唐诗歌给人的感受就是这种难以摆脱的彻骨的凄凉。

秦中①遇友人

半生南走复西驰，愁过杨朱罢泣岐②。
远梦亦羞归海徼③，贫游多是滞边陲④。
胡云不聚风无定，陇路⑤难行栈更危⑥。
旦暮唯闻语征战⑦，看看已欲废⑧吟诗。

【注释】①秦中：秦州陇东一带，晚唐时的边塞。②泣岐：《淮南子·说林》：“杨子见逵路而哭之，为其可以南可以北。”杨朱，战国时魏国人。③海徼：近海地区，此指诗人故乡宣州泾县一带。④滞边陲：留滞在边塞（找不到出路）。⑤陇路：陇中边关的道路。栈：在山岩上凿石架木而修建的道路，下面都是悬崖峭壁，故非常危险。⑥语征战：谈论打仗的事。⑦废：停止。废吟诗，即没有吟诗的兴致。

【笺释】此是咸通十一年许棠北游边塞时在秦中一带偶遇友人所作的诗歌。

首联对友人倾诉自己半生飘荡不遇的遭际，南北东西奔驰，到头来还是像杨朱泣歧路一样，找不到未来前进的道路，这是晚唐大多数士人的命运，我想许棠遇到的这位友人也当有同感，或许友人也是这样漂泊的落魄者，所以惺惺相惜，大有天涯沦落之慨。次联写自己出处的矛盾心态：故乡远在大海之滨，即使梦中回到故乡也会因为一事无成而羞愧，觉得无颜见江东父老；远游边塞吧，也因为贫困潦倒找不到任何出路，不得不滞留在这黄沙白草之间，可谓进退维谷。三联描写边塞景象，北国边关的云彩随着那没有定向的秋风飘忽不定，任意飘荡，而眼前的栈道高挂悬崖峭壁，更使人觉得危险难行，真正是古诗中描述的“行路难”啊！尾联更加凄惶难堪，日日夜夜听到的都是关于边关战斗的话题，使我吟诗的兴致也完全消散了。这令人想起杜甫在艰难苦恨的岁月，因为体弱多病不得不护病断饮的悲苦境况。许棠是落魄不偶的人，故只要有倾诉的对象和机会，都会一吐心中久久郁积的苦水。此诗顿挫婉曲，平易自然，流露出内心的真切情怀，惟结尾格调低沉，缺少杜诗苍劲的风骨，难以产生震撼人心的力量。

过分水岭[①]

陇山高共鸟行齐，瞰险盘空[②]甚蹑梯[③]。
云势崩腾[④]时向背[⑤]，水声呜咽若东西[⑥]。
风兼雨气[⑦]吹人面，石带冰棱碍马蹄[⑧]。
此去秦川[⑨]无别路，隔崖穷谷却难迷[⑩]。

【注释】①分水岭：在甘肃清水县小陇山。《三秦记》云："其坂九回，不知高几许，欲上者，七日乃越。高处可容百余家，清水四注下。"（《后汉书·郡国志》注引）《元和郡县图志·秦州·清水县》云："小陇山，一名陇坻，又名分水岭。……陇上有水，东西分流，因号驿为分水驿。行人歌曰：'陇头流水，鸣声呜咽。遥望秦川，肝肠断绝。'"②瞰险：俯视而觉得险峻。盘空：仰望而觉得盘旋直上天空。③甚蹑梯：甚于踩梯子登天。梯，比喻陡峻的在石崖上垂直开凿的狭窄的路。李白《蜀道难》："石崩山摧壮士死，然后天梯石栈相勾连。"④崩腾：形容云层消散、升腾时形成的纷乱状态。⑤向背：指云层奔向不同的方向。⑥呜咽：流水声好像人在哭泣。若东西：好像忽东忽西。⑦风兼雨气：呼啸的风中夹着冷雨的气息。⑧石带冰凌：石级上裹着厚厚的冰块。⑨秦川：指陕西渭河平原一带。当时作者正由西向东经过陇山进入秦川。⑩隔崖穷谷：隔着悬崖要穿越荒僻的山谷。却：竟然。难迷：很难不迷惑。即眼前虽然只有一条道路却让人迷惑难行，可见作者心头的迷茫非常沉重。

【笺释】这是许棠北游边塞返回途中经过陇山分水岭时所写的诗歌，时间是冬雪冰凌覆盖的季节，从长安出发至此已经接近四个月了。

此诗主要由于一方面"分水岭"地名刺激了许棠内心歧路彷徨的人生感慨，另一方面则是汉乐府民歌《陇头歌》所歌咏的情景与征人戍边的危苦心态，使许棠产生了异代通情的共鸣。《陇头歌》云："陇头流水，流离山下。念吾一身，飘然旷野。"这是自汉代以来征人赴边经过陇山看到流水被迫四处流淌时，所产生的相同的飘然旷野无所归依的孤孑感，对深处晚唐的许棠来说，或许经历过二十多年的科举求仕失败之后，再加上游幕边塞无果，这种感慨更为深切。

此诗开篇前四即写景：陇山高耸入云，与高飞的鸟儿一样平齐，这是山脚仰望的感受，登上山岭一看，原来是一架登天的梯子，盘旋九回直上云霄，大有当年李白"蜀道之难难于上青天"的感慨；向天空高处看，云层翻滚、奔腾、溃散，随着无定的风向飘向四方，向下俯视则见呜咽的流水，似乎含着亿万年的悲伤，一会向东一会向西奔流，就像我的人生一样迷茫仓皇不知东西。后四句抒慨，行走在陇东高原上，迎面扑来的寒风，夹着冷雨，凄寒入骨，而道路上石级都裹着冰凌，马踏上去经常打滑，艰困难行，这不是“欲渡黄河冰塞川，将登太行雪满山”的“行路难”吗？眼前分明除了悬崖峭壁就是唯一的通往秦川的荒僻的幽谷，而我竟然觉得前途迷茫。

许棠的七律韵律和谐，对仗工整，有抑扬顿挫之感，作为边塞诗，对边塞景物的描写非常细致独特，唯一缺少的是一种刚劲的骨力，与晚唐时代总体上的衰飒气氛有关，正是那个时代日落黄昏气象的反映。

讲德[1]陈情[2]上淮南李仆射[3]八首

其　一

天降贤人佐圣时[4]，自然声教[5]满华夷[6]。
英明不独中朝[7]仰，清重[8]兼闻外国知。
凉夜酒醒多对月，晓庭公退[9]半吟诗。
梁城东下虽经战[10]，风俗犹传守旧规[11]。

其　二

多[一]朝轩冕冠乾坤[12]，四海皆推圣最尊[13]。
楚玉已曾分卞玉[14]，膺门依旧是龙门[15]。
筵开乐振高云[16]动，城掩鼙收[17]落日昏。
尝念苍生[18]如赤子[19]，九州[20]无处不沾恩。

其　三

未领春闱望早清[21]，况联戎阃[22]控强兵。
风威[23]遍布江山静，教化[24]高同日月明。
九郡竟歌兼煮海[25]，四方皆得共和羹[26]。

东南自此全无事[27]，只为期年[28]已成。

其 四

帝念淮壖[29]疫疹[30]频，牢笼[31]山海委名臣[32]。
古来比德由[33]无侣，当代同途岂有人。
夜宴独吟梁苑[34]月，朝游重见广陵[35]春。
多年疲瘵[36]全苏息[37]，须到讴谣[38]日满秦[39]。

其 五

三纪吟诗望一名[40]，丹霄[41]待得白头成。
已期[42]到老还沾禄[43]，无复[44]偷闲[二]却养生。
当宴每垂听乐泪[45]，望云长起忆山情[46]。
朱门旧是登龙客[47]，初脱鱼鳞[48]胆尚惊。

其 六

东来淮海拜旌旟[49]，不把[50]公卿一字书。
曾侍晚斋吟对雪[51]，又容华馆食兼鱼[52]。
孤微[53]自省恩非次[54]，际会谁知分有余[55]。
唯耻旧桥题处在，荣归无计似相如[56]。

其 七

平生南北逐蓬飘[57]，待得名成鬓已凋[58]。
寒浦一从[59]抛钓艇，旧林无处认风飙[60]。
程途虽喜关河尽[61]，时节犹惊骨肉遥[62]。
愁策羸蹄[63]更归去，乱山流水满翻潮[64]。

其　八

丹霄空把桂枝归[65]，白首依前着布衣[66]。
当路公卿谁见待[67]，故乡亲爱[68]自疑非。
东风乍喜还沧海[69]，栖旅[70]终愁出翠微[71]。
应念无媒居选限[72]，二年须更守渔矶[73]。

【校记】[一]多：全唐诗校：“一作累。”[二]闲：全唐诗校：“一作安。”

【注释】①讲德：谈论道德。②陈情：陈说心情祈求援引。③淮南李仆射：李蔚，字茂林，开成末进士及第。咸通十一年十二月为扬州大都督府长史、淮南节度副使知节度事、检校右仆射。此诗作于咸通十二年，中举之后。④佐圣：辅佐圣明的君王，指李蔚是懿宗的重要辅佐之臣。⑤声教：声威和教化。⑥华夷：中华及四夷，指名满中外。⑦中朝：朝中。仰：看重。⑧清重：清正而持重。⑨公退：上朝后归家闲居。⑩梁成句：咸通九年(868)七月，徐泗赴援安南戍守桂州之兵作乱，推粮料官庞勋为首，竟自北还，所过剽掠。十月，庞勋攻陷徐州，上表求为节度使。十一月，朝廷命康承训等发宣武等十道兵击庞勋，直到咸通十年九月，方剿灭之。事见《资治通鉴》卷二百五十一。李蔚咸通九年至十一年为宣武军节度使(治汴州，领汴、宋、亳三州)，“梁城东下”指宣武军自大梁城(今河南开封市)东下平定徐州之乱。⑪旧规：传统的忠孝节操观念，指维持朝廷正统地位。又，汉代梁孝王曾在兔园宴饮，接遇宾客，饮酒赋诗，文采风流。⑫多朝轩冕：李蔚于文宗开成末进士及第，为襄阳从事；武宗会昌末拜监察御史，转殿中监；宣宗大中间知制诰，转郎中，正拜中书舍人；懿宗咸通六年拜礼部侍郎，迁尚书右丞、吏部侍郎。李蔚是当时历经数朝的重臣，故许棠称赞他“冠乾坤”。⑬四海句：谓李蔚对巩固唐天子的政权作出了贡献，使天下人(主要是藩镇悍将)都知道推尊皇帝，由此可见晚唐时代藩镇重于朝廷。⑭楚玉句：《韩非子·和氏》故事说，相传春秋时期楚人卞和曾发现一块玉璞，先后献给楚厉王和武王，都被认为欺诈而截去左右脚。楚文王即位，卞和抱玉璞哭于荆山之下，楚王使玉人剖璞，果得美玉，称为和氏璧。此句颂李蔚是一个真正的识玉者，即善于发现人才的伯乐。⑮膺门句：据《后汉书·李膺传》，东汉李膺官司隶校尉，负海内重名，不妄接宾客，受其接待者，声望倍增，称为登龙门。此以李膺喻李蔚。⑯高云：高空的云朵。《列子·汤问》：“秦青抚节悲歌，声振林木，响遏行云。”⑰城掩鼙收：城门掩闭，军鼓收槌。鼙：军鼓，一说是骑兵的战鼓。⑱苍生：指老百姓。⑲赤子：初生的婴儿。⑳九州：淮南节度使领扬、楚、滁、和等九州。㉑春闱：指春试，即礼部试，李蔚尝为礼部侍郎知贡举，人称有清望。㉒戎阃：阃，指郭门，国门。《史记·冯唐传》："阃以内者，寡人制之；阃以外者，将军制之。"引申指统兵在外的将帅。戎阃，指其他藩镇的将帅。㉓风威：治军威望高重，令人畏惧。㉔教化：教育感化，指推行儒家德治观念。㉕九郡：淮南节度使所领九州。煮海：即煮海为盐。扬州盛产海盐。㉖和羹：用盐、醋等调和配制羹汤。㉗全无事：无战事，指庞勋之乱平定后东南出现和平稳定局面。㉘期年：一周年。《论语·子路》："苟有用我者，期月（一周年）而已可也，三年有成。"㉙淮：淮河。堧：即壖，指河边潮湿的软地。㉚疫疹：流行病疫情。㉛牢笼：包罗，笼络。此指统归管辖。㉜委名臣：委托给重臣，指将淮南九州的事务交给李蔚管理。㉝比德：与有德者比邻而居。由：同犹，尚且。㉞梁苑：苑囿名，在今河南商丘市东南。汉梁孝王刘武所筑，为接引文学之士游赏宴乐之所。此以梁苑比称李蔚的居所，因李蔚也好接引文学之士。㉟广陵：古城名，即唐扬州治所江都县，今江苏扬州市。淮南节度使治所在扬州。㊱疲瘵：老百姓的疾苦。㊲苏息：复苏并休养生息，指战乱的创伤得以平复。㊳讴谣：民间歌谣。此指民间称颂李蔚德政的民歌。㊴日满秦：一天天传遍京城。按，当时肯定有称颂李蔚功绩德行的歌谣，今无考。㊵三纪：十二年为一纪。许棠自大中初(847)起参加科举考试至咸通十二年(871)有二十五之久，如果加上此前读书时间，可以称为三纪，有叹老嗟卑之意。一名：指科举登第。㊶丹霄：本指天空，此指阙下京城。㊷期：希望。㊸沾禄：享受朝廷俸禄，沾点皇帝的恩惠。许棠写这组诗时还未授官，故期望李蔚能够援引。㊹无复：不再。㊺听乐泪：欣赏宴会音乐时流下的悲伤的眼泪。㊻起：常常产生。忆山情：隐居山野的情绪和愿望。㊼朱门：达官贵人之门，此指李蔚。登龙：登龙门。㊽初脱鱼鳞：用鲤鱼跳龙门典故，比喻刚刚及第，许棠咸通十二年登第。㊾淮海：指扬州，也称维扬。旌旟：指节度使的旌旗。旟，绘有鸟隼图像的旗帜。㊿不把：不持。51梁孝王曾于岁暮黄昏在梁苑宴请宾客赏雪吟诗。谢惠连《雪赋》："岁将暮，时既昏，寒风积，愁云繁。梁王不悦，游于兔园。乃置旨酒，命宾友，召邹生，延枚叟，相如末至，居客之右。俄而微霰零，密雪下，王乃歌《北风》于卫诗，咏《南山》于周雅。"此指许棠曾陪侍李蔚宴饮赋诗。52用冯谖典故，《战国策·齐策四》载，冯谖客孟尝君，尝弹铗而歌："长铗归来乎！食无鱼。"此反用其事。53孤微：孤贫且地位卑微。54非次：不次，不按寻常的次序。55际会：遇合，机遇。分有余：得到意外的机会。56唯耻二句：用司马相如题升仙桥事。荣归无计，指自己登第而未授官。57逐蓬飘：比喻到处漂泊，居无定所的艰难生活。58名成：指进士及第。鬓已凋：鬓发已经斑白。㊾寒浦:寒江。一从:自从。㊿风飚:风标,即风度、仪态。(61)句谓虽喜路程已走到尽头(喻科举已登第)。(62)骨肉遥:亲人远隔。(63)羸蹄:即羸马,瘦弱疲病的马。(64)满翻潮:指江河大浪翻腾,行进艰难。(65)桂枝:唐人以月中折桂喻科举及第。此句意谓自己已经登第,但未授官。(66)布衣:庶人之服。(67)当路:当道,掌权。见待:接待自己。(68)亲爱:亲朋好友。(69)沧海:指南方故乡。(70)栖旅:栖栖遑遑的旅程。(71)翠微:青绿的山色,也指青山。(72)无媒:无人介绍,举荐。选限:指吏部选授官职的范围内,唐代及第进士尚需要经吏部铨选方得授官。

【笺释】这是许棠咸通十二年中第之后,向当时任扬州大都督府长史、淮南节度副使知节度事、检校右仆射的李蔚歌功颂德并陈述自己的遭遇,祈求援引的一组重要诗歌。李蔚成名于文宗朝,历武宗、宣宗朝,在懿宗咸通九年至十一年任宣武军节度使,平定庞勋之乱,成为戡乱的元勋。许棠曾经得到过李蔚的知遇之恩,因此中第之后向李蔚献诗陈情,期望得到擢拔进入仕途。

第一首歌颂李蔚辅佐皇帝、勘定内乱、宣扬教化的文武功绩,首联说李蔚是上天降下的贤人来辅佐圣君,使儒家人伦教化推广到中国及四夷。次联说李蔚的英名不仅在朝中受人敬仰,而且清正持重的声望还播扬海外。三联写李蔚诗酒风流的私人生活情景,在凉爽的秋夜,酒醒之后,对着一轮明月,或者在退潮之后的闲暇时间,都会在庭院吟诗。尾联说李蔚曾经镇守的大梁城虽然经历过战乱,但是人们至今还遵守旧时的传统,即像李蔚这样的将帅还在学习当年的梁王接遇宾客,谈论文学,饮酒赋诗。言外之意就是希望得到李蔚的恩遇与奖掖。

第二首继续歌颂李蔚的功绩,首联赞李蔚历经数朝都担任要职,名满乾坤,使四海之人都知道推尊皇帝,让藩镇归附朝廷,这是了不起的功绩。在晚唐时代,藩镇割据,士人只知镇将不尊皇帝,朝廷既缺乏控制力也没有向心力,在李蔚的努力下,重新树立朝廷的威信,这确实是很大的功劳。次联歌颂李蔚是能辨别真玉的玉匠,能识千里马的伯乐,其门庭就是当年李膺品鉴奖掖人才的龙门,一登龙门则声价十倍啊!三联写李蔚接遇宾客的筵席上乐声响起,震遏行云,在日落黄昏时分,城门掩闭,鼙鼓声停,四处都呈现出宁静祥和的氛围。尾联赞美李蔚爱民如子,使淮南节度使管辖的九州百姓都能享受到李蔚的恩惠。此诗写李蔚的功绩和德政,据《新唐书·李蔚传》载,李蔚在淮南节度使任上有惠政,离职后,“民诣阙请留,诏许一岁”。可见许棠的称颂不全是无据的。

第三首继续歌颂李蔚的功绩。首联说李蔚还未知贡举时就早有清望,再加上联合其他藩镇将领手控着强兵,真可谓文武双全的干将能吏。次联承上说李蔚风霜般严肃的军威遍布九州使江山变得安静,而教育德化如同日月高悬照耀九州一片光明。三联说淮南九郡大力发展煮海制盐业,使四方人民都能用盐里制作美味的羹汤。尾联歌颂东南从此宁靖安详,只需一年就能建立旷古未有的政绩。

第四首还是歌颂李蔚的功绩。首联说皇帝感念淮南这块土地上灾难频仍,人民生活困苦不堪,所以选派李蔚这位名臣来全面管理这里的所有事务。次联说李蔚的德行高尚自古无有比肩者,当代同途为官者也少有能与并列,真是旷古未有啊!三联说李蔚夜晚宴饮还在梁苑对月吟诗,而早上重游广陵又看到了扬州烟花三月的景象。李蔚应该是咸通十二年三月到达扬州任所的,许棠的献诗当在此时。尾联说淮南九郡的人民已经得到了休养生息,他们会用歌谣歌颂李蔚的德政,使李蔚的名声传遍京城。言外就是期待李蔚能够拜相,也是对李蔚关好的祝愿。

第五首由颂李蔚功绩德行转入陈述自己的遭遇和心情。首联说自己三十多年吟诗作赋只不过期望一朝能够中举及第,谁料到漂泊京城如今已是满头白发,垂垂老矣。次联说希望到老能够沾点皇恩享受一些朝廷的俸禄,不再忙里偷闲来学习养生之术。三联说参加宴会每当乐声响起,我总会留下伤心的泪水,仰望南天的浮云常常产生归隐故乡的感情。尾联说李蔚的门庭,我曾经是这里登龙门的旧客,可是如今刚刚中举就像刚脱掉鱼鳞的幼稚小龙,胆怯还是惊慌不定啊!言外之意,就是希望李蔚能够援手使我能够通过吏部铨选,真正踏上仕途。

第六首继续陈情。首联说我东来扬州拜谒李仆射,手里没有达官贵人的任何推荐信,我是完全凭自己的自信和您对我的恩遇。次联说我曾经陪侍您夜晚宴饮并对雪吟诗,还比当年冯谖更幸运地住在华饰的馆舍并能够进入吃鱼者的行列。三联承上说我这样出身孤贫微贱者在您府中能够得到非次的恩遇,和非分的风云际会的机会。尾联说可惜的是我虽然得到了当年桥头题诗的际遇,却还不能像司马相如那样步入仕途荣归故里。言外就是恳请李蔚援手使自己的愿望得到实现。

第七首变换角度,从归去时的苦楚言情。首联感慨自己平生南北东西像蓬草一样四处流浪,等到一旦成名却已经两鬓斑斑了。次联说自从离开故乡的寒江抛弃曾经垂钓的小船,已经几十年过去了,如今即使回到故乡也很难寻找到当年的踪迹,欲归隐也不成了。三联说虽然已经中举,但是春花烂漫的时节还是为亲人骨肉的离别而伤感。尾联说我满怀愁情骑着瘦弱的病马就要回到故乡,眼看着乱山流水,我的心中就像翻腾着滚滚波涛难以平静啊!言外是多么渴望李蔚能助我一臂之力啊!

第八首继续陈情求援。首联说自己空自在京城折桂而归，虽然中举却依然身穿布衣，难以入选吏部。次联说当权的公卿大臣谁能接待我这样贫穷困窘的人，故乡亲爱的人看见我这样回家恐怕也难以相信吧。三联说乘着东风我回归沧海之滨的故乡，心头虽有一丝喜悦，但是我的栖栖遑遑的旅途进入故乡的青山之时，心中还是难以摆脱难耐的忧愁。尾联说应该想到我没有人荐引难以通过铨选的时限，两年之后也就只好重新归隐旧山垂钓消磨余生了。言外迫切的心情可见，如果中举后两年得不到引荐，也许中举就要失效，几十年苦苦追寻的梦想也就化为轻烟消散了。

这组诗显然是许棠最重要的作品，可以看到即使科举及第了，他也很难高兴得起来，因为更艰难的吏部铨选就在眼前，如果得不到有力者的援引，是很难真正步入仕途的。半生举子梦，全赖贵人恩。许棠与李蔚有旧交，尝游于李蔚门庭，曾陪侍李蔚宴饮吟诗，中举也曾得到李蔚的帮助，所以反复向李蔚献颂言情，渴望提携，是可以理解的，情感是真切自然的。此诗有很多晚唐的史实，也含有晚唐时期士人特殊的心态，可以作为史诗来看待。艺术上看，韵律和谐，应酬性与文学性结合较好，大量运用典故言情，颂扬也很有分寸，没有虚美滥夸的不良习气，总体上看是一组吐露心声的好诗，陈情的几首满含人生感慨，令人动容。

献独孤尚书①

虚抛南楚②滞西秦③，白首依前衣白身④。
退⑤鹢已经三十载，登龙⑥曾见一千人。
魂离为役诗篇苦⑦，泪竭缘嗟骨相⑧贫。
今日鞠躬高旆下⑨，欲倾肝胆杳无因⑩。

【注释】①独孤尚书：独孤云。咸通六年至十年为剑南东川节度使、检校尚书，十一年转天雄军节度使，秦州刺史。此诗作于咸通十一年北游边塞到达秦州之后。若联系前面献给李蔚的组诗，则见许棠与这位独孤尚书关系并非十分密切。②南楚：楚国的南部，指故乡宣州，③西秦：秦州之西，此指西北边塞一带。④衣白身：穿着白衣之身，指未仕。⑤退鹢：《春秋·僖公十六年》：“六鹢退飞过宋都。”杜预注：“鹢，水鸟，高飞遇风而退，宋人以为灾。”此借喻自己身处逆境。⑥登龙：即登龙门，指科举及第。相传龙门之下，每岁季春有黄鲤鱼，自海及诸川争来赴之，得登龙门者，即化为龙。见《太平广记·卷二〇一》引辛氏《三秦记》。⑦魂离为役：指自己痛苦的远行劳役像脱离了魂魄一般。⑧泪竭：哭干了眼泪。缘嗟：因为嗟叹。骨相：人的骨骼相貌。古人或以骨相推论人的命运。东汉王充《论衡》有"骨相"篇。骨相贫，犹言天生穷苦的命运。如汉武帝评价李广的不能封侯是因为"数奇"，就是一例。⑨鞠躬：拜谒致敬。旆下：犹言麾下，对独孤尚书的敬称。⑩倾肝胆：倾诉衷肠，一吐心中郁闷。杳无因：得不到机会，故献诗言情。

【笺释】咸通十一年因去年徐州庞勋之乱，时局艰难，故礼部停贡举。许棠正月尚在京城等待应举，随后便前往西北边塞一带漫游，大概四五月间到达秦州，而独孤云正好任秦州刺史，故向他献诗陈情，期望援引。可能许棠与独孤云交情不是很深，由诗的末句"欲倾肝胆杳无因"可推知，也可能许棠投诗之后并未得到独孤云的应答，故没有下文。

首联说自己抛弃故乡滞留在西秦，头发白了还是穿着先前的布衣，感慨很深，真是说得辛酸，听得落泪。次联说自己三十多年都遭遇"六鹢退飞"的艰难逆境，苦苦挣扎，屡战屡败，看到上千的人从我眼前喜登龙门，而我则总是被点额而还。这句更为酸楚，三十年上千人都成功了，而我始终落榜，经历过科举考试者能体会其中的苦痛，不仅只有身体上的而且更有精神上的打击，没有坚定的信仰和心理承受能力是很难支撑下来的，晚唐时代士人除了科举并无其他出路，从许棠身上可以看到时代的悲哀。三联写自己承受的悲苦，仿佛灵魂脱离了躯体一般承受着永无休止的苦役，连写出来的诗篇也都是带着苦味，大有西方西西弗的那种悲苦的宿命感，许棠把这归结为自己的骨相不好，天生就是个穷命吧。话说到此处，已经到了山穷水尽地步了。所以尾联说今日到您麾下鞠躬致敬，想对您倾诉肺腑之言，却遗憾没有任何机会。言外之意，还是期待独孤云给一次晋见的机会。

此诗为干谒诗，显然缺少盛唐人的那份自信，多了一份晚唐人特有的凄楚悲苦心境，世风由此可见一斑。

将过单于①

荒碛连天堡戍稀②，日忧蕃寇却忘机③。
江山不到处皆到④，陇雁⑤已归时[一]未归。
行李亦须携战器⑥，趋迎⑦当便著戎衣⑧。

并州[9]去路殊迢递，风雨何当达近畿[10]。

【校记】[一]时：全唐诗校：“一作身。”按，作“身”是。

【注释】①单于：唐置单于都护府，治云中古城（今内蒙古和林格尔西北土城子）。②荒碛：荒僻的沙漠。堡戍：边防地区的城堡、营垒。③蕃寇：吐蕃来侵扰。忘机：忘掉了世俗的机巧变诈。④不到处：不能到的地方。⑤陇雁：陇上的大雁，即北方的大雁，每年秋冬之交去南方越冬，次年春天北归。此诗当作于咸通十一年春天大雁北归之时。⑥行李：行旅，一说指旅行所带的衣物器具等。战器：兵器。⑦趋迎：拜见长官行礼鞠躬。⑧戎衣：军装。⑨并州：即太原府。⑩近畿：临近京畿的地方。

【笺释】这是许棠咸通十一年北游边塞到达单于都护府时所写的一首行役诗。

首联说眼前是一片漫漫黄沙连天的景象，戍边的城堡营垒非常稀少，行走在这荒无人烟的苍莽萧条塞外，时刻担心有吐蕃的入侵骚扰，连世俗的机巧诈变都快忘却了。次联抒慨说我这回是江山没有到过的地方都到了，但是漫游与干谒都没有任何结果，看那沙漠的大雁去年南下避寒现在已经北归了，而我却还是滞留边关不得南归。言外即是说人不如雁啊！这是羁旅行役者漂泊关塞有家难回，内心纠结的痛苦感受，非常真切。三联说旅行途中身上是必须携带兵器的，以便随时应付突发的情况，拜谒边幕将帅则必须穿着军衣。这是读书人最难适应的事情。所以尾联说前往太原的道路还是那样迢递漫长，不知道在风雨兼程中何时能够接近京城长安。显然，许棠这次游边毫无结果，已经困倦于羁旅，希望早日回到京城。

此诗颔联写得沉痛而真切，是难得的名句。

贞女祠

何穴[1]藏贞骨，荒祠[2]见旧颜[3]。
精灵[4]应自在，云雨[5]不相关。
落石泉多咽[6]，无风树尽闲[7]。
唯疑千古后，为瑞[8]向人间。

【注释】①穴：山洞。此句倒装，应为“贞骨藏何穴”。②荒祠：荒凉破败的祠庙。③旧颜:往日的容颜。此句亦倒装,应为“旧颜见荒祠”,即从荒凉的祠庙中还依稀可见往日风姿绰约的容颜。④精灵:人的精神、灵魂。⑤云雨:用巫山神女事。宋玉《高唐赋》记楚襄王游云梦台馆,望高唐宫观,言先王(怀王)梦与巫山神女相会。神女辞别时说:“妾在巫山之阳,高丘之阻。旦为朝云,暮为行雨。朝朝暮暮,阳台之下。”后人附会,为之塑像立庙,号为“朝云”。后称男女幽会为巫山、云雨、高唐、阳台,都本于此。⑥咽:声音细碎幽微。此句倒装,应为“泉落石多咽”。⑦闲:闲静。⑧为瑞:显示吉祥的预兆。

【笺释】这是许棠大中年间落第后赴蜀游历经过长江三峡的巫峡时所写的诗歌。

首联写贞女祠的景象,运用虚笔,说巫山神女的贞洁的尸骨不知藏在何处山洞,她的往日的容颜在如今荒凉的寺庙中还依稀可见,开篇即笼罩在一片荒芜衰飒的气氛中。次联说她的精神灵魂应该在自由往来,与楚王的高唐云雨之梦是毫不相干的,意为民间传说附会在神女身上的东西多为不实,不值得相信。三联转而描写祠庙周围的景色:清澈的山泉泻落到幽石上,发出细碎幽微的声音,仿佛哽咽的低泣;崇山峻岭茂密的树木,在没有风吹的情况下,都一律优雅娴静,显出庄严肃穆的氛围。尾联说唯一值得疑问的是,千年之后,神女还能够向人间显示吉祥的预兆吗?许棠或许拜谒祠庙,看到如此的荒凉破败,怀疑向神女祈求保佑者能否得到庇护。此诗反映了许棠具有无神论的思想,值得重视。

宿华山①

异境②良难测,非仙岂合游③。
星辰方满岳④,风雨忽移舟⑤。
喷月泉垂壁⑥,栖松鹤在楼⑦。
因知修养处⑧,不必在嵩丘⑨。

【注释】①华山:五岳之一,世称西岳,在陕西华阴县南。因其西有少华山,故又名太华山。有莲花(西峰)、落雁(南峰)、朝阳(东峰)、玉女(中峰)、五云(北峰)等峰。一说山顶有池,池生千叶莲华而名。许棠当是落榜东下经过华山时夜宿山下岳庙写下这首诗。②异境:神奇的境界。③此句说,如果不是神仙不应该来游览华山。④此句说在华山仰望,天空缀满了星星。⑤移舟:将船移到避风的地方。按,许棠东下可能是乘船沿黄河东下。⑥此句倒装,应该是“泉垂壁喷月”,

泉水沿着石壁落下，在月光中喷射水珠。⑦此句也是倒装，应为“鹤在楼松栖”，即仙鹤在楼边古松上栖息。⑧修养：修心养性。⑨嵩丘：嵩山，著名的隐居胜地。

【笺释】此诗当作于大中八年或九年落第东归经过华山夜宿寺庙之时。

首联说华山的神奇境界真是难以猜测，不是神仙就不该来游历此境，用反问语气夸饰华山之美，有一种先声夺人之感。次联描写华山的独特景观，在山顶仰望夜空，群星灿烂，毫无遮拦，但是忽然之间风雨大作，又不得不将船移到避风的地方，真是变化难测呀。三联写近景，泉水沿着陡峭的石壁落下，在月光下飞珠溅沫，壮丽潇洒；而那仙鹤栖息在寺庙旁边的千年古松上，贞静安详。尾联说若要修心养性，在这幽静高洁的地方就可以了，何必非要去那嵩山呢？说明许棠有隐居华山之意，但是此行的前方目的地显然还是嵩山。

许棠善用倒装句，句法稳健，用语精炼，很有表现力。尤其颈联既细腻贴切，又动静相衬，幽静中含有壮丽潇洒。

送张员外西川从事①

为郎②不入朝，自是赴嘉招③。
豸角④初离首，金章⑤已在腰。
剑横阴⑥绿野，栈响近丹霄⑦。
迎驿⑧应相续，悬愁⑨去路遥。

【注释】①西川：即剑南西川节度使，治所在城都。从事：节度使或州刺史之佐吏均称从事。此指西川节度使的佐吏。张员外，无考。②郎：官名。即尚书省诸司的郎中、员外郎。③嘉招：将节度使的邀请成为“嘉招”，可见晚唐人对入节度使幕是感觉很荣耀的事情，由此可见方镇在士人心中的分量。④豸角：即豸冠，又称獬豸冠，古代御史所戴之冠。⑤金章：即金印。⑥阴：遮盖。⑦栈：栈道。丹霄：天空。⑧迎驿：迎面而来的驿站。⑨悬愁：悬想故人离去而生别愁。

【笺释】此是送张员外从京城接受西川节度使邀请赴城都幕府任从官的送别诗，作地当在长安，因张员外无考，具体作年难定。

首联说张员外已经是朝廷的员外郎了，还要离开朝廷前往西川节度使的幕府，当然是赴“嘉招”了，可见晚唐人重视去方镇幕府任职，可能一方面比较自由，另一方面待遇更优，也由此可见方镇幕府更比朝廷具有吸引力。次联说张员外刚刚脱下御史的冠帽，就已经在腰间挂上金印了，即赴幕府官职升迁得快。三联想象张员外赴西川的景象:你横剑而行,所过之处都有一股肃杀的气象遮蔽着绿色的原野,走在栈道上,马蹄声脆,接近蔚蓝的天空。尾联悬想张员外受到迎接的重视,迎接你的将是一个接一个的驿站,而你去之后我的离别之愁将随着你遥远的路途与日俱增。表达对友人真诚的祝愿和思念。

题慈恩寺[①]元遂上人[②]院

竹槛匝[③]回廊,城中似外方[④]。
月云开作片[⑤],枝鸟立成行。
径接河源润[⑥],庭容塔影[⑦]凉。
天台[⑧]频去说,谁占最高房[⑨]。

【注释】①慈恩寺:唐贞观二十二年李治(高宗)为太子时,就隋无漏寺旧址为母长孙皇后所立,故名慈恩寺。故址在唐长安东南曲江北,宋时已毁坏。②元遂上人:慈恩寺的高僧。③匝:环绕。④方外:世俗之外。《庄子·大宗师》:"孔子曰:彼游方之外者也,而丘游方之内者也。"曹植《七启》:"俯倚金较,仰抚翠盖,雍容暇豫,娱志方外。"此处指城外清净之处。⑤此句描写月亮照耀下的云彩形成金色云片的景象。⑥此句说通往慈恩寺的道路,因为与河源相接,得到河水的滋润,两旁树木芳翠鲜润。⑦塔影:指慈恩寺内大雁塔的影子。⑧天台:山名。在今浙江天台县北。中国佛教天台宗创立于此。⑨最高房:最高的位置。

【笺释】此是许棠作于长安时期的诗歌,具体时间难以确定。

晚唐时期,诗人与寺院僧人交往甚密,往往有很多题在寺庙墙垣上的诗歌,这就是其中一首,表达一种方外之趣。

首联描写元遂上人院的清静环境,院中的回栏曲槛,都是用竹子做成,四周也环绕着翠竹,虽然地处城中,却清净得像是城外。次联说夜晚月照云层,像闪烁的金片层层排列,树枝上站着的小鸟似乎是排成了队列。三联说通向上人院的小径因为与河源相接,得到河水滋润,树木都芳翠鲜润,而那高高的大雁塔的影子正好落到庭院之中,给人清凉的感觉。尾联赞颂元遂上人是天台宗的得道高僧,所以他住的地方是慈恩寺的最高处。

此诗并无更多深意,描写寺庙清静清凉的境界,较有特色。

送杜仓曹[1]往沧洲[2]觐叔常侍[3]

浮阳[4]横巨浸[5]，南巷[6]拥旌旃[7]。
别带秦城雨[8]，行闻魏国蝉[9]。
碛鸿[10]来每后，朝日见常先[11]。
东[一]鄙[12]云霞广，高林间[13][二]水天。

【校记】[一]东：全唐诗校：“一作北。”[二]林间：全唐诗校：“一作秋媚。”

【注释】①仓曹：官名，事务。即仓曹参军事。唐诸卫、东宫十率府、亲王府、都督府、京兆河南等府官属皆有仓曹参军事。②沧洲：当为“沧州”之误。唐沧州属河北道，治所在今河北沧州市西南，其东境濒临渤海。③觐：拜见。叔常侍：即任常侍的叔父。指杜中立，他大中八年(854)至十三年(859)为沧州义昌军节度使、检校右散骑常侍。参见《唐方镇年表》卷四、《全唐诗人名考证》。④浮阳：汉县名。以在浮水之阳而得名。隋开皇十八年(598)改为清池县，唐时为沧州治所。⑤巨浸：大水，胡泽，此指渤海。⑥南巷：犹阮巷、南阮。晋阮咸与其叔父阮籍“居道南，诸阮居道北，北阮富而南阮贫。”见《晋书·阮籍传》。后因以南阮、南巷喻叔侄关系。⑦旌旃：旌旗。旃，赤色曲柄的旗。拥旌旃，指任节度使。⑧秦城：指长安。此句说与杜仓曹离别时，长安正下着雨。⑨魏国：曹操为魏王，定都于邺城。邺都为自长安赴沧州的必经之地。此句说杜仓曹到邺城时应该听到夏天的蝉鸣了，说明此诗作于春夏之交。⑩碛鸿：来自塞北沙漠的鸿雁。⑪此句指沧州位于海滨，每天都能最早看见日出。⑫东鄙：东部边境。⑬间：间隔。按，此句作“高秋媚水天”意境很美，说在秋高气爽的季节，沧州的秋景与遥远的大海连在一起，壮阔而高远。

【笺释】这是许棠在长安困居时期，某年春夏之交送杜仓曹赴沧州拜见任节度使的叔父杜中立的送别诗。详诗意，许棠与杜仓曹关系很好，也许期待杜仓曹的这次觐见，会给自己带来一些帮助。

首联写沧州的地理形势并点明题意，沧州所处的浮阳横亘在渤海的西岸，而杜仓曹的叔父就驻节在那里，运用阮籍与阮咸的典故，说你们叔侄关系非常密切，令人羡慕。次联点明送别之意并悬想一路景色：我与你离别的时候，长安正下着雨，而当你经过邺城的时候，肯定会听到初夏的蝉鸣。三联想象杜仓曹到达沧州的景象，沧州每年能看到北来的大雁虽然总在最后，但是每天却能最早看到初生的朝阳。尾联想象沧州秋天壮阔的景象：东部边城地势开阔，云霞漫天，高秋季节一定是斑斓的秋色与无边的大海交融在一起，预示着杜仓曹的前途必定恢宏远大。

此诗全从想象的虚处落笔，显得境界开阔，空灵隽永，是许棠送别诗中的佳构。

雕阴①道中作

五月绥州北，途程少郁蒸②。
马依膻草③聚，人抱浊河澄④。
迹[一]固⑤长城垒，冤深太子陵⑥。
往来经此地，悲苦有谁能⑦。

【校记】[一]迹：全唐诗校："一作强。"

【注释】①雕阴：隋雕阴郡，唐称绥所，治所在今陕西绥德县。即诗中的绥州。②郁蒸：热气蒸腾。③膻草：北方羊马踩踏的草原，夹着羊马的粪便，春夏之交带着一股腥膻味。④此句说人们抱瓮汲水，等待浑浊的河水澄清。【作者有自注"边人多以瓮抱水"】⑤迹固：一作"强固"，当作"迹固"，即长城古垒的遗迹依然坚固，与下句"冤深"正好对仗。⑥太子陵：指秦太子扶苏之墓。秦始皇长子扶苏因为谏阻始皇坑杀儒生，引起始皇愤怒，使北监蒙恬军。始皇死，赵高、李斯矫命赐扶苏死。参见《史记·秦始皇本纪》。⑦此句说有谁能理解我心中的悲苦。

【笺释】这是咸通十一年许棠漫游边塞，五月经过雕阴时在道中所作的诗歌。

首联写五月雕阴地区的气候，说雕阴的道路上还没有暑气蒸腾的灼人热浪，气候非常适宜。次联写景：成群的马匹聚集在带着浓浓腥膻味的草原上，啮噬着嫩绿的青草，边人抱瓮从黄河里汲水，等待浑浊的河水慢慢澄清。这正是初夏的边地景象和生活情调。三联写路边的一处秦代留下来的长城古垒遗迹依然坚固，沧桑的土堆埋着秦太子扶苏的冤魂。尾联说我来往都经过此地，有谁能理解我心中的悲苦呢？抑或许棠此前曾受到过诬陷吗？具体情事难详。

留别从弟郴[一]

同承太岳胤①，俱值太平时。

丹陛②怀趋计，沧洲负③去期。
久贫成蹭蹬④，多病惜支离⑤。
宗分兼交分⑥，吾知汝亦知。

【校记】[一]郴：全唐诗校：“一作琳。”按，当即许彬，盖行近而误。许彬，一作“郴”，一作“琳”，睦州(今浙江建德县)人，咸通中累举进士不第。后为福建观察巡官。中和三年(883)，为婺州军事判官。彬在唐末诗坛与张乔齐名，郑谷、许棠皆有诗相赠。今存诗一卷。

【注释】①太岳：尧时四岳之一。《史记·陈世家》：“姜姓，太岳之后。”《新唐书·宰相世系表·三》：“许氏出自姜姓。炎帝裔孙伯夷之后，周武王封其裔孙文叔于许，后以为太岳之嗣，至元公结为楚所灭，迁于容城，子孙分散，以国为氏。”胤：嗣，后代。②丹陛：宫殿的台阶，因漆成红色，故称。③负：辜负。此句说辜负了沧洲隐居的志趣。④蹭蹬：喻人生的困顿失意。⑤支离：身体衰弱。谢朓《游山》：“托养因支离，乘闲遂疲蹇。”⑥此句说宗族分离了，交情也生疏了。【笺释】这是许棠留别堂弟许彬的诗歌，具体时间难以确定。

首联说我与彬弟都是出自太岳姜姓的后嗣，恰好又碰上了太平盛世，本应该与你好好享受团聚的欢乐。但是，为了仕途前程，我们不得不离别，因为我要赴京城实现从仕的梦想，所以只好辜负沧洲隐居的志趣。三联说我因为长久贫困，故人生困顿失意，而你因为体弱多病却还要承受离别的苦楚。尾联说我们宗族分离后，许姓人连感情也生疏了，这世道炎凉你我都是知道的。言外是希望彬弟好好保重身体。

这首与族弟离别的诗歌，满含世道炎凉、人情厚薄的人生感慨，当是许棠多次落榜之后，离别故乡时所作。

寻　山

蹑履①复支筇②，深山草木中。
隔溪遥避虎③，当坞④忽闻钟。
落叶多相似，幽禽⑤半不同。
群猱⑥呼却散，如此异林翁⑦。

【注释】①蹑履：穿着鞋子。履，单层鞋。②支筇：拄着竹杖。筇，竹名，可为杖。③此句用庐山高僧慧远的典故。梁慧皎《高僧传》卷六《晋庐山释慧远传》："释慧远(334—416)……少为诸生，博综六经，尤善庄老。性弘伟，风鉴朗拔。……后闻道安讲《般若经》，豁然而悟。乃叹曰：'儒道九流，皆糠秕耳。'便与弟慧持，投簪落发，委命受业。……后见庐峰清静，足以息心，始住龙泉精舍。……自远卜居庐阜三十余年，影不出山，迹不入俗，每送客游履常以虎溪为界焉。"④坞：山坳。⑤幽禽：幽栖的鸟儿。⑥猱：猴子。⑦异林翁：与狙公能使猿猴驯服大为不同，因为猿猴见到我就分散乱呼。

【笺释】此诗是何年所作，难以确定。详诗意，诗题似有缺省，当为《寻山寺某僧》。按，诗中运用慧远送客止步虎溪的典故，则此诗是许棠隐居庐山时所作，或即前往庐山寻某僧乎？

首联说我穿着单层鞋拄着筇竹杖行进在深山草木之中，为的是寻找山寺的某位高僧，向他学习佛道修心养性。次联说隔着溪涧远远地避开老虎，这里似乎就是当年慧远高僧送客止步的虎溪，转过一个山坞，忽然传来山寺的钟鸣，原来寺庙就在前面，心里甚为惊喜。三联写眼前景，落叶满地金黄，多与外面的落叶相似，而幽栖的鸟儿却与山外大半不同，很多是罕见的珍禽。以落叶和幽禽展现深山秋季的特异。尾联说见到一群猿猴，我向它们呼喊，而猴子们却惊恐四散，原来我与山林的狙公很是不同啊。言外之意是我要寻找的山寺高僧已经得道与山林禽鸟和猿猴已经亲密无间了。

诗歌写寻找山寺高僧的心理变化过程，移步换景，很有韵味。唯具体情事难详，以上解释纯属个人猜测，属一家之言。

送徐侍御[1]充南诏[2]判官[3]

西去安夷落[4]，乘轺从节行[5]。
彤庭[6]传圣旨，异域化戎情[7]。
瘴路穷巴徼[8]，蛮川[9]过峤城[10]。
地偏风自杂[11]，天漏[12]月稀明。
危栈[13]连空动，长江到底清[14]。
笑宜防狒狒[15]，言好听猩猩[16]。
抚论如敦行[17]，归情自合盟[18]。
回期佩印绶[19]，何更见新正[20]。

【注释】①徐侍御:生平事迹不详,待考。侍御,殿中侍御史或监察御史的简称。此人以侍御史衔充南诏节度使判官,当是从京城出发赴云南,故许棠此诗当作于长安。②南诏:唐时有六诏,蒙舍诏在最南,称为南诏。开元时期,其王皮逻阁统一六诏,设治所于太和城(今云南大理南)。全盛时期辖有今云南全部、四川南部及贵州西部地区。③判官:唐节度、观察、防御诸使的僚属,都有判官。此处当指出使南诏使臣的判官。唐宣宗、懿宗、僖宗时,皆曾遣使者赴南诏安抚民情。见《新唐书·南诏传》。④西去:南诏在长安之西,前往南诏故称向西。安夷落:安抚蛮夷部落。⑤乘轺:乘坐轻便的车。轺,驾一马的轻便车,使者所乘专车。节:符节。古时使臣执以示信之物。⑥彤庭:汉代皇宫以朱色漆中庭,故称彤庭。后泛指皇宫。杜甫《咏怀五百字》:“彤庭所分帛,本自寒女出。”⑦化戎情:教化戎夷民情,使之合乎儒家正道。⑧巴徼:巴蜀的边界。徼,边界。⑨蛮川:南部地区的江河。古代以华夏为中心,四边不开化的民族地区都被称为蛮夷,南方称为蛮。与前句的“瘴路”都指南方的地域特征。⑩峤城:山岭中的城邑。南方多山区,故城邑多建在高山的山坳间的平地。峤,尖峭的高山。⑪此句意谓南部地区位置偏僻,所以民风不纯,比较杂乱。⑫天漏:蜀地多雨,俗称漏天。参见明陈士元《俚言解·一·漏天》。⑬危栈:高高悬崖上的栈道。危,高。⑭此句说长江之水清澈见底。南方江河多切入山谷深处的石崖之中,水中只有白色的细沙,故不像黄河从黄土高原流过时那样浑浊。⑮狒狒:兽名。一名枭羊,又名山都。形状像人,披发迅走,食人。参见《尔雅·释兽》。⑯猩猩:兽名。声如儿啼,故传说能人言。《礼记·曲礼·上》:“猩猩能言,不离禽兽。”猩猩是哺乳动物,比猴子大,两臂长,全身有赤褐色长毛,没有臀疣。以野果为食,主要产于南方。⑰抚论:指安抚蛮夷之论。躬行:躬行,亲行。⑱合盟:订立盟约、盟誓。⑲佩印绶:佩戴系金印的绶带,即预祝徐侍御会圆满完成使命,加官晋爵。⑳新正:谓新年元旦。此指正朔(每年的第一天)。古时改朝换代,须重新定正朔,称“改正朔”。据《新唐书·南诏传》及《资治通鉴》载,大中十三年(859),南诏王酋龙自称皇帝,国号大礼,改元建极。酋龙曾遣使者董成至成都,“节度使李福将廷见之,成辞曰:‘皇帝(酋龙)奉命改正朔,请以敌国礼见。’福不许。”又,乾符四年(877)酋龙死,子法立,仍未去帝号。此句盖指安抚成功,南诏将取消帝号,不复再见新定的正朔。此诗当作于大中末,许棠此时在长安,困于科举,有可能见到徐侍御,若作于乾符四年,许棠此时已经入仕为官,不在长安,无由与徐侍御相见,并赠诗。

【笺释】这是宣宗大中十三年(859)南诏首领酋龙称帝后,唐僖宗于大中十四年(咸通元年)发布诏令并派遣使臣安抚南诏取消帝号的背景下,许棠的朋友徐侍御奉召充南诏判官，许棠在长安与他离别时写此诗送给友人，期望他一举成功，完成使命。

首联交代徐侍御此行的使命，是西辞长安前往南诏安抚蛮夷部落，乘坐朝廷的专车持着使节，非常庄严隆重，很有气势，也很有朝廷派头。次联交代是皇帝下了圣旨，徐侍御是奉朝廷旨意，要去异域教化不开化的蛮夷部落。显示出华夏天中的儒家文化观念，也表现出一种高度的文化自信。三联四联想象沿途景象：南诏地处偏僻的地方，民风不纯，比较杂乱，而巴蜀交界的气候多变，经常下雨，成为著名的“漏天”；高高的栈道上连天空，人马行走其上，晃动不停，极其危险，而下临山涧的长江，清澈见底，波浪迅奔。五联告诫友人要谨慎，防止狒狒的伤人，可以听听猩猩的言语，意即要注意蛮夷的特殊环境，注意身体安全。六联七联是送别时的美好祝愿：希望徐侍御此行躬行安抚蛮夷的正大之论，能够与南诏结成盟誓而凯旋，归来一定得到皇帝的嘉奖，腰间佩戴金印的绶带，使南诏不复更见新定的正朔，也就是说服南诏归顺唐朝的诏命。

据通鉴记载，此次派遣使臣并未使南诏服命，徐侍御并未完成使命，许棠的愿望落空了，但是此诗却有一定的史料价值。

送省玄上人①归江东②

释律③周儒礼④，严持用戒身⑤。
安禅⑥思剡石⑦，留偈⑧别都人⑨。
雨合吴江⑩黑，潮移海路⑪新。
瓶盂⑫自此去，应不更还秦⑬。

【注释】①省玄上人：游学京城长安某寺庙的严守戒律的僧人。②江东：自汉至唐，从安徽芜湖以下的长江南岸地区为江东。唐开元二十一年(733)设江南东道，简称江东道，治苏州，为唐十五道之一。参《文献通考·三一五·舆地》。③释律：佛教的戒律。佛教徒所遵守的法规，有五戒、十戒、二百五十戒等。④周：合。儒礼：儒家的礼节。此句指省玄上人既精通佛教戒律，又精熟儒家经书礼节。⑤此句指上人严守佛教清规戒律行事。⑥安禅：进入禅定。⑦剡石：剡地的隐居习禅处。剡县故城在今浙江嵊县西南。按，从诗题中的“归”字看，这位省玄上人或许本为剡地僧，到长安可能是修戒游学，学成之后返回故地，故诗的末句说他不会再来秦了。⑧偈：佛经中的颂词。梵语偈佗的简称。多用三言、四言、五言、六言、七言以致多言为句，四句合为一偈。⑨都人：长安之人，包括许棠在内的朋友。⑩吴江：即吴淞江。太湖最大的支流。自湖东北流经吴江、昆山、上海等地，会合黄浦江入海。⑪海路：海上乘船的线路。上人归剡地，要乘船从海上走。⑫瓶盂：僧人随身携带的汲水器和食具。⑬此句说上人不会再回长安。

【笺释】这首诗作于长安，是送省玄上人归江东的送别诗。

首联称颂省玄上人的佛道修养高深，既精研佛经的戒律，又精熟儒家经书，还能以佛教严格的戒律约束自己的行为，实在是得道的高僧。次联交代省玄上人离京的原因是思念江东剡溪的故居，所以留下偈语离别京城的故人。三联悬想一路景色，目下正是夏季，当上人到达吴江的时候，肯定会遇上乌云密布的大暴雨，而涨潮季节的海上航道也一定会有所改变，言外是担心上人会遇到很多困难，来表达相思想念之情。尾联深表遗憾，上人持着盂钵从此远去，他再也不会返回京城了。

许棠与这位省玄上人关系当很好，所以对他的离京返回江东，表达深深的遗憾与思念，从中可略窥许棠也有返回江东之意。

送刘校书①游东鲁

内阁②劳雠校③，东邦④忽纵游。
才偏精二雅⑤，分合⑥遇诸侯。
暗海龟蒙⑦雨，连空赵魏⑧秋。
如经麟见⑨处，驻马瞰⑩荒丘。

【注释】①校书：即校书郎。唐秘书省置校书郎八人，掌校雠典籍。②内阁：秘书阁。③雠校：即校雠古书。谓核对书籍，纠正其误。一人独校为校，二人对校为雠。后人嫌雠字，改称校对。④东邦：指东鲁地区。⑤偏：多。二雅：指《诗经》中的大雅、小雅。⑥分：职分、命分。合：应该。⑦龟蒙：山名。即今山东的龟山和蒙山，皆属蒙山山系。⑧赵：古国名，在今山西北部和中部，河北西部和南部。魏：古国名，在今河南北部、陕西东部、山西西南部和河北南部等地。⑨麟见：春秋鲁哀公十四年春，西狩于大野，叔孙氏之车子鉏商获麟，以为不祥，以赐虞人。孔子见而伤之。参《左传·哀公十四年》。⑩瞰：从高处往下看，俯视。此处意为瞻仰、凭吊。

【笺释】这是许棠送友人刘校书游东鲁的送别诗。当作于许棠滞留京城的某年秋天，这位刘姓朋友是校书郎，因为厌倦了枯燥的书斋生活，忽然想纵情畅游东鲁，首联即交代了这样的背景。次联说刘校书才华出众，精熟诗经的大雅小雅，所以命中注定必定会得到藩镇将帅的赏识，说明刘校书的东鲁之游是告假赴方镇进行干谒。三联想象一路的情景，龟蒙山高大雄伟，秋雨来时，乌云密布一直从赵魏大地暗到大海之滨，希望朋友保重。许棠想象的景象也许含有深意，因为那里可能会爆发农民起义。尾联说如果经过孔子悲叹获麟的地方，希望你一定驻马停步凭吊已经芜没的荒丘。也许因为朋友要去的地方类似于董邵南当年要去的幽州，所以许棠模仿韩愈《送董邵南游河北序》的写法，希望刘校书能够时刻不忘儒家先师的教诲，不要失去心中的方向。庞勋之乱爆发于咸通九年，十年被平息，其地正在徐州及山东之地，故许棠有所忧虑。

送金吾侍御奉使日东①

还乡兼作使，到日②倍荣亲。
向化③虽多国，如公有几人。
孤山无返照④，积水合苍旻⑤。
膝下⑥知难住，金章⑦已系身。

【注释】①侍御：殿中侍御史、监察御史之简称。金吾：唐禁军有左右金吾卫，但其官属无侍御。此处“金吾侍御”当是日人在唐为官者，故首句曰“还乡兼作使”。奉使：奉命出使。日东：指日本国。②到日：回到日本。③向化：向往中国的教化。④返照：反射夕阳的光辉。⑤苍旻：青天。⑥膝下：对父母的敬称。此指金吾侍御的父母。⑦金章：金印及绶带。

【笺释】这是许棠送日本遣唐使留唐为官者回日本的送别诗，与王维送朝衡相似，但是已经缺少盛唐气象了。

首联羡慕这位金吾侍御史回乡的双重身份，即是游子返回故乡，又是大唐的使臣，所以回到日本一定会使亲人感到加倍的荣宠。次联赞美金吾侍御史是遣唐使中的翘楚，尽管接受大唐教化的国家很多，但是像金吾这样的人还是很少，所以更加值得珍惜。三联想象大海航行的景象：海上的孤山没有夕阳余晖的照射，四周的海水一直与苍穹相连，浩渺无际。显然与王维想象的“向国唯看日，归帆但信风。鳌身映天黑，鱼眼射波红”有很大不同，可以看到许棠想象力没有王维那样的雄浑壮阔。尾联说尽管双亲舍不得你返回大唐，但是你已经金章系身了，不得不返回尽忠唐王室。这样看来，金吾侍御是纯粹的回家探亲，与朝衡回国与敦睦日本，弘扬中华文明，还是有区别的。说明晚唐时代的气象远远不如天宝盛世。另外，许棠在写作这样重大的题材时不写诗序予以说明，也是值得关注的，说明诗人的笔力也不如盛世诗人。

题甘露寺[1]

丹槛拂丹霄[2]，人寰下瞰[3]遥。
何年增造化[4]，万古出尘嚣[5]。
地势盘三楚[6]，江声换几朝。
满栏[7]皆异药，到顶尽飞桥[8]。
泽广方云梦[9]，山孤数沃焦[10]。
中宵[11]霞始散，经腊木稀凋[12]。
铎动[13]天风度，窗明海气[14]消。
带蘗分迥堞[15]，当日辨翻潮[16]。
鸟去沉葭菼[17]，帆来映泬漻[18]。
浮生[19]自多事，无计免回镳[20]。

【注释】①甘露寺：在今江苏镇江北固山上。相传三国吴甘露年间(265—266)造，唐李德裕扩建，乾符年间寺庙毁坏。②丹槛：红漆的栏杆。丹霄：天空。③下瞰：向下俯视。④造化：大自然的创造化育。⑤尘嚣：世间的纷扰、喧嚣。⑥三楚：楚地古有东楚、西楚、南楚之分，故称三楚。⑦栏：种药草的园圃。⑧飞桥：凌空飞度山涧的桥梁。⑨方：比。云梦：古泽名。其域大致包括今湖南益阳、湘阴县以北，湖北江陵、安陆县以南，武汉市以西地区。⑩沃焦：传说中东海南部的一座大山。一名尾闾。郭璞《江赋》：“淙大壑与沃焦。”注释引《玄中记》曰：“天下之大者，东海之沃焦焉，水灌之而不已。沃焦，山名，在东海南方三万里。”⑪中宵：夜半。⑫腊：腊月。木稀凋：树木叶子很少凋落。⑬铎动：塔上悬挂的风铃摇动。⑭海气：来自大海的潮气。⑮迥堞：远处的城墙。堞，城上如齿状的矮墙，也称女墙。⑯当日：对着太阳。辨：分辨。翻潮：返回的潮头。⑰葭菼：芦苇。菼，似苇而小，即初生的荻。⑱泬漻：空旷貌。漻，水清澈貌。一作“泬寥”。⑲浮生：短暂虚幻的人生。⑳回镳：犹言回马，指道路曲折，走回头路。镳，马嚼子。

【笺释】这是许棠返回故乡经过南京时游览甘露寺时所写的诗歌，甘露寺乾符年间毁于战火，故此诗当作于此前。又诗中说自己人生不顺，故当作于咸通十二年之前。可能作于咸通十一年冬天。

前四句写仰望甘露寺，表现其雄伟的气势：甘露寺红色的栏杆直接天空，俯瞰人间显示出它高高在上的雄姿，不知是那年给大自然增添如此的奇景，使它万古超出尘嚣之外。接下两句描写甘露寺的地理位置和悠久历史：它盘踞三楚大地上，脚下滚滚的江涛像一位时间老人静静地看着这里几经改朝换代，三国的东吴、东晋、宋齐梁陈的南朝等六朝已成过往云烟。接下十二句再描写登上甘露寺所见的非凡景象：寺边的药栏都种满奇异的药材，一直到塔顶都连接着飞桥；眼前的大泽可以与云梦相比美，北固山孤峰耸翠仿佛是大海的沃焦；到夜半塔顶的红霞才消散，经过严寒的腊月这里的树木也很少凋谢；天风浩浩吹来，塔檐下的风铃发出铮铮鸣响，拂晓时分，红日冉冉升起，打开窗户可以茫茫的海气渐渐消散；远处城楼上的女墙像一条弯曲的带子，对着日光可以分辨出江上滚滚的早潮；鸟儿翩翩飞翔一直消失在远处的芦苇丛中，片片白帆悠游驶来映着清澈的江水。这是一幅多么宏阔神奇的图画！最后两句抒发感慨：我这一生命途多舛，不得不四处奔走，无法停留下来啊！与当年王粲登楼发"虽信美而非吾土，何足以淹留"的感慨不同，许棠想到的是自己半生漂泊，连停歇脚步欣赏风景都难以做到，诗歌是时代气象的表现，这样壮美的河山也只是抒发浮生如梦感慨的触媒。

冬夜怀真里[①]友人会宿

静语与高吟，搜神[②]又爽心。
各来依帝里[③]，相对似山阴[④]。
漏永[⑤]星河没，堂寒月彩[⑥]深。
从容[⑦]不易到，莫惜曙钟[⑧]侵。

【注释】①怀真里：长安坊名，即怀贞坊。盖避宋讳改。参《唐两京城坊考·卷四》。②搜神：劳神，费心力搜索词语。③帝里：帝都。④山阴：晋永和九年（353年）暮春，王羲之与群贤宴集于会稽山阴之兰亭，曲水流觞，饮酒赋诗，并撰写《兰亭集序》，成为后世文人仰慕的雅事，即"兰亭情结"。后因称文人聚会、宴集为山阴会。⑤漏永：指时间长。漏，古代计时器。⑥月彩：月光。⑦从容：犹言消闲游乐。说举动有其常度。⑧曙钟：寺庙报晓的钟声。

【笺释】这是许棠某年冬天在长安怀真里与友人宴会并夜宿时写的一首诗。

首联说与友人静静地搜索词语并高声吟诵，这可谓劳神费累又爽心快乐啊！次联说我们从不同的地方相聚到京城，饮酒欢会仿佛当年王羲之在山阴兰亭宴集那样风流雅兴。三联说两人志趣相投有说不完的话，直到深夜星河西转沉没，寒冷的堂上月光依然那样明亮闪烁，我们都没有睡意。尾联说像这样从容不迫的消闲真是难得，良辰难再，所以不要担心报晓的钟声打搅我们的雅兴。

此诗可以看出许棠与知音相聚时的精神状态，两人搜肠刮肚赋诗吟诗的情景如画，很有韵味。全诗洋溢着一种及时行乐的心态，是许棠诗中少见的轻松一刻。

陪[一]友人夏夜对月

后伏①中宵月，高秋②满魄③齐。
轮移仙掌④外，影下玉绳⑤西。
蝉雀飞多误⑥，星萤⑦出自迷。
烦蒸⑧惊顿绝，吟玩畏[二]闻鸡⑨。

【校记】[一]陪：全唐诗校：“一作同。”[二]畏：全唐诗校：“一作怅。”

【注释】①后伏：三伏的末伏。在立秋之后，一年中最热的季节，俗称“秋老虎”。②高秋：此指刚刚立秋。③满魄：圆月。④轮：月轮。仙掌：即仙人掌，华岳山峰名，在今陕西华阴县。⑤玉绳：星宿名。张衡《西京赋》注引《春秋元命苞》曰：“玉衡北两星为玉绳。”⑥此句写天气太热，以致蝉与鸟雀到处乱飞，晕头转向，失去方向感。⑦星萤：星星与萤火虫。⑧烦蒸：令人感到烦闷的热气。⑨畏闻鸡：害怕听到雄鸡报晓的啼鸣，因为炎热的白天又开始了。

【笺释】这是许棠在某年夏天夜晚赏月时写的一首诗，地点当时长安。

首联说三伏天中宵的明月，在立秋之后首次浑圆无缺，真是美丽极了，值得通宵赏玩。次联说月轮缓缓移动到了华岳仙掌峰之外，影子投向玉绳星宿的西边。三联说那些夜晚飞鸣的蝉和鸟雀因为天气炎热到处乱飞，似乎晕头转向，失去了方向感；星星像萤火虫那样令人感到晃眼迷糊。尾联说令人感到烦闷的热气，顿时让人感到绝望，吟诗赏玩月亮最害怕听到报晓的鸡鸣，因为接下来蒸笼似的白天又拉开了序幕。

这是写伏天夜晚热浪难耐的诗歌，在古代诗歌中写热的诗不是很多，许棠将炎热的夏夜赏月吟诗的真切感受写得生动感人，值得珍视。

送从弟筹任告成尉①

海上从戎②罢，嵩阳③佐县④初。
故人皆羡去，吾祖旧曾居⑤。
地古⑥多生药，溪灵⑦不聚鱼。
唯应寻隐者，闲寺讲仙书⑧。

【注释】①告成：唐县名，属河南府。在今河南登封县东南。许筹任告成尉的时间约为大中初。参《全唐诗人名考证》。②从戎：从军。许筹任告成尉前当是在某幕府从军。③嵩阳：嵩山之南。④佐县：县尉为县令的佐吏。⑤味此句，许棠祖辈似曾居住嵩山之南。⑥地古：此地有古老的历史。⑦溪灵：溪水非常灵异。⑧仙书：神仙道教的书籍，此处兼指佛、道书籍。

【笺释】这是许棠送堂弟许筹赴河南告成县尉的一首送别诗。许筹任此职在大中初年，故诗当作于此时。

首联交代许筹的履历，说刚刚从海上从戎归来，就到嵩山之南的告成县任县尉了。次联说故人都羡慕你的去处，因为那里曾是我们老许家祖先居住的地方。三联写告成县不仅有古老的历史，而且还生长多种名贵的药材，溪水非常灵异，只是不聚集游鱼，所以你可以采药养生，可惜不能垂钓。尾联说你可以去寺庙寻找隐者，悠闲地在寺庙里听讲佛道的经典。

此诗有很多疑问，很难解说通畅，主要因为许筹经历不是十分清楚，而且讲告成县是祖先曾居住的地方，也难详其故。结尾说的“讲仙书”主语是谁也不清楚。

秋日陪陆校书①游玉泉②

共爱泉源异③，频来④不觉劳。
散光⑤垂草细，繁响⑥出风高。
沫滞⑦潭花片，沙遗⑧浴鸟毛。
尘间喧与闷⑨，须向此中逃⑩。

【注释】①陆校书:陆姓校书郎,具体事迹不详。②玉泉:在河南济源县东。唐卢仝曾汲此泉煮茶。参《大明一统志·河南·怀庆府》。③泉源异:此处有著名的红石峡,两面高峰插天,中间是千丈深涧,峡中就是玉泉河,飞瀑积潭,风景奇异。④频来:多次前来游玩。⑤散光:泉水荡漾反射出来的光芒,因为瀑布飞流直下,落入深潭,水波动荡不宁,故形成闪烁的光源。⑥繁响:瀑布水声很大,因为泉水多次撞击岩石,发出巨大的轰鸣声。⑦沫:水上的白色泡沫。滞:滞留,指白色泡沫阻止了飘落花瓣的前进。⑧沙遗:沙滩上遗留。⑨喧与闷:人世间的喧嚣和仕途蹭蹬的烦闷。⑩此中逃:逃进清净的大自然,躲避人世间的烦恼。

【笺释】这是许棠于某年秋天在河南济源县陪陆校书游览玉泉时所写的诗歌。

首联说自己与陆校书都喜爱这里灵异的泉流,此处有著名的红石峡,两面高峰插天,中间是千丈深涧,峡中就是玉泉河,飞瀑积潭,风景奇异,所以,多次前来游览总不觉得劳累。次二联写景:细草低垂伸向涧底碧绿的水潭,泉水荡漾反射出潋滟的光芒,因为瀑布飞流直下,落入深潭,水波动荡不宁,故形成闪烁的光源;瀑布从半空洒落,水声很大,因多次撞击岩石而发出巨大的轰鸣声,与风声相互应和;泉水冲击形成的泡沫一圈圈堆积在岸边,它们困住了飘落的花瓣,使之随着波浪轻轻荡漾;沙滩上遗留下飞来泉边洗浴的水鸟的白色羽毛。这四句写景非常细致真切,表现出许棠具有较强的观察与表达能力,这些景物也显得清新秀美,给人赏心悦目之感。尾联赞叹此地的幽静,说在尘世间喧嚣中心生的烦闷,必须到这里来消解。希望能逃进这样的胜境之中来净化心灵的尘垢。

此诗表现了许棠的林泉高致,很有审美意味。

送防州[1]郧员外[2]

千溪与万嶂[3],缭绕复峥嵘[4]。
太守[5]劳车马,何从驻旆旌[6]。
椒[7]香近满郭,漆货[8]远通京。
唯涤[9]双尘耳,东南听政声[10]。

【注释】①防州:两《唐书·地理志》均未载唐有防州,疑为“房州”之误。房州治所在今湖北房县。②郧员外:许棠友人,具体事迹不详。③障:峰峦。④缭绕:杂乱交错的样子。峥嵘:高峻,气象不凡。⑤太守:指州刺史。⑥旆旌:旗帜,刺史出行所打的旗子,这里指刺史。⑦椒:花椒,树似茱萸,有针刺,茎叶坚而滑泽。蜀为茶,吴作茗,皆合煮其叶以为香。参三国吴陆玑《毛诗草木鸟兽虫鱼疏》。⑧漆货:漆器。⑨涤:洗涤。⑩此句说我洗耳恭听你在东南的政绩名声。

【笺释】这是许棠送郧员外赴任房州任职的送别诗,作地当在长安,因为房州在长安的东南。

首联想象湖北房州的地理风貌:千条溪流蜿蜒盘旋、潺潺流淌,万座山峰峰重峦叠嶂、气象峥嵘。起笔给人气势宏伟的感觉,首联就写景,在送别诗中比较常见,但一般是先写眼前之景,像许棠这样写异地景象还是少见的。接下来说房州刺史车马劳顿,你郧员外有幸跟随在刺史的大旗后面,即郧员外是应刺史之招前往任其从事,这在晚唐时期是令人感到荣耀的事情。三联转写房州的物产,那里不仅盛产花椒,其浓郁香气浸透了州县的城郭,还有精美的漆器一直流通到京城。次联带有强烈的地方色彩和气息。最后是真诚的祝愿,我恭恭敬敬洗涤双耳,准备来倾听你从东南传来政绩名声。

由此可见许棠心中为官的理念,希望友人能够有所作为,能够为官清正廉明。

过穆陵关①

荒关②无守吏,亦耻白衣③过。
地广人耕绝④,天寒雁下多。
东西方自感⑤,雨雪更相和⑥。
日暮聊摅思⑦,摇鞭一放歌⑧。

【注释】①穆陵关:关隘名。在今山东临朐县南大岘山上。②荒关:荒废的关隘。③白衣:未仕或不仕的士子。④人耕绝:“人绝耕”的倒装,即地广却无人耕种,写出了庞勋乱后山东的荒芜与破败。⑤自感:自我感慨。⑥相和:相加,雨雪交加。⑦摅思:抒发情思。⑧此句写自己姑且摇动马鞭,高歌一曲,发泄内心的郁闷。

【笺释】穆陵关在山东临朐县南大岘山上,许棠来游览之时已经是一座荒废的关隘,可能经过了战乱。则此诗当作于咸通九年至十年的庞勋之乱以后,此时许棠未中进士入仕,因为他还是“白衣”之身。权定在咸通十年秋天。

首联说这穆陵关已经荒废,连把守的官吏都没有,但是我经过此关时还是感到羞耻，因为至今还是白衣之身。可见未能进士及第在晚唐人心中是一种绞绞的痛楚。次联写此地经过战乱一片荒凉，大片大片肥沃的土地任其荒芜无人耕种，萧条不景气，但是天寒秋风起了，北方的大雁还是纷纷聚集此地来寻找食物和依存之所，而我也是这些漂泊者中的一员。许棠的诗歌大多作于旅途奔波之中，无论北上或南下，都喜欢将大雁写入诗中，一方面是季节的特征所致，另一方面则含有自喻漂泊的意旨。三联就是写东西漂泊的这种感慨，更何况遭遇雨雪交加的恶劣气候，徒增旅行的悲苦。许棠为何赴山东，虽然不是具体明确，但大致可以断定是为了前途而干谒，不可能是单纯的游历。面对眼前的萧瑟和人生的困顿，许棠心中压抑了沉重的郁闷，因此在“日暮乡关何处是”的时刻，他要摇鞭高歌一曲，抒发内心的情思，一吐心中的苦水。读许棠的诗歌，总是在结尾处看到他内心郁积着浓重的凄苦情调。他的心中似乎永远抹不去科举失败的阴影，这阴影根源于整个时代的衰败没落。

江上遇友人

阙下①分离日，杏园②花半开。
江边相值③夜，榆塞④雁初来。
坐久河沉斗⑤，吟长月浸杯⑥。
鲈鱼⑦非不恋，共有客程[一]催⑧。

【校记】[一]程：全唐诗校：“一作尘。”

【注释】①阙下：宫阙之下，指京城长安。②杏园：园名。故址在今陕西西安市郊大雁塔南。唐时为新及第进士游宴之地。③相值：相遇。④榆塞：榆关，即今河北秦皇岛市的山海关。⑤河沉：银河西沉。斗，星宿。⑥月侵杯：月光落入酒杯。⑦鲈鱼：用张翰典故。指思念家乡。⑧客程：客游的路程。

【笺释】这是许棠于旅行途中，在长江边上偶遇友人的诗歌，从颔联有“雁初来”看，当作于秋天。又结尾有“共有客程”，则许棠与友人相遇之后，奔向各自的方向。又许棠说并非不想学张翰秋风起回归故乡，则许棠此年秋天经过长江另有去向，具体目标难以确定。

首句说我与友人分别时正是京城杏花刚刚含苞初放的初春，说明许棠刚刚落第东归，而这位友人或许中举或许也落第而滞留京城。次联说没有想到我们在长江边相遇的时候，已经是秋天了，北方边塞的大雁刚刚飞来南方。三联写与友人相遇的夜晚喝酒聊天，直到深夜星河沉转，而一轮明月照耀着各自的酒杯。尽管所谈论的内容许棠没有暗示，但可以推测不外乎是人生感慨，从饮酒到深夜来看，这位友人也许遭遇到人生的不顺。尾联说因为我们都有“客程”催逼，所以不能像张翰那样秋风起而归隐故乡。抑或许棠与友人都是为了明年的考试而各自奔忙乎？

诗中流露出科场失意但仍在坚持奋斗的情绪，可能作于大中末或咸通初，因为越到咸通后期，许棠诗中倾诉的落第之悲就更强烈，而且不断发誓要归隐。而这首诗说不能归隐，说明还在为未来的希望而努力。

忆宛陵[①]旧居

旧忆陵阳[②]北，林园近板桥[③]。
江晴帆影满[④]，野迥鹤声遥[⑤]。
岛径通山市[⑥]，汀扉[⑦]上海潮。
秦城[⑧]归去梦[⑨]，夜夜到渔樵[⑩]。

【注释】①宛陵：汉县名，隋大业初改名宣城。即今安徽宣城市。②阳陵：山名。在宣城泾县西北。许棠故乡在此。③板桥：谢朓有《之宣城出新林浦向板桥》诗，《文选》李善注引《水经注》曰：“江水经三山（在今南京西南长江南岸），又湘浦出焉。水上南北结浮桥渡水，故曰板桥浦。”④此句言晴天的江面上都是来来往往的船只。⑤此句言原野开阔，鹤鸣声可以传到很远的地方。⑥山市：买卖山货的小集市。⑦汀扉：小洲上农家房舍的门窗。⑧秦城：指京城长安。⑨归去梦：归隐故乡的梦。⑩渔樵：打鱼砍柴的隐居生活。

【笺释】这是许棠寄居京城思念故乡的诗歌，具体时间难以确定。

首联说回想起我的故乡坐落在阳陵山的北面，林园临近当年谢朓赋诗的板桥浦。这里天晴的时候，江面上风帆点点，满眼都是来来往往的船只，好不繁忙，旷野辽阔无际，白鹤的鸣叫声响彻云霄。江边的小岛上一条小径一直通向买卖山货的集市，夜晚涨潮，汩汩的潮声一直沿江上溯，浪花飞溅到沙洲渔家简陋的木门上。尾联感叹，我漂泊在这人地生疏的京城，夜夜梦回故乡，正在江边砍柴打鱼。以虚幻的温馨来冲淡科举失败的苦楚。从诗中回忆的生活内容及其情感来看，当是大中年间所作，因为没有咸通末期那种极度的无望之悲。

题闻琴馆

城非宓贱邑[①]，馆亦号闻琴。
乃是前贤[②]意，常留化俗[③]心。
代公存绿绮[④]，谁更寄清音[⑤]。
此迹应无改[⑥]，寥寥毕古今[⑦]。

【注释】①宓贱：孔子学生宓不齐，字子贱，鲁国人。《说苑》：“宓子贱治单父，弹琴身不下堂，单父治。”。此句说这个县城虽不是宓子贱治理的城邑，但是这里却有“闻琴馆”。②前贤：指宓子贱一类的贤县令。③化俗：教化民俗。④绿绮：古琴名。晋傅玄《琴赋序》：“楚庄王有鸣琴曰绕梁，司马相如有琴曰绿绮，蔡邕有琴曰焦尾，皆名器也。”后用为琴的通名。如晋张载《拟四愁》诗：“佳人赠我绿绮琴，何以报之双南金。”李白《听蜀僧濬弹琴》：“蜀僧抱绿绮，西下峨眉峰。”⑤清音：指琴声清越，此处比喻县令清廉的美名。⑥应无改：应该没有什么改变。⑦此句说自古至今都是一片寂寥。毕，都，皆。

【笺释】这是一首题在某县城名叫“闻琴馆”墙上的诗歌，表达了许棠对县令治民的理想，亦可以看出许棠为官的理念。具体写作时间无考。

首联说这里虽然不是当年宓子贱弹琴而治的县城，却有一处建筑叫做“闻琴馆”，这引起了作者极大的兴趣。次联说取名者一定是要继承前贤的用意，常常提醒后来者要有教化民众的仁爱之心。三联说代公留下一张名叫绿绮的古琴，但有谁来弹奏清越的琴声呢？言外就是对清廉县令的渴望与期待，表现了许棠当一名清廉县令的理想。尾联回到眼前严酷的现实，这里的遗迹应该从未改变，但是从古到今竟然如此荒凉寂寥。

诗中有一种苍凉的悲感，但其间流淌着作者原为贤明清廉县令的情感暖流，还是能够引人深思的。

寄江上[①]弟妹

无成[②]归未得，不是不谋归[③]。
垂老登云路[④]，犹胜守钓矶[⑤]。
大荒身去数[⑥]，穷海信来稀[⑦]。

孤立[8]皆难进，非关命独违[9]。

【注释】①江上：指长江边。许棠为宣州人，其地临近长江。②无成：指仕进无成。③谋归：计划回家。④云路：犹言青云之路，喻宦途。⑤守钓矶：喻无官职家居，即归隐旧居。⑥大荒：辽阔的边塞地区。数：多次。⑦穷海：僻远的滨海地区。指弟妹所在地。⑧孤立：孤独无依无靠。⑨命独违：命运唯独自己不顺。

【笺释】这是许棠咸通十二年中举之前漂泊长安时期的一首寄赠故乡弟妹的诗歌，抒发自己命运多舛的感慨。

首联说自己举业未成所以不能回家，并不是不思念家乡，可能许棠接到了来自故乡的弟妹们问候的家信，故这样表述自己不能回家的原因。次联说即使到了星星白发的老年，一旦登上青云之路，总比在家乡空守钓船还要好些，多少会有一点颜面。这里可以看出许棠二十多年追求科举仕进的心理动力，强烈的功名观念，荣亲耀祖的宗亲观，是支撑他屡败屡战的精神支柱。三联说那遥远荒漠的边塞我是去了多次，而来自遥远的滨海故乡的亲人的书信却非常稀少，由此可见许棠内心多么渴望来自故乡的温馨的慰藉！尾联说我孤单贫困又无依无靠，所以很难有进展，并非完全由于我的命运不好。言外之意是说整个时代、社会都是如此不景气。因此，我还必须等待时机。

诗中有“大荒身去数”，即表明许棠写作此诗当在咸通十一年底，或咸通十二年初。

题李昌符[1]丰乐[2]幽居

诗家依阙下，野景[3]似山中。
兰菊俱含露，杉梧[4]为奏[一]风。
破门韦曲[5]对，浅岸御沟[6]通。
莫叹连年屈[7]，君须遇至公[8]。

【校记】[一]奏：全唐诗校：“一作起。”

【注释】①李昌符：屡举进士不第，因出一奇，作《婢仆》诗五十首行卷于公卿间浃旬，盛传京师，遂于咸通四年(863)萧倣下进士及第。累迁膳部员外郎。仕终膳部郎中。诗与郑谷、许棠等齐名，为咸通十哲之一。今存诗一卷(《全唐诗》卷五九五)。②丰乐：长安有丰乐坊。见《唐两京城坊考》卷四。幽居：幽静的居处，此指李昌符仕前在长安的住所。③野景：野外的景色。④杉梧：杉树和梧桐树。⑤韦曲：在唐长安东南樊川，今陕西长安县。有林泉花鸟之胜，唐时以诸韦氏居此而得名。⑥御沟：流入宫内的河道。也称杨沟。《三辅黄图·杂录》：“长安御沟，谓之杨沟，谓植高杨于其上也。”谢朓《入朝曲》：“飞甍夹驰道，垂杨荫御沟。”⑦连年屈：指李昌符连年科举失败。⑧至公：至为公道。指正直公道的主考官。

【笺释】这是题在李昌符幽居的一首勉励友人的诗，当作于长安。当时李落第对次，许棠特意安慰他，也许许棠也落第了，故有惺惺相惜之意。考李昌符咸通三年（862）进士及第，则此诗作于咸通二年秋天可以断定。

首联说诗人李昌符是居住在京城丰乐坊里，但是野外的景色却像深山之中，是如此的幽静闲雅。次联写景，这里春兰秋菊含露开放，处处幽香，松杉耸翠，碧梧叠荫，迎风激起阵阵涛声。三联写幽居的位置，破旧的门户正对着花鸟胜境韦曲的高楼广厦，门前的浅溪的堤岸正好与御沟相连。通过幽居与高门贵族的居第及皇宫的对照，写出“荣枯迟尺异”的现实，也表现出李昌符独处孤贫的高洁品性。尾联真诚安慰友人不要悲叹连年科举落第，相信他一定会遇到公正廉明的主考官，一定会实现仕途的梦想。

许棠是在鼓励友人，何尝不是在自励！在许棠看来，不是李昌符没有才能，而是缺少像伯乐那样的选拔人才的“至公”之人。

青山①晚望

昔人怀感处，此地倍魂消②。
四海经摇落③，三吴④正寂寥。
风移残烧⑤远，帆带夕阳遥。
欲继前贤迹⑥，谁能似隐招⑦。

【注释】①青山：在安徽当涂县东南，一名青林山。南齐谢朓尝筑室及池于山南，因称为谢公山。②魂消：即销魂，形容极度悲伤。③摇落：草木凋谢，零落。④三吴：历来说法不一。《通典·州郡》以吴郡、吴兴、丹阳为三吴。此泛指长江下游的古吴地。⑤残烧：指放火烧野草以肥田余下的残火。⑥前贤迹：当指雷次宗留下的遗迹。⑦似隐招：像隐士一样被招请出仕。南朝宋文帝为隐士雷次宗筑招隐馆于钟山。

【笺释】这是许棠回到故乡傍晚遥望大青山时抒发感慨的一首诗，许棠来往南北多次经过青山，具体时间难以确定。考诗中有“四海经摇落，三吴正寂寥”一联，说明是作于秋天，咸通十年有庞勋之乱，故此诗可能写于咸通十一年秋天。

首联说昔人曾在此地感怀，而今我经过此地更加黯然销魂，这是何故？因为南齐诗人宣城太守谢朓曾经筑室凿池于青山之南，我则欲归隐青山而不得，进不成退难就，所以一想到谢朓就伤感。次联感慨现实，四海刚刚经历一次战乱，可能就是指咸通十年的庞勋之乱，所以三吴大地还沉浸在一片荒凉寂寥之中。三联描写近景：秋风吹拂，农家烧山肥田的野火越烧越远，遥远的江面上片片轻帆映着夕阳的余晖，给人一种落寞之感。尾联说我也想追踪前贤隐居于此，可是谁能为我筑招隐之馆呢？

许棠是返回家乡路过青山还是离开家乡北上漫游边塞时经过青山，颇难断定。

宣城送进士[1]郑徽[2]赴举

长安去是归，上马肯沾衣[3]？
水国[4]车通少，秦人楚荐稀[5]。
鸿方离北鄙[6]，叶下已西畿[7]。
好整丹霄步[8]，知音在紫微[9]。

【注释】①宣城：唐宣州治所。即今安徽宣城市。进士：唐时，凡应礼部进士试者，皆谓之进士。已经中举者称前进士。郑徽：大概是宣城故乡应举者，事迹待考。②沾衣：离别时哭泣流泪。③水国：指江南地区，河道纵横，多乘船出行。④此句谓秦人荐举楚人的很少。⑤北鄙：北部边境。⑥西畿：即京畿。唐以长安为西京，其周围地区称京畿道。⑦丹霄步：犹言青云步。⑧紫微：星座名，三垣之一。又指帝王宫殿。汉李尤《德阳殿铭》：“皇穹垂象，以示帝王，紫微之则，弘诞弥光。”

【笺释】这是许棠在故乡宣州送进士郑徽赴京应举的送别诗，诗中有“叶下已西畿”之句，当作于深秋。

首联很难解，特别是“长安去是归”一句不知何意。许棠送人赴举，说明此年许棠并未参加进士试，抑或已经中举？若是后者，则此诗作于咸通十二年深秋。此联大意劝说郑徽上马离去时，不要难过流泪。在许棠看来这临歧洒泪，一方面固然是亲友离别的伤感，而另一方面则因为从江南赴京多是乘船很不方便，更令人伤怀的是秦京很少有荐举南方士子的人，所以次联抒发这种感叹。三联描写时令景物：北方沙漠的鸿雁刚刚离塞南下避寒，而长安京畿的树木已经飘落了黄叶。已经是深秋季节，希望郑徽能够保重身体。尾联慰勉郑徽努力进取，整理好平步青云的步履，一定会在紫微宫找到知音，即一定会遇上赏识你的人，帮助你一举成名。在许棠看来，紫微的知音是成功的关键因素。

言　怀①

万事不关心②，终朝③但苦吟。
久贫惭负债④，渐老爱山深⑤。
日月销⑥天外，帆樯弃海阴⑦。
荣枯应已定⑧，无复系浮沉⑨。

【注释】①言怀：同“书怀”，即抒发内心情怀。②用王维《酬张少府》诗成句，原诗曰：“晚年惟好静，万事不关心。”③终朝：原意指早晨，《诗经·小雅·采绿》：“终朝采绿，不盈一匊。”传曰：“自旦及食时为终朝。”后也指一整天。杜甫《冬日有怀李白》：“寂寞书斋里，终朝但尔思。”④此句应为“久贫负债惭”的倒装，因为长久贫困负债累累而感到惭愧。⑤此句意谓年纪渐渐老大，所以喜爱更深的大山。⑥销：消磨，消耗，引申为流逝消失。⑦帆樯：指帆船。海阴：海边。许棠家在江南，此应为“江阴”。⑧荣枯：喻仕途的通达与失意。⑨无复：不再。系浮沉：人生的沉浮不再系于心。浮沉，指仕途地位的升降及利益的得失。

【笺释】此为许棠晚年抒发内心情怀的诗歌，似作于入仕之后。许棠二十多年滞于科举考场，中举之后还是向人陈情渴望入仕，或许入仕之后依然沉沦下僚，故诗中多知命之叹。

首联引用王维的成句写自己晚年“万事不关心”的心态和整天惟苦吟的单调生活，但许棠与王维还是有很大的不同，王维经历了安史之乱，接受过伪职，一直是内心的隐痛，加上王维长期信佛习禅，所以他的万事不关心实际上是进入禅境的一种表征，而许棠半生飘零，困于举场，消磨了一生最精华的岁月，中举之后，也还是被迫只能终朝苦吟来消磨岁月，所以他的万事不关心实际上是晚唐颓败的折射，是一种无可奈何的悲叹。次联说自己因为长久贫困负债累累，因而内心深感惭愧，年纪老大了所以更喜欢深山静居，其静居不是王维那样的走进禅境，实际上走进逃避的心灵蜗角。三联推开一层说日月消磨于天外，当年垂钓的小船丢弃在海边无人问津，真是进退维谷，仕不成隐难就啊！所以尾联跌入知命的悲叹：人生仕途的通达与困窘、升沉得失早已命中注定，所以荣辱沉浮就不再萦系心怀了。

此诗是许棠晚年精神状态的表露，显然漫游边塞时期的渴望进取的锐气已经消失殆尽，这是一个时代的悲哀。

汴河[1]十二韵

昔年开汴水[2]，元应别有由[3]。
或兼通楚塞[4]，宁独为扬州[5]。
直断平芜[6]色，横分积石流[7]。
所思千里便[8]，岂计万方忧[9]。
首甚资功济[10]，终难弭[11]宴游。
空怀龙舸[12]下，不见锦帆[13]收。
浪倒长汀柳[14]，风欹远岸楼[15]。
奔逾怀许竭[16]，澄彻泗滨休[17]。
路要[18]多行客，鱼稀少钓舟[19]。
日开天际晚[20]，雁合碛[21]西秋。
一派注沧海[22]，几人生白头。
常期身事毕[23]，于此泳东浮[24]。

【注释】①汴河：也称汴水、汴渠。其上游受黄河水为荥渎，也叫南济；在荥阳的一段叫浪荡渠；向东流叫官渡水。又东流到大梁城北，叫阴沟。②开汴水：指隋以后的汴河故道，由前故道至河南商丘县治南，改东南流经安徽的宿县、灵璧、泗县入淮河。隋炀帝幸江都，唐宋漕运东南各省的粱粟入京师，皆由此道。③元：通“源”。④楚塞：指楚地的疆界。南朝江淹《望荆山》诗：“奉义至江汉，始知楚塞长。”⑤扬州：隋称江都，治所在江都县(今江苏扬州市)。隋炀帝大业元年三月征调诸郡民百余万，开通济渠，自洛阳达于江都。八月，炀帝自洛阳乘龙舟行幸江都。参《资治通鉴》卷一百八十。⑥平芜：杂草繁茂的原野。⑦积石流：指黄河水。《书·禹贡》：“导河积石(山名)，至于龙门。”随修通济渠，“自板渚引河通于淮。”(《随书·炀帝纪》)⑧此句谓隋炀帝修汴河的目的是为了自己行幸江都的千里路程方便。⑨此句谓隋炀帝没有考虑天下老百姓的忧虑。⑩首:始。资:助。济:成。⑪弭:止住,消除。⑫龙舸:龙舟。隋炀帝所乘的大船,船首刻成龙首状。⑬锦帆:指炀帝巡游所乘的龙舟,其帆用华丽的宫锦制成,极端奢靡。李商隐《隋宫》诗:“玉玺不缘归日角,锦帆应是到天涯。”⑭长汀柳:长长的沙洲上的柳树,炀帝命汴河河堤上植柳树,称为“杨柳”。此句夸张龙舟经过时激起大浪冲倒了柳树。⑮风欹:风吹倒。⑯怀许:言“怀许”与下句“泗滨”相对,皆当指通济渠(汴河)流经之地。许,处所,地方。“怀”未详所指,疑有误字。⑰澄澈:清澈见底。泗滨:泗水之滨。通济渠于泗州临淮县(今江苏泗洪东南)入淮河。临淮县临近泗水(古泗水于今江苏清江市入淮河),故云“泗滨”。⑱路要:汴河水路重要。⑲钓舟:钓鱼的小船,因河中无鱼,所以河边没有渔船。⑳天际:天边。㉑碛:沙漠。㉒此句言汴河水最终流入大海。㉓身事毕:自身事业完成,指仕途进取达到目标。㉔东浮:谓向东浮于海,指隐居。《论语·公冶长》:“道不行,乘桴浮于海。”

【笺释】这是一首咏隋炀帝开挖汴河游幸江都的五排,结尾说“常期身事毕,于此泳东浮”,则此诗当作于中举之前,或许是东下经过汴河时所作。诗中还有“雁合碛西秋”之句,则此诗作于秋天甚明。

隋炀帝是历史上臭名昭著的亡国昏君,他为了游乐征调数百万劳工疏通大运河,三次巡游江都,不惜民力物力只图一己之享受,使他成为后代君王的一面镜子。晚唐人咏隋炀帝的诗歌很多,大多讽刺其奢华糜烂的生活和逸游无度的心理。如李商隐《隋宫》:“乘兴南游不戒严,九重谁声谏书函。春风举国裁宫锦,半作障泥半作帆。”另一首《隋宫》:“紫泉宫殿锁烟霞,欲取芜城作帝家。玉玺不缘归日角,锦帆应是到天涯。于今腐草无萤火,终古垂杨有幕鸦。地下若逢陈后主,岂宜重问后庭花?”许棠的这首诗虽然没有达到李商隐的认识高度,也不及李商隐诗歌的风调高华、用典浑融有味,但也有一些独特的见解和况味。

首四句认为隋炀帝当时开凿修通汴河,应该另有原因,不一定仅仅为了去扬州游乐,可能是为了打通与楚塞之间的联系,这就比较客观地评价了开挖运河的意义,也就是说在李商隐们否定的基础上,对开凿运河的实际作用作了肯定。从历史上看,运河成为江南大米、丝绸等物资运往北方的主要航道之一,发挥了巨大的交通运输功能,这也是不争的事实。接下二句写开凿运河工程的浩大,汴河从积石山横贯分开一部分黄河水,然后穿过杂草繁茂的原野,“直断”与“横分”四字很有力度,通过汴河的气势力量,可以看到修建汴河时耗费的巨大民力物力。接下二句是许棠独特的感慨:“所思千里便,岂计万方忧。”这里的“千里便”含有双重含义，既可以说隋炀帝当初的谋划中主要是为了南北交通的便利，也可以说是为了自己行幸江都的便利和快捷。论家往往强调后者而忽视前者。但不幸的是隋炀帝的雄才大略与他的荒淫无度是并蒂而生，或者说他将奢靡浪费建立在他的宏大志向之上，因此他的所作所为没有考虑到“万方忧”这一历史的重要基础。得民心者得天下，惜民力者才能坐稳天下。所以许棠的评价非常客观。随后诗句的评价大体沿着这一客观辩证的方向发展推进。如说首先应当肯定“资功济”，即南北交通的便利之功，但这一方便却没有制止隋炀帝游宴的无度；又说空自怀想当年浩浩荡荡的龙舟船队东下巡游的壮观场景，却没有看到锦帆收起返回京都，因为炀帝最终付出了身死国亡的惨重代价。接下四句以夸张的笔墨描写汴河景象：龙舟经过时，激起的大浪将沙洲的杨柳都推到了，阵风竟然吹倒了远岸的楼房；奔驰穿过怀州直到澄澈的泗水之滨才停歇下来。接下四句写当前落寞凄凉之景：这样的交通要道来来往往的行人很多，但因为河里鱼少岸边却很少钓鱼的船只；傍晚时分云散天开，夕阳的余晖照耀着运河两岸，天空有从塞外沙漠南来的大雁飞过，又是一年深秋季节了。因此最后四句抒发人生感慨：这汴河的滚滚流水是一往无前流进了沧海，可是谁知像我这样的人有多少已经头上增添了白发呢？心中油然升起一种逝川之叹。面对苍茫的历史和严酷的现实，许棠感慨万千，说一旦我仕进的愿望实现，一定要像孔子说的那样，就在此处“乘桴浮于海”。

诗的结尾不免消极感叹，但是身处那样落寞凄凉的时代，遭遇又是那样的坎坷，像许棠这样命途多舛的诗人也不大可能有李商隐当年“永忆江湖归白发，欲回天地入扁舟”的理想了。我们应该给予同情的理解。

旅中[①]送人归九华[②]

分与仙山[③]背，多年负翠微[④]。
无因随鹿[⑤]去，只是送人归。
顶木晴摩日[⑥]，根岚晓润衣[⑦]。
会于猿鸟[⑧]外，相对掩高扉[⑨]。

【注释】①旅中：旅程途中。②九华：山名。在今安徽青阳县西南。山有九峰，原名九子山，唐李白游江汉，见九峰如莲花，改名九华。③分：职分，命分。仙山：指九华山。为著名的佛教圣地，故称。④翠微：山青绿色，指九华山。许棠曾隐居九华山，故言辜负九华。⑤无因：无缘。随鹿：与野鹿生活在一起，指隐居。⑥摩日：接近太阳。指山高。⑦岚：早上山谷间的雾气。⑧猿鸟外：指高山上。外，犹“上”。⑨扉：门。高扉，高山上房子的门。

【笺释】这是许棠在旅程途中送朋友归九华山的诗歌，作年难以确定。由于许棠曾经隐居九华山，所以对九华非常留恋，故借客中送客的机会，表达心迹。

首联说我命中注定与九华仙山没有缘分，所以辜负九华的苍翠山色很多年了，对未能终隐九华表示遗憾，因为他二十年都在追求仕进，所以不能归隐。次联说不能随着野鹿去过隐居生活，只好客中送朋友归隐九华。三联描写想象中九华山的景色，山顶的树木接近天空，早晨的岚气会打湿衣服。尾联期待什么时候我会在回到九华山与你相见，我们相互比邻而居，掩盖着高山上的门扉。

许棠与张乔、张蠙、周繇并称“九华四俊”，抑或这位友人就是他们之间的某一位？只能猜测而已。

送友人归江南①

皇州②五更鼓，月落西南维③。
此时有行客④，别我孤舟⑤归。
上国⑥身无主，下第诚⑦可悲。

【注释】①此诗一作聂夷中诗，【按】，《文苑英华》卷二八二作聂诗，接许棠七首之后，疑是。②皇州：指帝都长安。③西南维：西南隅，西南角。④行客：远行之人。⑤别我孤舟：当为“孤舟别我”倒置。谓友人乘孤舟离别我回归江南。⑥上国：首都，京师。⑦下第：落第。味诗意，此下第者，当是许棠。此诗作于长安，某年春天。

【笺释】此诗未必是完璧，似乎后面还有尾联。可能是张泌送许棠落第东归之作。首联点名时间和地点，长安城里传来五更的鼓声，月亮已经从西南角落下，新的一天就要开始了，暗示两人已经一夜未眠。次联说此时有位远行的客人，就要乘坐孤舟离别我东归故乡。三联说留下我在京城六神无主，而你竟然落第真是令人悲伤啊！后面当还有一些安慰之类的话，只到此结束，或许哽咽难言吧。亦或这位留京者也是此次落第者吗？难以确定。

洞庭湖[①]

空江浩荡景萧然[②]，尽日菰蒲[③]泊钓船。
青草[④]浪高三月渡，绿杨花扑[⑤]一溪烟。
情多莫举[⑥]伤春目，愁极兼无买酒钱。
犹有渔人数家住，不成村落夕阳边。

【注释】①此诗一作张泌诗，题目《洞庭阻风》，【按】，《才调集》卷四以此诗为张泌作。洞庭湖：在今湖南北部，长江南岸。②萧然：萧瑟的样子。③菰蒲：菰，俗称茭白，生于水边。可作蔬菜，其实可称菰米，可作饭。蒲，菖蒲的简称。④青草：湖名。又名巴丘湖，南接湘水，北通洞庭，水涨则与洞庭相连。⑤绿杨花扑：杨花飘落水面。⑥莫举：不要抬起，不要抬头看。

【笺释】此诗风调悠扬，不像许棠的作品。可能因为许棠有《过洞庭》的名作，因而归在许棠名下。首联写景：空荡荡的江水浩浩汤汤，景色一派萧瑟，江边的菰蒲丛中整日停泊着钓鱼的船只。次联说，三月的青草湖渡口，浪高三尺，难以渡过，绿杨片片飞落到湖面，整个溪流都是一片烟雾。三联说多情的人在这样的时刻不要抬头张望，因为春景触目伤怀，而且愁苦难耐想借酒浇愁却囊中羞涩买不起酒啊！尾联只好默然凝视远方，那里稀疏的几户渔民住在不成村落的湖边，夕阳的余晖正笼罩着这一切。从尾联来看，黄昏夕阳的落寞景象正是晚唐时代的象征。

句

晓嶂猿开户，寒湫鹿舐冰。
当空吟待月，到晚坐看山。(以上见《纪事》)
一年三领郡，领郡管仙山。(赠段成式，见《语林》)

二、张乔诗歌笺注

宴边将

一曲梁州金石清[1]，边风萧飒动江城[2]。
座中有老沙场客，横笛休吹塞上声[3]。

【注释】①梁州：《词谱》："梁州令，唐教坊曲名"。《旧唐书》："天宝乐曲皆以边地为名，若《凉州》《伊州》《甘州》之类"。此处《梁州》与《凉州》是否即为一曲，说法不一，详见任半塘《教坊记笺订》。按《凉州》属大曲，本诗中之《梁州》以金石材质的乐器如钟磬等配合笛子来演奏，亦有大曲遗意。顾况《李湖州孺人弹筝歌》："独把梁州凡几拍，风沙对面胡秦隔。"②江城：沿江城市。③塞上声：即指《梁州曲》。

【笺释】本诗具体创作年代不详，但根据诗中提及的"江城"推断，当日宴会之地应距诗人家乡池州不远，本诗或是诗人隐居九华时所作，或是咸通年间应京兆府试途中所作，或是应试后复退居九华时所作。要之，诗人定有前往此"江城"的机缘。解读本诗最关键的一点就是不能忽视"江城"这个地点，因为这里才是宴会的所在地。虽然诗人所宴之人为"边将"，宴上所奏之曲为"梁州"，但是不能因此误认为宴会所在地就在边疆。这种产生误会的可能性，正是本诗艺术表现技法的巧妙所在。全诗以"一曲梁州"开篇，在浑厚悲凉的塞上之音中，让人不禁产生幻觉：温煦的江风悄然变成了萧条肃杀的"边风"。这种由音乐引起的悚然凛冽之气，对其他人来说还可承受，但是对座中的那位老于沙场的客人来说，却简直是断肠之音。因为这乐曲会引起他对边疆戍守、征伐生涯的无限回忆，这回忆中定然有许多令人痛苦的地方，因为那里面一定充满血腥杀戮和孤独绝望。在和洽的宴会中让自己的座上宾重回噩梦之中，这是任何宴会主人都不愿看到的。因此诗人连忙制止道："横笛休吹塞上声！"全诗在一句带有喝止语气的话语中戛然而止，不仅没有让人产生粗鲁无礼之感，反而让人深深感受到诗人对这位边将朋友的细腻关怀和对他过去遭遇的深深同情。

郢州即事①

孤城临远水②，千里见寒山。
白雪无人唱③，沧洲尽日闲④。
鸟归残烧外⑤，帆出断云间。
此地秋风起，应随计吏还⑥。

【注释】①郢州：唐代州名。宋人乐史《太平寰宇记》卷一百四十四（山南东道三）详载其历史沿革曰："西魏分属安州，武帝分置石城郡，后于石城置郢州。隋炀帝初州废置安陆、竟陵二郡。唐武德四年，并二郡，立温州。于长寿县置郢州，章山、蓝水二县属焉。七年废基州，以章、山、来属。贞观元年省蓝水入长寿，又废郢州以长寿属温州，章山属荆州。十七年废温州，依旧置郢州，治京山。天宝元年改为富水郡，乾元元年复为郢州。"②孤城：孤立城寨或城镇。王昌龄《从军行》（其四）有："青海长云暗雪山，孤城遥望玉门关"之句可参观。③白雪：指高雅的乐曲或诗文。典出战国楚人宋玉《答楚王问》："客有歌于郢中者，其始曰《下里巴人》，国中属而和者数千人其为《阳阿》《薤露》，国中属而和者数百人；其为《阳春白雪》，国中属而和者不国数十人……是其曲弥高，其和弥寡。"④沧洲：滨水的地方。古时常用以称隐士的居处。 三国魏阮籍《为郑冲劝晋王笺》："临沧洲而谢支伯，登箕山以揖许由。"⑤残烧：野火焚烧之余烬。⑥计吏：州郡中掌管记录户口、赋税之文案的官吏。

【笺释】郢州距张乔的家乡池州不远，张乔曾游历至此。本诗以气局阔大的全景式描写开篇，为全诗定下顿挫慷慨的基调。"孤城临远水，千里见寒山"，欲准地理解这两句诗，首先得确定诗人的观察视角在何处。诗人能看见"孤城"的全景，说明他一定处在郢州城外；诗人能看见绵延不绝的"寒山"，说明他一定处在一个高地。处在这样一个适合观览的有利位置上，诗人的创作热情被极大地激发出来也是在情理之中的。但诗人毕竟是身处异乡，而且内心还充满怀才不遇、曲高和寡的抑郁幽苦，所以他被激发出的情感也是低沉的。"白雪无人唱，沧洲近日闲"，今日的郢州城内已不再有古时候楚国郢都的善歌而能和之人了，今日的鄞州水滨也不再有隐士往来悠游了。这里成了一个令人感到百无聊赖的寂寞之地，至少也不是诗人的用武之地。遥望飞鸟从烧山的野火灰烟飘散之处归来、帆船向断云飘渺处驶去，诗人的归心也油然而生。他突然下定决心，当秋风再次吹起的时候，他要同每年这个时候都要向上级汇报业绩的计吏一起返程。

送宾贡金夷吾奉使归本国[一]①

渡海登仙籍②，还家备汉仪③。
孤舟无岸泊，万里有星随。
积水浮魂梦，流年半别离④。
东风未回日，音信杳难期[二]。

【校记】[一]“吾”，一作“鱼”。[二]“期”，一作“知”。

【注释】①宾贡：推举人才，待以宾礼，贡于京师。此指别国推举而来的贤者。《宋史·外国传三·高丽》：“贡士三等，王城曰土贡，郡邑曰乡贡，他国人曰宾贡。”金夷吾：生平不详。②仙籍：指科第。③汉仪：汉官威仪。泛指中国礼仪制度。④流年：流逝的光阴、年华。南朝宋鲍照《登云阳九里埭》：“宿心不复归，流年抱衰疾。”

【笺释】这是一首送外国友人返归本国的诗。可能作于诗人寓居长安时期。观诗意金夷吾乃新罗（在今朝鲜境）人或日本人。当初他是以本国贤士的身份被推举到唐朝学习的。在唐期间参加了科举考试，还顺利及第。清徐松《登科记考》卷二十七谓：“张乔《送宾贡金夷吾奉使归本国》诗云：‘渡海登仙籍’，是已登第也。”金夷吾此次归本国并不是一去不返，而是以唐朝派遣的使者的身份与本国进行经济、政治或文化交流的。清文廷式《纯常子枝语》卷四十：“张乔……有《送宾贡金夷吾（一作吾）奉使归本国》诗云：‘渡海登仙籍，还家备汉仪。’盖成进士后，即充使也。”本诗的诗题和首联透露了这些信息。作者在首联交代了金夷吾回国的原因后，颔联和颈联集中笔墨写他途中将经历的情事。作者并没有渡海出国的经历，但他在诗中所言情事却有如亲眼所见、亲身所历，这不得不让人感叹诗人联想、体物之妙。在作者看来，金夷吾所乘“孤舟”入海之后就正式开始了一次险象环生的旅程。茫茫万里，欲泊无岸，抬头只见满天繁星，低头只见无量“积水”。在这样的情景下，金夷吾可能会心生感慨：自己的年华大概有一半都在别离中度过了吧！尾联作者重新转换思路，从希望金夷吾顺利归国后传来音信着笔，表达了诗人离别时复杂的心绪。本诗在结构上紧扣诗题，显得十分精致。“渡海登仙籍”点明金夷吾“宾贡”身份，并指出他具备能够“奉使归国”的资格。“还家备汉仪”，简直就是诗题“奉使归本国”的一种更具诗意的说法。“孤舟无岸泊，万里有星随”贴切“归”字；“积水浮魂梦，流年半别离”贴切“送”字。尾联总收全篇，既表达了诗人对友人此行凶险路途的担忧，又表现了他对别后重逢的期待。

华　山[①]

谁将倚天剑[②]，削出倚天峰。
众水背流急[③]，他山相向重。
树黏青霭合[④]，崖夹白云浓。
一夜盆倾雨，前湫起毒龙[⑤]。

【注释】①华山：五岳之一。在陕西省华阴市南，北临渭河平原，属秦岭东段。又称太华山。古称“西岳”。②倚天：靠着天。形容极高。唐韩愈《酬司门卢四兄云夫院长望秋作》：“终南晓望踏龙尾，倚天更觉青巉巉。”③背流：逆向而流。南朝宋谢灵运《会吟行》：“连峰竞千仞，背流各百里。”④黏：胶附，黏合。引申为接近，贴近。⑤湫：深潭。毒龙：凶恶的龙。北魏杨衒之《洛阳伽蓝记·闻义里》：“山中有池，毒龙居之。”

【笺释】任何一首写山的诗，皆具备写山之作的共同特点，即多写山势及山景。本诗也是如此，但本诗又是一首专咏华山的诗，因此它必须将华山的特殊之处表现出来。诗人做到了这一点。首联以奇句写奇峰，以“倚天”之剑比“倚天”之峰，使读者在纸上仿佛已经看见华山高耸入云的山峰。华山众峰林立，十分著名的就有莲花（西峰）、落雁（南峰）、朝阳（东峰）、玉女（中峰）、五云（北峰）诸峰。诗中所言以宝剑削出的“倚天”峰，必定峭壁笔立，险峻无比，在华山这样的险极之峰非中锋玉女莫属。首联恍如飞来之笔，突发一问，为全诗奠定雄奇壮美的基调。次联诗人的视野从“画面”的极点稍降一格，落到从山巅疾驰入谷的“众水”和重叠耸立的“他山”上。“众水”“他山”是处皆有，何以突出华山之奇？关键就在句中“背流”和“相向”两个短语上。“相向”是相对、面对的意思，莲花、落雁、朝阳、五云诸峰在玉女峰周围如众星拱月般连绵重叠，构成华山“他山相向重”的特有山势；“背流”是逆向而流之意，华山各峰，皆有径流，纷纷涌入山谷之际，或南流，或北流，或东流，或西流，构成华山“众水背流急”的特有水势。颈联诗人的视野又降低一格，并将“镜头”的分辨率提高了。他看见了树间的雾霭和崖间的云气，写雾霭和云气时特别突出了它们的色彩，或青或白，与树色、崖色相映生辉，让人恍如置身仙境。尾联所写景事与其他三联相比显得更加精致细腻，因为此时诗人的视野已经从极高降到极低、从极远回到极近；不仅如此，前三联是实写之笔，此联还融入了诗人想象虚构的成分。当诗人看见一夜倾盆大雨过后的“前湫”时，他突发奇想：这深潭突然变得波涛涌动，一定会惊动栖息其中的毒龙吧！末尾这一联，使以壮奇开篇的诗歌，平添了几分幽奇之美，使以描写空间景物为主体的全诗平添几分时间感，亦与首联一样，堪称奇笔。

滕王阁[一]①

昔人登览处，遗阁大江隅②[二]。
叠浪有时有，闲云无日无。
早凉先燕去，返照后帆孤。
未得营归计③，菱歌满旧湖④。

【校记】[一]一本“滕王阁”下有“写望”二字。[二]“昔人登览处，遗阁大江隅”，一作“创来人世殊，几度绕汀芦”。

【注释】①滕王阁：唐高祖子滕王元婴任洪州刺史时建，故名。故址在今江西省南昌市赣江之滨。阁历经修建，后焚毁。亦省作“滕阁”。②隅：山水弯曲处或边侧。③营：谋求。④菱歌：采菱之歌。南朝宋鲍照《采菱歌》之一：“箫弄澄湘北，菱歌清汉南。”

【笺释】本诗写诗人登临滕王阁时的所见所感。最大的亮点是诗人敻绝的时间意识。首联今昔对照：前人游览的胜境，如今只剩下一座孤零零的楼阁伫立在芦荻掩映的江边。透露出了物是人非的苍凉之感，颇有陈子昂《登幽州台歌》“前不见古人”之句的韵味。颔联以“有时有”之“叠浪”与“无日无”之“闲云”对举，并不是为了像天气预报那样报道旅游景点的天气状况，诗人想表达的是“叠浪”“闲云”依旧在，欣赏他们的人却早已不同的失落感。颈联以“早凉”和“返照”对举，捕捉了早晨和傍晚这两个时间点在滕王阁上能够见到的景象。二句中的“先”“后”也是表现时间的词，穿插句中，使“燕”“帆”意向更具运动感。本诗前三联对时间的敏锐把握，都是为尾联的抒情做准备的。也可以说正是前三联今昔、时日、早晚的时间更迭与变换，触发了诗人内心的乡愁。“未得营归计”，表现了欲归而不得的无奈。“菱歌满旧湖”也许是诗人眼前所见实景，又或是诗人脑海中浮现出的故乡的生动画面。总之，它使全诗在“菱歌”一样悠远飘渺的情绪中完满结束。明代郭子章《豫章诗话》卷五云：“滕王阁自王子安题后，其名始显。唐人惟张乔有《滕王阁写望》诗……曹松有《滕王阁春日晚眺》诗……元人虞邵菴有律诗三首、绝句一首，其后有吴子高诗……明临川王尚书英诗……题咏亦不甚多。李太白云：‘眼前有景道不得，崔颢题诗在上头’。此言尽之矣！”子章之论，意在推崇王勃《滕王阁序》及《滕王阁诗》。实则张乔此作在诸滕王阁诗中亦为上乘，在艺术技巧上多有可取之处，只是诗中之情绪略显低沉、风格比较内敛而已。如果这些算作缺憾的话，也是诗人坎坷的人生际遇及晚唐的时代风貌所致。

寄处士梁烛①

贤哉君子风，讽与古人同[一]②。
采药楚云里，移家湘水东。
星霜秋野阔，雨雹夜山空。
早晚相招隐③，深耕老此中④？

【校记】[一]“讽”，一作“诵”。

【注释】①处士：本指有才德而隐居不仕的人，后亦泛指未做过官的士人。梁烛：生平不详，张乔友人。②讽：诵读，诵念。③早晚：何日；几时。《颜氏家训·风操》：“尊侯早晚顾宅？”④深：隐藏。梁谢几卿《答湘东王书》：“鬼谷深栖，接舆高举。”

【笺释】本诗紧紧抓住梁烛的“处士”身份着笔。“处士”，本义是指那些才德品行卓异却隐居不仕的人。在作者心目中，友人梁烛正是这样一个人。因此，诗人就集中笔墨写梁烛的隐士风度、隐居环境及对他的隐居生活的向往。首联先对梁烛的品行作大笔勾勒，刻画出了一个具有古君子风度的贤士形象。所谓“讽与古人同”，大概是诗人根据梁烛的作品或言论得出的结论，其中的仰慕之情溢于言表。颔联指示了寄诗之方位，同时也表明了梁烛隐居之地的所在。楚、湘自古多高风亮节之士，梁烛“采药楚云里，移家湘水东”，正是得其所哉！颈联一个“阔”字，一个“空”字，既表现了梁烛广阔的的生活环境，同时也表现出了他自由自在、了无挂碍的心境。值得注意的是，本联所写无论是辽阔霜野，还是雨后空山，全是夜色笼罩下的景物，这样写可以为本就十分清幽的隐居环境，再添不少神秘气氛。尾联以问句形式，抒发了对梁烛现有生活状态的向往之情，这既表现了对友人的赞扬，又表达了对友人的思念，情感内涵十分丰富。明代钟惺是一位杰出的诗歌评论者，往往三五字之间就能将一首诗的精髓指点出来。他在《唐诗归》卷三十六评价本诗云：“朴貌高情。”简短的四字评点，既可视为对诗人笔下的梁烛形象的准确概括，又可视为对本诗艺术风格的高度评价。

送许棠下第游蜀①

天下猿多处，西南是蜀关②。
马登青壁瘦，人宿翠微闲[一]。
带雨逢残日[二]，因江见断山。
行歌风月好，莫老锦城间③。

【校记】[一]“宿”，一作“度”。[二]“日”，一作“火”。

【注释】①许棠：字文化，宣州泾县人。②蜀关：进入蜀地的关隘。③锦城：即锦官城。故址在今四川成都南。成都旧有大城、少城。少城古为掌织锦官员之官署，因称“锦官城”。后用作成都的别称。

【笺释】许棠是作者的好友，作者现存诗歌中，有数首赠许之作。本诗是许棠落第后作者为他送行而作。据宋计有功《唐诗纪事》卷七十载：“乔，池州人，有诗名。咸通中与许棠、俞坦之、剧燕、任涛、吴宰、张蠙、周繇、郑谷、李栖远、温宪、李昌符谓之十哲，十哲而十二人。”可见，他们生活在同样的时代，有着共同的人生追求，有着类似的生活经历。这些都为他们之间的深厚友谊奠定了基础。许棠此次下第，并没有滞留京师而是打算到蜀地游历。对于许棠的这个决定，作者是表示担忧的。他在本诗的首联就以提醒的口吻说：“放眼天下，西南可是猿最多的地方啊！”言外之意是，朋友你刚刚遭遇落第的挫折，心绪正不佳，又要到蜀地去，那里众多的猿猴整日哀鸣不已，你如何能受得了呢！余成教《石园诗话》卷二：“张乔《送许棠下第游蜀》云：‘天下猿多处，西南是蜀关。’工于发端，其五七律起句俱多挺拔语。”仔细涵泳可以发现，“工于发端”这个评价是十分恰当的。第三句作者又表达了另一层担忧，即蜀道艰难，骏马亦因之憔悴，何况人呢！然而友人既然去意已决，自己也不便挽留，只能说些祝福的话。所以作者的话锋一转，说道：然而在苍山翠岭之中，身心得到休憩也还是不错的；何况还能欣赏到

“带雨逢残日，因江见断山”的蜀地奇景呢！尾联诗人设想许棠在路途上且行且歌的情景，同时也希望他不要就此消沉下去。本诗中饱含着对友人落第心绪“感同身受”的体会，让人突然想起，作者可能也是这次科举考试中名落孙山的一员。“莫老锦城间”，可能是在约友人下回再战呢！

题终南山白鹤观①

上彻炼丹峰②，求玄意未穷。
古坛青草合，往事白云空。
仙境日月外，帝乡烟雾中[一]③。
人间足烦暑④，欲去恋松风[二]。

【校记】[一]“乡”，一作“城”。[二]“松”，一作“清”。

【注释】①终南山：秦岭主峰之一。在陕西省西安市南。一称南山，即狭义的秦岭。古名太一山、地肺山、中南山、周南山。②彻：贯通；到达。③帝乡：天宫；仙乡。陶潜《归去来兮辞》：“富贵非吾愿，帝乡不可期。”④烦暑：闷热；暑热。《南史·梁武陵王纪传》：“季月烦暑，流金铄石。”

【笺释】本诗是作者游览终南山白鹤观时留题之作。关于终南山白鹤观，《才调集补注》卷八谓：“《后山诗话》：‘唐高宗东封，有鹤一马，乃诏诸州为老氏筑，宫名以白鹤。终南在帝都，宜其首建也。’”终南山白鹤观因在长安，遂为诸州白鹤观之“首建”，其规模形制必定不同凡响。但是我们并不能通过本诗领略其当日的盛况，诗人在观内建筑上着墨不多。这大概是因为白鹤观建于初唐，而诗人所生活的时代已是晚唐，二百年间白鹤观也和大唐王朝一样渐渐要走向穷途末路了。本诗是游览道观所作，初读起来觉得作者似乎对道教的神仙世界十分向往，但如果按照这个思路解读本诗，却总觉得有些不妥。“上彻炼丹峰”是诗人拾级而上时的观感，貌似是对白鹤观残存的雄风的赞叹，但紧接着一句“求玄意未穷”，却像是对这种大兴土木行为的指摘。颔联写观内作法事的坛场，如今已长满了青草，诗人不禁感慨：往事像飘然而去的浮云一般早已没有了踪影。颈联似乎是在赞美白鹤观如仙境、如帝乡，但也可以理解为诗人觉得所谓的仙境其实比日月还遥不可及，所谓帝乡其实像在烟雾中一般朦胧虚幻。在诗的末尾诗人也没有表现出多少对仙境的痴迷，而仅是把此处当作一个消夏的好去处，或者说是当作一个躲避人间烦恼的清静之地。作者集中虽多有与僧道相关之作，但诗人骨子里信奉的其实还是儒家。所以当他置身于形同荒废的白鹤观中时，心中多半会被昔盛今衰之感占据，至于“求玄”之意，只不过是题观之作的点缀罢了。关于本诗还有一则有趣的材料。据清人费经虞《雅伦》卷二十六载：“夏元开云：‘一东二冬唐人律诗通用甚多，五言律如……张乔《题终南山白鹤观》：峰、穷、空、中、风。……今人辄以出韵为非，皆道听途说，失于深考。”这则材料讨论了本诗的用韵问题，按《钜宋广韵》，“穷”“空”“中”“风”，属“一东”，“峰”属“三锺”，“三锺”与“二冬”通用，所以“峰”也算属于“二冬”，夏氏所言不误。他指出后人以“一东”“二冬”通用为出韵，实则唐人多用之，张乔就为一例。的确，我们不能以后人作茧自缚之条例来要求前人。

赠边将

将军夸胆气，功在杀人多。
对酒擎钟饮①，临风拔剑歌。
翻师平碎叶②，掠地取交河③。
应笑孔门客④，年年羡四科⑤。

【注释】①擎：举起；向上托。②翻：飞。碎叶：城名。为唐代西域边防重镇，故址在今吉尔吉斯斯坦境内。③交河：唐置交河县。地在新疆吐鲁番西北。④孔门：孔子的门下，借指儒家。⑤四科：指德行、言语、政事、文学。《论语·先进》“德行：颜渊、闵子骞、冉伯牛、仲弓。言语：宰我、子贡。政事：冉有、季路。文学：子游、子夏。”这里指科举考试的科目。

【笺释】本诗是为赠人而作，因所赠之人为边将，所赠之诗竟也染上了朔漠风沙之气。首联起总领作用，发语响亮，“夸”字画出将军音貌，“多”字见出将军功勋。三四两句对应首句“将军夸胆气”，擎钟而饮酒，临风舞剑而歌，正是“胆气”的写照；五六两句对应次句“功在杀人多”，飞师平定碎叶，略地轻取交河，正是“功多”的表现。三四句中“擎”“拔”二动词充满力道，赋予整联刚劲挺拔之气。五六句中“飞”字、“取”字，一见指挥之令行禁止，一见战斗之举重若轻。尾联作者联系到自身，以自己“孔门客”的身份与其人边将的身份作对比，既衬托出将军个性，又道出自己心中的苦涩，与前三联在内容上一详一略，主次分明。前三联颇具初盛唐气象，相比而言，末联难免给人气局顿衰之感，但正是这一点显示出本诗不是刻意追踪千人之作，而是有自己鲜明独特的生命力。总体来看，全诗笔力雄豪而不失典雅，气度张扬而不乏雍容，堪称佳制。

吊建州李员外①

铭旌归故里②，猿鸟亦凄然。
已葬桐江月③，空回建水船④。
客传为郡日[一]，僧说读书年。
恐有吟魂在，深山古木边。

【校记】[一]"日"，一作"政"。

【注释】①建州：治所在今福建建瓯县。李员外：李频。频字德新，睦州人。②铭旌：竖在灵柩前标志死者官职和姓名的旗幡。多用绛帛粉书。品官则借衔题写曰某官某公之柩，士或平民则称显考显妣。另纸书题者姓名粘于旌下。大敛后，以竹杠悬之依灵右。葬时取下加于柩上。③桐江：钱塘江中游的别称，指自浙江建德至桐庐一段。④建水：即今建瓯县的建溪。

【笺释】本诗是李频逝世后，诗人为悼念他而作。李频是晚唐"一时骚雅宗师"(宋孙逢吉《职官分纪》卷十一)，他过世后，哭吊他的人甚多。郑谷有《哭建州李员外频》诗曰："令终归故里，末岁道如初。旧友谁为志，清风岂易书。两坟生野蕨，乡奠钓江鱼。独夜吟还泣，前年伴直庐。"张蠙有《哭建州李员外》诗曰："诗名不易出，名出又何为。捷到重科早，官终一郡卑。素风无后嗣，遗迹有生祠。自罢羊公市，溪猿苦旧时。"释贯休有《闻李频员外卒》诗曰："苍苍难可问，问答亦难闻。落叶平浔岸，愁人李使君。文章应力竭，茅土始天分。又逐东流去，迢迢隔岭云。"曹松有《哭李频员外》诗曰："出麾临建水，下世在公堂。苦集休开箧，清资罢转郎。瘴中无子奠，岭外一妻孀。定是浮香骨，东归就故乡。"诸人哭吊之作，皆发自肺腑，悲切感人。本诗也不例外。首联写李频归葬故里之时，猿鸟亦来助哀，悲鸣哀啸，令人凄然。不直写己心之悲而借他物发之，曲折回环，更觉情致动人。颔联写葬事完毕后，从建州发来的运送灵柩的船只开始返航，一个"空"字，似乎让人觉得连建州的船都觉得悲伤与不舍。建州百姓对他的怀念从这句诗中也可以看出。紧接着很自然地过渡到颔联，颔联前一句写他为官一方政绩卓著，令人怀念不已；后一句写他读书时的逸事也播在人口。《新唐书》记录读书时代的李频道："少秀悟，逮长，庐西山，多所记览，其属辞于诗尤长。与里人方干善给事中姚合，名为诗士多归重，频走千里丐其品，合大加奖挹，以女妻之。"又多载他“守法不阿”“以礼法治下”的政绩。由此可见本联所写并非恭维恭维之词，而是写实。末联贴切李频“属辞于诗尤长”的特点，设想在桐江之畔的深山古木中，他大概还会继续吟唱吧！以虚幻之笔结束全篇，颇具深情绵邈之致。按本诗《全唐诗》又收入曹松名下，《文苑英华》卷三〇五亦作曹松。然松已有《哭李频员外》诗，诗中内容也多写李频下世之初、归骨故里时的情况，曹松当无必要同时作二首立意相似之诗。然本诗著作权究为谁有，尚待考辨。

送许棠及第归宣州[1]

雅调一生吟，谁为晚达心[2]。
傍人贺及第[3]，独自却沾襟。
宴别喧天乐，家归碍日岑[4]。
青门许攀送[5]，故里接云林[6]。

【注释】①许棠：晚唐诗人，字文化，宣州泾县人。宣州：治所在今安徽省宣城市。②晚达：功名晚成。③傍人：“傍”读“旁”，身边的人。④碍：遮蔽。杜甫《见王监兵马使说近山有白黑二鹰》之一：“鹏碍九天须却避，兔藏三窟莫深忧。”⑤青门：本指汉长安城东南门。此门本名霸城门，因其门色青，故俗呼为“青门”或“青城门”。后泛指京城东门。⑥云林：指隐居之所。王维《桃源行》：“当时只记入山深，青溪几度到云林。”

【笺释】本诗是作者送别友人许棠时所作。此次送别与上次送别不同，上次送许棠落第游蜀，此次乃送许棠登第荣归，所以全诗洋溢着轻松愉快的情绪。诗的前四句切题中“及第”之意，后三句切题中“归宣州”之意。第五句为承上启下的关键，“宴别”启下，“喧天乐”承上，及第而锣鼓喧天，落第而猿鸟黯然，乃人之常情。首句称赏许棠的才华，而许棠也是当之无愧的。据计有功《唐诗纪事》载，许棠的《洞庭》诗，曾被人题在扇面上，并因此得号“许洞庭”，其“雅调”可见一斑。次句“谁为晚达心”，道尽许棠蹉跎考场、幸得一第的苦辣酸甜。《唐诗纪事》还载：“咸通中，京兆府解试月中桂诗，乔擅场。……其年李建州频主试，时为京兆府参军，以许棠老于场屋，以为首荐。”可见许棠此次登地，还可能是因李频怜悯所致，其中况味，他人难晓。因此颔联写当周围的人都纷纷道贺时，许棠却独自落泪。据《金华子》云：“许棠晚年登第，尝曰：‘自得一第，筋骨轻健，愈于少年。’”可见登第之喜在许棠内心的冲撞是何等强烈。作者能敏锐地感觉到友人的这种“喜极而泣”微妙心理，实在难能可贵。末联以都门相送、展望友人故里作结，再次点题，并赞扬了友人家乡的清幽美景。吴乔《围炉诗话》卷二谓：“张乔送许棠诗，情景浹洽。”吴乔所谓“张乔送许棠诗”并没有明确指哪一首，这个评价或许是他统观作者集中数首赠许之作后得到的整体印象。本诗也是符合“情景浹恰”这一评价的。

送庞百篇之任青阳县尉[1]

都堂公试日[2]，词翰独超群[3]。
品秩台庭与[4]，篇章圣主闻。
乡连三楚树[5]，县封九华云[6]。
多少青门客，临岐共羡君[7]。

【注释】①庞百篇：生平不详。青阳县：今安徽省青阳县。②都堂：唐尚书省署居中，东有吏、户、礼三部，西有兵、刑、工三部，尚书省的左右仆射总辖各部，称为都省，其总办公处称为都堂。公试：官方主持的考试。③词翰：诗文，辞章。④品秩：官品与俸秩。台庭：台辅之庭。⑤三楚：战国楚地疆域广阔，秦汉时分为西楚、东楚、南楚，合称三楚。⑥九华：山名。在今 安徽省青阳县。旧称九子山。因有九峰如莲花，故改为今名。⑦临岐：亦作“临歧”。本为面临歧路，后亦用为赠别之辞。杜甫《送李校书》：“临岐意颇切，对酒不能吃。”

【笺释】庞百篇和诗人同时参加科举考试，他中了，诗人未中。他们可能是在准备考试、切磋技艺时结识的，所以诗人对他的每一步上升都十分熟悉。首联写他们同时在都堂参加公试时，庞百篇就以超群的词彩独占鳌头。次联写台辅之庭为他放发品秩，他的诗文在上层社会流传，连皇帝都要一睹为快，真是无限荣耀。前四句写他登第前后在长安的情况。颈联递进一层，开始写他任职之地的情况。青阳县地连三楚，界内还有名山九华，是个山清水秀、人杰地灵的好地方。末联写青门送别之人都十分羡慕，当然作者也是其中之一，他的艳羡之情自不待言。总的来看，本诗只能算是中规中矩之作，艺术上也没有太多可圈点之处。且“词翰独超群”之句与“篇章圣主闻”之句语意还略显重复，实为一点缺憾。

曲江春[①]

寻春与送春，多绕曲江滨。
一片凫鹥水[②]，千秋辇毂尘[③]。
岸凉随众木，波影逐游人[一]。
自是游人老[④]，年年管吹新[⑤]。

【校记】[一]“逐”，一作“送”。

【注释】①曲江：即曲江池。在今陕西省西安市东南。秦为宜春苑，汉为乐游原，有河水水流曲折，故称。隋文帝更名芙蓉园，唐复名曲江②凫：野鸭。鹥：鸥的别名。③辇毂：皇帝的车舆。代指京城。④自是：犹只是。唐崔涂《春夕旅怀》诗：“自是不归归便得，五湖烟景有谁争？”⑤管吹：泛指演奏音乐。

【笺释】唐时曲江为都人赏览胜地，人们游赏春景，送别春天都爱到那里去。这一生活现象被作者提炼为本诗的首联。次联先选取曲江众景中的一景作为代表，来说明人们喜爱他的原因。一片波光粼粼的池水，上面自由自在地游着一些野鸭和鸥鹭。按说这样的景致并不难见到，但在长安这样的熙攘繁华之地，却成了难得一见的画面。自汉代至唐，历经千载，这个景区始终吸引着包括帝王及贵族在内的无数游人。颈联指出，当游人纷纷来到这里时，最享受的是这里清凉的林荫与摇曳的池波。末联诗人不禁感慨：游人老去了一批又一批，只有耳畔的管弦歌吹年年都花样翻新。用游人之“老”与管吹之“新”作对比，表达了作者物景常新而人生易老的春愁。“自是游人老，年年管吹新”之句概括了一个具有普遍性的生活现象，他不仅适用于曲江一地，也适用于其他游人聚集的地方。作者写春景而以衰老憔悴的游人形象作结，也反映了他内心有着纾解不开的愁绪。

秦原春望[①]

无穷名利尘，轩盖逐年新[②]。
北阙东堂路[③]，千山万水人。
云离僧榻曙[④]，燕远凤楼春[⑤]。
荏苒文明代[⑥]，难归钓艇身[⑦]。

【注释】①秦原:犹秦中。指今陕西中部平原地区,因春秋、战国时地属秦国而得名,也称“关中”。韩愈《祭石君文》:“客葬秦原,孤魂谁附?”②轩盖:带篷盖的车,显贵者所乘。借指达官贵人。③北阙:古代宫殿北面的门楼。是臣子等候朝见或上书奏事之处。后用为宫禁或朝廷的别称。东堂:东厢的殿堂或厅堂。古代多指皇宫或官舍。④僧榻:僧床,禅床。⑤凤楼:宫廷楼阁。⑥荏苒:蹉跎,拖延时间。王维《责躬荐弟表》:“贪冒官荣,荏苒岁月。”文明:文教昌明。贯休《寄怀楚和尚》:“何得文明代,不为王者师。”⑦钓艇:钓鱼船。

【笺释】作者春日登秦原望远,见到的多是来来往往的车和熙熙攘攘的人,这些人都是为了名利而来。路上灰尘无数,却见不到一个染上尘土的车盖,因为每年都有新的人、新的车从四面八方赶来。首联虽指出众人都是为了名利而来,但并没有指出他们为何名何利而来,次联对这一问题作了进一步的补充。原来这些翻越千山万水赶到京都的人,是为了在“北阙”“东堂”求得一官半职。颈联是写景之句,但寺庙中之“僧榻”实在难以在秦原上“望”见。实则这是以比兴的手法反映了两种生活状态,一种是僧榻上隐士的生活,一种是凤楼中官宦的生活。前一种生活对作者有着强烈的吸引力,但现实不得不让他追求后一种生活。秦原上那些“千山万水人”不也有着这样的无奈吗?尾联诗人更明确地表达了这种无奈,在这样“文教昌明”的时代,自己白白蹉跎了岁月,又不能实现自己“功成身退”的理想,实在是悲哀。

游华山云际寺[一]

少华中峰寺①,高秋众景归②。
地连秦塞起③,河隔晋山微④。
晚木蝉相应,凉天雁并飞。
殷勤记岩石,只恐再来稀。

【校记】[一]诗题一作《游少华山甘露寺》。

【注释】①少华:在陕西省华阴县,因其东有太华山,故称少华。②归:会集。③秦塞:秦代所建的要塞。④晋山:晋地的山。

【笺释】本诗又题作《游少华山甘露寺》。清毕沅《关中胜迹图志》卷十三谓:“甘露寺,《通志》:‘在华州南八里少华峰之西。’”毕氏引《通志》此条后,并举张乔本诗为证。然《通志》明言甘露寺在少华峰之西,本诗首句却说寺在少华中锋之上，可见本诗所写之寺并非甘露寺，而是诗题所言云际寺，游甘露寺之题可能是后人误题。诗的第一句无意用力，仅用白描手法交代游览之时地，却自然挺拔。“高秋众景归”之“归”，不应作“回归”之“归”解，因为次联所写“秦塞”“晋山”，万年不动，实在没有离去再归来之理。此处之“归”当作“会集”解，此句乃秋高气爽、万物皆尽收眼底之谓也。这样一来，从首联过渡到颔联就显得十分自然。作者身处“云际”之寺，放眼远望，秦晋山河一览无余，只见少华山与秦原紧密相连，黄河又将晋地群山与此地隔开。颔联所写乃空间中极辽远极壮丽之景，与之相映成趣的是，颈联又写了一组时间中极亲切极清新之景：傍晚的林间蝉声此起彼伏，凉爽的高天群雁并翅而飞。诗人在游寺时见到这样“众景归”的景致，自然会深深爱上这个地方。因此在末联诗人甚至想要把这里的每一块岩石都记在脑海中，以防自己因不能再游而心生遗憾。

送棋待诏朴球归新罗①

海东谁敌手，归去道应孤。
阙下传新势②，船中覆旧图③。
穷荒回日月④，积水载寰区⑤。
故国多年别，桑田复在无⑥？

【注释】①待诏：待命供奉内廷的人。朴球：朝鲜人，因棋艺高超而待诏唐宫。②势：样式。③覆：翻，倒。④穷荒：边荒之地。回：运转；循环。《吕氏春秋·季冬》：“是月也，日穷于次，月穷于纪，星回于天。”⑤寰区：天下；人世间。⑥桑田：植桑之田。指桑田沧海的相互变化，喻世事的巨大变迁。

【笺释】清文廷式《纯常子枝语》卷四十：“张乔有《送棋待诏朴球归新罗》诗，是唐时宾贡进士之外，各国人有事于唐者固不少也。”新罗人朴球就是这样一位“有事于唐者”，他的具体工作是以“棋待诏”的身份供奉于内廷。可见，在唐朝不仅文词经学之士，具有其他方面高超技能的人，亦可供直于内廷别院，以待诏命。因此唐朝多有医待诏、画待诏等名称。朴球能成为棋待诏，那他的棋艺之高超是毋庸置疑的。因此本诗就抓住他的这一特长大做文章。全诗有一半内容是在赞扬的棋艺。首联以相当肯定的口吻说，在新罗谁能是你的对手呢，你的棋道应该是那里独一无二的了。颔联前一句写他很受欢迎，长安城盛传着他创造的新招式；后一句写他对棋道的痴迷，在回家的船中也不忘反复揣摩脑海中的棋谱。前二联主要写朴待诏的棋艺，但已经处处透露着送别的消息；后二联则集中写他归国的情况。颈联作者设想了朴球归国途中将遇到的险恶环境，“穷荒”之地、“积水”漫天，诗人对友人可能会遇到的意外表示担忧。尾联是诗人对友人“近乡情怯”心理的体会，但是他把这种情愫无限地放大了，放大到有些“杞人忧天”的地步，他竟然担心起友人的祖国已经发生了沧海桑田的变化。当然，这样的言论只是对友人归途表示关切的诗意化的说法而已，并无不得体之处。

送郑谷先辈赴汝州辟命①

看花兴未休，已散曲江游。
载笔离秦甸②，从军过洛州③。
嵩云将雨去④，汝水背城流⑤。
应念依门客，蒿莱满径秋[一]⑥。

【校记】[一]“径”，一作“目”。

【注释】①郑谷：晚唐诗人。字守愚，唐袁州宜春人。先辈：唐代同时考中进士的人相互敬称先辈。汝州：治所在今河南省临汝县。辟命：征召，任命。《后汉书·贾逵传》：“（均）隐居教授，不应辟命。”②秦甸：泛指长安附近。③洛州：洛阳。④嵩：嵩山，在临汝县东北。⑤汝水：源出河南嵩县天息山，流经临汝。⑥蒿莱：野草；杂草。《后汉书·独行传》：“（向栩）舍中生蒿莱。”

【笺释】关于郑谷的生平行事，元辛文房《唐才子传》卷九有较详细的记录，其中也谈及了他与本诗作者的交游情况：“谷……颖悟绝伦，七岁能诗，司空侍郎图与史同院见而奇之，问曰：‘予诗有病否？’曰：‘大夫《曲江晚望》云：村南斜日闲回首，一对鸳鸯落渡头。此意深矣！’图拊谷背曰：‘当为一代风骚主也。’……乾宁四年为都官郎中，诗家称郑都官。又尝赋鹧鸪警绝，复称郑鹧鸪云。未几告归退隐仰山书堂，卒于北岩别墅。谷诗清婉明白，不俚而切，为薛能、李频所赏。与许棠、任涛、张蠙、李栖远、张乔、喻坦之、周繇、温宪、李昌符唱答往还，号芳林十哲。谷多结契山僧，曰：‘蜀茶似僧，未必皆美，不能舍之。’齐已携诗卷来表谒谷，《早梅》云：前村深雪里，昨夜数枝开。谷曰：‘数枝非早也，未若一枝佳已。’不觉设拜曰：‘我一字师也！’”从这些记载我们可以看出他是一个才华卓异、性格笃诚的人。他也是个笃于朋友之义的人，他曾写过一首《久不得张乔消息有寄》表达对张乔的思念：“天末去程孤，沿淮复向吴。乱离何处甚，安稳到家无。树尽云垂野，樯稀月满湖。伤心绕村路，应少旧耕夫。”这首诗的创作可能晚于张乔这首诗。以上这些背景材料的介绍可以帮助我们更好地解读张乔这首诗。本诗首联就通过对曲终人散的遗憾的抒发来预告了离别的不舍。颔联写离别已经成为既成事实，郑谷即将离开秦甸，越过洛州，载笔从军去了。颈联写的是汝州的自然环境，末联紧承颈联的环境描写，设想到达汝州的郑谷，应该会思念自己这个“蒿莱满径”的衡门之客吧！因为自己是经常的依门而望，希望你能来访啊，因为你不能来，我门前的路也已经长满了蒿莱。清宋长白《柳亭诗话》卷二在谈“姓四叠”的话题时，顺便指出：“张乔送郑谷诗地名亦四叠。”这顺便提及的一言，道出了本诗中的一个有趣现象，即本诗中间二联连用四个地名，两两对仗，前二在句尾，后二在句首，错综有致，获得了艺术上的成功。

赠敬亭清越上人①

海上独随缘[一]②，归来二十年。
久闲时得句，渐老不离禅。
砌木欹临水③，窗峰直倚天[二]。
犹期向云里，别扫石床眠④。

【校记】[一]“海上独随缘”，一作“海畔与穷边”。[二]“峰”，一作“蓬”。

【注释】①敬亭：山名。在安徽省宣城市北。清越上人：生平未详。②随缘：佛教语。谓佛应众生之缘而施教化。缘，指身心对外界的感触。南朝宋宗炳《明佛论》：“然群生之神，其极虽齐，而随缘迁流，成粗、妙之识，而与本不灭矣。”③砌：台阶。欹：歪斜；倾斜。④石床：供人坐卧的石制用具。

【笺释】清越其人，生平已不可考，唯清人赵宏恩《（乾隆）江南通志》卷一百七十五《人物志》有简短记载曰：“清越，敬亭僧，工文，张乔有赠诗。”其中所提供的信息未能超出张乔此诗的范围，当是根据张诗提炼出的材料。由于有价值的材料不多，所以本诗首联“海上独随缘，归来二十年”之句就颇为费解。“海上独随缘”尚可解，无非说清越上人曾有漂洋过海的经历。“归来二十年”之句却可作二解，一可解为清越在海外游历甚久，归来时已经是二十年之后；又可解为今时今日距清越曾经海外游历的岁月已相距二十年之久。根据颔联“久闲”之语来开，采用第二种解释似乎更能使二联衔接得紧密些。颔联主要是写清越海外归来之后的生活情况，“诗”与“禅”是他排解寂寞、消磨晚岁的两件法宝。颈联写了他在敬亭山寺庙的生活环境。这里的僧舍几乎与自然环境融为一体，十分清幽，充满禅意。尾联又作一转折，即指出清越对这样的环境仍不满意，觉得那里的“砌木”“窗峰”还是有人工造作痕迹，还是人间烟火气太浓，所以他要到白云深处去寻找更清幽的所在，扫石而免才算得上得偿所愿。清越的修行方式从早年的“海上独随缘”转变为晚年的“别扫石床眠”，无疑是他人生的重要事件。诗人抓住这一重要事件大做文章，既贴切清越的生活实际又使诗作颇具波澜，构思十分巧妙。

题灵山寺[一]①

树凉清岛寺，虚阁敞禅扉。
四面闲云入，中流独鸟归。
湖平幽径近，船泊夜灯微[二]。
一宿秋风里②，烟波隔捣衣。

【校记】[一]“题”，一作“游”。[二]“灯”，一作“香”。

【注释】①灵山寺：《元丰九域志》载安徽繁昌县有灵山，寺或在山中。②宿：住宿。

【笺释】观诗意，灵山寺寺址当在灵山山麓一湖中岛上。首句“岛寺”二字为解读本诗的关键。颔联“四面闲云入”“中流独鸟归”之景正是身处岛中的诗人放眼所见。颈联紧承上联“入”字、“归”字所提供的时间线索来继续写景，“云入”“鸟归”是傍晚之景，湖面风平浪静，林间小径显得更加清幽，是夜色即将降临之景，船回港湾，微灯隐约是夜晚已经来临之景。中二联巧妙地将灵山寺周边景事与时间的变化融为一体，不知不觉间，诗人已经带着我们用一下午的时间将此处景致游览了个遍。本诗的时间线索并没有就此截断，它还在继续发生着作用。尾联的“宿”字，提示了时间的进一步发展，夜渐深了，在诗人准备入睡之时，岛寺所在湖水的水畔又响起了附近居民捣衣的声音。“秋风”又与首联“树凉”遥相呼应，提示了此时的季节。全诗结构紧凑，笔致清幽，态度悠然，是一篇写景佳作。

吊栖白上人[1]

今古递相送，几时无逝波。
篇章名不朽，寂灭理如何[2]。
内殿留真影[3]，闲房落贝多[4]。
从兹高塔寺，惆怅懒经过[5]。

【注释】①栖白上人：唐时诗僧，越中人，居长安荐福寺。②寂灭：佛教语。“涅槃”的意译。指超脱生死的理想境界。《无量寿经》卷上：“超出世间，深乐寂灭。”③真影：法身的影像。④贝多：梵语的音译。意为树叶。古印度常以多罗树叶写经。亦指佛陀在其下成道的菩提树。⑤惆怅：因失意或失望而伤感、懊恼。《楚辞·九辩》：“惆怅兮，而私自怜。”

【笺释】《全唐诗》卷八百二十三立有栖白小传：“栖白，越中僧，前与姚合交，后与李洞、曹松相赠答。宣宗朝尝居荐福寺内供奉，赐紫。诗一卷，今存十六首。”可见是晚唐一位名气很大的僧人。当时文人与他交往甚多。李频《题荐福寺僧栖白上人院》有“空门有才子，得道亦吟诗”之句，赞他有才善诗；释齐已《寄栖白上人》有“尝因秋贡客，少得揜禅关”之句，说明他与士子交流甚多；罗邺有《冬日庙中书事呈棲白上人》有“赖有碧云吟句客，禅余相访说新诗”之句，可见士子们与他交往多以诗歌为媒介；李昌符《寄栖白上人》有“画壁惟泉石，经窗半典坟”之句，说明他是个穷究经典的饱学之士；许棠《赠棲白上人》有“诗传华夏外，偈布市朝间”之句，反映了他诗名之大；李洞《登圭峰旧隐寄荐福棲白上人》：“夜寒吟病甚，秋健讲声圆”之句，反映了他作诗、修行皆非常专注虔诚。从时人这些寄赠诗作中，可见栖白才情德行兼备，堪称当时士林共有的方外诗友。他的圆寂令士林憔悴，本诗就反映了他过世后人们对他的深切缅怀。首联是作者对自己因栖白上人离世而产生的悲痛心绪的开解。逝者如斯，不舍昼夜，何时停歇过呢，谁都不能在这古今更迭的时间大潮中幸免。颔联贴切栖白的诗僧身份，写他留下的篇章足以令他不朽，他信奉的寂灭之理大概也能让他得到永生。颈联表现了一种人去楼空的悲凉，“真影”之“留”、僧舍之“闲”、落叶之“多”正暗示着其人之“去”，同时也起到了点题作用。尾联写自己所喜爱、敬慕的僧人已经不在这个寺庙，从此这个地方自己也不愿多来了。本诗巧妙地将说理、写景、抒情融为一体，收到了感情真挚、意味绵长的艺术效果。

北山书事[1]

黄河一曲山，天半锁重关。
圣日雄藩静[2]，秋风老将闲。
车舆穿谷口[一][3]，市井响云间[4]。
大野无飞鸟，元戎校猎还[5]。

【校记】[一]“穿”，一作“寄”。

【注释】①北山：即北邙山。在今河南洛阳市东北。②雄藩：地位重要、实力雄厚的藩镇。《旧唐书·严绶传》：“前后统临三镇，皆号雄藩。”③谷口：山谷的出入口。④市井：城邑；城市；集镇。⑤元戎：主将，统帅。

【笺释】北邙山在洛阳东北，是唐朝的战略要地。首联先写其地处黄河河曲地带，山上修建了多重稳固的关塞。颔联写因为牢牢掌控了这个战略要地，所以“圣日雄藩”才能确保无虞；秋天本是外族趁塞外兵马肥壮之机可能常来入侵的时候，老将却可以悠闲无事，这也是北山要塞的功劳。前二联是诗人远望的所见和所感，颈联所写是诗人走近以后的所见所闻。当诗人的马车刚从谷口进入北山区域时，就听见了市井喧嚷之声在云山之间响起，由此可见当地居民生活的很安宁，这也是北山要塞所赐，要不是有这些重关的镇守，居民们可能会经常面临着侵略的威胁。尾联赞扬元戎坐镇之危，通过他出城校猎能使“大野无飞鸟”，体现了他远扬的威名，足以令敌人闻风丧胆。然而读罢本诗，不仅让人觉得悲哀，黄河之曲、洛阳远郊，当时竟成了地域侵略的门户，可以想见，唐王朝已经到了何等岌岌可危的地步。也许诗人正是通过反笔来表现自己的担忧！

长安书事[1]

出送乡人尽，沧洲未得还[2]。
秋风五陵树[3]，晴日六街山[4]。
有景终年住，无机是处闲[5]。
何当向云外[6]，免老别离间。

【注释】①长安：唐王朝都城。②沧洲：滨水的地方。古时常用以称隐士的居处。③五陵：指唐代高祖、太宗、高宗、中宗、睿宗的陵园，均在长安附近。④六街：唐京都长安的六条中心大街。⑤无机：任其自然，没有心计。唐陆希声《清辉堂》：“野人心地本无机，为爱茅檐倚翠微。”⑥云外：原指高空，比喻仙境。

【笺释】明代批评家钟惺在《唐诗归》卷三十六中评价本诗云：“起结悲甚。”的确，本诗首尾二联句通意朗，情味深长，是全诗的亮点。首联写同乡都纷纷回见，只有自己不能回家的失落感。尾联写为了不再遭受人间的别离之苦，而向往无忧无虑的神仙世界。相比之下，中间二联就要逊色一些，对仗显得有些刻板生硬，景物之间关系比较突兀，情感意向也有些让人捉摸不透。这样说，并不是中间二联就不可解，只是要多花一番钩深取汲的寻绎功夫。颔联写作者“出送友人”时所见的长安城内外的风景：五陵上所栽之树都在秋风中凋落殆尽，晴日下六街附近的山景都笼罩在尘土之中。颈联最好能作有景“才能”终年住，无机“才能”是处闲来接，因为诗人放眼五陵之树、六街之山，觉得长安并不是个“有景”之地，长安的人也并不是“无机”之人。自己这样解读，似乎才能将中二联所写景事与首联诗人的思念“沧洲”、尾联诗人的向往“云外”紧密联系起来。元辛文房《唐才子传》说张乔“有高致，十年不窥园以苦学。”既有隐士高致又要克己苦学，说明了诗人在“有景”与“无景”、“有机”与“无机”之间痛苦抉择的矛盾心态由来已久。

送郑侍御赴汴州辟命①

官从谏署清②，暂去佐戎旌③。
朝客多相恋[一]，吟僧欲伴行。
河冰天际白，岳雪眼前明④。
即见东风起，梁园听早莺⑤。

【校记】[一]“恋”，一作“送”。

【注释】①侍御：唐代称殿中侍御史、监察御史为侍御。汴州：治所在今河南省开封市。②谏署：谏官官署。③戎旌：军旗，代指军队。④岳：西岳华山。在陕西省华阴市南，属秦岭东段。⑤梁园：即梁苑。西汉梁孝王所建的东苑。故址在今河南省开封市东南。园林规模宏大，方三百余里。

【笺释】郑侍御原先在朝中为官，身居谏署清要之职，现在却要去赴汝州地方长官的辟命，前去佐理军务，不知何故。但一个“暂”字体现了唐朝人不以外官为美的心理，也许郑侍御自己也是不情愿的。所以作者说郑侍御此次离朝只是“暂去佐戎旌”，表示了望他早日回朝做官的良好祝愿。颔联写送行场面，同事们都舍不得他离去，爱吟诗的僧人因为怕失去这位诗友而想要陪他一起同行。颈联写郑侍御赶赴汝州的路途上将会见到的景色：黄河中的冰凌浩浩荡荡，在天边放射着白光；眼前的华山落满白雪也十分耀眼。这些都是都日的景象，美则美矣，但冰天雪地中长途跋涉确是痛苦不堪的。颔联赶紧对郑侍御进行了安慰：等你到达汝州也正是东风吹起的时候，在美丽的梁园有早莺唱歌为你接风，也是十分喜人的。诗人这里用的是西汉梁孝王的典故，言外之意是，郑侍御到达汝州定会被官长赏识重用、奉若上宾。作为一首送别诗，本诗语言得体，感情表达也有分寸，在艺术上亦是相当成功的。

吊造微上人①

至人随化往②，遗路自堪伤③。
白塔收真骨④，青山闭影堂⑤。
钟残含细韵，烟灭有余香[一]。
松上斋乌在⑥，迟迟立夕阳⑦。

【校记】[一]“烟”，一作“印”。

【注释】①造微上人：晚唐诗僧，籍贯淮南道，生平不详。②至人：指思想或道德高到极致的人。张机曰：“体尽于圣，德美之极，谓之至人。”③遗路：“遗”，专指死人留下的东西。“遗路”，即是生前走过的路。用法同“遗孤”“遗嘱”。④白塔：白色的佛塔。真骨：对骨灰遗骸的雅称。⑤影堂：寺庙道观供奉佛祖、尊师真影之所。⑥斋乌：经常享用造微上人斋食的乌鸦。⑦迟迟：眷念貌；依恋貌。班昭《东征赋》：“明发曙而不寐兮，心迟迟而有违。”

【笺释】造微也是一位在士林颇具影响的诗僧，与他往还唱和的诗人也不少。他的生平事迹已多不可考，但从别人的诗作中还可以找到些蛛丝马迹。僧栖白有《送造微上人游五台及礼本师》诗记录了他曾游五台山的事；顾非熊有《送造微上人归淮南觐兄》诗写了他回家与亲人团聚的事；刘得仁有《和范校书赠造微上人》诗反映了他和范校书交往的事。张乔集中吊唁逝者之作，都写得缠绵悲恻、哀深动人，本诗也不例外。首联先为全诗奠定伤逝的基调，写造微“随化往”之后，诗人徘徊在他曾经常走的道路上，睹物思人，伤感不已。颔联继续写造微上人的遗物、遗迹，他的真骨被收入白塔，他参佛的堂舍也被锁了起来，这也许是为了更好地纪念他，但这些遗物、遗迹的存在，更让人感到无限凄凉。诗人侧耳倾听，仿佛还能听见不久前上人敲钟留下的袅袅余音；俯首细嗅，仿佛还能闻到不久前上人燃的香火留下的阵阵余香。本联即是作者描写自己亦真亦幻的观感，又是一种比喻。它喻指造微上人对人间的影响并不会就此消失，他论道的话语、吟咏的诗篇会一直流传下去。尾联作者不直接写自己对造微上人的眷念与依恋，而是通过那些上人经常喂食的乌鸦对他的眷念与依恋来表现，构思巧妙，情致绵长。

经隐岩旧居[一]①

夜久村落静，徘徊杨柳津。
青山犹有路，明月已无人。
梦寐空前事[二]②，星霜倦此身③。
尝期结茅处，来往蹑遗尘④。

【校记】[一]诗题一作《怀旧游》。[二]“空”，一作“生”。

【注释】①隐岩：郑薰退休后号所居为隐岩。②空：尽；空其所有。③星霜：星晨霜露。谓艰难辛苦。④遗尘：指前人行动所留的痕迹。

【笺释】诗题中所谓“隐岩旧居”是指郑薰的故居。关于郑薰其人，宋计有功《唐诗纪事》五十有记载：“薰字子溥，为宣歙观察使，前不治，薰以才力自将，牙将素骄，共谋逐出之，奔杨之，后分司东都。懿宗时为左丞。薰端劲，再知礼部，引寒俊，士类多遗。老号所居为隐岩，自号七松处士云。”根据这些记载可以看出郑薰是一个“有才力”、性格“端劲”、爱汲引寒俊之士的人。他的这些特点已经足以令张乔仰慕不已，更何况据郑谷《故少师从翁隐岩别业乱后榛芜感旧怆怀之作》诗所载“骑驴人室宾”（骑驴者即指张乔）的故事来看，郑薰对张乔还有知遇之恩。这样一来，张乔经过郑薰的隐岩旧居时题诗表示怀念，就是情理之中的事了。了解了这些背景材料，可以帮助我们更好地解读本诗。诗的第一句先指明经过旧居的时间是在夜里，“夜久”说明作者来时夜已深了，所以村落里十分安静。诗人本不想搅扰这里的宁静，但当他经过通往郑薰故居的“杨柳津”时却盘桓良久，不忍离去。最终他还是决定披星戴月前往那里缅怀故人。颔联描写的是作者在途中所见之景：青山上郑薰曾经走过的路还在，但明月下吟诗赏月的人已经不在了。作者深夜来此，可能又休息了半宿，所以他在颈联又写到自己夜有所梦，然而梦见的尽是以前拜访隐岩主人时发生的事，因为星霜下的奔波，作者也觉得非常疲倦了。尾联作者又进一步回忆往事说自己曾经也想卜居此地与隐岩主人作邻居呢！可惜这里已经人去楼空，只能往来徘徊追寻主人曾经留下的遗迹了。诗歌以“徘徊”开篇，以“往来”结篇，全诗摇曳着深婉不尽的情思。诗人表面平静的诗歌语言下，其实跳动着一颗凄恻、寂寞的心。

再题敬亭清越上人山房①

重来访惠休②，已是十年游。
向水千松老，空山一磬秋③。
石窗清吹入④，河汉夜光流⑤。
久别多新作，长吟洗俗愁。

【注释】①山房：山中的寺宇。②惠休：南朝宋僧人，能诗，俗姓汤。《宋书》：“沙门惠休，善属文，徐湛之与之甚厚，世祖命还俗。本姓汤，位至扬州从事。”这里代指清越上人。③磬：寺院中召集众僧用的云板形鸣器或诵经用的钵形打击乐器。明胡侍《真珠船·磬》：“今释氏所击铜钵，亦谓之磬。”④清吹：犹清风。⑤夜光：星月之光。

【笺释】本诗应作于《赠敬亭清越上人》诗之后，根据那首诗的内容来看，应该作于作者与清越结交不久。本诗创作之时，二人结交时间已经至少有十年之久了。本诗名“再题”，但不能据此断定《赠敬亭清越上人》诗就是“初题”，因为赠人之诗与题人屋壁之诗不能混为一谈，“初题”之作可能另有其诗。但是这并不妨碍将二诗进行参照解读，因为这样有助于更好解读本诗，也可以加深对前诗的理解。二诗的相同之处，一是都通过对时间的回顾来增加岁月沧桑之感，二是都贴切清越既作诗又参禅的生活习惯，三是都注意渲染敬亭山僧舍环境的清幽。当然，由于二诗创作时间不同，实际功能也不同，所以它们还是具备着各自的艺术生命力的。首联将清越上人比作南朝著名诗僧惠休，谓重来拜访，与上一次前来已相距十年了。颔联开始描写敬亭山的风景，充满灵秀之气，尤其是一个“磬”字不仅表现了秋日敬亭山的禅趣，还暗示了清越上人远离人间烟火的修行生活。颈联继续写景，所描写的景物在清幽空灵之中又增加了几分壮美。这样的景致是最适合做诗料的。所以尾联写清越上人在与作者分别之后又出了许多新作，这些作品不仅数量多，而且风格清新脱俗，作者长吟之后，俗愁尽喜，可见其精妙。行文至此，作者已经将久别重逢的快乐和重逢后发现故友新变化的惊喜完美的表现了出来。

浮汴东归①

日暖泗滨西②，无穷岸草齐。
薄烟衰草树③，微月迥城鸡④。
水近沧浪急⑤，山随绿野低。
羞将旧名姓，还向旧游题⑥。

【注释】①汴：汴渠。即隋通济渠、唐广济渠的东段。自荥阳县北黄河东南流经开封市及杞县、睢县、宁陵、商丘、夏邑、永城等县，复东南经今安徽省宿县、灵璧县、泗县和江苏省泗洪县，至盱眙县对岸入淮河。自隋至北宋为中原通往东南沿海地区的主要水运干道。②泗：水名。源于今山东省泗水县东，四源并发，故名。南流经江苏沛县、徐州，至清江市北入淮河。③衰：枯萎，凋谢。温庭筠《玉蝴蝶》词：“塞外草先衰，江南雁到迟。”④迥：遥远。⑤沧浪：青苍色的波浪。⑥旧游：昔日游览的地方。

【笺释】本诗可能是诗人某次科举考试失利后，从长安返乡时取道汴渠所作。首句“泗滨西”指示了汴渠的地理方位，“日暖”说明了当时的天气情况，再结合次句“无穷岸草齐”的景物描写来看，当时的季节可能是春天。诗人参加秋试失利，在长安滞留一个冬天，冬末春初回乡，正与本诗的创作时间相符。诗的中间二联集中笔墨写东归途中的景色。“薄烟衰草树”，写水际弥漫的雾气将岸边草树的色彩都削弱了，氤氲之间只能看见它们的晦暗轮廓；“微月迥城鸡”，写月色朦胧的夜晚，诗人在船上隐约能听见远处城上鸡鸣的声音；“水近沧浪急”与“山随绿野低”，一写水景，一写山景，一写近景，一写远景，是夜色渐渐褪去，天色逐渐明朗时，诗人站在船头所见。青苍色的波浪和绿油油的田野因他们鲜明的色彩而特别吸引了诗人的目光。这万象更新的初春时节，虽然给诗人的心情增添了一抹亮色，但是他的情绪还是低落的。尾联“羞将旧名姓，还向旧游题”的微妙心理透露出了他幽隐的心事。汴渠是诗人曾经游览过的地方，当日还在某个名胜题过诗，今日重游此地，诗人却提笔难下，久久不愿把自己的姓名留下。因为他的抱负依旧没有实现，他的身份依旧没有改变，也许曾经同游的友人已经纷纷做了高官，而他依旧是个布衣。一个“羞”字道出了他心中无限的怅惘与失落。

雨中宿僧院

千灯有宿因[①],长老许相亲[②]。
夜永楼台雨,更深江海人。
劳生无了日[③],妄念起微尘[④]。
不是真如理[⑤],何门静此身[⑥]?

【注释】①宿因:佛教语。前世的因缘。《华严经》卷七五:“宿因无失坏,今受此果报。”②长老:佛教对释迦上首弟子的尊称。此处用为对僧人的尊称。③劳生:指辛劳的人世生活。《庄子·大宗师》:“夫大块载我以形,劳我以生,佚我以老,息我以死。”。④妄念:指不切实际或不正当的念头。微尘:佛教语。《大毗婆沙论》卷一三六:“故说极微是最细色。此七极微,成一微尘。是眼识所取色中最微细者。”⑤真如:佛教语。梵文的意译。谓永恒存在的实体、实性,亦即宇宙万有的本体。与实相、法界等同义。《成唯识论》卷九:“真谓真实,显非虚妄;如谓如常,表无变易。谓此真实,于一切位,常如其性,故曰真如。”⑥门:门径;窍门。

【笺释】“灯”在佛教哲学中有特殊寓意,佛教认为灯能指明破暗,因而用它来比喻佛法。本诗首联,虽是写景记事但却透露佛理,而且能贴切“宿僧院”的题旨,可谓出手不凡。诗人觉得:也许是长老看出了我与佛教有宿世因缘吧,他竟允许我来亲近寺庙里点着的无数长明灯。从颈联我们可以想见,作为一个江海漂泊的羁旅之人,诗人在深夜置身于雨中楼台,他心中得是何等的孤独与迷惘啊!好在有“明灯”给了诗人以信念,他似乎体会到了一种顿悟后的轻松。颈联就是写诗人的顿悟过程:辛劳的人生像苦海一样没有崖涘,任何一点鸡毛蒜皮的事都能引起人的嗔念、痴念、妄念。尾联诗人为自己看透了世界的本来面目而感到欣喜,对佛教的“真如”之理感恩戴德,倍加赞扬。对于诗人而言,这种大彻大悟也许只是瞬间的佛光一现,明日雨过天晴之后,他还会继续踏上自己追寻俗世理想的征途,但这样的顿悟已足以让诗人疲倦的心灵得到休憩,他的人生也会因这样的顿悟而得到升华。

江行至沙浦[①]

烟霞接杳冥[②],旅泊寄回汀[③]。

夜雨雷电歇，春江蛟蜃腥[4]。
城侵潮影白，峤截鸟行青。
遍欲探泉石[5]，南须过洞庭[6]。

【注释】①沙浦：沙洲或沙滩边。②杳冥：指天空高远之处。③回汀：迂回曲折的水边平地。陆机《答张士然》：“回渠绕曲陌，通波扶直阡。”④蛟蜃：蛟与蜃。此处泛指水族。⑤泉石：指山水景物。⑥洞庭：即洞庭湖。

【笺释】本诗是作者根据自己江行时泊船于沙浦的观感而作。首联写傍晚时分天际云霞弥漫，旅途中的诗人将船停泊在迂回曲折的水边平地上。颔联写夜间天气突然变化，一时雷电交加下起暴雨来，待雷停电歇之后，春江潮水裹挟着各种水族滚滚而来，空气中都弥漫着它们散发出的腥味。颈联诗人的视线从江水移到了江岸，开始注目于江边的城市与青山。本联刻意追求对仗的奇特，却使得诗句颇为费解。揣摩诗意，“城侵潮影白”应当解为“城白侵潮影”，“峤截鸟行青”应当解为“峤青截鸟行”。城是白色的，所以能与白色的潮水光影交侵，耀人眼目。青翠的山峰吸引了飞鸟，但是由于过于高峻，却阻截了飞鸟的行列。联中“城”对“峤”、“侵”对“截”、“潮影”对“鸟行”、“白”对“青”，非常工整，但就是太刻意，使全诗气脉因之一顿，未为能事。尾联也许是诗人在想读者透露他此行的目的地，也许是他突发奇想欲作远游之举，要之，能调动读者的想象，把全诗引向一种高远的境地，比较成功。

送友人归江南[1]

辛勤同失意[2]，迢递独还家[3]。
落日江边笛，残春岛上花[4]。
亲安诚可喜，道在亦何嗟。
谁伴高吟处[5]，晴天望九华。

【注释】①江南：泛指长江以南的地区。②失意：不得志。③迢递：遥远貌。④残春：指春天将尽的时节。⑤高吟：高妙的吟唱。

【笺释】“江南”一词，各时代的含义有所不同，汉以前一般指湖北省长江以南地区和湖南省、江西省一带，隋唐以后多指江苏、安徽的南部和浙江省。它所指涉区域的扩大与偏移，是由于经济、文化不断发展造成的。元盛如梓《庶斋老学丛谈》谓:"唐诗人江南为多……张乔、杜荀鹤池州人……皆有诗名。"本诗中作者所送"归江南"之"友人",亦是江南的一位文人。从诗的首句"辛勤同失意"来看,这位友人和作者一样可能都是满怀希望进京赶考的,只是这次他们都十分不幸的落选了。作者因事留在了长安,而这位友人则"迢递独还家"了。为友人送行,同情其遭遇的同时而兼及自己的"失意",一下子把自己与友人的距离拉得更近了。写友人"独还家",既写出了他黯然离去的凄凉,又隐约透露作者自己的无奈:友人虽失意尚能还家"疗伤",自己失意却仍要漂泊他乡!颔联写了归途中的景物,闻江边笛吹于落日之时,见岛上之群芳于残春之际,落寞中尚有一丝安慰。颈联是诗人对友人的劝慰与开解:这次回家,虽不是衣锦还乡,但能够侍奉双亲也实在是一件可喜的事,只要内心的信仰和追求还在就没有什么值得悲叹的。尾联设想友人回家后,悠游于家乡的山水之间,与诗友一起吟诗唱和,是祝福,又是羡慕。

刘补阙自九华山拜官因以寄献①

冥鸿久不群②,征拜动天文③。
地主迎过郡,山僧送出云。
登车残月在,宿馆乱流分。
若更思林下④,还须共致君⑤。

【注释】①补阙:官名。唐武后垂拱元年始置,有左右之分。左补阙属门下省,右补阙属中书省,掌供奉讽谏。洪迈《容斋四笔·官称别名》:"唐人好以它名标榜官称……监察为合口椒,谏议为大坡、大谏,补阙(今司谏)为中谏,又曰补衮。"九华山:在今安徽省青阳县。旧称九子山。因有九峰如莲花,故改为今名。②冥鸿:喻避世隐居之士。扬雄《法言·问明》:"鸿飛冥冥,弋人何簒焉。"③天文:日月星辰等天体在宇宙间分布运行等现象。古人把风、云、雨、露、霜、雪等地文现象也列入天文范围。《隋书·经籍志三》:"天文者,所以察星辰之变,而参于政者也。"④林下:指山林田野退隐之处。唐灵彻《东林寺酬韦丹刺史》:"相逢尽道休官好,林下何曾见一人。"⑤致君:谓辅佐国君,使其成为圣明之主。杜甫《奉赠韦左丞丈二十二韵》:"致君尧舜上,再使风俗淳。"

【笺释】刘补阙自九华山拜官,诗人寄献本诗以道贺。九华山是诗人旧隐之地,从诗题中"寄"字来看,诗人此时已经不在九华山了。刘补阙可能是诗人在九华山的同乡或诗友，诗人虽已远赴他乡，但仍关注着这里故人的现况，听说故人拜官，诗人遂作诗一首表达欣喜与祝愿。首联诗人就对刘补阙给与了极高的评价，说他一直以来就是卓绝不群的天际之鸿，虽隐居在九华山，但早已声名远播，此次朝廷所拜之官，上应星宿，真是无比荣耀了。不仅如此，赴任途中，途经之地的地方官也纷纷远道迎接，昔日共同栖隐的僧友也来为他送行。颈联设想刘补阙赴任途中的经历，星月兼程而行，水陆先后而进。这种急切赴任的心情是作者替刘补阙设想出来的，因为他希望友人早日去实现自己“致君尧舜”的理想。尾联作者将这种设想明确表达出来，他叮嘱刘补阙说：你要是还想重归隐居生活，那你必须先完成辅佐国君、使其成为圣明之主的使命再说。一般来说，“寄献”之章都有应酬、恭维的成分，如何能在这种“应用文”中融入自己的感情，是诗人创作时必须考虑的问题。本诗能做到感情真实而又出语得体，是比较难得的。

岳阳即事①

远色岳阳楼②，湘帆数片愁。
竹风山上路，沙月水中洲。
力学桑田废，思归鬓发秋③。
功名如不立，岂易狎汀鸥④。

【注释】①即事：以当前事物为题材的诗，多用为诗词题目。②岳阳楼：在唐岳州巴陵县，今湖南岳阳市。③秋：破败，萧条。此指鬓发衰白、凌乱。

【笺释】“即事”是以眼前景物为材料进行诗歌创作的一种方法。宋魏庆之《诗人玉屑·命意》篇中“陵阳谓须先命意”条谓：“凡作诗须命终篇之意，切勿以先得一句一联，因而成章，如此则意不多属。然古人亦不免如此，如述怀、即事之类，皆先成诗，而后命题者也。”可见“即事”诗的创作往往是先成诗而后加上个题目，这样可能会导致一些诗作有“意不多属”的缺陷。然而缺陷的出现，责任应该在于作者诗艺未精，而不在于“即事”作诗的手法。就那本事来说，虽是一首“即事”诗，但仍能做到意脉贯穿。贯穿全诗的意脉就是首联的“愁”字，诗人登上岳阳楼远望，看见湘水中几艘帆船缓缓驶来，他的愁绪也慢慢地涌上心头。颔联继续写登楼所见之景，山路上风因吹过竹林而潇潇有声，湖畔的沙洲因水流的冲刷而成了新月之状。竹林让诗人想起了家乡的桑林，勾起了他的乡愁；沙洲让诗人联想到自由自在的“汀鸥”，勾起了他的隐逸之志。可见，颔联看是无关痛痒的写景之句，不仅紧承上联而来，还照应了颈、尾二联，具有承上启下的重要作用。颈联和尾联写的是诗人之“愁”的具体内容。诗人因为全心全意地读书学问而荒废了耕作，更因为乡愁而加速了衰老。既穷又老，而功名又迟迟不立，即便是要退隐，哪里有生活来源呢？“功名如不立，岂易狎汀鸥”道尽千古文人求官谋隐的心事！

题兴善寺僧道深院①

江峰峰顶人，受法老西秦②。
法本无前业③，禅非为后身④。
院栽他国树⑤，堂展祖师真⑥。
甚愿依宗旨⑦，求闲未有因⑧。

【注释】①兴善寺：在唐长安靖善坊。②西秦：指关中陕西一带秦之旧地。③前业：前世所造之业。“业”为佛教语，梵文“羯磨”的意译。佛教谓业由身、口、意三处发动，分别称身业、口业、意业。业分善、不善、非善非不善三种，一般偏指恶业，孽。它决定在六道中的生死轮回。④后身：佛教有“三世”的说法。谓转世之身为“后身”。⑤他国树：贝多罗树。⑥祖师真：释迦画像。⑦宗旨：佛教的教义。⑧因：机会。唐鲍溶《客途逢乡人旋别》诗：“惊鸿一断行，天远会无因。”

【笺释】本诗有一个较鲜明的特点，就是作者能紧扣诗题来谋篇布局。首句中“江峰峰顶”切题中“兴善寺”，“江峰峰顶人”切题中“僧”字。“受法老西秦”是拿大和尚的法号“道深”来做文章，为了学佛法而老于西秦，道行焉能不深？颔联两句是对“道深”的进一步发挥：他已经参透了“法本无前业，禅非为后身”这样深奥的佛理。颈联切题中“院”字，写僧院中的景物。尾联归结到作者自身，说明自己之所以会兴起“题”诗的原因。全诗结构紧凑、表意明白，由此可见诗人谋篇布局之妙。张乔集中的赠僧诗、题寺诗，往往能将丰富多样的佛典、佛事与所赠之僧或所题之寺的具体情况结合起来，所以才能使这种千篇一律的题目具有常写常新的内容。譬如本诗中的僧道深，因为他曾受法西秦，或能接触胡僧，所以院中才能多种他国之树。也正因为他的修为渊源有自，所以才能达到“法本无前业，禅非为后身”的非凡境界。正是因为他能进至这等境界，才令诗人仰慕不已，只能因缘一道，就前来依其宗旨。

送龙门令刘沧[①]

去宰龙门县[②]，应思变化年[③]。
还将鲁儒政[④]，又与晋人传。
峭壁开中古[⑤]，长河落半天。
几乡因劝勉，耕稼满云烟。

【注释】①龙门：即禹门口。在山西省河津县西北和陕西省韩城市东北。黄河至此，两岸峭壁对峙，形如门阙，故名。《书·禹贡》：“导河积石，至于龙门。”刘沧：晚唐诗人，字蕴灵，鲁人。②宰：治理。③变化：事物在形态上或本质上产生新的状况。此处用鲤鱼跃龙门典。④儒：信奉儒家学说的人。⑤中古：此指虞夏之际。《韩非子·五蠹》：“中古之世，天下大水，而鲧禹决渎。”

【笺释】关于刘沧其人，元辛文房《唐才子传》卷八记载曰：“沧字蕴灵，鲁国人也。体貌魁梧，尚气节，善饮酒，谈古今令人终日喜听。慷慨怀古，率见于篇。大中八年礼部侍郎郑薰下进士牓，后进谒谢，薰曰：‘初谓刘君锐志，一第不足取，故人别来三十载，不相知闻，谁谓今白头纷纷矣。’调华原尉。与李频同年。诗极清丽，句法绝同赵嘏、许浑，若出一絇综然。诗一卷，今传。”按此则材料记录刘沧的生平事迹较详，有助于我们解读本诗，遂抄录于此。刘沧大中八年考中进士后，先调华元尉，后迁龙门令。本诗就是他赴任龙门令时作者赠别之作。首联用了一个与“龙门“有关的典故，《艺文类聚》卷九六引辛氏《三秦记》曰：“河津一名龙门，大鱼集龙门下数千，不得上，上者为龙，不上者□，故云曝鳃龙门。”《三秦记》中所言“（大鱼）上者为龙”即是“应思变化年”句中“变化”所指。这是作者在叮嘱刘沧：你去龙门县作县令，一定要勿忘初心，牢记你当年初获出身时远大的抱负。颔联作者把自己的期望说得更具体了：希望刘沧把鲁儒的仁政传播到晋地去。本联巧妙地将刘沧的籍贯与他赴任之地对举，既是对刘沧的祝愿，又是对他为政能力的肯定。颔联描写了龙门县具有代表性景观：那里有虞夏之际，鲧禹开凿的峭壁，还有远上白云间的滚滚黄河。尾联写龙门县的乡民在刘县令的劝勉下不断开垦田地，连云烟峭壁间的零星土地都种上了粮食。这当然只是诗人的想象，但很好地表达了作者对刘沧的祝愿。

送友人往宜春[一]①

落花兼柳絮，无处不纷纷。
远道空归去，流莺独自闻②。
野桥喧硙水③，山郭入楼云。
故里南陵曲④，秋期更送君。

【校记】[一]“宜春”，一作“江南”。

【注释】①宜春：唐江南道的袁州有宜春郡、宜春县。②流莺：即莺。流，谓其鸣声婉转。③硙水：推动石磨的水流。赵孟頫《题耕织图》诗之九：“激水转大轮，硙碾亦易成。古人有机智，用之可厚生。”④南陵：在今安徽省繁昌县西北。

【笺释】观诗意，本诗应是友人入京赶考失利后，作者送他返乡时所作。可与《送友人归江南》诗同读。首联写景，提示了送别的时间，落花与柳絮到处纷飞正是暮春时节。颔联写友人漫漫归路上的观感，“独自”说明只有友人只身独行。“空归”说明友人此行一无所得，此去极为黯然神伤。颈联所写是友人回到家乡时所见的景色：野桥下哗啦的溪水搅动着吱呀的石碾，山城的楼阁笼罩在云雾之中。这一切都显得那么宁静、那么亲切。尾联作者表达了对友人的鼓励：希望你不要灰心，明年秋天乡亲们会再度唱起民间小调送你来长安应考的。关于末联前句中的“南陵”，后世有不同的说法。《才调集补注》卷九引元代僧人圆至的观点，认为“南陵属宣州，乔初隐九华，后寓居长安延兴门外”，此处他之所以提及南陵是由于“我亦思归故里”云云。清李调元《全五代诗》不同意这一说法，他指出：“元僧圆至注《三体唐诗》以南陔为南陵，云乔之故里。乔池人，南陵隶宣，非也。自言宜春故里，歌南陔笙诗，贡士更入京耳。”按李调元认为“南陵”当为“南陔”，不知何据，且本诗诗题又作《送友人往江南》，宜春有可能并不是友人的故乡所在；但他指出歌该曲代表着“贡士更入京”则是符合作者本意的。又按本诗《全唐诗》又收入纪唐夫名下。

书边事

调角断清秋①，征人倚戍楼②。
春风对青冢③，白日落梁州④。

大汉无兵阻[一],穷边有客游。
蓄情似此水[二]⑤,长愿向南流。

【校记】[一]“汉”,一作“漠”。[二]“似”,一作“如”。

【注释】①调角:吹奏号角。贾岛《送于中丞使回纥册立》:“调角寒城边色动,下霜秋碛雁行疎。②戍楼:边防驻军的瞭望楼。③青冢:亦作“青塚”,指汉王昭君墓。在今内蒙古自治区呼和浩特市南。传说当地多白草而此冢独青,故名。④梁州:古九州之一。《尚书·禹贡》:“华阳黑水惟梁州。”孔传:“东聚华山之南,西距黑水。”⑤蓄情:即边情。

【笺释】本诗是诗人客游边塞时所作。首联写军中的号角声呜咽凄绝,在朔漠凉秋的天地间若断若续,这个时候征人们多半会倚在瞭望楼上陷入沉思。在这一刻时间好像永远定格了一样。颔联,时间的指针已经从秋天转动到了春天,在江南春天是个鸟语花香的季节,可惜诗人现在却身处塞北,诗人能捕捉到的引人注目的风景,只有昭君墓上迎风摆动的青草和这古老的梁州大地上即将西落的白日。颈联写在边疆静无虞的和平年代,穷极的边疆也有远游人的身影。“穷边有客游”之句是本诗承上启下的关键,前面的“穷边”之事都是诗人“客游”所亲见亲历,后面抒发的“边情”也是只有“客游”时才会产生的深情期盼。尾联所写就是身处边塞的诗人的心事,他的多希望自己就是眼前这南流的河水,能够不顾一切地朝故国、故乡的方向奔去。全诗被一股浓浓的边愁笼罩,情感深沉绵长,颇耐寻味。

送僧雅觉归东海[一]①

山川心地内②,一念即千重③。
老别关中寺,禅归海外峰[二]。
鸟行来有路,帆影去无踪。
几夜波涛息,先闻本国钟。

【校记】[一]“东海”,一作“海东”。[二]“禅”,一作“秋”。

【注释】①僧雅觉:东海:泛指东方的大海。②心地:佛教语。指心。即思想、意念等。心如滋生万物的大地,能随缘生一切诸法,故称。《心地观经》卷八:“众生之心,犹如大地。”③念:佛教语。极短的时间。洪迈《容斋三笔·瞬息须臾》:

"《僧祇律》云:二十念为一瞬,二十瞬名一弹指。"

【笺释】本诗是送外籍僧人归国之作。无论是送僧雅觉"归海东",还是送他"归东海",都不外乎今日的朝鲜、日本一代,观诗意,或许归日本更为贴切。首联写雅觉法力无边,能够纳山川于方寸之内,一闪念就能行走千山万水。这当然是一种夸张的说法,是诗人借用佛教理念对僧雅觉的称美。从这一联可以见出诗人提炼语言的深厚功力。这一联诗句还道出了人类心理活动的普遍性,所以后人也有借它来说理的。例如明胡居仁《易像钞》即曾借此句释"坎"卦的寓意。首联在说理中已经透露出送别之意,颔联则将送别的题旨彻底明朗化。"别"字、"归"字都起到了点题作用,而且还照应了首联"山川""千重"所隐含的离别、归国之意。颈联比颔联更推进一层,开始设想雅觉归途中的情景。"鸟行来有路,帆影去无踪"看似轻描淡写,其实归途之远、之险已经尽在其中,作者的担忧与不舍也是不言而喻。虽然雅觉的归路既遥远又凶险,但作者相信他一定会一路顺风的。尾联以一个别致的设想预言了他顺利返国的情景:当你在海上颠簸几个夜晚之后,有一天波涛突然平息了,而且耳畔还传来了本国的钟声,那就是你快到家了!作者设身处地的构思,使人有身临其境之感,而且再一次点题,令全诗首尾圆足。

和薛监察题兴善寺古松[一]①

种在法王城②,前朝古寺名③。
瘦根盘地远,香吹入云清。
鹤动池台影,僧禅雨雪声④。
看来人旋老⑤,因此叹浮生。

【校记】[一]"薛",一作"崔"。

【注释】①薛监察:②法王:佛教对释迦牟尼的尊称。亦借指高僧。③前朝:过去的朝代或上一朝代。④禅:参禅。⑤旋:立刻。

【笺释】这是一首和诗,薛监察原唱名为《题兴善寺古松》,是一首咏物之作,所咏之物为种在兴善寺的古松,因此作者的这首和诗也得跟着咏种在兴善寺的古松。首联点题中的"兴善寺",尤其是"法王城""古寺名"等字样,使"兴善寺"三字简直呼之欲出。颔联开始正式进入咏古松的正题,集中描写了这棵古松的两大特点:一是根儿扎得深,所以才能盘展深远;一是个儿长得高,所以才能香飘入云。颔联继续写古松，但不忘它是栽在兴善寺的古松，所以写它在池台上的倒影是因“鹤动”而摇曳不停，借神仙所乘之鸟来增加它的仙气；又写它在雨雪中发出的声响能够给参禅的僧人带来灵感，借佛家禅机来增加它的灵气。尾联是作者通过自己的感叹来写古松之“古”：人的短暂浮生，与古松数千年的寿命相比实在是太微不足道了，简直算是初生旋即老去了。最后，从整体来看，本诗咏物贴切工巧的同时又透露着劲健苍凉之气，艺术上是较为成功的。

听　琴

清月转瑶轸[1]，弄中湘水寒[2]。
能令坐来客，不语自相看。
静恐鬼神出，急疑风雨残。
几时归岭峤[3]，更过洞庭弹。

【注释】①瑶轸：美琴。瑶，原指似玉的美石，后常用作称美之词，形容珍贵美好；轸，原是弦乐器上系弦线的小柱，可转动以调节弦的松紧。②弄：谓拨弄、吹奏乐器。《史记·司马相如列传》：“及饮卓氏，弄琴，文君窃从户窥之。”③岭峤：泛指五岭地区。沈括《梦溪笔谈·药议》：“岭峤微草，凌冬不凋；并汾乔木，望秋先陨。”

【笺释】首联“清月”点出弹琴的时间是在晴朗的夜晚，只见这位演奏家细心调试好琴弦的松紧，开始演奏起来。“湘水”点出弹琴的地点在湖南，作者描写演奏家的具体演奏场面只用了一个“弄”字，至于他是如何拢、捻、抹、挑的，作者一概略去不写，而是紧接着用一个“寒”字，以通感手法写琴音之寒与听众身体之寒相通。这是从整体上对演奏家琴艺的描述。颔联的“坐来客”是指听众，“不语自相看”写听众们或肃然起敬，或面面相觑的神态，他们欲拍案叫绝却怕打断琴声，只能通过眼神相互交流心得、体会。这是在通过观众的表情来衬托琴曲的艺术感染力。颈联紧承颔联，依旧是通过对演奏的艺术效果的描写来反映演奏家技艺的高超。“静恐鬼神出”说明了为什么“无声”能胜“有声”，这就像是绘画中的“留白”一样，能充分调动人们的想象力，让人们去“无中生有”；“急疑风雨残”说明了琴奏虽是听觉艺术，但如果演奏的出神入化，就能让人产生视觉的影像：急促紧凑的节奏让人似乎看见了狂风暴雨摧残万物的景象。尾联指出这位演奏家乃岭峤人，他是路过洞庭欲往他处去的，诗人和其他听众希望他返程时再经过洞庭，在弹琴给大家听。这种依依不舍与百听不厌的心理，是对演奏家琴艺的高度赞扬。本诗紧扣“听”字来写琴声，写“听”则“琴声”自在其中，构思巧妙，整体风格也像琴音一样淡雅清丽，令人回味无穷。明胡震亨《唐音癸签》卷八曾说过：“张乔咸通骑驴之客，吟价颇高，如《听琴》之幽淡，《送许棠》之警耸，亦集中翘英。”胡震亨高度评价本诗，并以“幽淡”来概括本诗的艺术风格，是极有眼光的。

送友人游蜀

此心知者稀，欲别倍相依。
无食拟同去，有家还未归。
巴山开国远[①]，剑道入天微[②]。
必恐临邛客[③]，疑君学赋非。

【注释】①巴山：巴地之山。②剑道：剑山之道。③临邛客：司马相如。

【笺释】首联起笔挺拔，深情动人。送人之作，却先从自己的心事写起。自己的心事正是对友人离去的不舍。仿佛让人看到作者与友人告别之际，握着友人的手向他倾诉道：“世上能懂我这颗心的人极少，在这极少数的人中，你就是其中之一，所以在临别之际我才会加倍地依依不舍！”颔联仍是作者的心事，只是比首联写得更加具体，这是作者结合自己的生活情况说出的话：我在此地也没有生计，真想和你一起离开啊！你看我不是也和你一样有家不能回吗？颈联开始写友人所去之地的情况，山远路微，表达了对友人路途艰辛的担忧。尾联作者又写了自己的另一个担忧，即担心友人在蜀地遇不到知己，怕那里没人懂得欣赏友人的才华。全诗简直是作者对自己内心想法的淋漓尽致的告白，但又处处紧密联系“送别”题旨。前半部分写自己，“送别”作为一条暗线贯穿其中；后半部分写友人，“送别”作为一条明线系联前后。总而言之，本诗是一首构思巧妙、感情真挚的送别诗。

闻仰山禅师往曹溪因赠[①]

曹溪松下路，猿鸟重相亲。
四海求玄理，千峰绕定身[②]。
异花天上堕[③]，灵草雪中春。

自惜经行处[④]，焚香礼旧真。

【注释】①仰山禅师：唐僧人，法号慧寂。俗姓叶。韶州浈昌（今广东始兴）人。佛教禅宗沩仰宗始祖之一。居仰山，因为号。仰山在今江西宜春南，唐属袁州。曹溪：水名。在广东省曲江县东南双峰山下。六祖慧能曾在曹溪宝林寺演法。清阮元《（道光）广东通志》卷一百三曰：“曹溪在县东南五十里，源出县界狗耳岭，西流三十里合臻水。”②定身：入定之身。定，谓佛教徒闭目静坐，不起杂念，使心定于一处。③异花：灵异之花。《维摩经·观众生品》：“時维摩诘室有一天女，见诸大人闻所说说法，便现其身，即以天花散诸菩萨、大弟子上，花至诸菩萨即皆墮落，至大弟子便著不墮。一切弟子神力去花，不能令去。”④经行：佛教语。谓旋绕往返或径直来回于一定之地。或为驱睡，或为疗病，或为礼拜。《法华经·序品》：“又见佛子，未尝睡眠，经行林中，勤求佛道。”

【笺释】仰山禅师即慧寂，清金堡《徧行堂集》文集卷十九：“旧以张乔二诗列宋代，予疑为唐音，考之信然，则仰山为慧寂禅师无疑也。”又谓：“仰山，韶州之怀化人。於曹溪密迩，然不住曹溪。居清远之东平，于乳源复有东华云门，为灵树座元树殁继席，汉主于其两世皆师尊之。”同卷又谓：“《高僧传》云：‘仰山出家于曹溪，宜其称归矣。乳源东华寺，仰山所建也。当是时地在曲江，入宋始析为乳源，古风淳朴，不以赋咏见长，所至亦泯泯混于劳侣，非若今时之头角，自指名自呼，惟恐人不礼拜供养者，故无得而称焉。”根据上述材料可知，曹溪是慧寂出家之地，他后来虽不居住在这里，但与这里的渊源是很深的。了解了这些，对解读本诗是很有帮助的。首联写慧寂到达曹溪后行走在松林下，林中的猿鸟都觉得与他很亲近，作者用了一个“重”字，说明了慧寂对曹溪是非常熟悉的，说曹溪的猿鸟“亲近”他，实际上是写他“亲近”曹溪。颔联赞扬了慧寂的修为。颈联写曹溪的风景，充满佛教的氛围，俨然极乐世界。尾联设想慧寂到达曹溪之后的日常生活，呼应了首联“重相亲”之旨。全诗从仰山禅师与曹溪的渊源着手，笔笔写往曹溪，又笔笔写其重归曹溪，对仗工巧，旨意明白，堪称佳作。

蓝溪夜坐[①]

蓝水警尘梦[②]，夜吟开草堂。
月临山霭薄，松滴露花香。
诗外真风远[③]，人间静兴长。

明朝访禅侣，更上翠微房。

【注释】①蓝溪：即蓝谷水，灞水支流，在陕西蓝田县境。②警：通“惊”。惊动，惊起。③真风：淳朴的风俗。亦指淳朴的风范。唐鲍溶《题吴徵君岩居》：“真风存绵緜，常与达者期。”

【笺释】本诗写了诗人夜晚未眠、独坐蓝溪草堂时的所见所感。“夜”字是本诗的“诗眼”，全诗都紧扣此字来写。首联写了诗人之所以会深夜不眠而打开草堂吟诗，是因为草原堂外潺湲流淌的蓝水惊醒了他的“尘梦”。“警尘梦”，即是警此夜之“尘梦”又是警此生之“尘梦”。颔联是诗人醒来后所见的草堂外的风景：高高挂在山崖间的月亮，薄薄的山间雾霭，松枝上的露珠摇曳欲滴，林间的鲜花也散发着清香。颈联是诗人看见颔联所写的景色后生发的感触：真是“诗外真风远，人间静兴长”啊！所谓“诗外真风”，正是入诗的好材料；所谓“人间静兴”，正是出世的必备条件。这样的风景不仅勾起了作者的诗兴，还引发了作者的禅意。尾联紧承上联，写内心充满诗兴、禅意的作者决定，明天天一早就到云山间的寺庙去拜访禅僧，和他一起吟诗参禅。

题郑侍御蓝田别业[1]

秋山清若水，吟客静于僧。
小径通商岭[2]，高窗见杜陵[3]。
云霞朝入镜，猿鸟夜窥灯。
许作前峰侣，终来寄上层[4]。

【注释】①郑侍御：其人未详。侍御：殿中侍御史或监察御史的别称。蓝田：山名。在陕西蓝田县东。别业：别墅。②商岭：即商山。在陕西商县东。③杜陵：地名。在今陕西省西安市东南。古为杜伯国。秦置杜县，汉宣帝筑陵于东原上，因名杜陵。并改杜县为杜陵县。④寄：寄居。层：层峦。

【笺释】诗的首联写郑侍御别业所在的蓝田山的秋景，诗人用“清若水”表达了自己对这座山的印象。这里的“清”字将秋日蓝田山清新的空气，清凉的温度，清澈的流水等等都概括其中，可以引起读者对这里清丽景色的无限联想。处在这样环境中的“吟客”自然也有清雅的不凡的气度，这种气度甚至超过了僧人。这里的“吟客”当指郑侍御，即点题又标志着对郑侍御别业描写的正式开始。颔联和颈联集中笔墨写“别业”,方法是选取具有代表性的景事来表达情感。“小径通商岭”是写别业中路径的幽远之趣、“高窗见杜陵”写了在别业中的远望之趣。“商岭”即是汉代商山四皓的隐居之地,说此地“通商岭”实际上是表现它的隐逸之气;“杜陵”在这里即代表京城,“见杜陵”说明这里离京城很近。可见蓝田别业是郑侍御亦官亦隐的根据地,它对郑侍御的特殊意义就是它本身的特别价值所在。颈联选取了两组颇具奇趣的镜头来表现这里清幽的生活:一是早晨照镜子时云霞都会映入镜中,一是夜晚会有猿鸟时不时地来灯下好奇地窥探。入镜之云霞,窥灯之猿鸟,是人与自然和谐相处的反映,同时也是情景交融的艺术手法的表现。尾联作者贴切自己来写,说如果郑侍御您允许我来和您作伴的话,我最终会来“前峰”的“上层”卜居而隐的,实际上这人就是对郑侍御蓝田别业的高度赞扬。当然,赞扬蓝田别业最终还是在赞扬郑侍御其人及其生活方式。

送友人进士许棠[一]①

离乡积岁年,归路远依然。
夜火山头市,春江树杪船。
干戈愁鬓改,瘴疠喜家全②。
何处营甘旨③,潮涛浸薄田。

【校记】[一]诗题又作《送友人许棠》。

【注释】①进士:科举时代称殿试考取的人。②瘴疠:指瘴气,感之生疾。③甘旨:美味的食物。多指奉养双亲的食物。

【笺释】本诗是作者送友人许棠回家时所写,观诗意,当作于许棠登第之前。首联先写友人离乡已经有不少年头了,但是归路依旧是如此的漫长。诗中“归路远依然”并不是说友人依然回家无望,而是友人即将踏上归途时,作者的感慨。颔联即写友人归途中星夜兼程、水陆并进的经历,“山头市”说明了所经多是偏远的山区,“树杪船”说明所明航道水势险急。颈联作者写了友人的心绪。时局动荡不宁,国家正遭受着战祸,家乡也收到了牵连。再加上家乡本来就处于江南瘴疠之地,家人能否平安是友人最牵挂的事。万幸的是,家人还是平安的。“愁”字、“喜”字将友人关心时事发展和家人安危的心理活动表现得十分到位。尾联表达了对友人生活来源的担忧,作者觉得友人已经“离乡积岁年”,家乡的几亩薄田或许已经被潮涛侵蚀殆尽了吧,如果真是这样,那友人该从哪获得奉养双亲的食物呢？从尾联的表述我们可以想见，许棠多年离家就是为了“营甘旨”的，可惜并没有成功，回家之后，连原来的生活来源可能也没有了，这是何等悲惨的际遇啊！本诗通过对友人遭遇的设身处地的着想表达了深厚的情谊。不仅如此，本诗还反映了晚唐下层文人一种普遍的生存状态，是具有深刻的社会意义。

秘省伴直①

乔枝聚暝禽，叠阁锁遥岑。
待月当秋直，看书废夜吟。
残薪留火细，古井下瓶深[一]。
纵欲抄前史②，贫难遂此心。

【校记】[一]“下”，一作“汲”。

【注释】①秘省：秘书省的简称。职责为掌管图籍。伴：陪同；伴随。直：当值；值勤。②前史：前代史籍。

【笺释】本诗作于秘书省“伴直”之时，主要是讲述作者“伴直”时的所历所感。吴企明先生《唐音质疑录》指出，张乔未能及第，不可能在秘书省任职，所以本诗当不是张乔所作。关于张乔是否中过进士的问题，晚唐人黄滔《答陈磻隐论诗书》曾谓：“张乔、许彬、林希、刘皆咸有诗名，而退飞不已。”“退飞不已”虽未明确说张乔未登第，但已道出了他科场接连失利的实情。《剧谈录》又谓张乔及同时诸人“皆苦心文华，厄于一第。”则已明言张乔未曾中第。宋陈振孙《直斋书录解题》卷十九：“乔与许棠、张蠙、郑谷、喻坦之等同时，号十哲。乔试京兆《月中桂》诗擅场传于今。而登科记无名，盖不中第也。”也明确指出张乔未曾中第。宋计有功《唐时纪事》卷第七十：“李建州频主京兆解试，时涛与许棠、张乔、俞坦之、剧燕、吴罕、张蠙、周繇、郑谷、李栖远、温宪、李昌符谓之十哲。是年试俱以次得之，是岁，咸通末也。”也仅指出张乔得到京兆府解送的名额，至于果中进士否，却并未提及。《唐才子传校笺》在笺释《张乔》条中“竟龃龉名途，徒得一进耳”之句时指出：“按‘龃龉名途’谓乔未曾登第，‘一进’指曾获京兆府等第解送事。”根据历代学者们的记载和研究可见，张乔确未曾中过进士。张乔既为中过进士，又不可能通过其他途径获得入仕机会，那么他也就不可能在秘省任职。则吴启明先生认为本诗非张乔所作也是很合理的。然诗题《秘省伴直》若可理解为“陪伴他人在秘省当直”则本诗也可以理解为张乔所作。但“陪伴他人在秘省当直”在晚唐是否可能，则不敢臆测。

宿昭应[①]

夜忆开元寺[②]，凄凉里巷间。
薄烟通魏阙[③]，明月照骊山[④]。
半壁空宫闭，连天白道闲。
清晨更回首，独向灞陵还[⑤]。

【注释】①昭应：唐县名。在今陕西临潼县。②开元寺：武则天时令两京及天下诸州各置大云寺一所，玄宗开元二十六年敕并改为开元寺。此处指西京长安开元寺，其址在唐京兆府草场街北。③魏阙：指宫门外两边高耸的楼观。楼观下常为悬布法令之所。亦借指朝廷。④骊山：在陕西省临潼县东南，又名郦山。⑤灞陵：本作“霸陵”，在长安东。

【笺释】本诗是作者在昭应县留宿时所作。唐昭应县是京畿赤县，地处长安城之东、骊山之北。所以本诗写昭应县景事多就这两地着笔。首联写诗人夜宿昭县城应却回忆起长安的开元寺来，因为它们都有“凄凉里巷间”的共同点，正是这一点引起了诗人的联想。颔联写所写的景致说明昭应县密迩京畿、属连骊山的地理区位。这种地理区位可能和开元寺也有相似之处，所以才能引起诗人的联想。同时“薄烟”“明月”即点明了住宿时间为“夜”，也把夜景之美展示了出来。颈联“半壁空宫闭”紧承上句“明月照骊山”的语势来写骊山，在明月的照耀下，诗人将那里的情况看得更清楚了，“空宫闭”说明那里早已荒废，透露着无限凄凉。“连天白道闲”是照应颔联上句“薄烟通魏阙”的，“白道”就是通往“魏阙”的道路。一个“闲”字同样说明那里早已荒废，也透露着无限凄凉。尾联“清晨更回首，独向灞陵还”说明诗人此行的目的地就是昭应，他并不准备第二天继续往前走，清晨的时候他调转马头，回长安去了。前三联写具体写“宿昭应”，本联是荡开一笔，写“离昭应”。

送陆处士[①]

樽前放浩歌[②]，便起泛烟波[一][③]。
舟楫故人少，江湖明月多。

孤峰经宿上[④]，僻寺共云过。
若向仙岩住，还应著薜萝[⑤]。

【校记】[一]“起”，一作“处”。

【注释】①陆处士：其人不详。处士：本指有才德而隐居不仕的人，后亦泛指未做过官的士人。②放浩歌：放声高歌。③烟波：指烟雾苍茫的水面，暗指避世隐居的江湖。④经宿：经夜。⑤薜萝：薜荔和女萝。借以指隐者或高士的衣服。《九歌·山鬼》：“若有人兮山之阿，被薜荔兮带女萝。”

【笺释】本诗是一首送别之作，所送之人是作者一位决心隐居不仕的朋友。首联通过描写这位陆处士在离别宴席上痛饮放歌的场景，表现了他旷达的性格。“便起”表现了陆处士离去的决绝与潇洒，“泛烟波”说明了他离去时选择的是水路交通。颔联紧承“便起泛烟波”之句，继续写陆处士归途中的风景，饱含了诗人丰富的感情：“舟楫故人少”写的是路途的寂寞，同时也是写送别之人的不舍。“江湖明月多”写的是途中的美景，同时也是写送别之人的歆羡与祝福。颈联所写景事既可能是对路途中景事的继续描写，也可能写的是陆处士到达目的地后的情况。而属于后一种情况的可能性更大，因为上面已提到陆处士离去时选择的是水路交通。峻拔高耸的“孤峰”，白云掩映的“僻寺”衬托出了陆处士隐居之地的清静幽远。但是据诗人对陆处士的了解，他觉得陆处士可能还是不满意，所以他猜测陆处士可能会寻找更加“清静幽远”的“仙岩”。“薜萝”是隐者、高士的服装，诗人觉得陆处士若能居住在“仙岩”，那就彻底成为神仙般的隐者或高士了。

送韩处士归少室山[①]

江外历千岑，还归少室吟。
地闲缑岭月[②]，窗迥洛城砧。
石窦垂寒乳[一][③]，松枝长别琴。
他年瀑泉下，亦拟置家林。

【校记】[一]“寒”，一作“新”。

【注释】①韩处士：少室山：嵩山西峰。嵩山有二峰，东太室，西少室。②缑岭：即缑氏山，地近洛城。唐崔湜《寄天台司马先生》：“何年缑岭上，一谢洛阳城。”③石窦：石穴。郦道元《水经注·漓水》：“验其山有石窦，下深数丈，洞穴深远，莫究其极。”

【笺释】本诗是一首送别之作，所送之人为家住少室山的韩处士。首联写韩处士在“江外”游历了千山万水，现在他要回归故园将心中积累的诗材创作成可以吟唱的佳作。本联以凝练的语言反映了丰富的信息：韩处士以往的经历，他此行目的地，他的才情与好尚，都被表现了出来。颔联写了韩处士少室山居所的情况，在那里可以看见“缑岭月”，可以听见“洛城砧”。“闲”表现了赏月之人悠闲的心境，“迥”表现了这里远离繁华的洛阳城。颔联描写了少室山的外部环境，颈联开始描写少室山的内部环境：石穴中垂挂着冰凉的钟乳，松枝上发出像离别时弹奏的一样动人的清音。这样的区位和风景令作者非常羡慕，使他产生了陆处士作邻居的想法。当然，作者并不是真要这样做，只是这样说更能体现对陆处士及其故园的赞美。值得一提的是，从作者对陆处士居所地处洛阳附近的强调看，似乎也在暗示陆处士一旦德业有成，他的名声很快就可以传到洛阳。这是大部分“处士”希望的。如果能通过“处士”身份而获得朝廷征拜，那作者真恨不得在韩处士家附近“置家林”了。

赠初上人①

竹色覆禅栖②，幽禽绕院啼。
空门无去住③，行客自东西。
井气春来歇，庭枝雪后低。
相看念山水，尽日话曹溪④。

【注释】①初上人：生平不详。上人：原指道德高尚的人，自南朝宋以后，多用作对和尚的尊称。《释氏要览·称谓》引古师云：“内有德智，外有胜行，在人之上，名上人。”②禅栖：犹僧房。③空门：原泛指佛法，《大智度论·释初品》：“空门者，生空、法空。此处指佛寺。去住：犹去留。④曹溪：水名。在广东省曲江县东南双峰山下。六祖慧能曾在曹溪宝林寺演法。后人遂以之禅宗南宗别号。

【笺释】首联写景，以描写初上人“禅栖”之清幽开篇。初上人的禅房被竹色覆盖已能见其清幽，“幽禽绕院啼”又通过以闹写静的艺术手法将这种清幽表现得更加充分。颔联先写初上人，后写自己。初上人是僧侣，所以用“空门无去住”之句表现他的不执着的随性；自己是旅客，所以用“行客自东西”之句表现内心的羁旅漂泊的不安。颈联又是写景，与首联不同的是，首联写的是禅院外围的景物，本联写的是初上人禅院中的景物：水井的蒸汽在暖春时节不再氤氲弥漫，但春雪依旧会降临，降临之际庭树枝条都被压弯了。庭中之春气、庭中之春雪，会让欣赏者的内心产生某种冲动。尾联即表现了这种冲动。在尾联中，作者将自己与初上人放在一起写，他们一个是主人，一个是客人，当他们共同欣赏了禅院的春景时，心中产生了同样的冲动，即游山玩水的冲动，正好“曹溪”是它们共同向往的地方，所以成了他们终日谈论的话题。游山玩水对初上人和自己来说都是正常现象，因为作者在颔联就说过“空门无去住，行客自东西”的话了。本诗首联写景，是实写；颔联说理，是虚写；颈联又写景，是实写；尾联抒情，是虚写。作者将情、景、事、理以虚实穿插的手法熔为一炉，构思颇为巧妙。

送新罗僧①

东来此学禅，多病念佛缘②。
把锡离岩寺③，收经上海船。
落帆敲石火[一]④，宿岛汲瓶泉。
永向扶桑老⑤，知无再少年。

【校记】[一]“卷”，一作“落”。

【注释】①新罗：古国名。在今朝鲜境内。②佛缘：佛教因缘之境。③锡：锡杖。④石火：以石敲击，迸发出的火星。⑤扶桑：东方古国名。《南齐书·东南夷传赞》：“東夷海外，碣石、扶桑。”此处代称新罗。

【笺释】本诗为送一位新罗僧人归国而作。首联先从这位僧人漂洋过海来到中土的原因说起，从作者的讲述中我们了解到，原来这位新罗僧“东来此学禅”的原因是因为他体弱多病，希望通过参悟佛教因缘之境来增加内心的信念，减轻身体的苦痛。颔联写他学成之后准备回国时的情景。只见他手持锡杖、收拾取来的经书离开学法的“岩寺”、登上东去的海船。颈联写他乘船渡海的经历，落帆、宿岛、敲石取火而炊，挈瓶汲泉而饮，景奇事奇，出于作者的想象但也符合当时的实际。关于本联前一句中的“石火”，清周广夜《过夏杂录·火石》卷六谓：“古者取火以木，其代以石不知始何时。……张乔《送新罗僧》诗：‘落帆敲石火。’盖此物于行旅最宜，近用火绒引之，尤便携带。”可见是行旅之人必备的日常用品，后句中的“汲瓶”也是一样。作者通过写新罗僧人返程中日常生活的各种不便，表达了对他归途的关切，亲切动人。尾联作者以极为悲伤的口吻指出，新罗僧此次归去再也不会回来了。因为他知道任何人都不能重返青春,渐渐老去的新罗僧不可能再次承受长途跋涉的艰辛重来中土,这次分手就是诀别了呀!

题山僧院

豁路曾来日,年多与旧同。
地寒松影里,僧老磬声中。
远水清风落,闲云别院通①。
心源若无碍②,何必更论空③。

【注释】①别院:正宅之外的宅院。②心源:犹心性。佛教视心为万法之源,故称。③空:佛教语。谓万物从因缘生,没有固定,虚幻不实。《维摩经·入不二法门品》:“色即是空,非色灭空,色性自空。”

【笺释】首联先写通往“山僧院”的“豁路”,诗人写这条路时并没有写它是曲是直,是宽是窄,而是通过与从前走过时留下的印象作对比,作者对比后得出的结论是:虽然我多年没来了,但这条路还是和从前一样啊!一般来说,故地重游,我们都希望故地的风景能够“年多与旧同”,因为这样才能勾起从前的美好回忆,如果一切都变了,一点儿也找不到从前的痕迹,我们的心理肯定会感到失落与惆怅。因此作者在首联表达的情感是亲切的、温馨的。颔联前句开始写僧院的景色:松树高大茂密,树荫下的地面都让人觉得寒气飕飕。颔联后句是全诗的“主脑”,有了此句,才能让人们将前面三句的描写与“山僧院”联系起来;同样,有了这句,颈联的写景与尾联的抒情才有基础。颈联写景有“景在言外”之妙,写远水伴清风而“落”则言外自有峭壁之嶙峋、瀑泉之喧流在;写闲云中别院之“通”则言外自有主院之形制与全院之格局在。前三联的写景为尾联的抒情奠定了基础,尾联的是通过说理来抒情,在僧院中感悟到了“心源若无碍,何必更论空”的道理,那么诗人对这里的喜爱、留恋之情也就被充分地表达了出来。

书梅福殿壁二首①

其　一

梅真从羽化②,万古是须臾。

此地名空在，西山云亦孤。
井痕平野水，坛级上春芜。
纵有双飞鹤，年多松已枯。

【注释】①梅福：汉九江郡寿春人，字子真。官南昌尉。及王莽当政，乃弃家隐居。后世关于其成仙的传说甚多，江南各地以至闽粤，多有其所谓修炼成仙的遗迹。②羽化：指飞升成仙。

【笺释】首联写自从梅福羽化成仙之后，他就摆脱了时间的束缚，“万古”与“须臾”对他而言就是一回事。“万古是须臾”是对“羽化”的补充说明，同时也提示了“时间意识”是本诗的主意所在。颔联写自从梅福升仙以后他就不生活在这里了，长久以来，这里只剩下了“梅福殿”这个空名；又写自从梅福升仙以后连西山的云朵也感到孤独。“空”“孤”字也表达了作者对真人遗迹的观感。当然这种观感还是宏观的、空泛的，相比之下，颈联的观感则更加具体、生动。水井已经荒废了，但井壁上的水痕还和井边的溪水处在同一个水平线上；法坛也已经荒废了，层层台阶上都长满了春草。本联所写景象是极度荒凉的。尾联是诗人根据眼前的荒凉景象产生的联想：如果有一天梅真人驾着双鹤故地重游，他可能连落鹤的地点都没有了，因为年月已经过去太久了，连号称长寿的松树都枯死了。“纵有”二字甚至隐约透露了作者对道教“羽化”之说的怀疑态度。

其　二

一自白云去，千秋坛月明。
我来思往事，谁更得长生。
雅韵磬钟远，真风楼殿清。
今来为尉者[①]，天下有仙名。

【注释】①为尉：任县尉。

【笺释】首联表面上是在写景，是说自从梅福乘云羽化后，这里法坛上的明月没有了白云的遮掩，千载一来，一直就都这么的明亮；实际上本联是作者通过虚写景事来表达自己真实的感慨：自从梅福在这里飞升以后，这里千载一来就成了人们心中圣地，似乎这里的月光都比别处明亮些！颔联作者写自己作为慕名而来的人之一，也陷入了深深的沉思：自从梅福升仙以后，又有谁修得了长生之道？颈联贴切“梅福殿”来写，写殿上钟磬发出清雅的乐音飘扬的远处，仙风吹拂让人觉得整个楼殿都笼罩在清凉之中。尾联结合梅福曾经做过南昌尉的事迹写到，因为梅福曾经做过这里的县尉，所以凡是来这里做过县尉的人，在天下人眼中都有了神仙之名。本诗的“时间意识”也比较强烈，写景抒情也比较明朗清晰，但从整体格调和思想深度上来看，似乎要比第一首稍微逊色一些。

荆楚道中①

前程曾未到，歧路拟何为[一]？
返照行人急②，荒郊去鸟迟。
春宵多旅梦，夏闰远秋期③。
处处牵愁绪，无穷是柳丝。

【校记】[一]“拟何”，一作“已奚”。

【注释】①荆楚：荆为楚之旧号，后多合称，实乃一地。②返照：夕阳，落日。③夏闰：置在夏季的闰月。

【笺释】首联以问句开篇，自问而不必自答，答案已在浓重的无奈情绪中体现了出来。作者原定的“前程”还没有实现，现在却又向“歧路”上走去，自知是歧路而又不得不走，作者只能自问“拟何为”了。所谓“歧路”就是指诗题中的“荆楚道”。首联点题，颔联开始写“荆楚道中”景事：行人因为天色向晚而加快了赶路的脚步；大概是因为傍晚时分不想离巢过远，荒郊天际的飞鸟也减慢了飞行的速度。颈联写作者对行旅中季节变化的感触，一联之中出现“春宵”“夏闰”“秋期”三个以季节修饰的短语，反映了旅途的漫长和艰辛。“多”“远”更渲染了一种无奈、无助的情绪。尾联作者终于把自己旧蓄胸中的“愁绪”一吐为快。只是他认为自己无处不在的愁绪是被无穷的柳丝牵扯而起，却难免有点“迁怒于人”，因为他的愁绪实际上是因为长期的羁旅生活引起的。本诗感情真挚，语言明白如话却富有表现力，首尾二联将写景与抒情融为一体，颔联抓住“行人”“去鸟”在黄昏的旷野的行动来表现羁旅的时间、地点，构思也比较巧妙，颈联将三个时间点炼入一联，尤其是“夏闰远秋期”之句，将夏季置润后的日历变化用简短的五个字表现出来，简直可以作为一句谚语来指导人们的生产、生活了。总而言之，本诗是一首有真情实感、艺术性也颇高的佳作。

送南陵尉李频[1]

重作东南尉，生涯尚似僧。
客程淮馆月，乡思海船灯。
晚雾看春榖[2]，晴天见朗陵[3]。
不应三考足[4]，先授诏书征。

【注释】①南陵：县名，即今安徽省南陵县。李频：②春榖：当作春穀。南陵西一百五十里，有汉春穀故城。③朗陵：山名，在河南确山县。④三考：官吏考绩之制。指经三次考核决定升降赏罚。

【笺释】《新唐书》记载李频的履历曰："李频……大中八年擢进士第，调秘书郎，为南陵主簿，判入等，再迁武功令……俄擢侍御史……累迁都官员外郎，表乞建州刺史。"据此，李频曾任南陵主簿，未有任南陵尉的记载，也没有二次任尉职的记载，本诗首句"重做东南尉"之句说明李频曾两次做过东南地区属县的县尉，或可补史之阙文。首联作者即点明此次为李频送行的原因，即李频即将又一次到东南地区去任县尉，这一次要去的地方是南陵。身为县尉的李频，他的生活还像僧人一样清苦。"重""尚"字更加突出了这种生活方式的出人意料或难能可贵。颔联写李频赴任途中的风光和心绪，"客程"从淮河边的旅馆升起明月的时候开始，"乡思"从那个时候也就跟着产生了，这乡愁在海船闪烁的灯光下显得尤为强烈。颈联所写依旧是途中风光，但已经快到达南陵地界了，晚雾中看见的春穀城，晴天里看见的朗陵山都是南陵附近的标志性景观。尾联作者写李频不用"三考"的时限过完，凭着他出色的政绩，就会被朝廷征拜入朝为官。这是作者对友人的期望，同时也是对友人能力的认可。

将归江淮书[一][1]

东风摇众木，即有看花期。
紫陌频来日[2]，沧洲独去时。
郡因兵役苦，家为海翻移。
未老多如此，那堪鬓不衰。

【校记】[一]诗题一作《冬归有感》。

【注释】①江淮:泛指长江与淮河之间的地区。②紫陌:指京师郊野的道路。

【笺释】本诗是寓居长安的诗人将返回家乡时创作的。首联写了一件美妙的事,即当春风在树林间吹拂的时候,也就是百花即将盛开的时候了,百花盛开的时候也正是人们纷纷到城外看花的日子。作者写这件美妙的事是为了反衬自己内心的落寞。因此颔联紧接着写道:当京师的人们因为游春赏花频繁的往来于郊野的道路上时,却是我独自漂泊沧洲离去的时候。“频来”与“独去”的对举,以别人的快乐来反衬自己的凄凉,热闹是别人的,自己却什么也没有,这是何等的令人伤怀啊! 若仅仅是别人的热闹加重了自己的离愁别绪,那这种愁绪诗人还是捱得过去的,无奈颈联还写了更加值得悲哀的事:“郡因兵役苦”写的是诗人即将面对的大环境,江淮地区的郡县因为兵役早就痛苦不堪;而诗人的家又遭遇了自然灾害的摧残。这双重的不幸早已在诗人的心中深深地刺痛着他,在这东风吹拂、百花盛开、友人如织的春天,终于被离别时的愁绪触发,使他终于忍不住发出“未老多如此,那堪鬓不衰”的哀叹。本诗将沉重的感情寓于简洁的叙事当中,很有艺术表现力。与张乔同时的诗人李洞有《送张乔下第归宣州》诗:“诗道世难容,归舟楚浪重。早看残岳月,夜泊隔淮钟。一镜随双鬓,全家老半峰。无成来往过,折尽谢亭松。”从这首诗对张乔生活的描述来看,他的遭遇确实是很不幸的。将李洞的诗与本诗参读,更能加深我们对诗人内心苦楚的同情与体会。

沿汉东归①

北去穷秦塞②,南归绕汉川。
深山逢古迹,远道见新年。
绝壁云衔寺,空江雪洒船。
萦回还此景③,多坐夜灯前[一]。

【校记】[一]“等”,一作“烟”。

【注释】①汉:汉水。源出陕西宁强县,东南流至武汉入江。②秦塞:秦代所建的要塞。③萦回:曲折旋绕。

【笺释】本诗是作者到北部边塞游历结束沿汉水南归时的作品。首联交代了作者此次游历的来龙去脉,“穷秦塞”说明他北游到了唐朝的边境地区,“绕汉川”说明他准备取道汉水回家去。颔联和颈联都是写作者“沿汉东归”时见到的风景和经历的事情。在深山中遇到古迹，在远道中读过新年，寺庙盖在云间绝壁上，空江落雪洒满归舟。这些景色都与作者的行程紧密相连，同时也隐隐透露着作者久别归乡的喜悦与轻松的心情。尾联写作者夜晚独坐在灯下时，眼前还是会萦绕着白天看见的汉江沿岸的风景。也许这是因为作者看了太久的秦塞风光，现在再次看见这些东南地区的山水感到特别亲切的缘故吧！诗人的朋友曹松有一首《都门送进士张乔东归》诗："旧客东归远，长安诗少朋。去愁分碛雁，行计逐乡僧。华岳无时雪，伊河漫处冰。知辞国门路，片席认巴陵。"诗中所写虽与本诗非一时一地之事，但其中所写季节与所归路途似又与本诗有相类之处，抄录于此，以备参观。

送蜀客

剑阁缘空去①，西南转几州[一]。
丹霄行客语，明月杜鹃愁②。
露带山花落，云随野水流。
相如曾醉地③，莫滞少年游。

【校记】[一]"南转"，一作"过第"。

【注释】①剑阁：在四川剑阁县东北，为入蜀重要通道。②杜鹃：鸟名。又名杜宇、子规。相传为古蜀王杜宇之魂所化。春末夏初，常昼夜啼鸣，其声哀切。③相如：司马相如，字长卿，蜀人。

【笺释】这是一首送别"蜀客"之作。这里的"蜀客"应当理解为"入蜀地为客者"，而不当理解为"蜀人而为客者"。因为从本诗末联"莫滞少年游"之句来看，诗人并不认为蜀地是这位"蜀客"的故乡，而只是他少年游历之地。尾联"相如曾醉地，莫滞少年游"是作者对友人的直言相劝，勉励他不要长期滞留在那里，被酒色消磨了奋进的意志；反过来，诗人的警示语其实是承认了蜀地自然风景与风土人情的迷人之处。颈联正是诗人这种"承认"心理的流露，他不得不承认，仅蜀地"露带山花落，云随野水流"的景色就足以令人心旷神怡、乐而忘返了。当然，诗人之所以要写蜀地美丽的自然风景，还是为了防止友人在面临未知的前程时打退堂鼓，因为正如颔联所写，艰险山路和凄恻景物难免会让人产生畏难情绪。这种艰难在首联诗人对"蜀客"行程的初步描述中就已经充分体现出来了，"缘空去"写的是路途之险，"转几州"写的是路途之远。当然，首联写蜀道之险、远还是比较笼统的，领联再以更细致的笔触描写入蜀途中的情景，这种情景主要以险奇凄凉为主；颈联依旧在写蜀道，只是这时候所写已经是温暖动人的景色了，这样的顺序可能与入蜀道路由难渐易的顺序有关。尾联以“相如曾醉地”来指代蜀地，充分说明入蜀是一个由苦到乐的过程；作者并不反对这种乐，只是在提醒他的朋友，要注意这“锦城之乐”中温柔的毒素罢了。

塞上[一]

勒兵辽水边①，风急卷旌旃②。
绝塞寒无树，平沙势尽天。
雪晴回探骑，月落控鸣弦。
永定山河誓③，南归改汉年。

【校记】[一]诗题一作《塞下曲》。

【注释】①辽水：河名。郦道元《水经注·大辽水》：“《地理志》曰：‘渝水自塞外南入海，一水东北出塞，为白狼水，又东南流至房县，注于辽。’”②旌旃：泛指旗帜。③定：约定。

【笺释】本诗是一首乐府诗。收入宋郭茂倩《乐府诗集》卷第九十二之《新乐府辞·乐府杂题》中。《全唐诗》收入张乔集中题作《塞上》，又收入刘驾集中题为《塞下曲》。本诗所表现的是一组塞上行军的场面。首句“勒兵辽水边”点名了行军所至之地为夐远的辽河之畔。次句“风急卷旌旃”渲染了当时的气氛，使人仿佛听到军旗猎猎、马鸣萧萧的行军之声，感到塞外风沙扑在脸上的刺痛感。第三句“绝塞寒无树”紧承第二句风急而来，风没有林木的阻挡自然会肆无忌惮地扫荡大地。第四句“平沙势尽天”写无边无际的沙漠景象，沙漠之“平”大概与“急风”的打磨也分不开。诗的前四句气象阔大、格调苍凉，尤其是三四两句用极为凝练的语言为读者展开了一幅长长的塞上画卷。五六两句将写景与军事活动结合起来，照应了首句。“雪晴”句描写探马回报的场面，且与第三句的“寒”字呼应，说明了当时为冬天；“月落”句描写夜晚军士控弦警戒的场面。这一联的描写令人仿佛感受到战斗即将来临时平静而紧张的气氛。尾联“永定山河誓”极像是战斗前的誓师之语，全军上下一致宣誓要“永定山河”；“南归改汉年”即是他们的誓言，也是他们美好的远望，希望他们来年能够得胜南归。

送友人归袁州①

袁江猿鸟清②，曾向此中行。
才子登科去③，诸侯扫榻迎④。
山藏明月浦，树绕白云城。
远想安亲后⑤，秋风梦不惊。

【注释】①袁州：治所在今江西宜春。②袁江：赣江的支流，又名秀江。③才子：德才兼备的人。此处指友人。登科：科考被录取。④诸侯：喻指掌握军政大权的地方长官。⑤安亲：使双亲安居。

【笺释】首联诗人通过对袁江的描写提示了“送友人归袁州”的主题。诗人曾经在袁州的袁江游览过，袁江给他留下的最深刻的印象是“猿鸟清”。“清”不是在赞赏猿鸟的毛色而是指它们鸣叫的声音清澈、清丽。写猿啸鸟鸣之“清”其实就是写袁江景致之“清”，写袁江景致之“清”是为了衬托袁州友人之“清”。颔联“才子”即是指这位袁州友人，诗人写他在长安顺利登科后即将带着荣耀回归故里，一路上地方官长们也都会扫榻迎接。本联在祝贺友人的同时，以“去”“迎”点题，以“登科”点明送行的原因，发挥着交代事件来龙去脉的重要作用。颈联呼应首句，继续写景，所写景物也给人清丽之感，“明月浦”“白云城”又能贴切袁州，让人联想到即将踏上归途的友人轻松、愉悦的心情。故乡的景色可以让友人感到亲切、愉悦，诗人在尾联替友人表达了一种更为温暖的情感：友人登科荣归，获得了使双亲安居的能力，他已经心安了不少，等到秋期来临，他再也不用像往年一样要进京赶考了，所以能安然入睡，不再会突然在梦中惊醒。这种温馨中透露着心酸的幽微情致只有饱受科考折磨的诗人才可以道出。

赠别李山人①

分合老西秦[一]②，年年梦白蘋③。
曾为洞庭客，还送洞庭人。
语别惜残夜，思归愁见春。
遥知泊舟处，沙月自相亲。[二]

【校记】[一]“分”,一作“末”。[二]末二句一作“沧浪濯缨处,应念满衣尘。”

【注释】①李山人:②西秦:指关中陕西一带秦之旧地。③白蘋:水中浮草。南朝宋鲍照《送别王宣城》:“既逢青春献,复值白蘋生。”

【笺释】首联写尝尽人间离合聚散之悲辛的李山人虽身老西秦,但无时无刻不在思念自己的故乡。诗人选取“白蘋”这个自然意象来表现李山人的思乡之情,既新奇又贴切,新奇是因为它摆脱了梦故山、梦故园的窠臼,贴切是因为它作为洞庭湖的常见植物,照应了下文李山人“洞庭人”的身份,而且作为一种水中浮草,“白蘋”还能暗示李山人漂泊异乡的经历。颔联诗人结合自己的经历来写送别,用“洞庭客”指称自己,用“洞庭人”指称李山人,构成了一个新颖别致的对仗,将自己的经历与李山人的身世结合起来,既拉近了他们的距离,又将离愁别绪暗寓其中,颇为工妙。颈联将叙事与写景结合起来,表现了李山人临行之际的矛盾心理:他因为恋恋不舍前来送行的朋友而嫌夜过去得太快,同时他又因为春天来得太早而心生思乡愁绪。像这样能将人类微妙的心理活动充分表达出来的诗句,是具有永恒的艺术生命力的。尾联是诗人悬想李山人归途中的经历,诗人选取“沙月自相亲”这个镜头,来表现故乡对李山人的欢迎,同时也将李山人即将到家时的愉快心情表达了出来。

思宜春寄友人[①]

胜游虽隔年[②],魂梦亦依然。
瀑水喧秋思,孤灯动夜船。
断虹全岭雨,斜月半溪烟。
旧日吟诗侣,何人更不眠。

【注释】①宜春:唐袁州的治所。②胜游:指风景绝佳的游赏之地。韩愈《秋字》诗:“莫以宜春远,江山多胜游。”

【笺释】本诗前三联是对诗题中“思宜春”三字的充分展开。首联诗人即通过讲述自己多年来对宜春这个胜游之地的魂牵梦绕,将“思”字所蕴含的情感充分地表达了出来。颔联和颈联通过对宜春绝佳景致的描绘向我们说明了何以此地如此可“思”。“瀑水喧秋思”,喧流的瀑水引起内心的秋思,动中有静;“孤灯动夜船”,散发着微弱灯光的小船从夜色中缓缓驶来,静中有动。“断虹全岭雨”,在整个山岭都经过雨水的洗礼后,天际出现一截七彩的霓虹,阴晴相继;“斜月半溪烟”，当斜月升起时，溪水上朦胧氤氲的雾气，在月光下的一半可以看见，在阴影中的一半却看不见，明暗相生。秋景，夜景，山景，水景，都是如此地清丽幽深而富有生命力。诗人不可能在简短的诗篇中将宜春的所有景色都罗列一遍，所以他精心挑选这四景，将它们提炼为具有代表性的艺术典型，起到了窥一斑而见全豹的作用。尾联是对诗题“寄友人”三字的照应，“旧日吟诗侣，何人更不眠”，这是作者在问友人，当年一起吟诗的朋友中，只有你家住宜春，面对这样的“胜游”你一定会日夜吟咏而不知疲倦吧。

江行夜雨

江风木落天，游子感流年①。
万里波连蜀，三更雨到船。
梦残灯影外，愁积苇丛边。
不及樵渔客②，全家住岛田。[一]

【校记】[一]末二句一作“不是贪名利，家无负郭田。”

【注释】①流年：如水般流逝的光阴、年华。②樵渔：打柴和捕鱼。

【笺释】首联写作者在大风呼啸、林叶凋落的秋天“江行”时，被这如水般流逝的年华深深触动。这种感伤的情绪一直在作者的心中酝酿着、冲撞着，暂时处于可控的范围内。颔联是对“江行夜雨”的具体写照。“万里波连蜀”是作者对绵延万里的滚滚江涛的描绘，是船行江上时产生的联想；“三更雨到船”表明了诗人得知“夜雨”的时间和地点。颈联紧承“三更雨到船”来写，睡梦中的诗人被打在船上的雨点惊醒，灯影外无边的黑暗与看不见的雨点与波涛使诗人彻底没了睡意；船被迫停泊在苇丛边，哗哗的雨声打在本就沙沙作响的苇叶上，发出萧瑟的混响，使诗人的愁绪愈发的浓重了。这由夜雨引起的“新愁”与原本就酝酿着的“旧恨”使诗人的内心彻底无法平静。尾联“不及樵渔客，全家住岛田”即是诗人发出的感慨。原来他的悲秋与愁雨，全都因羁旅漂泊和思念亲人引起。诗人非常羡慕那些以渔樵为生的人，因为他们可以住在岛田上，安安稳稳，免于漂泊，更何况是“全家”人住在一起呢！本诗末二句一作“不是贪名利，家无负郭田”，虽然也能表现作者羁旅漂泊的无奈，但远没有本诗末二句与“江行”联系的紧密，显得比较突兀。

赠仰大师[一]①

仰山因久住，天下仰山名。
井邑身虽到②，林泉性本清③。
野云居处尽[二]，江月定中明[三]。
仿佛曾相识，今来隔几生。

【校记】[一]《文苑英华》卷二二四题作《赠仰山禅师》。[二]“野”，一作“岭”。“居”，一作“看”。[三]“中”，一作“时”。

【注释】①仰大师：见《闻仰山禅师往曹溪因赠》诗注释①。②井邑：市井。③林泉：山林与泉石。指隐居之地。

【笺释】僧慧寂旧居仰山，因以仰山为号，人们因此称他为仰山禅师。“仰山”这个名字与慧寂的生活有着千丝万缕的联系。本诗首联即以“仰山”为话头，在赞美了慧寂的同时，也使诗歌显得逸趣横生。作者对慧寂说，因为你长期的居住在仰山这个地方，所以天下人都很仰慕这座山，也就是说正是因为慧寂才使这座山名满天下。首联把慧寂推崇得很高。颔联和颈联进一步证明自己所言不虚，仰大师是名副其实的。“井邑身虽到，林泉性本清”是通过他的行为来表现他的品行，虽然他偶尔也到市井城邑宣扬佛法，但并不会受到俗尘的沾染，他对林泉的热爱才是他的本性所在。“野云居处尽”是通过描写他的生活环境来表现他的修为，“江月定中明”更体现了他已达到物我合一的禅境。从“仿佛曾相识，今来隔几生”之句来看，诗人与慧寂是初次见面，但是诗人觉得与他几生前就认识似的，表现了对慧寂的钦慕之情。

江南逢洛下友人①

洛下吟诗侣，南游只有君。
波涛归路见，蟋蟀在船闻②。
晓月江城出，晴霞岛树分。
无穷怀古意，岂独绕湘云。

【注释】①洛下：洛阳城。②蟋蟀：也叫促织。雄虫善鸣。

【笺释】首联作者说道:“在洛下与我相伴吟诗的朋友们,只有你来江南游历啊!”表现了作者在江南乍遇洛下友人时的惊讶之情。作者惊讶的是,生活在大城市的友人竟然跑到这偏远的江南来了。全诗都从这种“惊讶”与“不理解”落笔。颔联“波涛归路见,蟋蟀在船闻”是写作者的一个疑问:当游人你在波涛中看见通往洛阳的航路时,当你在船上听见与洛阳相同的蟋蟀叫声时,你难道不想家吗?颈联描写的是江南的景色,虽然也很美,但这样的景色不是在平常不过了吗?尾联作者问有人:难道只有“湘云”这样的江南景色才能引发你的怀古之意吗?作者的言外之意是,你的家乡洛阳难道不比这里更加能引发怀古之情吗?这种“不理解”其实是诗人自己对洛阳生活的美好回忆和深深向往在作祟。本诗立意颇奇,余味颇永。

东湖赠僧子兰[一]①

名利了无时,何人暂访师。
道情闲外见②,心地语来知③。
竹落穿窗叶[二],松寒荫井枝。
匡山许同社④,愿卜挂帆期。

【校记】[一]诗题一作《题兰上人》。[二]“穿窗”,一作“忽穿”。

【注释】①东湖:僧子兰:②道情:修道者超凡脱俗的情操。③心地:见《送僧雅觉归东海》诗注②。④匡山:庐山。相传殷周之际匡俗兄弟七人结庐于此,故又称匡庐。社:团体。此处指白莲社。东晋释慧远于庐山东林寺同慧永、慧持和刘遗民、雷次宗等结社精修念佛三昧,誓愿往生西方净土,又掘池植白莲,称白莲社。

【笺释】首联诗人借世态人情来衬托僧子兰的高深修为。诗人说,这个世界上的名利永远没有消失的时候,那些争名夺利的人有谁原意暂时来东湖拜访大师呢?言外之意,作者认为僧子兰是可以帮人破除名利心的,同时作者也是隐然已能暂弃名利前来访师之人自居的。颔联作者具体讲述了僧子兰高深的修为。“道情闲外见”是说他对至道的体悟在悠闲的日常生活中不知不觉地就表现出来了;“心地语来知”是说他内心的慈悲以仁爱在与人交谈时阐述得更加明白。颈联是对子兰生活环境的描写。“竹落穿窗叶,松寒荫井枝”都是秋冬季节的景致,这些是诗人拜访时亲眼所见,所以写来特别亲切真实,同时子兰僧舍的清幽环境也被很好地表现了出来。尾联作者表达了对子兰的仰慕和对他生活之地的向往,如果子兰允许的话,他会在不久的将来乘船前来与他组建一个“白莲社”。

隐岩陪郑少师夜坐①

幸喜陪驺驭②,频来向此宵。
砚磨清涧石,厨爨白云樵③。
竹外村烟细,灯中禁漏遥④。
衣冠与文理⑤,静语对前朝[一]⑥。

【校记】[一]“语”,一作“话”。

【注释】①郑少师:郑薰。懿宗咸通间以太子少师致仕。隐岩:郑薰居所之号。②驺驭:驾驭车马的侍从。③爨:焚烧。④禁漏:宫中计时漏刻。此指漏刻发出的声响。⑤衣冠:借指文明礼教。文理:礼仪。⑥静语:平静地谈话。贾岛《就可公宿》:“静语终灯焰,余生许峤云。”前朝:前厅,正殿。

【笺释】本诗是一首记事诗,记录了作者陪郑薰在隐岩别墅夜坐的事。首联作者写自己因近来能夜间频来拜访郑薰而倍感欣喜和荣幸。颔联写了作者陪郑薰宅内的情况,可以想见作者陪着他写诗作文,还受邀参加了晚宴的情景。颈联所写是“夜坐”时所见所闻,是郑薰住宅外的环境。能见到竹外细细的村烟,说明此地清幽宁静;能够隐约听见宫中滴漏声,又说明此地临近帝居,区位特殊。尾联中“衣冠与文理”是对同时陪郑薰前厅夜坐的其他客人的恭维,同时也衬托了郑薰的身份与地位。张乔另有《经隐岩旧居》诗一首,创作时间远在本诗之后。该诗虽是作者经过郑薰故居时所作,但内容以抒情为主,其中记载与郑薰交往之事不详,本诗则反之,以叙事为主,将情感隐藏在叙事背后。同时的郑谷有《故少师从翁隐岩别墅乱后榛芜感旧怆怀遂有追记》诗记录郑薰生活与交游情况颇详,可以与本诗相互印证,进而促进对本诗的理解。现将其诗抄录如下:“风骚为主人,凡俗仰清尘。密行称闺阃,明诚动缙绅。周旋居显重,内外掌丝纶。妙主蓬壶籍,忠为社稷臣。大仪墙仞峻,东辖纪纲新。闻善常开口,推公岂为身。立朝鸣珮贵,归宅典衣贫。半醉看花晚,中飡煮菜春。晴台随鹿上,幽墅约僧邻。理论知清越,生徒得李频。药香沾笔砚,竹色染衣巾。寄鹤眠云叟,骑驴入室宾。近将姚监比,僻与段卿亲。叶积池边路,茶迟雪后薪。所难留著述,谁不秉陶钧。丧乱时多变,追思事已陈。浮华重发作,雅正甚湮沦。宗从今何在,依捿素有因。七松无影响，双泪益悲辛。犹喜于门秀，年来屈并伸。”

送三传赴长城尉[一]①

登科精鲁史②，为尉及良时。
高论穷诸国，长才并几司。
地倾流水疾，山叠过云迟。
暇日琴书畔，何人对手棋。

【校记】[一]诗题一作《送前辈读三传任长城尉》。

【注释】①三传：指解释《春秋》的《左传》《公羊传》《穀梁传》。唐时明经考试有三传科。详见《新唐书·选举志》。长城：唐县名。治所在今浙江长兴县。②鲁史：即指《春秋》所载自鲁隐公元年至鲁哀公十四年凡二百四十二年的史事。③手：表示手的动作，执、持。

【笺释】诗的首联作者先从友人的“三传”身份说起：你精通“鲁史”，凭借这非凡的学识登上高第，登科之后又得到长城县尉的官职，在当今这样的好时代，你一定能有一番大作为！颔联作者进一步指出，友人除了“精鲁史”之外还有许多才能，比如他的高论能“穷诸国”，他过人的才华能“并几司”。当然“穷诸国”“并几司”并不一定是真实发生的事件，而是诗人通过艺术夸张的手法来表达对友人的推崇。颈联描写的是友人赴任之地即长城县的风光，唐代的长城县治所在今浙江长兴县附近，地处东南地区，由于我国的地势是西高东低，所以长城县才会有“地倾流水疾”的自然景观；江浙地区多丘陵山地，所以又有“山叠过云迟”的自然景观。“疾”“迟”二字虽是用来写景，但友人赴任时的迫切而又轻松的心情也可以隐约得到体现。尾联诗人设想友人工作之余的休闲生活：或弹琴，或读书，或下棋。弹琴、读书一个人尚可，要是下棋则必须得有对弈之人。因此诗人关切地问：谁来陪你下棋呢？言外可见，平时都是作者陪友人下棋的。通过这样一个细节，作者将自己与友人的交情与临别时的不舍都很好地表现了出来，而且还起到了进一步强调“送别”主题的作用。

送李道士归南岳①

千峰隔湘水②，迢递挂帆归。

扫月眠苍壁，和云著褐衣[③]。
洞虚悬溜滴[④]，径狭长松围。
只恐相寻日，人间旧识稀。

【注释】①李道士：南岳：湖南衡山。②湘水：湘江。③褐衣：粗布衣服。古代贫贱者所穿。④悬溜：悬淌的小股水流。如小型瀑布、屋檐水等。陶潜《祭从弟敬远文》：“淙淙悬溜，暧暧荒林。”

【笺释】本诗与张乔的大多数送别之作不同，张乔集中的许多送别之作都喜欢以大量的篇幅来设想所送之人途中的经历，但本诗仅用一二两句提到了归途的情况。后六句全都是诗人设想所送之人回到目的地之后的情况。下面具体解读之。首联中的“千峰”即代指南岳，李道士与南岳之间隔着一条湘江，说明他现在身处湘江以北地区；“迢递挂帆归”写了李道士从水路远道而归的情景。颔联紧承首联的“归”字来写，只不过写得不是归途中的事，而是归南岳之后的事。回到衡山之后，李道士“扫月眠苍壁，和云著褐衣”，过着神仙一样的生活。“扫月”而眠、“和云”而衣，营造的是一组非常新奇的意境，这种“新奇”正李道士仙风道骨的极好体现。颈联继续描写李道士在衡山的生活环境，空旷的洞穴中水滴正在从钟乳石上缓缓滴落；长松生长的很茂密，让道路都显得狭窄了。这依旧是在表现李道士修行的“洞天福地”的神奇与清幽。尾联作者做了一个大胆的假设：恐怕有一天人们进山去寻找你，你在人间的旧识大概已经很少了吧！言外之意是，李道士已经成了仙或者找到了长生久视之道。这是作者送给李道士的临别祝福。

延福里秋怀[①]

终年九陌行[②]，要路迹皆生[③]。
苦学犹难至，甘贫岂有成。
病携秋卷重[④]，闲著暑衣轻。
一别林泉久，中宵御水声[⑤]。

【注释】①延福里：唐长安坊名。②九陌：汉长安城中的九条大路。后泛指都城大路和繁华街市。③要路：重要的道路；主要的道路。生：陌生。④秋卷：唐代举子落第后寄居京师过夏课读，其间所作诗文称为秋卷。⑤御水：宫禁中的河水。

【笺释】张乔一生多次进京赶考，所以他在长安的寓所也不止一处。许棠有《题张乔升平里居》诗曰："下马似无人，开门只一身。心同孤鹤静，行过老僧真。乱水藏幽径，高原隔远津。匡庐曾共隐，相见自相亲。"可见张乔还曾寓居升平里。本诗是他寓居延福里时所作。关于延福里，郑谷有《访题进士孙秦延福南街居》诗曰："多病久离索，相寻聊解颜。短墙通御水，疏树出南山。岁月何难老，园林未得还。无门共荣达，孤坐却如闲。"根据诗中提供的"短墙""通御水""出南山"等信息来看，延福里应该比较偏僻残破，且临近御水，还能望见终南山。本诗题中有"秋怀"字样，所以内容以抒情为主。抒情的方式有许多种，可以借景抒情，也可以以议论、叙事抒情。本诗的抒情方式属于后者。首联作者讲述了自己在长安的生活状态，自己虽然终年在长安的各条繁华大街上行走，但是那些"要人"门前的"要路"却鲜有他的足迹。颔联是作者对首联反映的行事风格进行的自我评价。作者知道，"早据要路津"的目标，通过苦学还不一定能实现，更何况自己本来就是一个"甘贫"之人呢？颔联写了诗人在延福里寓居时的生活状态，"病携秋卷重"将他落第后的凄凉心绪展示得很彻底，也道出了点燃诗人"秋怀"的引线所在。尾联诗人写自己夜半无眠，听见门外的御沟水流声，想起自己离别"林泉"已经很久了，"林泉"之思是诗人"秋怀"的真正内容。这一联很好地表现了诗人回归故园、隐居山林的强烈愿望和无法实现这一愿望的深深无奈。

题玄哲禅师影堂①

吾师视化身②，一念即遗尘③。
岩谷藏虚塔④，江湖散学人⑤。
云迷禅处石，院掩写来真⑥。
寂寞焚香后，闲阶细草生。

【注释】①玄哲禅师：其人不详。影堂：寺庙道观供奉佛祖、尊师真影之所。②视：通"示"。以事或物示人。《诗·小雅·鹿鸣》："视民不恌。"郑玄注："视，古示字也。"化身：佛三身之一。指佛、菩萨为化度众生，在世上现身说法时变化的种种形象。③遗尘：谓遗弃尘俗；抛弃尘念。④虚塔：尚未收藏舍利的空塔。⑤学人：求学的人。⑥写：摹画，绘画。真：真影。

【笺释】首联作者赞扬了玄哲禅师高深的修为。"吾师"是作者对玄哲的敬称，

“视化身”是佛陀、菩萨才有的法力，但作者认为玄哲也具有这样的法力。次句“一念即遗尘”就是进一步的说明。从首联推断，玄哲可能是个半路出家的和尚，所以作者才将他的俗身说成是他现身说法时变化出的“化身”。“一念即遗尘”透露出他看破红尘后随即遁入空门的过程。颔联写“顿悟”后的玄哲在佛学上的造诣，“岩谷藏虚塔”说明他已经参破生死，事先将收藏自己遗骸的塔都建好了；“江湖散学人”说明他的门徒很多，散布在五湖四海。颈联用更细腻的笔触来写玄哲的生活。“云迷禅处石”表现的是他参禅之处的清净高远；“院掩写来真”表现得病是他起居礼佛的虔诚。尾联是作者对玄哲日常生活的继续描写，并掺入了自己作为观感。“寂寞”并不是说玄哲禅师自己感到寂寞，而是作者觉得他寂寞。“闲阶细草生”是作者设想玄哲焚香礼拜之后出门散步的情景。在本诗的末尾作者没有直接说理、抒情，而是通过写景的方式来表现了一种意在言外的理趣。

登慈恩寺塔①

窗户几层风[一]，清凉碧落中②。
世人来往别，烟景古今同③。
列岫横秦断，长河极塞空。
斜阳越乡思④，天末见归鸿。

【校记】[一]“几”，一作“响”。

【注释】①慈恩寺：唐代寺院名。旧寺在陕西长安东南曲江北，宋时已毁，仅存大雁塔。②碧落：天空；青天。③烟景：云烟缭绕的景色。④越：冲犯。段成式《酉阳杂俎续集·支诺皋下》：“夜入山林，越兕侵虎，初无所惧。”

【笺释】本诗题中虽曰“登”塔，但只有首联贴切“登”字来写。后三联都是围绕登塔之后的“望”来写。首联诗人通过写自己对“风”的感觉提示了登塔的过程。诗人每登一层塔都能吹到一阵清风，待到他登上高插碧落的塔顶后，阵阵凉飔带来的清凉感受更是令他印象深刻。颔联写伫立塔顶的诗人望见远处来来往往的行人和云烟，不禁产生感慨：虽然眼前的“烟景”古往今来都没有改变，但这来来往往的世人早都换了一批又一批了。颈联诗人集中笔墨写远望所见的地理景观。“列岫横秦断”写的是登塔所见秦中山川的山势，是诗人视野内横向的景色；“长河极塞空”写的是登塔所见黄河的走势，是诗人极目远望的纵向的景色。本联所写景观，一纵一横，将天地山川尽收眼底，而且紧承上一联的“古今”之思来，将时间意识与空间感觉都呈现了出来。尾联用了借景抒怀的表现手法，写诗人久久徘徊于塔顶，直到夕阳西下的时候，他看见天际的鸿雁纷纷回巢，此情此景勾起了他无限的思乡之情。时间的沧桑感与空间的距离感是本诗感情的基石，诗人把它们具体化为对古今人事的慨叹与对远方故乡的思念，产生了更加真切动人的艺术魅力。

送友人东归

远涉期秋卷[①]，将行不废吟。
故乡芳草路，来往别离心。
挂席春风尽[②]，开斋夏景深。
子规谁共听，江月上清岑。

【注释】①秋卷：见《延福里秋怀》诗注④。②挂席：升起船帆。南朝宋谢灵运《游赤石进帆海》："扬帆采石花，挂席拾海月。"

【笺释】首句中"远涉"即是指题中的"东归"，是对友人回家路途的描述；"秋卷"是唐朝士子科考活动中的一个重要现象，一般是指举子落第后寄居京师过夏课读期间所作的、用以进献达官以求延誉的诗文。"远涉"说明这位友人并没有和其他人一样离留在京师刻读，而是选择了归乡，"期秋卷"说明他计划过完夏天后再回京进献自己的"秋卷"。这就解释了第二句所写友人不懈苦吟的原因。颔联紧承"不废吟"而来，故乡芳草路上的景致是诗料，送往迎来的别离情绪也是诗料，这些都可以增加友人"秋卷"的厚度，保证友人"秋卷"的质量。颈联写了友人暮春时节乘船回家的情景和回家之后宁静的书斋生活，同时也照应了首联"期秋卷"的安排。尾联作者联系自己，点明送别题旨。作者问友人，当你我分离后谁与你共听子规的啼鸣呢，大概只有岭头明月与你相伴吧！作者以"江月上清岑"的清寂景致结束全篇，表达了对友人的关怀和离别时的不舍。

送僧鸾归蜀宁亲[①]

歌诗精外学[②]，天子是知音。
坐夏宫钟近[③]，宁亲剑阁深。
高名彻西国，旧迹寄东林[④]。

自此栖禅者，因师满蜀吟[5]。

【注释】①僧鸾：蜀僧。俗名鲜于凤。曾为文章供奉。后还俗。宁亲：看望父母。②外学：佛教指佛经以外的典籍为外学。③坐夏：佛教语。僧人于夏季三个月中安居不出，坐禅静修，称坐夏。其时正当雨季，亦称“坐雨安居”。具体日期因地而异。④东林：庐山东林寺。⑤蜀吟：以蜀地方音吟诗。

【笺释】首联作者结合僧鸾文章供奉的身份来赞美他。“歌诗精外学”说僧鸾除了熟读佛教典籍之外还精通“歌诗”这样的“外学”，“天子是知音”即是他精通“外学”的最好表现。颔联紧承“天子是知音”来写他在长安的生活，正是因为收到了天子的赏识，获得了文章供奉的身份，所以他才能居住在离宫禁很近的地方。颈联“宫钟近”即体现了这一点。“坐夏”体现了僧鸾在长安坐禅静修的生活，也提示了他宁亲的时间当在“坐夏”结束后的秋天，“剑阁深”表明了宁亲的地点在蜀地。颈联撇开他与帝王的渊源转而写他在佛教界的影响。“高名彻西国”是说他的名气已经远播到西方那些信仰佛教的国家中去了；“旧迹寄东林”是说他曾在著名的东林寺清修，更奠定了他内学、外学兼精的修养基础。尾联另换一个角度，继续写他在释林的影响：从此以后栖居禅门的僧人们，都会纷纷吟唱你的“歌诗”的。“蜀吟”既点明了僧鸾的籍贯，又提示了“归蜀宁亲”的题旨，还呼应了首句“歌诗精外学”的评价。将首尾二联结合起来可以看到，僧鸾在俗世得到最高统治者的青睐，在佛教内部受到众僧的追捧，作者对他的推崇可谓无以复加。

送人归江南

贫归无定程，水宿与山行[1]。
未有安亲计，难为去国情[2]。
岛烟孤寺磬，江月远船筝。
思苦秋回日，多应吟更清。

【注释】①水宿：在舟中或水边过夜。②难为：使人困窘，使人为难。去国：离开国都。

【笺释】本诗是诗人在长安送友人归江南时所作。“贫归”说明本来家境就贫寒的友人此次进京赶考又无获而归。他的“贫”在归途中的体现就是“无定程”，“无定程”的体现就是“水宿与山行”，兜兜转转，不像官宦之人那样可以乘坐驿站传车直达目的地。首联继续扣住“贫”字写“归”,没有获得安亲之计就黯然离开国都,实在是一件令人难为情的事。从长安到江南需要渡过长江,颈联写的即是江上风光,同时也说明看到这些风景的友人即将到家了。“岛烟孤寺磬”写诗人路过江岛时听见烟雾朦胧中的孤寺中传来空灵的钟磬之音,“江月远船筝”写在月色笼罩的长江航道上传来远船上的歌舞琴筝之声。这两句诗一是通过清寂的景色从正面表现友人孤寂的心情,一是通过写别人行乐的场面来反衬友人怅然若失的心绪。尾联是作者对相聚之期的展望。“秋回日”说明友人秋天还会再次返回长安。为什么要在秋日返回?最大的可能就是和《送友人东归》诗中的友人一样是为了进献“秋卷”、求人延誉,为再次参加科举考试作准备。作者认为友人苦楚的情思对他的诗歌创作是有帮助的,所以作者觉得等友人秋天回来的时候,多半会带来更加清丽的诗篇。这是作者对友人的鼓励和祝福,同时也是对重逢之日的期待。

将离江上作

白衣归树下①,青草恋江边。
三楚足深隐②,五陵多少年③。
寂寥闻蜀魄④,清绝怨湘弦⑤。
岐路在何处⑥,西行心渺然⑦。

【注释】①白衣:古代平民服。因即指平民。亦指无功名或无官职的士人。②三楚:见《送庞百篇之任青阳县尉》注释五。③五陵:见《长安书事》注释③。④蜀魄:指杜鹃鸟。又名杜宇、子规。相传为古蜀王杜宇之魂所化。春末夏初,常昼夜啼鸣,其声哀切。⑤湘弦:即湘瑟。湘妃所弹之瑟。亦指代瑟。⑥岐路:从大路上分出来的小路;岔路。⑦渺然:广远貌。

【笺释】本诗可能是作者前往西楚一带游历时离船登岸之际所作。“白衣归树下”说的是作者厄于科场的心事,以布衣之身返归林泉是很令人伤感的事;“青草恋江边”是诗人即将离开长江时徘徊江畔的情景,体现了他对长江流域风光的喜爱之情。颔联作者分别解释了“恋江边”与“归树下“的原因。因为江淮流域的“三楚”足已“深隐”,所以他才“恋江边”,因为长安繁华的“五陵”已被“少年”占据了津梁,所以他才不得不“归树下”。楚地本是作者的故乡所在,他自然觉得这里“足深隐”。但是当他游历到西楚腹地时,他又觉得压抑了。颈联就是对这种压抑之感的具体表达。“寂寥闻蜀魄”是说杜鹃鸟的哀鸣令作者倍感寂寥；“清绝怨湘弦”说的是“湘弦”奏出的清绝哀怨之音也令作者耳不忍闻。可见，这一联表达的情感是非常低沉的。尾联中作者终于将自己迷茫无助的情感明确地表达了出来。“岐路在何处，西行心渺然”表现了行旅之人对眼前道路的陌生感与恐惧感。作者认为西行之路为“歧路”，也许在他心中只有通往长安的路才是“正路”吧？然而自己不能向“正路”上行，却偏得朝“歧路”上走，他内心的无奈和苦楚是极为深重的。

别李参军①

王孙游不遇②，况我五湖人③。
野店难投宿，渔家独问津。
岭分中夜月，江隔两乡春。
静想青云路④，还应寄此身。

【注释】①李参军：唐室支属，生平不详。参军：官名。东汉末始有“参某某军事”的说法，简称“参军”。晋以后军府和王国始置为官员。沿至隋唐，兼为郡官。唐诸卫、十率府、王府及州府官属均设有参军之职。②王孙：泛指贵族子弟。③五湖：范蠡乘轻舟以隐于五湖，后因以“五湖”指隐遁之所。④青云路：喻谋取高位的途径。

【笺释】首联作者将自己的遭际与所送之人的遭际结合起来写，表达了一种“同是天涯沦落人”的悲哀，拉近了自己与李参军的心理距离。作者对李参军说：你身为皇室宗亲尚且得不到重用，何况我这样一个生长于偏远地区的普通百姓呢！虽然作者和李参军同是不遇之人，但在作者看来自己的“不遇”尚可以理解，但李参军的“不遇”则非常令人意外了，因此也更让人觉得值得同情。颔联写“别”后李参军在路途中经历的事件。“野店难投宿”写沿途的荒凉，甚至连一个投宿的野店都找不到；“渔家独问津”写水路网线复杂，经常因为迷路而到渔家问渡头的位置。颔联写“别”后李参军在路途中见到的风景。“岭分中夜月”写的是李参军翻山越岭时所见的夜景；“江隔两乡春”写的是李参军横渡大江是所见的春色。同时“分”字、“别”字也暗示作者与李参军已经各在一方了。尾联继续写李参军的旅程，设想他置身于青云之间的山路的情景，由于“青云路”还可以双关仕宦之路，所以尾联还可以理解为作者对李参军努力仕进的鼓励。

送睦州张参军[①]

重禄轻身日[②]，清资近故乡[③]。
因知送君后，转自惜年芳[④]。
远水分林影，层峰起鸟行。
扁舟此中去，溪月有余光[⑤]。

【注释】①睦州：所辖地域大致当今浙江桐庐、建德、春安三县。张参军：生平无考。②重禄：厚俸，高薪。借指重臣、大臣。③清资：魏晋至唐时多由士族担任的清贵官职。④年芳：指美好的春色。喻美好的年华。⑤余光：未尽的辉光。

【笺释】"重禄"是指张参军的工资高，"轻身"或是指张参军年富力强，或是指他没有妻子儿女的牵累，或是指他的工作轻松；"清资"是说张参军的官职清贵，"近故乡"是说张参军赴任的睦州离他的家乡很近。以上种种几乎构成了一份"好工作"的所有要件，这是令作者十分羡慕的，所以他才这样津津乐道。颔联紧承首联而来，写张参军的"好工作"对自己的冲击与激励，作者说看见你这样，我决心送别你以后，就更加珍惜宝贵的时间，好好学习。颈联写的是张参军到睦州赴任途中的风景。绵延远方的河流将密林的树影分开，层峦叠嶂中不是有鸟儿的行列盘旋而起，水光山色，远景近景，高景低景，尽收眼底。尾联从对他乡之景的设想回归到送别地。以"扁舟此种去"点题，以"溪月有余光"表明离别后自己对友人的怀念，情致绵长，令人回味。明钟惺《唐诗归》评价此诗曰："清思亮节，气亦自不薄。"所谓"情思亮节"正是"气亦自不薄"的表现。"清思"在偏重写景的后半部分表现得比较突出，"亮节"在偏重抒情的前半部分表现得比较突出。

赠棋僧侣

机谋时未有[①]，多向弈棋销。
已与山僧敌[②]，无令海客饶[③]。
静驱云阵起[一]，疏点雁行遥。
夜雨如相忆，松窗更见招。

【校记】[一]"栖"，一作"出"。

【注释】①机谋：计谋，计策。②敌：匹敌。③饶：让步。

【笺释】作为一个“人”，心中瞬息万变的思虑大概都可以称为“机谋”，这种“机谋”是无时无刻不存在的。诗人笔下的这位棋僧却能高人一筹，做到“时未有”，这是为什么呢？因作者指出，“弈棋”可以消泯人心中的“机谋”。首联是对棋僧人品、修养的高度赞扬，同时也道出了“弈棋”的妙用，即是诗人“懂人”的体现，又是诗人“懂棋”的体现。颔联对这位棋僧技艺的描写说明作者对他这个人十分了解，“敌”字、“饶”字本是两个充满“机谋”的字眼，用在这里，一方面表现了棋僧上乘棋艺，一方面也照应了首联“多向弈棋销”之句。颔联是对棋僧技艺的继续描写，“静驱云阵起”写他在不动声色中就能驱起云阵，“疏点雁行遥”写他布下的棋子像雁行一样疏朗而遥不可及。这样的诗句，若不是深谙棋道，是很难写出来的。尾联作者结合到自身，并点明赠诗主意。诗人对棋僧说，在夜雨降临的时候，你要是想和我下棋，一定要喊我去啊！诗人对这位棋僧人品的钦慕、棋艺的向往都溢于言表。

题湖上友人居

岂得恋樵渔，全家湖畔居。
远无潮客信①，闲寄岳僧书。
野白梅繁后，山明雨散初。
逍遥向云水，莫与宦情疏②。

【注释】①潮客：海客。②宦情：做官的志趣、意愿。

【笺释】首联写像友人这样全家都居住在湖畔的人，是不用再去羡慕樵夫、渔民的生活了，言外之意，在外人眼中，友人就俨然已经是过着樵渔生活了。颔联写了友人的交际情况，“远无潮客信”说明他与俗世几乎已经断绝了联系，“闲寄岳僧书”说明他只偶尔和方外之友谈谈玄言佛法。颈联具体描写了友人的生活环境。选取了两个具有代表性的时间点，“野白梅繁后”写的是冬天田野覆盖着大雪、梅花盛开的景色，“山明雨散初”写的是雨后初晴的山间景色。友人担心自己的友人留恋而往返，所以在尾联叮嘱道：即便你天天在“云水”中“逍遥”，但也不能磨灭了你的“宦情”。这是诗人鼓励友人继续追求自己的人生理想。

送友人归宣州[①]

失计复离愁[②],君归我独游。
乱花藏道发,春水绕乡流。
暝火丛桥市[③],晴山叠郡楼。
无为谢公恋[④],吟过晓蝉秋[一]。

【校记】[一]“晓”,一作“晚”。

【注释】①宣州:治所在今安徽省宣城市。②失计:谋划错误。③暝火:傍晚的灯火。丛:聚集。④谢公:谢朓。字玄晖,南朝齐人,曾任宣城太守。

【笺释】这首诗可能是作者送别入京赶考失利而还的友人而作。“失计”即是指落第,“离愁”即是指送友人归宣州这件事;“君归我独游”联系人我,说明“失计”是作者和友人共同的遭遇,“离愁”是作者和友人共同的情绪,不同的地方就在于友人尚可以回家疗伤,而自己还要继续孤独的旅程。颔联和颈联全为景语。“乱花藏道发”写各式各样的花卉在道旁的树丛或草间盛开,“道”字说明所写为归途之景,“春水绕乡流”写一湾春水围绕着故乡缓缓流淌,“乡”字说明所写为抵达家园后的风景。颈联继续写宣州的风光,只不过更偏重写这里的人文风光了。“暝火丛桥市”写的是夜间乡村的风景,“晴山叠郡楼”写的是晴天郡城的风景。这些风景都是很迷人的。所以作者在尾联叮嘱友人不要像谢朓一样留恋宣州风光以致流连忘返,到了蝉声四起的秋天还沉迷其中。这是作者对重逢的期待,希望他不要耽误了回京行“秋卷”的日子。

题古观

急景递衰老[①],此经谁养真[②]。
松留千载鹤,碑隔六朝人[③]。
洞水流花早,壶天闭雪春[④]。
其如为名利,归踏五陵尘。

【注释】①递:传送;传递。②养真:修养、保持本性。③六朝:三国吴、东晋和南朝的宋、齐、梁、陈,相继建都建康(吴名建业),史称为六朝。④壶天:传说东汉费长房为市掾时，市中有老翁卖药，悬一壶于肆头，市罢，跳入壶中。长房于楼上见之，知为非常人。次日复诣翁，翁与俱入壶中，唯见玉堂严丽，旨酒甘肴盈衍其中，共饮毕而出。事见《后汉书·方术传下·费长房》。后即以“壶天”谓仙境，胜境。

【笺释】首联作者说时光飞逝传递着人生易老的信息，“此经”本来是从此地经过的意思，在这里是指居住，因为“急景递衰老”所以长时间的居住也仿佛只是短暂的经过。“此经谁养真”相当于说，是谁居住在这个地方修身养性。这是作者来到“古观”之后心中产生的怀古之意。颔联是首联透露出的怀古之意的继续表达。松树上还停留着千年之前的仙鹤，碑刻上记录着六个朝代的人物事迹。本联既能体现这个道观的仙气，又能体现长期以来人们对它的仰慕。颈联集中笔墨写此地春天的景致，洞穴中比外面暖和，所以花儿先开也先落，飘落的花瓣随着流水就流到洞外来了；“壶天”本是一个道教典故，这里用于描写山势的回环高险，一语双关。总而言之，本联很好地表现了道教洞天福地的清幽空灵。尾联作者说无奈自己的名利之念未消，还得继续回到“五陵”去谋求富贵，表现了对古观的留恋，更表达了自己对清幽宁静的生活方式的向往。

送友人及第归江南①

岂易及归荣，辛勤致此名。
登车思往事，回首勉诸生②。
路绕山光晓[一]，帆通海气清。
秋期却闲坐，林下听江声。

【校记】[一]“晓”，一作“曙”。

【注释】①及第：科举应试中选。因榜上题名有甲乙次第，故名。②诸生：众儒生、众生员。

【笺释】首联总领全篇，介绍了送别的原因和作者的感受：获得衣锦还乡的荣耀岂是一件容易的事，要经历多少辛苦，付出多少努力才能得到这个名声啊！这是作者对友人来之不易的收收获的祝贺，也是他对科举考试的切身体会。颔联贴切题中“归”字、“送”字，主要写了送别之际的场景。当友人登上“归江南”的车时，脑海中浮现出了往日为了“辛勤致此名”而经历的种种辛酸苦辣；当友人的车已经开动时他仍然回过头来勉励尚未登第的友人们。本联叙事生动，情深意重，很能打动人。颈联所写是友人“归江南”途中的风景，陆路有清幽的山光晓色，水路有直通大海的氤氲之气，清奇的景致也表现了友人愉快轻松的心情。尾联是诗人对友人“归江南”之后的日常生活的向往，等到秋天的时候，友人再也不用往来奔走，进献秋卷、求人赏拔了，可以安心地在山林之中聆听大江波涛之声了。表现了作者对友人的羡慕之情。

送朴充侍御归海东①

天涯离二纪②，阙下历三朝③。
涨海虽然阔，归帆不觉遥。
惊波时失侣，举火夜相招。
来往寻遗事④，秦皇有断桥⑤。

【注释】①朴充：新罗人，生平不详。②二纪：二十四年。③三朝：前后三代君主统治的时期。④遗事：前代或前人留下来的事迹。⑤断桥：秦始皇作石桥于海，求见海神。因背约触怒海神，石桥崩毁。见晋伏琛《三齐略记》。

【笺释】首联作者介绍了朴充侍御的人生经历：离开远在天涯的故乡二十四年了，在中土大唐做官，经历了前后三代君主统治的时期。过了这么久，现在朴充侍御要回远在海东的故乡新罗了。颔联写朴充侍御归海东的路途：原本就辽远无比的归途现在因为海水上涨而变得更加宽阔了，但是不用担心，因为是归程，所以从心理上来讲也并不觉得有多遥远。然而心理作用归心理作用，实际上朴充侍御的归途不禁遥远而且凶险。颈联就是对这种险状的具体描写：惊涛骇浪的拍打冲撞时不时地使朴充侍御所乘的海船与其他结伴而行的海船走散，为了与走散的船只取得联系，夜间就举火为号，相互吸引注意。这真是惊险的旅途。尾联是对颈联的紧张气氛进行的缓解，使人紧绷的心弦稍微松弛了一下。作者提及秦始皇修石桥求见海神的传说，认为朴充侍御有“来往寻遗事”的机会，也是非常值得羡慕的。本诗写景叙事奇警动人，是作者送海外友人之作的一贯风格，可与《送新罗僧》《送僧雅觉归东海》《送棋待诏朴球归新罗》《送宾贡金夷吾奉使归本国》等诗参读。

吊前水部贾员外[①]

笼中江海禽，日夕有归心。
魏阙长谣久，吴山独往深[②]。
别时群木落[③]，终处乱猿吟。
李白坟前路[④]，溪僧送入林。

【注释】①水部：官名。魏置水部郎，晋设水部曹郎，隋唐至宋均以水部为工部四司之一。贾员外：贾嵩。曾任水部员外郎。②吴山：吴地的山。③木落：树叶凋落。④李白：唐代诗人。其墓在今安徽省当涂县东南之青山上。

【笺释】本诗是水部员外郎贾嵩逝世后作者为悼念他而作。“笼中江海禽”说的是为官时的贾嵩，“江海禽”是喜爱自由自在地翱翔于水天之间的鸟，这里用于指代贾嵩说明他也是一个渴望自由、有远游志趣的人，由此也可以想见被置于“笼中”是多么地压抑和可怜；“日夕有归心”正说明他对“笼中”生活的不满和对自由生活的向往。首联用的是一种比兴手法，没有直接说贾嵩，而颔联则直接联系贾嵩的为官与归隐的人生轨迹来写了。“魏阙长谣久”是说他在朝廷做了很多年的官，与此同时，也作了许多年的诗；“吴山独往深”是说此后他又到吴山深处去隐居了。颈联紧承颔联“魏阙”“吴山”来写，说贾嵩离开魏阙时正是“群木落”的季节，逝世于吴山的时候众多猿猴都为之哀鸣。本联将叙事与写景融为一体，又表现了生别的忧伤和死别的悲痛，显示了作者相当高的艺术水准。尾联写的是贾嵩下葬时的情景，“李白坟前路”说明贾嵩墓地离李白的墓地不远，而作者之所以强调贾嵩所葬之处临近李白墓，也是为了表现他的天纵之诗才与豪放之性格，同时也是对前文“长谣久”的照应；“溪僧送入林”说明了贾嵩归隐山林后的交游情况，“溪僧”送葬表明贾嵩在“吴山”结交的知心朋友都是方外之人，进一步体现了他的性格和人生旨趣。

题小松[一]

松子落何年，纤枝长水边。
斫开深涧雪[二]，移出远林烟。
带月栖幽鸟，兼花灌冷泉。

微风动清韵，闲听罢琴眠。

【校记】[一]“题”，一作“移”。[二]“深”，一作“新”。

【笺释】本诗是一首咏物诗，所咏之物为一株小松。首联，当作者看见生长在水边的这株小松的纤纤细枝时，不禁对它的生为何时产生了兴趣，因此问道：是何年的松子落在这里慢慢生根发芽长出了这个小生命？颔联所写是将小松从水边移植到目前所在之地时的情景。“斫开深涧雪”句中的“深涧”说的也是小松的出生地点，照应了第二句的“水边”，“雪”指示了移植的时间当在初春时节，因为在深涧所以还有未溶尽的残雪，“斫开”表明雪层还比较厚，这一句充分表明小松从初生之际就有着坚韧不拔的非凡气度。“移出远林烟”的“移出”这个动作是紧承上一句的“斫开”而来的，写的是小松被挖之后的去向，“远林烟”暗示它被从人迹罕至的深山带到了有人迹的地方。颈联所写是小松被主人带回家之后的生活，在月明星稀的夜晚有小鸟栖息在枝头与它作伴，主人还经常用浸泡着花瓣的泉水给它浇灌，用“兼花”的“冷泉”给小松作饮料，表明它所受的滋养也是十分充足的。尾联写小松开始回报主人的辛勤培植，它回报的方式就是用自己的枝叶在微风中奏出“清韵”来给主人听，这天籁之音使主人连琴声也不愿听了，从此他将琴放到一边，听着松风清韵就可以恬然入眠了。

寄中岳颛项先生①

先生颛项后②，得道自何人。
松柏卑于寿③，儿孙老却身。
夜窗峰顶曙，寒涧洞中春。
恋此逍遥境，云间不可亲。

【注释】①中岳：嵩山。在今河南登封县北。颛项先生：其人不详。②颛项：上古帝王名。“五帝”之一，号高阳氏。相传为黄帝之孙、昌意之子，生于若水，居于帝丘。十岁佐少昊，十二岁而冠，二十登帝位。在位七十八年。③卑：幼小。

【笺释】观诗意，颛项先生是中岳嵩山的一位隐士，因自称自己是颛项的后人，所以人们称他为颛项先生。本诗首联特地提及这件虚无缥缈、查无实据的事，而且以十分肯定的口气道出，目的是推崇这位友人的出身高贵。有上古帝王的血统在身，自然天生具有仙风道骨，诗人深信他已经“得道”，这正是诗人不问他得道与否而径直问他“得道自何人”的原因所在。颔联写的是颛顼先生“得道”的表现：一是号称千年不死的松柏都没有他长寿，一是先生的儿孙都老去了而他自己却依旧不见衰老。颈联写的是颛顼先生的生活环境：先生住在每天都能看见曙光的峰顶，山涧岩穴的春光也美不胜收。所写之人为得道高士，所写之景也俨然仙境。尾联写这样的地方足以令颛顼先生永远逍遥地生活，他不必到云间去了。本联一方面说明颛顼先生并未成为真正的“云间”神仙，前面的描写都是作者为了表达对他的仰慕而说的恭维话，另一方面也说明颛顼先生的内心境界和生活环境已经到了超然物外的程度，不是神仙亦胜似神仙。

送沈先辈尉昭应[①]

馀才不废诗[②]，佐邑喜闲司。
丹陛终须去[③]，青山未可期[④]。
叶凋温谷晚[⑤]，云出古宫迟[⑥]。
若草东封疏[⑦]，君王到有时。

【注释】①沈先辈：其人不详。昭应：在今陕西临潼县。②馀：丰足；宽裕。③丹陛：宫殿的台阶。借称朝廷或皇帝。④期：约定；会合。⑤温谷：温泉。潘岳《西征赋》：“南有玄灞素浐，汤井温谷。”李善注：“温谷，即温泉也。”此指昭应县骊山温泉。⑥古宫：已荒废的骊山华清宫。古，通“故”，故旧。⑦东封：帝王行封禅事，昭告天下太平。

【笺释】首联先写才华横溢的沈先辈在工作之余还能吟咏不捐，表现了一个有才有能的文人形象，接着又写他在官场上也是与众不同，别人做官都喜欢炙手可热的部门和职位，而他却喜欢“佐邑”之“闲司”。颔联道出了沈先辈喜欢“闲司”的原因：即使官做得再大，进入了中央机构“丹陛”，总有一天也是要离开的，而“青山”里的隐居生活又不知何时才能过上，即使过上了，也未免过于寂寞清苦。所以找个“闲司”工作，不就能“亦官亦隐”了吗？颈联所写是昭应县的风景。无论是秋日黄昏的“温谷”，还是云烟缭绕的“古宫”，都是绝好的休闲去处，会给身居“闲司”的沈先辈提供极好的作诗素材。尾联作者设想沈先辈要是上书劝皇帝东行封禅的话，天子东风泰山时就会路过昭应县。封禅是国家盛典，举行一次往往会造成极大的财政负担，作者这样说并不是真的建议沈先辈这样做。只是希望他凭借自己的才华来歌颂太平，并因此得到皇帝的重用。这是诗人对友人表达的美好祝愿。

送友人游湖南[①]

所投非旧知，亦似有前期。
路向长江上，帆扬细雨时。
春生南岳早[②]，日转大荒迟[③]。
尽采潇湘句[④]，重来会近期。

【注释】①湖南：唐置湖南观察使，治所在潭州（今长沙）。②南岳：衡山。③大荒：辽阔荒原。④潇湘：潇水和湘水。代指湖南地区。

【笺释】首联诗人撇开离愁别绪不谈，专拣出一件值得欣慰的事来说，那就是：友人此次游历湖南所准备投奔的那个人虽然不是他的旧交，但是那个人也不错，所以也像从前就约定好了似的。但从客观上本联又透露出友人孤立无援的悲哀处境。颔联所写是友人前往湖南途中的景象，友人走的路线是沿着长江逆流而上，扬帆起航时天上还飘着细雨。这样的景象也透露了作者对友人旅途安全的担忧。颈联是作者设想友人到达湖南后所见的风景：因为长江以南气候温暖，所以衡山的春天也来得特别早，因为荒原辽阔无边所以太阳的运转也显得特别迟缓。尾联写的是作者对友人的期望：希望你将湖南地区的美景全都用诗句表现出来，到那时候，也许就在不久的将来，你还会回来与我相聚。这是作者的期望，同时也是作者对友人才华的高度信任和对离别的深深不舍。

江上送友人南游

何处积乡愁，天涯聚乱流。
岸长群岫晚，湖阔片帆秋。
买酒过渔舍，分灯与钓舟。
潇湘见来雁[①]，应念独边游[②]。

【注释】①潇湘：潇水和湘水。代指湖南地区。②边游：在边远地区游历。

【笺释】首联写天涯乱流“聚”集处，正是友人乡愁“积”叠处。“天涯”就是诗题中友人“南游”之地，“聚乱流”是那里的重要地理特点，越往天涯去友人的“乡愁”

也就越“积”越厚。颔联和颈联都在继续写“天涯”的情况，但颔联和颈联也有分工，颔联主要写友人所见之景，颈联主要写友人所历之事。“岸长群岫晚”写的是友人在傍晚时分见到长长的水岸和一群群的山峰，“湖阔片帆秋”写得是在秋天的宽阔湖边上只能看见一叶孤舟，两句都表现了人在大自然面前的渺小。“买酒过渔舍”说的是友人到渔舍买酒的经历，“分灯与钓舟”说的是友人借光给旁边的渔舟的经历，两句都表现了这里的居民鲜少与贫穷落后的情况。尾联写当友人游历到潇水和湘水流域时，看见北回的大雁，一定后勾起乡思之念，感叹自己独自到这边远地区游历的艰辛。诗的最后一句与诗的第一句首尾呼应，共同成现了本诗“乡愁”的主题，送别诗而大谈乡愁，正是作者推友人心事的体贴入微的体现，这反映了作者与友人深厚的友谊的同时，作者的不舍之情也就不言自明了。

江南别友人

劳生故白头，头白未应休。
阙下难孤立[①]，天涯尚旅游。
听猿吟岛寺，待月上江楼。
醉别醒惆怅，云帆满乱流。

【注释】①阙下：宫阙之下。借指京城。

【笺释】首联作者主要是在说明“劳生”与“白头”之间剪不断理还乱的关系，作者认为，因为人生辛劳所以人会白头，但等到人的头发全白了，人生是不是也就不辛劳了呢？不是的，头发即便全白了，人生的辛劳也不会停止。这既是深刻的说理又是深沉的慨叹。对作者的友人来说，“头白未应休”的“劳生”到底是什么样的呢？颔联回答了这个问题。“阙下难孤立”是说友人欲在京为官却孤立无援、无法立足，“天涯尚旅游”是说友人的行迹虽已经到了天之涯涘但仍要继续漂流。这样的遭际确实是很不幸的。颈联紧承颔联，寓情于叙事、写景之中，通过描写友人旅游天涯的经历，表达了他内心的悲哀与孤独：“听猿吟岛寺”，猿声之悲哀即是友人内心之悲哀，“待月上江楼”，欲上江楼唯有待月相伴，友人的孤独可想而知。尾联点题中“别”字，仍然是从友人的角度设想，设想在别宴上喝醉的友人醒来看着“云帆满乱流”的旅途风光而心生惆怅的情景。这是对友人心绪的体贴入微的表达，若非知己，难道此言。本诗说理、言情、叙事、写景，似断实续，意脉贯穿，是一首感情充沛、技巧纯熟的佳作。

商山道中①

春去计秋期，长安在梦思。
多逢山好处，少值客行时②。
云起争峰势，花交隐涧枝。
停骖一惆怅③，应只岭猿知。

【注释】①商山：在今陕西商县东。②值：遇到；碰上。③骖：驾车时位于两边的马。此泛指马或马车。

【笺释】本诗是作者行旅途中取道商山时所作。首句作者从自己的旅行计划说起，虽然是春天离开长安开始游历，但是作者无时无刻不在盼望着“秋期”的到来，因为到时他就可以回到长安了。作者之所以计划着要秋天返回长安，肯定是为科举考试作准备。睡里梦里都不忘长安，其实是作者一直在心中盘算着科考大事而引起的心理压力的反应。怀着心事游历，那这游历的过程也一定不会多愉快。颔联所写是作者旅途中的经历，山中美景倒是经常能够碰到，但是山路中十分冷清，连其他行人都很难遇到，山景越美，作者的孤寂之感也就越强烈。颈联所写也是作者旅途中所见，与上联相比，本联以描写自然景物为主。“云起争峰势”表现了云势与山势的变幻交织，动中有静，静中有动，云山相映生辉，动静相映成趣；“花交隐涧枝”写的是山涧中浓密的花枝缠绵招展的景色，作者用“隐”字表现的正是花枝交绽的美景的“隐不住”，充满欲说还休、意在言外之趣。本联所写景色并没有表现作者的轻松愉快，实际上它是以乐景写哀情，是欲抑先扬，将尾联的“惆怅”之情更好地反衬出来。尾联作者说道：当看到这样的风景时，不禁停下马来徘徊沉吟，我无比惆怅的内心，应该只有这山岭上哀鸣的猿猴知道吧？在路途遥远、时间漫长的行旅中，作者的孤独与不安都被表达了出来。

吴江旅次①

行人愁落日，去鸟倦遥林。
旷野鸣流水，空山响暮砧。
旅途归计晚，乡树别年深。
寂寞逢村酒，渔家一醉吟。

【注释】①吴江:吴淞江。又名松江、苏州河。旅次:旅途中在某处暂作停留。②砧:捣衣声。

【笺释】理解本诗的关键是首句的一个“愁”字和尾联的“寂寞”一词,全诗就是围绕着诗人旅途中寂寞的愁绪展开的。首联将写景与抒情融为一体,先以“愁”字奠定全诗基调。行旅中的诗人的愁绪是由“落日”引起的,日落时分,诗人看见天边的飞鸟正在奋力地飞往远处的树林,这让诗人联想到:自己不也是这样一只疲倦的鸟儿吗?颔联全是写景之句,诗人主要抓住声音来写景,新颖别致。“旷野鸣流水”写的是旷野水流之声,“空山响暮砧”写的是空山暮砧之声,“鸣”字、“响”字表现了默默赶路的诗人的孤独,“空”字、“旷”字显示了行走在田野、山林的诗人的渺小。“流水”引起了诗人的故园之思,“暮砧”引发了诗人的思亲之情。本联虽全为景句,却又全是情语,绵渺动人。颈联作者从“落日”“暮砧”等晚景联想到自己的“归计”之“晚”。“乡树别年深”正是“归计晚”的表现。本联明确地表达了引发作者内心愁绪的原因,即羁旅之思与乡关之思的共同冲撞。尾联写了作者在渔村中的酒家最后吟诗的情景。“寂寞”一次,呼应了首句“愁”字,进一步深化了本诗表达的情感。本诗意象组合统一连贯,情感悲凉深沉,语言简洁凝练而富有表现力,是一首艺术性相当高的抒情诗。

寄南中友人①

相梦如相见,相思去后频。
旧时行处断②,华发别来新③。
浪动三湘月④,烟藏五岭春⑤。
又无归北客,书札寄何人。

【注释】①南中:泛指南方,南部地区。②断:隔绝。③华发:花白头发。④三湘:古人诗文中的三湘,多泛指湘江流域及洞庭湖地区。⑤五岭:大庾岭、越城岭、骑田岭、萌渚岭、都庞岭的总称,位于江西、湖南、广东、广西四省之间,是长江与珠江流域的分水岭。

【笺释】首联作者将“相梦”“相见”“相思”揉为一体,语言生动流利、朗朗上口,表达情感直接明确,起篇就以挺拔之姿给人留下深刻的印象。“相梦如相见”说的是作者觉得梦中重逢的情景是那样的真实,仿佛就像真的与友人相见了一样,为什么作者会做这样的梦呢?原来是因为自从友人离去之后,作者就经常地思念他，日有所思所以才夜有所梦。颔联作者先从自己的角度来写对友人的思念，作者告诉友人：我们曾经一起行走的地方现在已断了你的踪迹，只剩下我一个人在那孤独徘徊了；自从分别之后我的头上又增添了许多新白发，其中有不少该是因思念你而白的吧！颈联作者通过描写友人在“南中”的生活环境来表达对他的思念。明月在“三湘”地区的波浪里涌动，“五岭”之上的春光隐藏在云烟之中，所写景物既有壮丽的又有幽深的。但那里的景色越是壮丽越是幽深，越显示出那里的偏僻辽远。交通一旦不便，通讯之难也就可想而知。因此尾联紧承颈联写景时暗示的友人处境来写通信的不方便：南中之地山高水险，与外界的交流本来就少，你在那里连一个往北方来的人都很难遇到，谁来帮你寄信给我呢？又再一次表达了对友人的思念，与首联遥相呼应。本诗直接抒情多于间接抒情，表达上虽略显直白，但情感深浓，同样能令人产生意味深长之感。

寄绩溪陈明府①

古邑猿声里，空城只半存。
岸移无旧路，沙涨别成村。
鼓角喧京口②，江山尽汝溃③。
六朝兴废地，行子一销魂④。

【注释】①绩溪：唐县名。即今安徽绩溪县。陈明府：其人不详。明府，县令别称。②鼓角：战鼓和号角，两种乐器。军队亦用以报时、警众或发出号令。京口：古城名。在今江苏镇江市。公元209年，孙权把首府自吴（苏州）迁此，称为京城。公元211年迁建业后，改称京口镇。东晋、南朝称京口城。为长江下游的军事重镇。③汝：古水名。源出河南省鲁山县大盂山，流经宝丰、襄城、郾城、上蔡、汝南，注入淮河。溃：古水名。汝水岔流。即今河南省境的沙河。④销魂：谓灵魂离开肉体。形容极其哀愁。

【笺释】本诗主旨在尾联表达得很清楚，即是通过畅言绩溪之“兴废”来代抒“行子”之“销魂”。“行子”指的就是陈明府。何以见得绩溪是六朝兴废之地？诗的前三联全都在说明这个问题。首联说绩溪这个“古邑”响彻凄清的猿声，这里成了稀无人烟的地方，空荡荡的城邑有一半已经荒废了，另一半还勉强留存着。诗人选取这样的景致进行描写，开篇就给人以无限苍凉之感。颔联揭示了古邑成为空城的一个重要的自然原因。由于流水的侵蚀造成水岸的移动，由于水岸的移动进而造成旧路的废弃,同时,由于流水搬运的泥沙比较适合居住,人们纷纷搬到那里居住,渐渐在那里形成了另外一个村庄。道路的改变与人口的迁移,都是古邑渐成空城的原因,而这些都是在自然界创造条件的情况下发生的。颈联写古邑成为空城的另一个人为原因。这个人为因素主要是指战争。在离绩溪不远的京口就曾是鼓角喧嚷的战场,在汝水、濆水之滨就曾是国界线,河那边就是对立的政权,这里描写得可能都是六朝时候的情景,但战争对古邑的摧残是不可逆的,所以古邑再也无法恢复当日的辉煌。诗人在尾联猜想陈明府徘徊在这“六朝兴废地”时,一定会黯然销魂,感到无限的悲凉。诗人将这种悲凉在诗的最后才表达出来,但从诗的开头实际上就已经流露出来了,这显示了本诗情感统一、意脉贯穿的特点。另外,从尾联来看,本诗塑造的抒情主人公不是作者自己而是“行子”,这个“行子”当然是指身在绩溪的陈明府。诗人这样处理,既是照应诗题又是遵守寄赠诗的创作规范。

试月中桂①

与月转洪濛②,扶疏万古同③。
根非生下土,叶不坠秋风。
每以圆时足[一],还随缺处空。
影高群木外,香满一轮中。
未种丹霄日,应虚玉兔宫[二]。
何当因羽化[三],细得问玄功[四]。

【校记】[一]“以”,一作“向”。[二]“玉”,一作“白”。[三]“何当因”,一作“如何当”。[四]“玄”,一作“神”。

【注释】①试:以……为试题。月中桂:神话传说谓月中有桂树,高五百丈。见《初学记》卷一引晋虞喜《安天论》、唐段成式《酉阳杂俎·天咫》。②洪濛:指太空,宇宙。③扶疏:亦作“扶疎”“扶踈”。枝叶繁茂分披貌。

【笺释】关于本诗清人叶葆《应试诗法浅说》卷二《唐人试律景物》部分有精细的解说,深入地研究了本诗的创作方法和艺术特色,颇有助于理解本诗,令后之解本诗者,只能搁笔称叹。现对此则材料稍作整理,以供读者品鉴。叶葆首先从宏观角度对《月中桂》之题的起源和题旨作了探求,他说:“《月中桂》题出虞喜《安天论》,言桂在月中非凡树能比也。”接着他在《题解》中对张乔本诗的做法进行了概括:“此题赋桂易泛,法宜用抬高写,句句着眼月中则泛赋桂题自移用不去。”写了《题解》之后他又对诗中的重要字词进行了笺释:“鸿蒙,元气也。庄子云:将东游適遭洪濛。扶疏,枝叶盛貌。圆缺,谓月也,月圆如车之轮,故谓一轮丹霄天上也。天有九霄,丹霄其一。白兔,月中捣药者。羽化,谓登仙也。元,妙也。按本作玄功,避讳字,应改写作元。”笺释之后又写《疏义》一则,对本诗的作法与主旨进行了深入的探究:“一起,明破月,暗破桂,言此桂与月借元气而生,亦与月万古同荣焉。下即承清,谓根非托下土而生,宜其叶不随秋风而坠也。中比,两联言月圆则此桂亦圆,月缺则此桂亦缺,照影独高,直出群木以外,飘香常满,只在一轮之中,题已赋足。后比乃作翻势,言丹霄未种之先,岂白兔宫果空虚无物乎?特设疑阵,起下问桂,言必须羽化登仙,庶几细问此桂之元妙乎?隐寓折桂之意。”《义疏》言简意赅,将本诗的起承转合、巧思微意都揭示了出来。在《义疏》之后还有《评注》一则,更是全面、系统地将本诗的艺术技巧揭示了出来:“首韵破空而起,所谓开门见山,突兀峥嵘也。不知此超浑便写月桂不出、振全不起,此起调之绝佳者。既系赋桂,则根、叶、影、香自然可用,但不切月中,则与题不肖。此诗全从大处落笔,虚际宕势,浑脱精到,乃雅与题称。笔致圆转,团结一气,全在善用虚字,非不每以还、随、未、应、何、得等字用得轻松活脱,便觉笔挟飞动之势,初学可向此中悟入。诗忌凌乱,尤怕板滞,讲前后次第法,则凌乱去矣,解开合流走法,则板滞除矣。”如此说诗,面面俱到、鞭辟入里,能发千古之覆,能致诗人之心,可敬可佩。张乔此诗,历来评论者都津津乐道,除叶葆此则材料外,尚有不少有价值的材料,现稍加整理,辑录于此,以备读者参考。一、五代王定保《唐摭言》卷十:“张乔,池州九华人也。诗句清雅,夐无与伦。咸通末京兆府解,李建州时为京兆参军主试……其年府试《月中桂》诗,乔擅场。”据此可见本诗在当时的影响。二、明郭子章《豫章诗话》卷六:“万历辛丑,予在黔中,……五月三日并雨,桂子遍市衢,予诗纪之云:‘月中桂子和风落,梦里莲花绕地生。’夫月中桂唐人多咏之矣。顾封人诗曰:‘能齐大椿长,不与小山同。皎皎舒华色,亭亭丽碧空。亏盈宁委露,摇落不关风。’(按本诗尚有“岁晚花应发,春余质讵丰。无因遂攀赏,徒欲望青葱”四句。)张乔诗曰:‘根非生下土,叶不坠秋风’句,尤佳。”据此可知本诗在明代颇受欢迎。三、清彭元瑞《宋四六话》卷十引《萤雪丛说》谓:“往年上庠汤黄中试《秋燕已如客》诗破题:‘近人方贺厦,如客已惊秋。’以厦对秋,假一作权,借用字也。陈傅良作《仲秋教治兵赋》破题:‘虽诸夏之偃武,必仲秋而治兵。’原其所作,皆有自来。岂非得张乔《月中桂》之遗意耶?所谓‘根非生下土,叶不坠秋风’是也。六吟八韵能于借对只得一二警联,便自高人一著,作者不可不知。”

由此可见本诗除对后人的诗歌创作有启发作用外，对其他文体的创作也有启发作用。清赵翼《陔余丛考》卷二十三在考证“借对法”的时候也道：“古人诗赋多有用字音借对之法，张子容《逢孟浩然》诗：‘樽开柏叶酒，灯发九枝花’，柏字作百字也，张乔《月中桂》诗：‘根非生下土，叶不坠秋风’，借下字作夏字也。”这都反映出本诗的艺术技巧是十分高超的。四、清佟赋伟《二楼纪略》卷四：“毛西河太史月夜与张南士游天衣寺，将赋月中桂，忽忆唐张乔有诗，因诵之，至‘每向圆时足，还因缺处空。影高群木外，香满一轮中。未中丹霄日，应虚白兔宫。’遂罢吟。”五、清汪灏等《广群芳谱·花谱》在五言排律部分增张乔本诗，这也说明本诗深受清人推崇，产生了不小的影响。

游歙州兴唐寺[①]

山桥通绝境[②]，到此忆天台[③]。
竹里寻幽径，云边上古台。
鸟归残照出，钟断细泉来。
为爱澄溪月，因成隔宿回。

【注释】①歙州：今安徽省歙县。②绝境：风景绝佳之处。③天台：山名。在浙江天台县北。山势从东北向西南延伸，由赤城、瀑布、佛陇、香炉、华顶、桐柏诸山组成。道教曾以天台 为南岳衡山之佐理，佛教天台宗亦发源于此。相传汉刘晨、阮肇入此山采药遇仙。

【笺释】这是一首记游诗，全诗以写景为主，表达了诗人对歙州兴唐寺的喜爱之情。首联写的是诗人初到此地所见之景：间有一座桥通往风景绝佳的兴唐寺，走在这座桥上，令诗人想起了天台山，因为那里也有一座石桥。天台山是我国佛教天台宗的发源地，被视为佛教的一个圣地，诗人来到了兴唐寺而联想到天台山，表达了对这里的赞美之情。颔联和颈联写的都是诗人在寺内漫步时所见的景色。“竹里寻幽径”表现了兴唐寺的清幽，“云边上古台”表现了兴唐寺的悠久的历史，“寻”字、“上”字表现了徘徊寺中的诗人流连忘返的心情。“鸟归残照出”写的是诗人在寺中远望所见的风景，“钟断细泉来”写的是诗人在寺中听见的清音，飞鸟之“归”与残照之“出”是一组连续的动作，将景物随着时间变化而变化的微妙情趣很好地表现了出来；钟声之“断”与泉声之“来”也是一组连续的动作，将不同音响之间此消彼长、此起彼伏的无意配合很好地表现了出来。尾联诗人将隐含在前三联之“景语”中的感情用“情语”直接表达了出来。“爱”字是全诗之眼，也是诗人情感的真实流露。诗人没有直接说自己舍不得离开，也没有说自己还没有看够这里的风景，他只轻描淡写地解释了一下自己为什么过了一宿才离开这里，他说自己之所以没有当天就回去，是因为它他要等到夜晚看兴唐寺的“澄溪月”。这是诗人对自己看不够这里的风景、舍不得离开这个“绝境”的心情的绝妙表达。

题诠律师院①

院凉松雨声，相对有山情。
未许谿边老，犹思岳顶行[一]②。
纱灯留火细，石井灌瓶清。
欲问吾师外，何人得此生③。

【校记】[一]“犹”，一作“还”。

【注释】①诠律师：生平不详。律师：佛教称善解戒律的人。《涅槃经·金刚身品》：“如是能知佛法所作，善能解说，是名律师。”②岳：泛指高山。③生：生活。

【笺释】首句就通过别致的景物描写表现了诠律师宁静清幽的生活环境。“院”字点题，“凉”字是进入院内的感受，“松”是院内的植物，“雨”既加深了松荫的凉意，又丰富了松声的音响，面对这样的景物，次句写诠律师的“山情”之生发也就在情理之中了。“山情”即山林之情，这里主要是指诠律师到他山游历的打算。次联紧承“山情”来写，诠律师并不甘心就这样老于这座溪边的僧院，他还打算攀登到“岳顶”去饱览山光。本联很好地描绘出了一个精神矍铄、壮心未已的老和尚形象。颈联描写了诠律师在僧院中的两个生活细节：一是桌上点着细火莹莹的纱灯，一是用水瓶从石井中打出清冽的井水。这两个生活镜头反映出了诠律师简单朴素的生活，这种“至简”反映的是他心灵的“至美”。颔联和颈联刻画了一个坚忍不拔、安贫乐道的僧人形象。诠律师的品性和修为令作者仰慕不已，因此他在尾联问道：放眼天下除了诠律师你之外，还有谁能达到这种人生境界呢？这表现了作者对诠律师生活环境的喜爱，也表现了对诠律师生活方式的向往，更表现了对诠律师人生境界的钦慕。

金山寺空上人院①

已老金山顶，无心上石桥。
讲移三楚遍②，梵译五天遥③。
板阁禅秋月，铜瓶汲夜潮。
自惭昏醉客，来坐亦通宵。

【注释】①金山寺：即江天寺。在江苏镇江西北金山上。空上人：未详。②讲：讲席。③梵：梵文。五天：五天竺。古代印度分为东天竺、南天竺、西天竺、北天竺、中天竺五大部分。

【笺释】本诗与《题诠律师院》诗内容颇为相似，都是题僧舍之作，因此在构思上也较多共同点。只是诠律师与空上人性格、修行方式多有不同，所以二诗也各具特色。首联写空上人僧院的所在地和空上人好静的性格。颔联说明空上人虽然好静，但是在宣传佛法的事业上却不遗余力，他在“三楚”的各个地方几乎都开过讲座，他还将许多远在天竺国的佛经译介进中土。这些都是他热心佛教界的公共事业的表现，但是他的个人生活却极为简单、清苦。颈联就是对他恬淡的个人生活的具体描绘。在秋月中、板阁上参禅，用铜瓶汲夜潮而饮，这些日常活动，在空上人做来，仿佛也带上了禅的意味。尾联诗人写到空上人的修为使自己开始为曾经的“昏醉”生涯而感到自惭形秽，使自己也开始有了向佛之心，不知不觉地听空上人说法直到通宵。诗人通过这种抑己扬人的方式来表达了对空上人的仰慕之情。唐代诗人马戴有一首《送僧归金山寺》诗：“金陵江色里，禅急向秋分。迥寺横洲岛，归僧度水云。夕阳依岸尽，清磬隔潮闻。遥想禅林下，庐香对月焚。”清杜诏《唐诗叩弹集》卷九评价马戴道：“晚唐以五律擅长者，断推马虞臣，其神采声律迥非许用晦、平德新辈所能髣髴也。后来唯张乔、张蠙一两人差堪步武。”这首《送僧归金山寺》诗写景抒情也颇生动，与杜诏指出的二人“神采声律”相当的特点是相符的，可与本诗参读。另外，清郑方坤《五代诗话》谓：“张乔云：‘已老金山顶，无心上石桥。讲移三楚遍，梵译五天遥。板阁悬秋月，铜瓶汲夜潮。自惭尘世客，来坐亦通宵。’世称汲夜潮句最工，谓中泠泉在江心故也。今寺前以桥代操舟犯险之势，失其旧矣。愚谓清而有味，江心之水若云夜潮，是海水也，海水咸涩，岂堪烹茗？余自瓜步乘潮涨而渡江，久慕江心之水而不知其为潮也。亟命舟人汲一瓶，俟到岸取茶煮之，则刺舌而不可饮，乃始知向者所汲是潮也，非江水也。因记张乔之诗，索读而改之曰：'板阁悬流月，铜瓶汲退潮。'夫月印江中与水俱流谓之流月，正切金山，徒云秋月，凡山寺不在江中者皆可通用矣。海潮已退，江流始复，汲而饮之，味始可口，故改一流字、退字，便使此诗生色。末联云：'自惭尘世客，来坐亦通宵。语俗而意浅，愚亦为改云：'浑忘尘世味，闲坐忽通宵。'（补敬君诗话）。"郑氏所言虽不一定为确论，但亦自有心得，可以帮助我们更深入地理解本诗。

题广信寺①

亭北敞灵溪，林梢与槛齐。
野云来影远，沙鸟去行低。
晚渡明村火，晴山响郡鼙②。
思乡值摇落，赖不有猿啼。

【注释】①广信寺：未详所在。②鼙：击鼓声。

【笺释】首联起笔就开始写广信寺的景色。亭子的北面面对着水面开阔的"灵溪"，由于亭子所在的地势较高，它的栏杆都与低处的林梢齐平了。颔联紧承首联，正因为地势较高，所以登临远望时才能看得远；远处田野上空的云朵在阳光的照射下把身影洒在地面上，当诗人的视线游移在天上的云朵与地上的云影之间时，他又被翱翔天地间的鸟群吸引了注意力，只见这群水鸟在溪边的沙地上忽上忽下地飞翔，最后排成一行沿着水面低低地飞走了。颈联开始涉及广信寺周边的人类活动，"晚渡明村火"写夜晚乡村渡口燃起的灯火，"晴山响郡鼙"写郡县兵勇在晴天山头敲响鼙鼓。"明"字、"响"字撑柱的诗句虽不算阴郁，但已经或多或少的流露出了不安的气氛，这种气氛并不是广信寺及其周边地区本身所有，而是作者"以我观物"的结果。尾联表现了作者真实的情绪，作者内心的不安原来是由"思乡"引起，"思乡"之情遇上"摇落"之季，本已令作者作者不堪承受，所以他因耳边没有听见猿猴的哀啼而深感庆幸，如果这个时候又有猿鸣"助兴"的话，作者觉得自己大概会彻底崩溃吧！本诗虽也是题寺之作，但与作者集中其他同类作品不同的是，本诗并没有畅谈佛法和道情，而是别出心裁，融入了自己的思乡之情，换了一种口味，让人觉得颇为别致另类，但由于作者抒情的线索铺展地比较合理，所以并不给人离奇突兀之感。

兴善寺贝多树①

还应毫末长，始见拂丹霄。
得子从西国②，成阴见昔朝。
势随双刹直③，寒出四墙遥。
带月啼春鸟，连空噪暝蜩④。
远根穿古井，高顶起凉飙。
影动悬灯夜，声繁过雨朝。
静迟松桂老，坚任雪霜凋。
永共终南在⑤，应随劫火烧⑥。

【注释】①兴善寺：在唐长安靖善坊。贝多树：段成式《酉阳杂俎·木篇》：“贝多，出摩伽陁国，长六七丈，经冬不凋。”②西国：西方之国，即摩伽陁国。③双刹：两座佛塔。④蜩：蝉。⑤终南：山名。秦岭主峰之一。在陕西省西安市南。一称南山，即狭义的秦岭。古名太一山、地肺山、中南山、周南山。⑥劫火：佛教语。谓坏劫之末所起的大火。《仁王经》：“劫火洞然，大千俱坏。”

【笺释】一、二句写贝多树的高，应该只需要“毫末”的长度就可以“拂”到丹霄上了，“始见”好像是一种嫌它长得还不够高的口气，实际上它的“高”反而被表现得更生动可感。三、四句写贝多树的出身不凡，它是由兴善寺的僧人从“西国”获得的种子培育出来的，在唐以前的某个朝代它就已经绿叶成阴了。第五句写此树的直，它笔直的挺拔姿态和兴善寺的双刹一样引人注目；第六句写此树的浓荫能产生四面围墙外都能远远感觉得到的寒气。七、八句写小动物们都喜欢栖居其上，春鸟喜欢站在它的枝头“啼”夜月，夏蝉喜欢隐于它的叶间“噪”碧空。第九句写它根扎得深且远，能够自己延展到古井中去“喝水”；第十句写它高高的树顶能够引起阵阵凉风，照应了一、二句。十一句写它在闪闪灯光下舞动的身影；十二句写它在淅淅沥沥的细雨中滴答的歌唱。“夜”字、“朝”字对举，表明它无时无刻不散发着动人的风韵。十三句写它的静，静到号称长寿的松桂都老了，它还依旧丝毫未变；十四句写它的坚，任凭雪霜怎样摧残，它都不会凋败。尾联作者根据前面的描述，荡开一笔，充分展开自己的想象：这棵贝多树如此的伟岸、生命力如此的强大，如果劫火不现，它大概要与终南山同寿吧？这是一首排律诗，全篇都为工稳的对句。一到十句是分写兴善寺贝多树的各种特点，多为写实之笔，最后两句为虚笔，起总结全篇的作用。本诗与《试月中桂》诗都是咏物诗，二诗都能抓住所咏之物的特点展开描写，形象逼肖，不黏不滞，颇为成功，但《试月中桂》诗想象更加奇特，虚实结合得更加巧妙，所以能略胜一筹。这大概也是它比本诗更吸引后人的地方。清代学者俞樾《春在堂诗编》有一首《陈宝渠太守福勳以贝多叶十番见赠赋谢》诗曰："我闻贝多有三种，西域写经皆用之。多罗多梨用其叶，部婆一种用其皮。叶长尺半广五寸，猫头筍壳无其嫩。却能远历五百年，竹膜楮皮功尽逊。佛法凌替耶稣兴，三印度国无一僧。英吉利人据其地，遍栽罂粟如田塍。贝多树亦无颜色，空留旧植三婆力。太邱道广富交游，得此新从舍卫国。西戎即叙路迢迢，佛性坚牢喜不凋。十叶何殊金十笏，愧无诗句和张乔。（自注：唐张乔有《兴善寺贝多树》诗。）"俞樾此诗颇似一篇考证论文，艺术水平不太高，但其中对贝多树的描写颇有能与张乔此诗参证处，诗末又对张乔此诗倍加推崇，遂抄录于此，以备读者品鉴。

华　山①

青苍河一隅，气状杳难图。
卓杰三峰出②，高奇四岳无③。
力疑擎上界④，势独压中区⑤。
众水东西走，群山远近趋。
天回诸宿照⑥，地耸百灵扶⑦。
石壁烟霞丽[一]，龙潭雨雹粗。
澄凝临甸服[二]⑧，险固束神都⑨。
浅觉川原异，深应日月殊。
鹤归青霭合，仙去白云孤。
瀑漏斜飞冻，松长倒挂枯。
每来寻洞穴[三]，不拟返江湖。
傥有芝田种，岩间老一夫[四]。

【校记】[一]"烟霞丽"，一作"藤萝细"。[二]"澄凝"，一作"清凉"。[三]"寻"，一作"探"。[四]"岩间"，一作"商岩"；"老一"，一作"寄野"。

【注释】①华山：见张乔另一首《华山》诗注释一。②三峰：华岳三峰。中锋莲花，东峰仙人掌，南峰落雁。③四岳：五岳中除西岳华山外的其他四座山，即东岳泰山、南岳衡山、北岳恒山、中岳嵩山。④上界：天界。指仙佛所居之地。⑤中区：区中，人世间。汉蔡邕《释诲》：“纳玄策于圣德，宣太平于中区。”⑥诸宿：众多星宿。⑦百灵：各种神灵。班固《东都赋》：“礼神祇，怀百灵。”⑧甸服：为“九服”之一，指王畿外方五百里至千里之间的地区。泛指京城附近的地方。⑨神都：犹言神京。谓京城。鲍照《侍宴覆舟山》之一：“明辉烁神都，丽气冠华甸。”

【笺释】本诗可分三段，前四句为第一段，总起全篇。中间十六句为第二段，分写华山千姿百态的景致。末四句为第三段，总结全篇。“青苍河一隅，气状杳难图。”写青苍色的华山伫立于黄河的曲折之处，它的气势与形状很难描绘出来。“青苍”是华山在整体上给人留下的视觉印象。“气状”二字是对华山内在美和外在美的双重概括。“卓杰三峰出，高奇四岳无”是对华山“气壮”的进一步描写，“卓杰”“高奇”正是气壮的表现，这两句诗相对于前两句来说已经比较具体，但是相对于后面的诗句，又显得非常概括了。华山到底是如何“卓杰”、如何“高奇”的，第五句到第二十句进行了细致的描写。虽然作者说华山“气状杳难图”，现在他却开始尝试着来“图”之了。“力疑擎上界，势独压中区”写华山的“力”与“势”；“众水东西走，群山远近趋”写附属于华山的“众水”与“群山”；“天回诸宿照，地耸百灵扶”写华山与天空、地面的依存关系；“石壁烟霞丽，龙潭雨雹粗”写华山变幻莫测的天气；“澄凝临甸服，险固束神都”写华山的区位优势和重大的战略意义。“浅觉川原异，深应日月殊”写游人随着入山的深浅而看到的不同的风景；“鹤归青霭合，仙去白云孤”写华山的常住“居民”，动物以“鹤”为代表，人物以“仙”为代表，表现了它的灵气；“瀑漏斜飞冻，松长倒挂枯”写了华山斜飞的瀑泉与倒挂的枯松这两种比较有代表性的山体表层景物。这些景物合力将华山“杳难图”的“气状”给“图”了出来。华山的美对作者的吸引力是极大的。末四句就是这种吸引力的具体表现。“每来寻洞穴，不拟返江湖”说明华山比作者一直深爱的“江湖”还要吸引他。“傥有芝田种，岩间老一夫”说明作者打算修改自己退隐“江湖”的计划，若果在华山能够找到一片良田给他耕种，他就要在这里终老了。全诗布局合理，笔力浑厚，是一篇比较成功的长篇排律。当然，中间十六句所写景物的层次感不是很强，稍显凌乱，也是本诗的一点瑕疵。

送何道士归山①

身非绝粒本清羸②，束挂仙经杖一枝。

落叶独寻流水去[一]，深山长与白云期。
树临丹灶寒花疾③，坛近清岚夜月迟④。
樵客若能随洞里[二]⑤，回归人世始应悲。

【校记】[一]“落叶独寻”，一作“远路自随”。[二]“随”，一作“过”。

【注释】①何道士：未详。②绝粒：犹辟谷。道家以摒除火食、不进五谷求得延年益寿的修养术。③丹灶：炼丹的炉灶。④坛：举行祈祷法事的场所。⑤洞：道教称神仙的居处，意谓洞中别有天地。

【笺释】首联刻画了何道士的形象，何道士虽然没有刻意修炼辟谷之术，但他清羸的体貌已经显示出一副常人没有的“道骨”，他手持束挂着道经的拐杖也令人感到一股“仙风”，首联一出，何道士的仙风道骨也呼之欲出。颔联贴切诗题中的“归山”，写了何道士回山时的情景，在树叶飘落的秋天何道士一个人乘舟而去，他的目的地是“深山”，他要回到那里长久地与白云作伴。颈联所写是何道士修行之处的风景，花树因为临近他炼丹的炉灶虽然天气尚寒也已早早地开放了，他的法坛建在青山之中，月亮升起很久之后才能将光辉播洒到这里。所写景物都打上了何道士的烙印，因而也脱胎换骨了似的。尾联作者充分展开想象，将何道士的隐居之地完全看成了仙境，他觉得如果有樵夫跟着何道士进入他的山洞的话，等到再出来的时候，一定会因为人间的巨大变化而悲伤的。作者这样写是在表达对何道士隐居之地的赞美，也表达了对何道士的生活方式的向往。

城东寓居寄知己①

花木闲门苔藓生，浐川特去得吟情②。
病来久绝洞庭信，年长却思庐岳耕。
落日独归林下宿，暮云多绕水边行。
干时退出长如此③，频愧相忧道姓名。

【注释】①城东：长安城东。寓居：寄居；侨居。②浐川：浐水。源出陕西省蓝田县，会灞水，入渭水。③干时：求合于当时。《管子·小匡》：“寡人欲修政以干時于天下，其可乎？”退出：脱离干进活动。

【笺释】本诗前四句主要写自己“城东寓居”，后四句主要写“寄知己”，但写自己时又联系着友人，写友人时又联系上自己，紧扣诗题，巧妙安排，展示了一条清晰的情感线索。首句写的是作者城东寓所的环境，“花木”表现了居所的清幽，“闲门”说明来客很少，“苔藓生”更直观地体现出门可罗雀的清寂状况。次句写百无聊赖的诗人特地到浐水之畔看看风景，散散心的还是有效果的，浐川的风景调动了自己写诗的热情。“得吟情”虽是诗人写自己，但也交代了“寄知己”的缘由。颔联作者继续写自己的生活现状和近来的情绪，同时又表达了自己对友人的思念。寓居城东的诗人当时正在病中，因为生病，所以“久绝洞庭信”；诗人在城东寓居已经很久了，所以他说“年长却思庐岳耕”，产生了退隐山林的想法。诗人为什么会魂牵梦绕于“洞庭”“庐岳”呢，这极可能与他曾经游历过这两个地方、与它们有深厚的感情有关，有可能因为这两个地方与自己的这位“知己”有着深厚的渊源。颈联是诗人设想友人目前的生活情况，主要抓住黄昏时节友人“宿”与“行”的生活细节来写，友人“宿”于林下，“行”于水边，从容不迫，优哉游哉，与自己生活的寂寞、身体的病痛、欲退隐而不能的无奈形成了鲜明的对比。尾联紧承颈联而来，诗人对友人说：像你这样功成身退的人一般都能享受到这样的生活，然而令我既感动又惭愧的是，你常常因为担心我的情况而道及我的姓名。本诗是落魄的诗人寄给一位已经退休的“知己”的，表达了对这位“知己”长期以来对自己的关心与帮助的深深感激，真切动人。郑谷有《访题进士张乔延兴门外新居》一诗，反映了张乔寓居长安时的一些情况，对理解本事略有帮助，抄录于此，以供参考。其诗曰：“平生苦节同，旦夕会原东。掩卷斜阳里，看山万水中。星霜吟欲老，江海业成空。近日文场内，因君起古风。”

再书边事

万里沙西寇已平，犬羊群外筑空城。
分营夜火烧云远，校猎秋雕掠草轻①。
秦将力随胡马竭②，蕃河流入汉家清③。
羌戎不识干戈老④，须贺当时圣主明[一]。

【校记】[一]“当”，一作“今”。

【注释】①校猎：遮拦禽兽以猎取之。泛指打猎。雕：一种猛禽。《淮南子·原道训》：“鹰雕搏鸷，昆虫蛰藏。”②秦将：代指唐军将领。③蕃：周代谓九州之外为夷服、镇服、蕃服。后用以泛指域外或外族。④羌戎：泛指西北部的少数民族。

【笺释】首句“万里沙西寇已平”是诗人“书边事”时首先想书写的大事，次句

"犬羊群外筑空城"即是"寇已平"的表现。近处，犬群在自由地奔跑，羊群在悠闲地吃草，远处，从前为了备战而修建的城堡现在已经成了没有驻军的空城。一般来说，写"边事"的诗作，多以写战争为主，本诗却起笔就从和平写起，给人以耳目一新之感。次联紧承"空城"来写，既然城中没有驻军，那军队都到哪去了呢，原来他们都"分营""校猎"去了，夜里点燃的营火"远"得仿佛能烧到云朵，照应了首句"万里"二字，说明享受和平的地方非常广大，寻找猎物的大雕在秋天的草原上轻快地盘旋，"轻"字既表面上是在写雕的姿态，实际上反映了军人校猎时的矫健身姿和边疆和平轻松的生活气氛。颈联"秦将力随胡马竭，蕃河流入汉家清"写汉军可以自由地出入蕃界，蕃界的河水因为没有受到兵马的践踏流入汉界时还非常清澈，表现了蕃汉一家亲的祥和景象。尾联作者写道，住在边疆的羌戎一生都没有遭遇战争，得感谢唐王朝天子的圣哲仁爱。这是诗人怀着一颗感恩的心，将边疆的和平归功于皇帝英明的决策。

游边感怀二首

其　一

贫游缭绕困边沙①，却被辽阳战士嗟②。
不是无家归不得，有家归去似无家。

【注释】①缭绕：回环盘旋。②辽阳：泛指今辽阳市一带地方。孙楚《为石仲容与孙皓书》："师次辽阳。"李善注："《汉书》曰：辽东郡有辽阳县。"

【笺释】本诗是作者在边疆游历时的抒情写怀之作。全诗最大的关楔亦即最大的亮点就是比较手法的两次运用。第一次运用比较手法，是作者拿自己与辽阳战士作比较。在大多数人眼中，远离家园、久戍边关的辽阳战士应该是边疆地区最惨的人了，但当这些战士见到"贫游缭绕困边沙"的作者时，也同情地嗟叹起来，因为作者的"贫"与"困"比他们更甚。第二次比较手法的运用，是拿"无家归不得"的情况与"有家归去似无家"的情况作比较。作者属于第二种情况，作者"有家归去似无家"的原因，或是因为家业已荡然无存，或是因为家园遭战乱殄毁，总之他是有家而不能回了。"无家归不得"，索性断了"归"的念头，心里倒也轻松许多；"有家归去似无家"，有家而不能归，不能归而又想归，归心不死，时时作痛，比"无家归不得"还要悲惨。正是因为如此，本诗所表现的乡愁也就颇为另类,别人的“愁”回家后不治自愈,本诗作者的“愁”回家后或许会变得更严重。本诗构思巧妙,感情曲折丰富,有一唱三叹之妙。

其　二

兄弟江南身塞北,雁飞犹自半年馀。
夜来因得思乡梦,重读前秋转海书①。

【注释】①转海:海运。

【笺释】本诗是在边疆游历的作者因思念家乡的兄弟而作。据清人赵宏恩《(乾隆)江南通志》卷一百六十七《人物志》载:“张乔,秋浦人。与弟霞俱有诗名。”可见,张乔有个弟弟,名叫张霞。从本诗所写内容来看,当张乔游历边疆之时,张霞正身在江南。前诗“有家归去似无家”的情况当时张霞写信告诉哥哥的。首联将“江南”与“塞北”对举,说明自己与弟弟天各一方的情况,一南一北本已能够说明骨肉隔绝之远,次句更以“雁飞犹自半年馀”的形象化说法将两地距离之遥远表现得更加真切可感。三、四两句紧承前二句对遥远距离的强调,先写因为距离遥远而只能梦中回家,再写醒来之后乡愁愈浓,想通过读家书的方式一慰愁绪,却只能读到“前秋”的“转海”而来的家书。“前秋”“转海”也是作者与弟弟相距遥远的体现。本诗艺术上没有前首诗精致,但情感却也同前首诗一样真挚感人。另外,关于本诗末句,清人潘德舆在《养一斋诗话》卷四中写作“起读前秋转海书”,不知何据。若是潘氏误记,则他将本句也列于“一句三上声,皆不合调”的例证之中就不合适了。然而又考宋范晞文《对床夜语》已云:“张乔多有好绝句,《河湟旧卒》云:‘……’;《渔父》云:‘……’。不独‘城锁东风十五桥’之句也。又‘兄弟江南身塞北,雁飞犹自半年余。夜来应得还乡梦,起读前秋转海书。’亦籍、牧之亚。”可见宋人即有说“重读”为“起读”者,当为版本之异。

无　题[一]

九霄无诏下①,何事触清尘②。
宅带松萝僻③,身惟猿鸟亲。
吟看仙掌月④,期有洞庭人。
莫问烟霞句⑤,悬知见岳神⑥。

【校记】[一]诗题一作《赠友人》。

【注释】①九霄:天之极高处;喻神仙居处。②清尘:代指清静优雅的地方。③松萝:即女萝。借指山林。④仙掌:仙人掌峰,乃华山东峰。⑤烟霞:烟雾;云霞。泛指山水、山林。⑥岳神:西岳华山之神。

【笺释】这是一首无题诗,所以我们难以从题目中得到相关的背景信息,但从"期有洞庭人"之句可以看出本诗的抒情主人公即是作者本人,因为他曾寓居洞庭(《赠别李山人》诗中有"曾为洞庭客,还送洞庭人"之句),与洞庭有着深厚的渊源。从"吟看仙掌月""悬知见岳神"二句可以看出本诗作于西岳华山。从这些信息可知,本诗是作者游览华山时有感而作。另外,本诗题目一本又题作《赠友人》,根据"莫问烟霞句"之句来看,诗确为赠友人之作。但为赠友人之作,不一定非得题作《赠友人》,二者不能混为一谈。总而言之,本诗是作者游览华山时有感而作,作成后又将它赠予了某位友人。首联作者自问:并没有居住在九霄的神仙下诏来召唤我,我为什么要来到这个仙境呢?颔联回答了这个问题:首先是因为这里的居住环境非常的清幽,房舍都建在松萝掩隐的僻静处。其次这里人迹罕至,远离人事的喧嚣,平日只与猿、鸟打些交到。经联写了来到华山之后的诗人的活动,"吟看仙掌月"写的是作者在九华山对月吟诗的情景,"期有洞庭人"写的是面对良辰美景的作者,想起了洞庭湖的友人。尾联作者就结合这位友人来写,明明是作者思念友人,他却反过来写友人思念自己,他非常肯定地认为友人一定会问自己的"烟霞句"写得怎么样了,并又以非常神秘地口吻对自己设想的问题做出了回答:"悬知见岳神!"即是在对友人说:这还用问吗?你只要想想我已经见到了华山之神,你就能知道我的诗写得怎么样了!作者这样写,实际上表达的是自己对友人的思念以及想与他切磋诗艺的冲动。

蝉

先秋蝉一悲,长是客行时。
曾感去年者,又鸣何处枝。
细听残韵在,回望旧声迟。
断续谁家树①,凉风送别离。

【注释】①断续:时而中断,时而接续。南朝齐王融《巫山高》:"烟霞乍舒卷,猿鸟时断续。”

【笺释】这是一首咏物诗，所咏之物为“蝉”。首联写蝉鸣之时节，并联系到客行之时。颔联写蝉鸣之地点，又联想到去年之蝉鸣于何处。颈联写蝉之声，断断续续，一声未平，一声又起。尾联总结全诗，既写了蝉声之断续，又写了蝉鸣之地点，还联系蝉鸣之时节与“客行”“别离”之情绪。全诗线索清晰，咏物而又不黏皮带骨，处处写蝉，处处又不为写蝉而写蝉，咏物技巧相当纯熟。巧合的是，作者的好友许棠也有一首题为《蝉》的诗，其诗曰：“造化全微物，偏宜应候名。初历何处树，又发去年声。骚屑随风远，悠扬类叶轻。报秋凉渐至，嘶夜思偏清。默守疑相答，微摇似欲行。繁音人已厌，朽殼蚁犹争。朝士严冠饰，宫嫔逞鬓名。乱依西月噪，多引北归情。篠露凝潜吸，蛛丝迸忽萦。此时吟立久，万绪一时生。”这是一首五言排律，容量比张乔本诗要大，但二诗内容上颇多相似之处，如“先秋蝉一悲”之于“报秋凉渐至”；“曾感去年者，又鸣何处枝”之于“初历何处树，又发去年声”；“细听残韵在”之于“骚屑随风远”；“长是客行时”“凉风送别离”之于“多引北归情”。相似点如此之多，亦为一有趣现象，二诗可能有相互借鉴之处。

江上逢进士许棠①

诗人推上第②，新榜又无君③。
鹤发他乡老④，渔歌故国闻。
平江流晓月⑤，独鸟伴馀云[一]。
且了髫年志⑥，沙鸥未可群。

【校记】[一]“伴”，一作“绊”。

【注释】①许棠：见《送友人进士许棠》诗注释①。②上第：考试成绩中的第一等。《新唐书·选举志上》：“每问经十条，对策三道，皆通，为上第，吏部官之；经义通八，策通二，为中第，与出身；下第，罢归。”③新榜：当年的录取名单。④鹤发：白发。⑤平江：平和的江面。⑥髫年：幼年。

【笺释】本诗是作者与友人许棠江上相逢时，有感于友人的遭际而作。首联作者对许棠说：“在这次科举考试之前，有一位著名的诗人很推许你，认为你一定能都够取得上第，没想到新榜上又没有你的名字。”所谓期望越高，失望越大，作者深深地体会到了许棠内心的失落感。颔联描写了常年奔波在他乡的许棠年纪已经很大了，现在他怀着凄凉的心绪回到了故乡，也许这回他将彻底放弃自己的梦想了。颈联所写景物是作者与许棠在江上共同所见:一轮晓月倒映在平静的江面上,仿佛与江水一起静静地流淌;一只孤独的鸟儿只有尚未散尽的朝霞与它相伴。"独鸟伴馀云"即是写景,又暗示了作者与许棠的相逢,有一语双关之妙。尾联作者鼓励黯然神伤的许棠,让他继续坚持,一定得把少年时期就有的志向实现了,现在还不是退隐江湖、与沙鸥作伴的时候。作者与许棠一样,都经历了多次的落第,这次"新榜"没有许棠,作者自己其实也并没有荣登其上,他们的心绪是相似的,只是许棠年纪比作者大,失败的次数比作者多,还没有丧失热情的作者担心许棠会彻底绝望,才说了一番鼓励的话。喻坦之有《都门送许棠东归》诗曰:"旧客东归远,长安诗少朋。去愁分碛雁,行计逐乡僧。华岳无时雪,黄(一作伊)河漫处冰。知辞国门路,片席认西(一作巴)陵。"这首诗又题作《送进士张乔》,它所写的内容与张乔、许棠的人生轨迹都是吻合的,所以在后世流传过程中,才产生了送许还是送张的争议。

送河西从事①

结束佐戎旃②,河西住几年。
陇头随日去③,碛里寄星眠④。
水近沙连帐⑤,程遥马入天。
圣朝思上策,重待奏安边⑥。

【注释】①河西:汉唐时指今甘肃、青海两省黄河以西,即河西走廊与湟水流域。《汉书·霍去病传》:"浑邪王以众降数万,开河西酒泉之地。"唐韩愈《论捕贼行赏表》:"两河之地,太半未收;陇右、河西,皆没戎狄。"②结束:装束;打扮。③陇:山名。绵延于甘肃、陕西交界的地方。④碛:沙石浅滩或沙漠。⑤帐:营帐,军帐。⑥重:加倍。

【笺释】首句作者先刻画了这位河西从事的形象,因为要去"佐戎旃",所以他郑重其事的装束打扮了一番,表现了他的认真态度与亟待立功沙场的心情,次句"河西住几年"点题,指示了从事所往之地,同时这又是作者对友人关切的问询。颔联紧承首联的关切之情而来,设身处地地为友人描绘了他辛苦的行程:白天度过陇头,夜晚眠于沙漠,日夜兼程、披星戴月。颈联是颔联行程描写的继续,因为营帐设立在水边,所以河滩的沙子和帐幕都连在一起了,因为路程太遥远,遥望远去的马儿感觉它们好像要奔腾到天上去似的。诗人的想象随着路程的渐远而上穷碧落，也预示着友人的远去。尾联将送别的气氛推向高潮，作者相信友人一定能以“上策”安定边疆，报效圣朝，这表现了作者对友人的信任与祝福。

河湟旧卒[1]

少年随将讨河湟，头白时清返故乡。
十万汉军零落尽[2]，独吹边曲向残阳[3]。

【注释】①河湟：黄河与湟水的并称。亦指河、湟两水之间的地区。《新唐书·吐蕃传下》：“湟水出蒙谷抵龙泉与河合……故世举谓西戎地曰河湟。”②汉军：汉家军队，指唐军。③边曲：边塞曲乐。

【笺释】本诗将一位河湟老兵的生平事迹概括殆尽。全诗紧紧围绕诗题中的“旧”字展开。“少年”说明随军出征之早；“讨”字将一生经历的血雨腥风一笔带过，留给读者自己去想象；“头白”说明返乡之晚，“时清”而得“返故乡”是对这位老兵最大的安慰与回报。然而经历了千百场战斗洗礼后回到故乡的老兵再也不是当年那个无忧无虑的少年，他常常会想念当年一起随将出征的“十万汉军”。他们几乎全部都葬身沙场了，只剩下自己孤独地在残阳中吹着悲凉的边曲，这乐曲是在怀念战友，也是在哀伤自己逝去的年华。本诗沉郁悲凉，在情感表达上和艺术表现上都属上乘。宋范晞文《对床夜语》云：“张乔多有好绝句，《河湟旧卒》云：‘……’；《渔父》云：‘……’。不独‘城锁东风十五桥’之句也。又‘兄弟江南身塞北，雁飞犹自半年余。夜来应得还乡梦，起读前秋转海书。’亦籍、牧之亚。”又清沈涛《匏庐诗话》曰：“张乔《宴边将》云：‘……’；《河湟旧卒》云：‘……’。二诗试掩其名，读者鲜不以为右丞、龙标，然则初盛中晚之分，其亦可以已乎！”由宋至清，人们都对张乔本诗推崇备至，足见它具有经久不衰的艺术魅力。

促　织[1]

念尔无机自有情[2]，迎寒辛苦弄梭声[3]。
椒房金屋何曾识[4]，偏向贫家壁下鸣。

【注释】①促织：蟋蟀的别名。②机：织机。③梭：织布机中牵引纬线的织具，形如枣核。④椒房：后妃居住的宫室。又可作后妃的代称。金屋：华美之屋。《汉武故事》："若得阿娇作妇，当作金屋贮之也。"

【笺释】本诗虽为咏物却含有对辛勤工作之劳动者的同情与对游手好闲之富贵家的讽刺。蟋蟀的别名虽叫"促织"，但它并不能真的能布，所以作者说它"无机"，但是它的鸣叫却能感人，所以作者说它"自有情"。"迎寒辛苦弄梭声"描述的是促织的叫声，同时也双关勤劳的贫家女织布的情形。这就为三、四两句拿"椒房金屋"与"贫家壁下"作比较奠定了基础。住在"椒房金屋"的人没听过促织的鸣叫，同时也在说她们没有听过织布机发出的声响呢；坐在贫家壁旁的人能天天听见促织叫，同时也是说她们不停地在织布。本诗情怀深厚，艺术上也颇为精巧，对后代诗人的创作很有启发。例如宋代诗人王安石有《促织》一诗曰："金屏翠幔与秋宜，得此年年醉不知。只向贫家促机杼，几家能有一钩丝。"无论造句、立意都对本诗有所借鉴。

猿[一]

挂月栖云向楚林，取来全是为清音。
谁知系在黄金索[二]①，翻畏侯家不敢吟②。

【校记】[一]诗题一作《长安赠猿》。[二]"索"，一作"锁"。

【注释】①黄金索：黄金做的锁链。②侯家：指富贵之家。

【笺释】首句写这只猿在"楚林"的生活，充满自由自在、活泼快乐的生趣。次句写它因为善于鸣叫而被人类捕捉、贩卖给王侯家作宠物了。三、四句紧承次句，写王侯家将它系在黄金锁上，本来是要欣赏它清绝的鸣叫的，但它因为害怕却不敢出声了。末句将这只失去自由的、畏畏缩缩的猿的形象刻画了出来，同时也表达了对它的不幸遭遇的同情和对富贵家为富不仁的残忍行径的控诉。

寄荐福寺栖白大师①

高塔六街无不见②，塔边名出只吾师。
尝闻朝客多相□，记得□□数句诗。

【注释】①荐福寺：在唐长安开化坊。栖白大师：见《吊栖白上人》诗注释一。②六街：唐京都长安的六条中心大街。此处泛指长安街道。

【笺释】本诗第三句缺第七个字，末句缺第三、第四个字，影响了表意的完整性，但通过一二两句的描写，栖白大师在长安的名气已经被很好地表现了出来。第三句的“朝客”衬托了栖白地位的尊贵，第四句“数句诗”云云，表现了栖白大师的诗名轰动朝野，照应了一二两句。

越中赠别

东越相逢几醉眠①，满楼明月镜湖边②。
别离吟断西陵渡③，杨柳秋风两岸蝉。

【注释】①东越：指闽东或浙东地区。唐有浙东观察使，治所在越州(今绍兴市)。②镜湖：在今浙江绍兴会稽山北麓。东汉永和五年(公元140年)在会稽太守马臻主持下修挖。以水平如镜，故名。③西陵：浙江省萧山市西兴镇的古称。李白《送友人寻越中山水》：“东海横秦望，西陵绕越台。”

【笺释】首句“东越”点题，“相逢几醉眠”是离别时对同游东越的这段美好时光的回忆，衬托了离别的不舍。次句承接首句“醉眠”而来，“镜湖边”是“醉眠”之地，“满楼明月”是“醉眠”之时、之景。三、四两句，转入“赠别”正题，别离之时，杨柳上、秋风中西陵渡两岸的蝉鸣，仿佛要将津桥“吟断”似的，这是借景抒情，实际上是作者离别的愁肠欲断。

寄清越上人[一]①

大道本来无所染[二]②，白云那得有心期。
远公独刻莲花漏[三]③，犹向空山礼六时[四]④。

【校记】[一]诗题一作《寄山僧》。[二]“大道”，一作“真性”。[三]“独”，一作“犹”。[四]“空山”，一作“青山”，一作“山中”。

【注释】①清越上人：生平未详。②染：熏染；影响。③远公：晋高僧慧远，居庐山东林寺，世人称为远公。④六时：佛教分一昼夜为六时：晨朝、日中、日没、初夜、中夜、后夜。《龙树十住论》：菩萨昼夜各有三时，于此六时礼拜十方诸佛。”

【笺释】首联写清越上人已经修得“大道”，进入“无所染”的境界，次联说他无心期白云，即是“无所染”的表现。三、四两句拿晋代高僧慧远与清越上人作比较，指出慧远“刻莲花漏”“礼六时”的作法尚是“有心”，与清越上人“白云那得有心期”的“无所染”境界相比，显得逊色多了。按本诗第三句明顾起元《说略》卷四引作“远公窗下莲花漏”，明徐应秋《玉芝堂谈荟》卷二十一引作“远公宣下莲花漏”，“窗下”“轩下”俱与“独刻”意异，或是所据版本不同。

宿齐山僧舍①

一宿经窗卧白波，万重归梦隔烟萝[一]。
若言不得南宗要②，长在禅床事更多。

【校记】[一]“万重归梦隔”，一作“晓随山月出”。

【注释】①齐山：在安徽省贵池县南。②南宗：我国佛教禅宗有两个派别。南宗为六祖慧能所创，主张“顿悟说”，行于南方；北宗为神秀所创，主张“渐悟说”，行于北方。

【笺释】本诗一二句记事，三四句说理，事中有景，理中有情。首句记宿僧舍事，次句记夜梦事，“卧白波”说明僧舍建在临江的齐山上，“万重归梦”可能就是因这万重波涛声诱发的。“隔烟萝”正见“归梦”之朦胧杳渺、故乡之遥不可及。作者从自己虽卧在禅床上但却思绪万千的事实中，悟到了一个深刻的道理：如果说一个人不能领悟南宗的精髓，那他天天坐在禅床上不仅不会得道，反而会平添更多的烦恼。

春日游曲江①

日暖鸳鸯拍浪春②，蒹葭浦际聚青苹③。
若论来往乡心切，须是烟波岛上人。

【注释】①曲江：见《曲江春》诗注释①。②鸳鸯：鸟名。似野鸭，体形较小。栖息于内陆湖泊和溪流边。旧传雌雄偶居不离，被称为“匹鸟”。③蒹葭：荻芦。青苹：一种生于浅水中的草本植物。

【笺释】本诗是作者春日游览曲江时的写景抒情之作。一二两句描写了曲江的春景，阳光和煦，鸳鸯戏水，蒹葭摇曳，青苹漂聚。这些景色都是作者在曲江所见，但是它们对作者来说是那样的熟悉，因为作者远在江南的家乡，到处都是这样的风光。所以三四两句作者说道，若是比较一下这些来来往往的游人谁的思乡之心最迫切，那肯定是我这样的夹在烟波岛上的人！

渔　家

拥棹思悠悠[一]，更深泛积流[二]①。
唯将一星火[三]，何处宿芦洲。

【校记】[一]“拥棹思”，一作“钓艇去”。[二]“更深泛积流”，一作“烟波春复秋”。[三]“星”，一作“点”。

【注释】①积流：指河流。

【笺释】渔船就是渔民的家，所以本诗诗题为《渔家》，实际上实在些渔民在渔船上的生活。在更深夜永的时候，渔人还没有休息，他依旧驾着渔舟在河面上飘荡，有时候他停下手中的船摆，陷入深深地沉思中。他在思考什么呢？原来他是在想：我该将这点着星星灯光的小船，停泊在何处的芦洲呢？通过渔家深夜漂泊的生活侧面，表现了他们清苦而简单的生活。

送人及第归海东①

东风日边起，草木一时春。
自笑中华路②，年年送远人。

【注释】①海东：指海以东地带。常指日本或新罗。②中华：中国。

【笺释】关于本诗所送之人，清人徐松认为即是金夷吾。他在《登科记考》卷三十中谓：“……张乔《送人及第归海东》。按张乔又有《送宾贡金夷吾奉使归本国》诗，则此及第者当即金夷吾也。”然而《送宾贡金夷吾奉使归本国》有“渡海登仙籍，还家备汉仪”之句，说明该诗亦有送金夷吾“及第归海东”之意。若是同一人、同一事，张乔作一首诗即可，何必同时作两首作用相似的诗。又据本诗“自笑中华路，年年送远人”之句来看，作者一生所送之外国友人不知几何，哪能每次都认为是在送金夷吾。本诗所送之人不必穷究为谁，关键是体会其中的情感。本诗的情感全集中于“自笑”二字，作者身为中华之人尚不能及第荣归，而外籍“远人”却年年都有高中的，这真是远人之大幸、作者之大不幸啊！

题河中鹳雀楼[①]

高楼怀古动悲歌，鹳雀今无野燕[②][一]过。
树隔五陵[③]秋色早，水连三晋[④]夕阳多。
渔人遗火成寒烧[⑤]，牧笛[⑥]吹风起夜波。
十载重来值摇落[⑦]，天涯归计[⑧]欲如何。

【校记】[一]燕，全唐诗校："一作雀。"

【注释】①河中：唐府名，即蒲州，治所在今山西永济西。鹳雀楼：在河中府城西南，下瞰黄河。盛唐王之涣《登鹳雀楼》："白日依山尽，黄河入海流。欲穷千里目，更上一层楼。"②鹳雀：即鹳。水鸟名。《诗·豳风·东山》"鹳鸣于垤"三国吴陆玑疏："鹳，鹳雀也。似鸿而大，长颈赤喙，白身黑尾翅。树上作巢，大如车轮，卵如三升杯。望见人按其子令伏，径舍去。一名负釜，一名黑尻，一名背灶，一名皁裙。又泥其巢一傍为池，含水满之，取鱼置池中，稍稍以食其雏。"野燕：即野鸟。此句极见鹳雀楼景色的荒凉，大唐时代的鹳雀已经难觅踪影，只有野燕在飞鸣。③五陵：长安北五个汉代皇帝的陵墓，即长陵（高祖）、安陵（惠帝）、阳陵（景帝）、茂陵（武帝）、平陵（昭帝）。按：在鹳雀楼上是看不见五陵的，登高而怀古，因而联想汉代。④三晋：春秋末，晋国被韩、赵、魏三家卿大夫所分，各立为国，史称"三家分晋"。约相当今山西省及河南、河北部分地区。⑤寒烧：冬天的野火。⑥牧笛：牧童的笛声。⑦摇落：指秋季。宋玉《九辩》："悲哉！秋之为气也，萧瑟兮草木摇落而变衰。"因以"摇落"指代秋天。⑧归计：归隐之计或归家之计。

【笺释】广明元年（880）黄巢攻陷长安，张乔归隐九华山。则此诗当作于此前。诗中"十年重来"值得重视，张乔两次来到河中，时间均难以确定，品味诗意，当是长期科举失败之后，已经倦于仕途，故结句作"归计"。

山西蒲州永济的鹳雀楼，下临黄河，气势雄伟，自古为文人登临胜地。盛唐诗人王之涣（一说为朱斌）一首《登鹳雀楼》名扬四海，其中"欲穷千里目，更上一层楼"的警句，展现了一种盛唐人特有的蓬勃朝气和强烈的建功立业精神，是盛唐时代精神的折光。但到了唐末，尤其黄巢起义前夕，各种社会矛盾总爆发，社会凋敝，民不聊生，处处呈现衰败气象，连鹳雀楼也是一派萧瑟荒凉景象：盛唐时代的鹳雀已经难觅踪影，只有野燕在飞鸣。昔盛今衰的景象不禁使登楼远眺的诗人产生无穷的悲慨：漫山遍野的树木隔着汉代的五陵早早呈现出一派秋色，滚滚滔滔的黄河贯穿三晋大地静静地奔流在夕阳的余晖之中。颈联转向近景:渔人遗留的火种漫成了烧山的野火,而牧童的笛声则随着夜风从水面上飘来。显然没有杜甫诗歌雄奇阔大的意境,甚至连杜甫沉郁悲凉的情感也发生了变化,结尾一联说在这摇落的悲秋季节,重游故地,连归隐或归家都没有着落,一种失去家园没有归宿的漂泊感,代替了老杜顽强的忧国忧民的深重情感,显示出晚唐诗人日落黄昏的无奈心绪。诗歌格调有意学习杜甫,但没有杜甫诗歌深厚的情怀,意象也不及杜诗恢宏。

宿洛都门①

山川马上度边禽②,一宿都门永夜③吟。
客路不归秋又晚,西风吹动洛阳砧④。

【注释】①洛都门:洛阳城门。唐以洛阳为东都。②度边禽:边关飞越的鸟,当指大雁。③永夜:长夜。杜甫《阁夜》:“永夜角声悲自语。”④砧:捣衣石。此指捣衣声。李白《子夜吴歌·秋歌》:“长安一片月,万户捣衣声。秋风吹不尽,总是玉关情。何日平胡虏,良人罢远征。”

【笺释】此诗当作于张乔南归途中夜宿洛阳之时,具体时间难以确定。从诗中满含悲慨情绪来看,也许是长期漂泊之后的作品。首句由大雁引起思乡的离情,但这大雁是从山川大地与马背上飞度的,就带有特定的时代色彩,有动乱兵战的影子,接着点夜宿洛城,感受到强烈的悲伤情绪,就像老杜当年夜宿夔府的《阁夜》中所说“永夜角声悲自语”那样,一种夹杂着时代之悲的命运悲慨不能自已,彻夜不眠之中只有不停地悲吟。三四句转到自身的困境:客路难归又逢寥落的晚秋,更难以忍受的是西风竟传来洛阳城里捣衣的砧声。前两句与后两句相互生发,又相互叠加,思乡却无法归去,晚秋大雁南飞,西风吹送捣衣之声,都在酝酿催发归乡之情,所以造成彻夜难眠的痛楚。此诗内蕴丰富,韵味独特,既有盛唐李杜诗歌的意蕴,又带晚唐感伤的色彩,耐人咀嚼。

对月二首[一]

其　一

圆魄[①]上寒空，皆言四海同[②]。
安知千里外，不有雨兼风[③]。

其　二

盈缺[④]青冥外，东风万古吹。
何人种丹桂[⑤]，不长出轮枝[⑥]。

【校记】[一]此二诗，一作李峤诗，题曰《中秋月二首》，见《全唐诗》卷五十。

【注释】①圆魄：圆月。据后“寒空”一词，当指中秋月。②同：同照。杜甫《月圆》：“故园松桂发，万里共清辉。”③雨兼风：风雨交加。④盈缺：月圆为盈，月亏为缺。此指月亮。⑤丹桂：开红色花的桂树。据说月中有丹桂。宋之问《灵隐寺》：“桂子月中落，天香云外飘。”⑥轮枝：别枝，旁逸的枝条。

【笺释】此诗一作初唐李峤诗，从第一首末句看，属晚唐可能性较大。两首诗前后连贯，充满人生感慨。第一首前两句说月光普照四海应该是相同的吧，老杜诗句说“故园松桂发，万里共清辉”，但对作者来说却是另外一番景象，既有大雨又有狂风。既然是对月感怀，说明眼前是一轮明月当空晴朗无云的景象，那么何来的“雨兼风”呢？显然作者想到万里之外可能存在这种景象，正是仕途坎坷的心灵感受，尽管没有杜甫诗歌苦难中的慰藉情怀，却有晚唐人特有的悲苦心境。第二首由月中丹桂引发联想，说青冥苍穹的一轮月亮，经受了万古时空的沧桑风雨，但那颗丹桂，却至今没有长出一根旁逸斜出的枝条来。言外之意，也许是说诗人长年困于科第，就是难以得到月中折桂的际遇。两首诗中都充满了人生悲慨，但想象奇特，意境开阔，蕴涵丰富。

赠友人

自说安贫归未得，竹边门掩小池冰。

典①琴赊酒吟过寺，送客思乡上灞陵②。
待月夜留烟岛③客，忆云闲访翠微④僧。
几时献了相如赋⑤，共[一]向嵩山采茯苓⑥。

【校记】[一]共，全唐诗校：“一作去。”

【注释】①典：典当，抵押。②灞陵：即霸陵，汉孝文帝刘恒陵寝。灞，即灞河。霸陵靠近灞河，位于西安东郊白鹿原东北。③烟岛：仙山。④翠微：青绿色的山，泛指青山。杜牧《九日齐山登高》：“江涵秋影雁初飞，与客携壶上翠微。”⑤相如赋：西汉司马相如擅为赋，武帝读其《子虚赋》而善之，曰：“朕独不得与此人同时哉！”时蜀人狗监杨得意侍上，曰：“臣邑人司马相如自言为此赋。”武帝大惊，征召相如。相如至，作赋进献，武帝以为郎。见《史记·司马相如传》。⑥茯苓：菌类植物，别名松腴。寄生于山林松树根部，可入药。采茯苓，即采药隐居。

【笺释】此诗当作于久困长安之时。通过赠友人的方式言说自己的生活境况、人生理想。首联说由于安贫乐道所以未能归隐，故此深冬季节，小池结冰，自己只能虚掩竹林边的柴门，可见居处的荒寒寂寞。颔联写自己典琴赊酒的贫困生活，却依然吟诗过寺的潇洒，有时候也因为去灞陵送别友人引动思乡情怀。颈联写自己悠闲自在的生活：有时候有仙客来访，便留住他一起留宿赏月，想起山中的白云就去翠微深山访问高僧。尾联道出内心深处的愿望：等功成名就之后，一定要去嵩山采灵芝隐居。像张乔这样久困科场、落魄失意的文人很多，他们大都在科举仕进与归隐田园之间挣扎，心里充满苦痛，其实离真正的归隐还有很长的距离。

笛

剪雨裁烟①一节秋，落梅杨柳曲中愁②。
尊前暂借殷勤③看，明日曾闻向陇头④。

【注释】①剪雨裁烟：因竹子惹雨含烟，故砍竹谓“剪雨裁烟”。②落梅：《落梅花》，羌族乐曲名，又名《梅花落》。杨柳：即《折杨柳》，古横吹曲名。李白《黄鹤楼闻笛》：“黄鹤楼中吹玉笛，江城五月落梅花。”又《春夜洛城闻笛》：“谁家玉笛暗飞声，散入春风满洛城。今夜曲中闻折柳，何人不起故园情。”③殷勤：热情周到。④陇头：陇山 。借指边塞。南朝宋陆凯《赠范晔诗》：“折花逢驿使，寄与陇头人。”

又指汉乐府名。《乐府诗集·横吹曲辞》郭茂倩题解引《乐府解题》:“汉横吹曲,二十八解,李延年造。魏晋以来,唯传十曲:一曰《黄鹄》,二曰《陇头》。”

【笺释】此诗暗示要离开长安,前往边塞,当作于久困长安之后的某年秋天。首句非常精美,用“剪雨裁烟”来借指制作竹笛,新颖别致,体现张乔在锤炼诗歌语言方面的努力。一个“秋”字笼罩全篇,既点明时间,又提示情感。第二句写刚做成的竹笛吹奏的都是《梅花落》《折杨柳》之类充满离情别绪的乐曲,当然笛子也可以吹奏欢快热烈的乐曲,这里显然是借用典故抒发内心深处的久别思乡之情。第三句轻轻一垫,说樽前的美酒歌舞只能暂时娱乐一下,因为明天将要前往边关,笛子只能吹奏陇头曲了。“陇头流水,鸣声呜咽”的令人肝肠断绝的悲音将会更加令人难堪。结尾用递增法,将内心的苦痛托竹笛抒发出来。此诗围绕制作竹笛和吹奏乐曲进行构思,引用很多笛子乐曲来言说情感,值得咀嚼。

渔　者

首戴圆荷①发不梳,叶舟②为宅水为居③。
沙头聚④看人如市,钓得澄江⑤一丈鱼⑥。

【注释】①圆荷:圆形的荷叶。此句写渔者简陋的装束,以表现其萧散形态。②叶舟:像一片树叶一样的小船。《诗经·卫风·河广》:“谁谓河广?一苇杭之。”③水为居:在水边或水上生活。④沙头聚:河边沙滩聚集(很多人)。⑤澄江:清澈的江水。谢朓《晚登三山还望京邑》:“余霞散成绮,澄江静如练。”⑥一丈鱼:巨鱼,大鱼。

【笺释】此诗描写渔者的生活片段,表现隐居之乐。作地当在江南,也许是张乔隐居九华之后的作品。前两句写渔父头戴荷叶不梳头发的简陋装束,他凭一叶小舟停泊水边捕鱼为生,表现出一种自由萧散的闲适情状。后两句写渔父的收获:忽然钓到一条大鱼,引来很多人的围观。沙头人头攒动争相观看与澄澈清碧的大江形成照应,将渔父的隐居之乐表现得令人羡慕。言外之意,这种隐居的简单快乐生活,正是常年困于科举的落魄生涯的形象的反讽。

宿潺湲亭

走月流烟叠①树西,听来愁甚听猿啼②。

几时御水③声边住，却梦潺湲④宿此溪。

【注释】①叠：指月光与流烟相重叠。②“听来”句：因听流水愁到极点，又听到更加凄惨的猿啼。③御水：即长安御沟，流经皇城的河道。晋崔豹《古今注·都邑》：“长安御沟谓之杨沟，谓植高杨于其上也。又曰羊沟，谓羊喜能触墙垣，故为沟以隔之，故曰羊沟。”④潺湲：河水缓缓流淌的样子。指“潺湲亭”。

【笺释】此诗写羁旅情怀，带有科场失败的感慨。题目中的潺湲亭不详何处，大概因为亭子建在潺湲流淌的泉水边而得名。首句写景，紧紧围绕泉水展开，“走月流烟”凝练有神，泉水映照月光，水面浮起烟岚，而月光与流烟又层层叠加在密密的树林西边，真是一个绝妙的佳处。但这里的幽静没有王维诗中“明月松间照，清泉石上流”的恬静优美，却有柳宗元笔下的小石潭“不可久居”的凄清氛围。第二句道出了原委：因为自己内心忧愁，故潺湲的泉水伴杂着凄厉的猿鸣，让人难以忍受。第三句突然振起，说什么时候能够到御水边居住，听御沟的潺湲流水声，即什么时候能够实现人生的理想，来到京城居住，到那时就会在梦中追忆此刻潺湲亭的泉声了，模仿李白“两岸猿声啼不住，轻舟已过万重山”的写法，将自己实现人生理想之后的畅快情怀展露出来，可以说是一种寄托梦境的虚幻的自我安慰，犹如“何当共剪西窗烛，却话巴山夜雨时”那样，给人一种别样的感慨。

台 城①

宫殿馀基②长草花，景阳宫③树噪村鸦。
云屯雉堞④依然在，空绕渔樵⑤四五家。

【注释】①台城：一名苑城。本三国吴后苑城。晋成帝时改建，为东晋、南朝台省及宫殿所在地，故称。故址在今南京玄武湖附近。韦庄《台城》：“江雨霏霏江草齐，六朝如梦鸟空啼。无情最是台城柳，依旧烟笼十里堤。”可与此诗参看。②馀基：残存的宫殿墙基。③景阳宫：在台城中。即南朝陈的景阳殿。祯明三年(589)，隋兵南下越过长江天险，攻占台城，后主陈叔宝闻兵至，与宠妃张丽华投景阳殿的胭脂井，为隋兵俘获，国亡。④云屯：云聚，比喻雉堞之多。雉堞，指城墙。城墙长三丈广一丈为雉；堞，城上女墙。⑤渔樵：以打鱼砍柴为生的人。刘禹锡《乌衣巷》：“朱雀桥边野草花，乌衣巷口夕阳斜。旧时王谢堂前燕，飞入寻常百姓家。”可与此诗参看。

【笺释】感伤南朝亡国的怀古诗。中晚唐时代盛行这类诗歌，刘禹锡、李商隐、杜牧、韦庄都有相关作品。张乔的这首诗也可以说是非常有韵味的作品。前两句展现台城现在的景象：宫殿残存的台阶旁涨满茂密的野草、开满繁盛的野花，景阳宫前的大树上空，归巢的暮鸦在哇哇乱叫，好一派“黍离”之悲的荒凉破败！第三句用“依然在”三个字牢牢锁住，当年的女墙还在那里静静地矗立着，仿佛在诉说世事的沧桑，跟刘禹锡的“淮水东边旧时月，夜深还过女墙来”有异曲同工之妙。而与刘禹锡诗歌不同的是，张乔诗歌结尾再次回到苍凉的实景：这些当年雄伟的城墙，而今变成断壁残垣的遗迹，只能空自环绕着四五家渔人居住的村落，将“旧时王谢堂前燕，飞入寻常百姓家”的昔盛今衰之感，具体化为眼前的景象，更加惊心动魄，令人回味。

寄山僧

闲倚蒲团[①]向日眠，不能归老岳云边[②]。
旧时僧侣无人在，惟有长松[③]见少年。

【注释】①蒲团：僧人打禅时所用的坐垫，用蒲草编织而成。②不能(nai)：不奈，无奈。岳云：山云。岳，可能指嵩山，因为很多人喜欢在此隐居。③长松：高大的松树。

【笺释】这也是一首感慨世事沧桑的绝句，场景换成了山寺，人物换成了僧侣。晚唐时代，大概从城市到乡村，再到寺庙均遭受战火兵燹的摧残，到处都呈现破败荒凉景象。连那些坐在蒲团上参禅晒太阳的僧人，都不能在嵩山归隐圆寂，这便是前两句吐露的信息。后两句点醒：旧时的僧侣都不在了，是圆寂了还是逃亡了，无人知晓，只有高高的松树和来来往往的少年。一种物是人非的苍凉感流淌在字里行间。

题上元许棠所任王昌龄厅[①]

琉璃堂[②]里当时客，久绝吟声继后尘[③]。
百四十年[④]庭树老，如今重得见诗人[⑤]。

【注释】①上元:县名。唐肃宗上元二年(761),改江宁县为上元县,地在今江苏南京。许棠在乾符六年(879)前后曾任上元丞。王昌龄曾在开元二十八年(740)任江宁丞。②琉璃堂:江宁县衙中王昌龄当年办公的厅堂,即题中之“王昌龄厅”。这里也是王昌龄与诗友聚会之所。琉璃堂后成为江宁“胜迹”,唐人还绘有《琉璃堂人物图》,今尚有摹本传世。见清同治重修《上元·江宁县志》卷一一“名迹”。③后尘:指王昌龄当年在此诗朋聚会吟诗的雅事。④百四十年:从开元二十八年(740)到乾符六年(879),共一百三十九年。⑤诗人:指许棠。

【笺释】此诗当作于乾符六年,味诗意,许棠当健在,此时正任上元县丞。而张乔为何到此则不详。李白《古风》云:“一百四十年,国容何赫然。”吟咏的是大唐开国一百四十年时候的盛唐气象。而张乔此诗也吟咏从开元末年到乾符六年(879)的一百四十年后的景象,却不再有大唐的恢宏气度,只有满目的凄凉。自从当年王昌龄任江宁丞时在此处诗酒聚会之后,就长时期没有吟咏之声了,而今一百四十年过去了,庭树早已参天入云、枝叶扶苏了,终于今天再次等来了名叫许棠的诗人。看似偶然的巧合,却在两个一百四十年的时间里,大唐由烈火烹油的繁盛走到了即将谢幕的末路。再过一年黄巢起义军的旗帜将插上长安城头。许棠与王昌龄本不能相比,但碰巧落在一百四十年的时间节点上,因而具有深沉的历史感慨。

自　诮①

每到花时恨道穷②,一生光景半成空③。
只应抱璞④非良玉,岂得年年不至公⑤。

【注释】①诮:嘲讽,讥议。自诮,即自嘲。②花时:开花的时节。二月杏花开放,正是进士考试放榜的时候。道穷:指落榜而感觉到了穷途末路。③半成空:一半已经白白流逝了。则此诗当作于五十岁前后。④抱璞:怀抱着未经雕琢的玉璞。此句反用卞和献玉故事,谓自己不像卞和那样,璞中所藏为美玉。⑤至公:极公正。科举时代的考试大堂称至公堂。

【笺释】这是一首科举数次落第后自嘲的小诗。首句的“每”字虽没有具体指几次,却含有很多次的意义,二月杏花开,举子一年的忙活终有一个结果,但落到张乔头上的似乎总是落榜的命运,所以感叹一生的光景一半都白白流逝了,如果以人生百年计算,此时大概是四五十岁的样子,可见他遭遇是何等的坎坷!与许棠的遭际大致相当。第三句反用卞和抱玉的典故，说自己本来就不是一块良玉，没有必要像卞和那样自我珍重，其实这是满含血泪之语。结尾说不要责怪官府，因为考试大堂是至公堂，这恰好是对科举制度极端不公的愤然讥讽。自嘲也好，愤慨也罢，都是人生不遇之叹。

赠河南诗友[①]

山东令族[②]玉无尘，裁剪烟花[③]笔下春。
不把瑶华借风月[④]，洛阳才子[⑤]更何人。

【注释】①河南：唐河南府，治所在东都洛阳（有河南、洛阳二县）。②山东：战国秦汉时期，称崤山以东的地方为山东。河南属于山东地区。令族：望族。③裁剪烟花：指吟诗作赋。④把：以，将。瑶华：玉花，比喻美好的诗文。风月：清风明月，指美好的景色。此指不为吟风弄月之作。⑤洛阳才子：指贾谊。潘岳《西征赋》："贾生洛阳之才子。"贾谊，洛阳人，年十八，以能诵诗属书称于郡中，文帝召以为博士，时年二十余。见《汉书·贾谊传》。

【笺释】这是一首称颂诗友的绝句，诗友是河南人，故地望、典故都与河南相关。首句称赞诗友是山东望族，具有冰清玉洁的高贵品质，古人以人品比诗品，故先赞其家世。第二句赞美其诗歌具有笔下生春的特色，妙笔生花是诗才的体现。第三句再托起一层，说美好的诗文可以与清风明月争胜，即不仅仅是吟风弄月之作。最后说诗友具有洛阳才子贾谊一样的才华。全诗的赞美，不光是虚饰的吹捧，而带有真诚的羡慕。也许含有求其援助之意。当作于张乔应举期间，具体时间难考。

寄维扬[①]故人

离别河边绾[②]柳条，千山万水玉人[③]遥。
月明记得相寻处，城锁东风十五桥[④]。

【注释】①维扬：《尚书·禹贡》："淮海惟扬州。"惟扬一作"维扬"，因以"维扬"代指扬州，即今江苏扬州。②绾：系结。③玉人：谓貌美之人。晋裴楷、卫玠皆有玉人之称。此是对远方故人的美称。④十五桥：历来有扬州二十四桥之说。杜牧《寄扬州韩绰判官》:“二十四桥明月夜,玉人何处教吹箫。”但“二十四桥”所指说法不一。沈括《补笔谈》以西自浊河桥起冬至山光桥止当之,但不足二十四桥之数。此处“十五桥”,即扬州众桥的另一种约举之数的说法。

【笺释】题目中的故人是谁,难以考定,但肯定是关系密切心心相印的诗友,故远隔万水千山依然思念不已。作诗当因为站在河边看到柳色青青的春景和离别的场面,忽然追忆起万里之外的朋友来。而这位故人远在扬州,所以猜想月明一定还记得我们曾经相识的地方,真是移情于月,悬想那里一定是“城锁东风十五桥”的景象,一个“锁”字颇具新意,既把扬州城被春风绿遍的特点写出来了,又有牢牢锁住记忆中情景的作用,体现出思念的真挚。

孤　云

舒卷因风何所之[①],碧天孤影势迟迟[②]。
莫言长是无心物[③],还有随龙作雨时[④]。

【注释】①舒卷:形容孤云飘荡的情状。之:往。可与杜甫《江汉》“片云天共远”参看。②迟迟:舒缓徐行的样子。③无心物:陶渊明《归去来兮辞》:“云无心以出岫,鸟倦飞而知还。”④随龙:《易·乾》:“云从龙,风从虎。”作雨:王维《文杏馆》:“不知栋里云,去作人间雨。”

【笺释】这是一首咏物言志的绝句。孤云,也称片云。万里晴空一片孤云,正是阔大与渺小的对立。一方面可以展现孤云飘飞的自由潇洒,而另一方面则可见茫无目的漂泊者的孤独。陶渊明“云无心以出岫”描写前者的自由,而杜甫“片云天共远,永夜月同孤”则道出永恒的孤独感。张乔此诗融合二者,前两句中“舒卷因风”及“碧天孤影”正是两种情境的概括。当然,如果仅是重复前人诗意肯定不算成功的作品,此诗的精华在最后两句,翻过一层说,莫言这孤云是“无心物”,因为它也许还有随龙作雨的机会。暗示自己有朝一日,摆脱困顿的羁绊,飞黄腾达,可以变成霈然作雨的云彩,写出了用世之志。

咏棋子赠弈僧[①]

黑白谁能用入玄[②],千回生死体方圆[③]。
空门说得恒沙劫[④],应笑终年为一先[⑤]。

【注释】①弈僧：善下围棋的僧人。②玄：神妙，玄妙。③生死：指黑白子双方拼杀。方圆：宋张拟《棋经》：“局方而动，棋圆而动。”④空门：指佛门，佛家认为四大皆空。恒沙：恒河沙数的简称，比喻事物多得不可胜数。劫：梵语“劫波”的省称。《释迦氏谱》：“劫是何名？此云时也。若依西梵名曰‘劫波’，此土译之名大时也，此一大时其年无数。”佛经或谓世界自生成至毁坏为一劫。劫，围棋术语，亦称“打劫”。⑤先：先手，围棋术语。即己方一下子而迫使对方必应一着的手法。《棋经》：“宁输数子，不失一先。”《周书·儒林传》：“譬犹劫棋，相持真行先后，若一行非当，或成彼利。”

【笺释】唐朝有很多僧人多才多艺，善围棋就是其中之一。这首诗以咏围棋棋子的方式，阐释围棋棋理并与佛经巧妙联系，颇有味道。围棋分黑白，象征道家宣扬的宇宙阴阳二气。围棋之道在于进入玄妙境界，既能体会生死又要超越生死，故言“千回生死体方圆”，“方圆”既指围棋“局方而动，棋圆而动”，也指天圆地方，就是说围棋的最高境界是追求生死之外的宇宙之道。第三句照应棋僧，以佛经的恒沙比喻数多和“劫”来指称围棋术语“打劫”，打劫就是争夺主动权，有时候一个“劫”影响整盘棋的胜负，尽管只有沙粒一般的劫材，也是双方争夺的焦点，也许含有看不开的寓意，故以“应笑”略为讥讽。佛门讲究放弃，认为四大皆空，而棋僧却为了一个劫材，终年都在追求先手。棋理与佛经仿佛相矛盾，其实道出了执着与放弃都是人生的至理。

谷口[①]作

巴客青冥过岭尘[②]，雪崖交映[③]一川春。
晴朝采药寻源[④]去，必恐云深见异人[⑤]。

【注释】①谷口：即子午谷口。在今陕西省秦岭山中，为川陕交通要道。据《长安志》载，谷长六百六十里，北口曰子，在西安府南百里；南口曰午，在汉中府洋县东一百六十里。北起陕西省长安县西南秦岭山中，南至石泉县；北方出口称“子口”，南方出口称“午口”。②巴：古国名、郡名。辖境在今四川省东部。巴客：去巴地作客的人，当自指。青冥：天空。③雪崖交映：川陕交界处山高水急，悬崖险峻，人行道沿着河边在高山断崖之间穿行，初春时节，山顶覆盖白雪，与悬崖苍黑石壁交相辉映。④寻源：寻找河流的源头。⑤必恐：恐怕一定（能够）。异人：品性奇异的隐居者。云深：白云深处。贾岛《寻隐者不遇》：“松下问童子，言师采药去。就在此山中,云深不知处。”

【笺释】谷口即子午谷口,是川陕交界处秦岭山脉的交通要道,张乔此次是由长安赴蜀,还是由蜀返长安,颇难断定,详味诗意,包含归隐之心,也许离京赴蜀途中所作。首句自言“巴客”含有离京赴蜀之意,还将自己比作从青冥天空下飘过秦岭的一粒尘埃,微不足道。次句描写节令和环境,已经到了春暖花开的时候,山顶却覆盖着白雪,与悬崖峭壁、峡谷激流交相辉映,颇有奇丽的美感。三四句转换诗境,说明朝要去采药寻找河流的源头,也许能够遇到隐居深山白云的高人吧。如西汉高士郑朴,字子真,曾隐居于谷口,不应朝廷征召,躬耕于岩石之下,名震京师。又如唐代著名道士元丹丘亦隐居于此,杜甫《玄都坛歌寄元逸人》云:“故人昔隐东蒙峰,已佩含景苍青龙。故人今居子午谷,独向阴崖结茅屋。屋前太古玄都坛,青石漠漠长风寒。子规夜啼山竹裂,王母昼下云旗翻。知君此计诚长往,芝草琅玕日应长。铁锁高垂不可攀,致身福地何萧爽。”张乔诗中所谓的“异人”也许就是郑朴、元丹丘一类的人物吧,总之诗中流露出浓厚的归隐之意。

寄　弟①

故里行人战后疏②,青崖萍寄白云居③。
那堪又是伤春日④,把得长安落第书⑤。

【注释】①此为张乔落第后寄给弟弟张霞的诗。②战后:当指广明元年(880)黄巢起义军攻占张乔故乡宣州一带。疏:稀疏,寥落。③萍寄:如浮萍寄托水面,漂浮不定。比喻行踪无定,偶寄一处。白云居:当指弟弟隐居处所。④伤春日:指初春科举考试发榜日。⑤把得:手里拿着。落第书:因落第而写的信。

【笺释】此诗作于黄巢起义军于广明元年(880)攻占宣州一带之后的春天。杜甫诗曰:“烽火连三月,家书抵万金。”战乱之中,对亲人的惦念成为一种最常见的题材,张乔的弟弟张霞也是四处逃难,像浮萍寄居水面飘忽不定,对弟弟安危存亡的关切是诗歌的主意,但还有更悲惨的遭遇在等待着弟弟,正值难以忍受的伤春时刻,弟弟接到的书信竟然是报告哥哥科举落第消息的家书!以一种悬想的方式抒发自己落第的悲伤,这种人生的遭际与时代的战乱又紧密相连,流露出一种无可奈何的末世情绪。

春日有怀

高下寻花春景迟,汾阳[1]台榭白云诗。
看山怀古翻惆怅,未胜遥传不到时[3]。

【注释】①汾阳:唐岚州静乐县(今属山西),本汉汾阳县地,城内有堆阜三,俗名三堆城。县北一百二十里有隋代汾阳故宫。见《元和郡县志》卷一四。②翻:反而。③谣传:指关于此地风景佳美的传闻。不到时:未到这里的时候。此句意为来到此地所见不如未到时的想象之美,有昔盛今衰之感。

【笺释】这是一首春天游览隋代汾阳故宫的怀古诗。隋代就像昙花一现,汾阳故宫遗址在静乐县著名的三堆城,据说那里有绝美的风景,所以诗人带着浓厚的兴致和美好的期待来到此地。但是昔盛今衰,“昔时金阶白玉堂,只今未有青松在”,这是唐人诗中反复吟诵的沧桑之感。此诗的妙处在于将眼前景致与想象境界对比,将看山怀古的惆怅之情,含于“未胜”的否定判断之中。巨大的心理落差带来无限的伤感。

鹭鸶障子[1]

剪得机中如雪素[2],画为江上带丝禽[3]。
闲来相对茅堂[4]下,引出烟波万里心[5]。

【注释】①障子:屏风。上面绘画鹭鸶,故称“鹭鸶障子”。②机:织布机。雪素:素,生丝绢。雪素,如雪一样皎白的丝绢。③带丝禽:指鹭鸶。鹭鸶的顶胸肩背,皆生长毛如丝。④茅堂:草庐的厅堂。⑤万里心:飞鸣盘旋沧海的雄心。

【笺释】这是一首咏物诗。此物是画有鹭鸶的屏风。鹭鸶是一种捕鱼为生的水鸟,浑身洁白,气质高雅,是诗人画家的爱物,杜牧《鹭鸶》云:“雪衣雪发青玉觜,群捕鱼儿溪影中。惊飞远映碧山去,一树梨花落晚风。”张乔此诗描写的是画中的鹭鸶,先要剪取雪白的绢丝锦缎,然后画上长毛如丝的鹭鸶。诗歌的主意并不在此,而在于闲暇无事欣赏鹭鸶的时候,想象它曾经飞鸣盘旋于沧江大海之间,潇洒闲逸,自由自在。诗人也正有一颗“烟波万里心”,强烈的用世之心与现实的困顿形成对照,引出无限的感慨。

甘露寺僧房[1]

临水登山路，重寻旅思劳。
竹阴行处密，僧腊[2]别来高。
远岫[3]明寒火，危楼响夜涛[4]。
悲秋不成寐，明月上千舠[5]。

【注释】①甘露寺：古寺名，在今江苏镇江北固山上。下临长江，气势宏伟。②僧腊：和尚受戒后的年岁。也称“法腊”“僧夏”。③远岫：远处的山洞。④危楼：高楼，指甘露寺的禅塔。夜涛：夜晚的江涛。⑤舠：《玉篇·舟部》：“舠，小船。”千舠，指很多的小船。

【笺释】这是一首旅行诗，写夜宿甘露寺的见闻与感受，写作地点在京口北固山，时间难以确定，大致在奔波故乡与京城之间的应举时期，应该是落榜归途所作。首联言既要临水又要登山，还是重游，揭示旅途劳顿的况味。颔联就特别注意“重游”的变化，竹林变得更加浓密茂盛，寺僧也年纪老大了，有一种沧桑之感。颈联从视觉听觉两方面来写景，远处的山洞有渔火闪烁，高高的寺楼下响起夜晚的涛声，一远一近错落有致。尾联抒发感慨，大约由于仕途半生不顺，生计窘迫，加上世道衰微，人世沧桑，秋深杯重，遂百感交集，夜不成寐，推开窗户，只见一轮明月映照着江面的波涛，江边停泊着千百艘小小的船只。这些小船里大多也是来往奔波的人们吧。

宿江叟岛居

一家烟岛隈[1][一]，竹里夜窗开。
数派[2]分潮去，千樯[3]聚月来。
石楼[4]云断续，涧渚[5]雁徘徊。
了得平生志[6]，还归[7]筑钓台。

【校记】[一]隈，全唐诗校：“一作上。”

【注释】①烟岛隈：云烟缭绕的江上小岛的角落。隈，隅，角落。②派：水的支流。③樯：桅杆，指代船。④石楼：用石头垒砌的简陋房子。⑤涧渚：水中间的小沙洲。⑥了:完成,实现。⑦归:归隐。

【笺释】江叟岛当时长江边的一个小荒凉的沙洲,从诗中“数派”“千樯”来看,既有很多汊口,又离繁盛的码头很近,当在离京口不远处,应当紧靠南北交通的要道,因为只有一个老叟(渔父)居住,故称。从“了得平生志”一句来看,当是应举时期的作品。首联写渔父家的简陋,他独居在云烟缭绕的江上小岛的角落,竹林深处露出简陋的窗户。颔联说透过窗棂远望,可见数条港汊分开涌上的江潮,千百艘帆船在江面上映着月光缓缓行进。渔家用石头垒砌的房子隐现于白云之中,江中的沙洲上有大雁在徘徊觅食。整个一派宁静悠闲的状态。诗人显然很欣赏渔家的这种闲适自在生活,故尾联说等自己实现了平生之愿,即获得了科举功名,就一定隐居此地,享受耕樵鱼钓的生活乐趣。

江 村

贫游无定踪,乡信转难逢[①]。
寒渚暮烟阔,去帆归思[②]重。
潮平低戍火[③],木落远山钟。
况是渔家宿,疏篱响夜舂[④]。

【注释】①乡信:故乡来的信使。②去帆:驶向故乡的船。归思:回乡的思绪。③低戍:可能是“低戍”之误。谓地处的戍所,即江边的戍所。④疏篱:稀疏的篱笆墙。夜舂:夜晚舂米。

【笺释】此诗当作于上首同一时期,地点由一家独居的荒岛来到了一个江边的村庄。诗中含有浓重的思乡情怀,当是北游归来途中的作品。首联言自己因贫困远游,故萍踪飘忽不定,偏偏又很难碰到故乡来的信使,因而乡愁难以释怀。颔联写景,深秋的江边洲渚升起暮霭,弥漫无际,驶向故乡的船上的布帆仿佛变得非常沉重。“烟阔”“帆重”中的迷惘意绪和沉重心情确实是一时的真实写照。颈联转换视角,写江边戍楼在江潮退去之后,显得更加明亮,木叶飘落之后的远山传来更加响亮的钟声。尾联转回江村,因为借宿渔家,故听到村子夜晚舂米的声音。全诗远近交织,视听结合,都围绕乡思情怀展开,可以感受到张乔那颗长久漂泊的心灵的交响曲。

赠进士顾云①

潮槛烟波别钓津②，西京③同□获□贫。
不知守道归何日，相对无言尽几春。
晴景远山花外暮，云边高盖水边□。
与君愁寂无消处，赊酒青门送楚人④。

【注释】①顾云(? —894?)，字垂象，一字士龙，池州秋浦(今安徽贵池)人。盐商之子。与杜荀鹤、段文圭友善，同肆业于九华山。又与罗隐同受知于令狐绹。懿宗咸通十五年(874)登进士第，以试秘书省校书郎入淮南高骈幕，为行营都招讨判官。僖宗光启三年(887)，高骈为部将所杀，云退居霅川，杜门著书。昭宗大顺中，入朝为太常博士，与卢知猷、陆希声等人分修宣、懿、僖三朝实录。书成，加虞部员外郎。乾宁初卒。存诗一卷。事迹散见《唐摭言》卷一二、《北梦琐言》卷六、《新唐书·艺文志四》、《唐诗纪事》卷六七。②潮槛：四方加木板抵挡潮水的船。此处泛指船。钓津：垂钓的涯岸。指隐居之处。③西京：唐都城长安，天宝元年曰西京，至德二载曰中京，上元二年复曰西京。见《新唐书·地理志》一。④青门：泛指长安城东门。楚人：指顾云。

【笺释】诗题称顾云为“进士”，知此诗当作于懿宗咸通十五年(874)顾云中进士之前。此诗有三个字缺失。首联言与顾云一起离开江边的隐居之地(可能是九华山)，来到京城追求科举功名，都因贫困，只得居住在偏僻陋巷。颔联言不知道何时才能返回故乡，两人相对无言度过了好几个春天，言外都经历了多次落榜的打击。颈联写景，也带着特有的愁暮之气，“晴景远山”与“云边高盖”形成鲜明的对照，加重了内心的痛苦。故逼出尾联的赊酒浇愁，而此刻顾云正要返回南方，所以到青门来送别。这种客里送客的情境更为难堪，因为还夹杂着浓重的思乡意绪。

赠头陀僧①

自说年深别石桥②，遍游灵迹熟南朝③。
已知世路皆虚幻，不觉空门是寂寥。
沧海附船④浮浪久，碧山寻⑤塔上云遥。

如今竹院藏衰老[6]，一点寒灯弟子烧[7]。

【注释】①头陀：佛教苦行之一。有十二种修行规定（如常乞食、冢间坐、住阿兰若等），称“头陀行”。此指修头陀行、游方乞食的僧人。②石桥：指天台山。天台山为佛教圣地，有石桥。③灵迹：指佛教寺庙。南朝：指东晋以后，建都江南金陵的宋齐梁陈四朝。佛教在南朝趋向繁盛，寺庙众多，仅京都金陵，就有五百余所。杜牧《江南春绝句》：“南朝四百八十寺，多少楼台烟雨中。”④附船：搭乘船只。⑤寻：攀援。这里“寻塔”指攀登佛塔。⑥衰老：谓衰老之身。指头陀僧。⑦烧：点燃。

【笺释】诗题中的头陀僧也是晚唐时代僧人的一个缩影，从僧人的经历同样映射出晚唐时代的落寞凄凉。头陀僧即苦行僧，他们修头陀行、游方乞食，可能与张乔有交往。首联是头陀僧人的自述，他自从告别天台山之后，就游遍了南朝遗留下来的所有寺庙，这可不是一件简单的事情啊，因为杜牧《江南春绝句》云：“南朝四百八十寺，多少楼台烟雨中。”在漫长的游历与参悟中，他终于明白世间的一切都是虚幻，反而觉得佛门并不空寂。这既是头陀僧人的感悟，何尝不是诗人自己的体悟呢？颈联转写头陀僧不避艰辛的追寻，既搭乘船只经历风浪的颠簸，又爬山涉水攀援佛塔，直达白云之巅。尾联说如今年事已高，体力衰弱，只得身居竹院深处，由弟子点燃一盏寒灯，独守孤寂。这位一世漂泊的头陀僧人最终免不了油枯灯尽的结局。但他到底大彻大悟了吗？似乎整个时代也难以找到最终的答案吧。

寻阳村舍[1]

荒林寄远居，坐卧见樵渔。
夜火随船远，寒更[2]出郡疏。
雪迷登岳路，风阻转江书[3]。
寂寞高窗下，思乡岁欲除[4]。

【注释】①寻阳：唐县名，今江西九江市。②寒更：寒夜报时的声音。③转江书：由江河中传送的书信。④岁欲除：将近除夕。

【笺释】这首诗当作于深冬时节，作者寄居在浔阳的某个村落，与前面几首诗可能作于同一时期，其行走路线大致沿江西上。首联言寄居的村子偏僻且荒凉，位于江边，坐着或躺着都可以看见樵夫打柴和渔人打鱼。颔联写渔人的灯火随着船只越来越远，足见捕鱼的艰辛，而从浔阳郡楼传出的打更声稀稀疏疏，若有若无。颈联言因为下了大雪，阻断了登山的道路，因为江风猎猎，也隔断了由江上传送的书信。真的变成了音信断绝。尾联说只能独自享受高窗下寂寞的况味了，将近除夕，思乡之情又如潮水般涌来。全诗写因风雪被迫寄居荒凉的江村，临近年关难以抑制思乡情怀。

江楼作

凭槛①见天涯，非秋亦可悲。
晚天帆去疾，春雪燕来迟②。
山水分乡县③，干戈足④别离。
南人废耕织⑤，早晚罢王师⑥。

【注释】①凭槛：凭栏远眺。②此句言因为春天有雪，故燕子迟迟不归。③分：隔开。乡县：指故乡。④足：多。⑤南人：江南之人。废：荒废。因战乱背井离乡，导致田园荒芜。⑥早晚：何时。李商隐《重有感》：“昼号夜哭兼幽显，早晚星关雪涕收。”罢：停战。王师：朝廷军队。

【笺释】此诗与前一首作于同一时地。前一首言近年关，此首言春雪，当时正月初所作。首联即抒发满腔悲慨：凭栏远眺，天涯遥遥，即使不是悲秋时节也不禁悲从心来。颔联说因为天晚了，归帆迅疾，要赶快回家，而春雪凝寒，阻挡了燕子北归的旅程。一个“疾”字一个“迟”字，锤炼精警，境界阔大，情感凝重，堪称警句。颈联转回人事方面，因为山水相隔，故乡遥不可及，又因为干戈遍地，哪里都是骨肉分离啊！尾联道出了人们心里最低的愿望：江南人民都荒废了耕织，被迫背井离乡、四处流亡，什么时候朝廷的军队能够剿灭叛匪，恢复从前的太平安定生活呢？这是诗人心里的声音，也是整个时代人民的心声，但历史没有能够满足人民的这个愿望。唐王朝终于在农民起义的打击下土崩瓦解了。

回銮阁写望①

古阁上空半，寥寥②千里心。
多年为客路③，尽日④倚栏吟。

山压秦川重⑤,河来虏塞深⑥。
回銮⑦今不见,烟雾杳沉沉⑧。

【注释】①回銮阁:天子巡幸还都曰回銮。阁或因玄宗自蜀还都途中居此而名。②寥寥:寂寞,寥落。③为客路:漂泊为客的路途。张乔入蜀时曾经此路。④尽日:整日。⑤秦川:自大散关以北直到歧雍,夹渭川南北岸,沃野千里,因其为秦国故地,故称秦川。约当今陕、甘秦岭以北的平原地带。⑥河:黄河。虏塞:敌人的军营。⑦"回銮"句:僖宗广明元年(880)十二月,黄巢起义军攻陷长安,僖宗幸蜀,诗可能作于稍后。⑧杳:遥远貌。沉沉:浓密而沉重。

【笺释】这首诗当作于黄巢农民起义军攻占长安、唐僖宗播迁西蜀的次年,张乔由长安赴蜀之时。诗题很值得注意,首先是"回銮阁"的历史含义,安史之乱后唐玄宗幸蜀,收复两京之后曾经回銮居此,而今历史仿佛再次重演,长安再次被攻占,而幸蜀的皇帝却还没有回銮;其次是"写望"具有双重意义,既写望中之景,又抒心中之慨。首联说古老的楼阁高高耸立到半空了,而关心国事的心情却十分落寞。颔联融入自己的经历,多年流浪奔波经过此处,整日都在倚着栏杆悲吟。颈联说望眼中万重大山压在八百里秦川之上,给人窒息压抑的感觉;而黄河滚滚东去,两岸到处都是敌人的军营,形势十分严峻,令人忧虑万分。尾联转回眼前的残酷现实,皇帝的车驾还滞留在蜀地,四面都是浓密的烟霭,一直漫向天边。结尾低沉而苍凉,体现出一种凝重的悲伤情调。既是写实景,更是对整个时代落寞的感受。

题宣州开元寺①[一]

谁家烟径长莓苔,金碧虚栏竹上开②。
流水远分山色断,清猿时带角声③来。
六朝明月唯诗在④,三楚空山有雁回⑤。
达理⑥始应尽惆怅,僧闲应得话天台⑦。

【校记】[一]全唐诗校:此诗一本作谢公亭怀古。诗云:"谢家烟径长莓苔,劳落虚檐竹上开。流水不将山色去,闲云时带竹声来。六朝旧迹遗诗在,三楚空江有雁回。达理始应惆怅尽,因僧清话忆天台。"

【注释】①宣州:唐代州名,治所在今安徽省宣城市。开元寺:东晋时建。《名胜志》：宣城县城中景德寺，晋名永安，唐名开元，兰若中之最胜者。②竹上开：寺庙位置高，似乎在竹子顶上。③角声：号角之声。④此句言历史荒芜之状。可与李白“吴宫花草埋幽径，晋代衣冠成古丘”（《登金陵凤凰台》）及杜牧“六朝文物草连空，天淡云闲今古同”（《题宣州开元寺水阁阁下宛溪夹溪居人》）参看。⑤三楚：此处三楚偏指湖南。湖南属三楚中的南楚。空山有雁回：湖南衡阳有回雁峰，为衡山七十二峰之一。⑥达理：通达事理。⑦天台：天台山。隋智者大师智顗居此，立天台宗。盛行于唐代。

【笺释】从诗中“角声”一词来看，当是黄巢起义军攻占宣州之后所作。宣州开元寺是建于东晋的著名寺庙，原名永安寺，唐代改为开元寺。晚唐杜牧《题宣州开元寺水阁阁下宛溪夹溪居人》云：“六朝文物草连空，天淡云闲今古同。鸟去鸟来山色里，人歌人哭水声中。深秋帘幕千家雨，落日楼台一笛风。惆怅无因见范蠡，参差烟树五湖东。”尽管格调有点颓迷，但还有一丝理想的光芒。到张乔写此诗的时候，杜牧的怅惘变成现实的悲凉。通往山寺的小径已经长满了青苔，金碧辉煌的庙宇和栏杆似乎是在竹顶上展开。宛溪句溪已经没有盛唐时代“两水夹明镜，双桥落彩虹”的风采，凄清的猿鸣之中不时夹杂着鼓角之声，言外是说战乱破坏了开元寺美好的景象。颈联非常沉痛，六朝的明月空照着开元寺，只剩下墙壁上残存的诗句，南楚的空山唯闻大雁的悲鸣。尾联说通达事理的人都应该惆怅，寺里的僧人闲暇无事也许回忆起智顗大师在此布道传法的往事吧。全诗以惆怅悲凉为主调，通过开元寺的没落和荒芜，揭示晚唐一片悲哀的氛围，令人叹惋。

题友人草堂

空山卜隐[①]初，生计亦无余[②]。
三亩水边竹，一床琴畔书。
深林收晚果[③]，绝顶拾秋蔬[④]。
坚话[⑤]长如此，何年献子虚[⑥]。

【注释】①卜：选择。隐：隐居之地。②生计：谋生之计。无余：家无余财。③晚果：晚熟的野山果。④绝顶：最高的峰顶。秋蔬：秋天的野菜。⑤坚话：坚定地说。⑥献子虚：司马相如因子虚赋而获得武帝赏识。自喻能得到朝廷的征召，踏入仕途。

【笺释】此友人是谁？不容易确定，当是一位隐居的朋友，但与张乔一样颇有一番雄心大志。首联写友人的贫穷，卜居在空山，谋生无计，家无余财，可谓一贫如洗。次联展现友人高雅的情趣，居处的河流旁边有三亩竹林，可以临水啸傲，家里琴边的床上摆满了书籍，可得琴书之乐，一派君子固穷、安贫乐道的架势。颈联写友人简朴的生活情状，到密林中采摘晚熟的野果，爬上山顶去捡拾秋天的野菜。看到友人的这种生活状况，诗人坚定地说，长年如此生活，何时才能得到朝廷的征召、踏入仕途呢？可见张乔心里还在渴望得到当年司马相如被汉武帝召见的机遇。

七松亭[①]

七松亭上望秦川，高鸟闲云满目前。
已比子真耕谷口[②]，岂同陶令卧江边[③]。
临崖把卷惊回烧[④]，扫石留僧听远泉。
明月影中宫漏[⑤]近，佩声应宿使朝天[⑥]。

【注释】①七松亭：郑熏之亭。郑熏致仕后，自号七松处士，筑七松亭。郑熏是李频的老师，张乔、许棠与李频是好友，故都与郑熏有交往。②子真：西汉高士郑朴，字子真。隐居于谷口，不应朝廷征召，躬耕于岩石之下，名震京师。③陶令：陶渊明，曾任彭泽县令，因不愿为五斗米折腰，而辞官归隐于故乡寻阳柴桑（今九江西南），其地临长江，故曰“卧江边”。④回：回环。烧：野火。⑤宫漏：漏壶是一种计时器，壶中放入沙或水，从其下的口中漏出。发出的声音叫漏声。⑥佩声：玉佩之声。唐制，五品以上官有玉佩，见《旧唐书·舆服志》。应宿：指郎官。《后汉书·明帝纪》：“郎官上应列宿。”故称郎官为“星郎”。朝天：晋谒皇帝。此句写七松亭上所见早朝情况。

【笺释】《新唐书·郑熏传》亦记熏“出为宣歙观察使。前人不治，熏颇以清力自将。牙将素骄，共谋逐出之，熏奔扬州”。这是大中十二年（858）的事情。又据郑处诲《授郑熏礼部侍郎制》知其出身高门望族，儒学修养深厚。郑熏是晚唐名士，《全唐诗》小传说他“擢进士第，历宣歙观察使。懿宗（860—874年在位）初，召还。太常少卿，累吏部侍郎，进左丞。后以太子少师致仕。号所居为‘隐岩’。莳松于庭，号‘七松处士’。”《全唐诗》卷五四七存诗《赠巩畴并序》一首。考诗序，郑熏非常重视《易经》《老子》及僧肇的佛学。傅璇琮先生《唐翰林学士传论·晚唐卷·郑熏》对郑熏履历考证甚详，认为“宣宗朝翰林学士中，与当时诗文名家有如此广交深情，如郑熏那样，是极为少见的”（第245页）。许棠有《题郑侍郎岩隐十韵》五排一首（参看前许棠诗笺释）。

张乔此诗为七律。首联写景，着眼隐岩地势之高，在七松亭上可以眺望秦川大地，扑入眼帘的有悠闲飘荡的白云和展翅飞翔的鸟雀，一派闲适幽静景象。颔联将隐居谷口的郑朴与躬耕田园的陶渊明进行对比，说隐岩有谷口险峻的地势，但陶渊明的贫困远不能与此相比。颈联写郑熏的日常闲适生活，在悬崖前读书疲倦了猛一回头，发现远处环形的野烧，农人正在开荒种地；时常打扫奇石，挽留高僧谈佛，倾听泉水的清音。据许棠诗有“海石分湖路，风泉递雨声”句，说明隐岩既有搜罗的奇石，旁边还有飞瀑流泉。尾联说隐岩离宫廷很近，月明星稀的夜晚甚至能听到宫中漏壶计时的声音，清晨则可以听闻官员上朝时玉佩撞击的声响。郑熏的七松亭实际上是他晚年亦官亦隐的休闲处所，既别有洞天，又紧挨宫廷。可以想见他当年的生活。而他与张乔、许棠等文人的交往，与高僧的来往，都表现他的生活情趣，具有重要的史料价值。当然，张乔与许棠运用不同的诗体，描写的角度也很不同，也值得注意。

题友人林斋

乔木带凉蝉①，来吟暑雨天②。
不离高枕上，似宿远山边。
簟③冷窗中月，茶香竹里泉[一]。
吾庐近溪岛，忆别动经年④。

【校记】[一]泉，全唐诗校：“一作烟。”

【注释】①凉蝉：夏天夜晚的蝉鸣，给人带来一种凉意。②暑雨天：夏天暴雨之后凉爽的天气。③簟：竹席，凉垫。④动：不觉。经年：已历一年。

【笺释】这是一首描述友人山林里书斋的五律，带有清幽远趣。首联交代时间，夏天的一场暴雨之后，作者来到友人的林斋，这里乔木参天，林间暴雨之后非常凉爽，可以享受暑雨的清凉，连那产生仿佛也带着丝丝凉意。“凉蝉”“暑雨”是消夏最好享受，其搭配也很值得注意。颔联写睡觉的感觉，大热天人是坐卧难安的，但这里却可以高枕而眠，仿佛住宿在遥远的山边一般幽静。颈联继续写室内之景，竹簟映着月光给人清冷的感觉，而用竹林泉水冲泡的绿茶缭绕着一股淡淡的香味。真是一种尘外仙境的感受。结尾联想到自己江边小岛的茅舍,已经一年多没有回去过了。足见张乔四处奔波的艰辛,也透露出归思之情。

经宣城元员外山居[①]

无人袭仙隐[②],石室闭空山。
避烧[③]猿犹到,随云鹤不还。
涧荒[④]岩影在,桥断[⑤]树阴闲。
但有黄河赋[⑥],长留在世间。

【注释】①元员外:张乔友人,生平不详。山居:山中居所。②袭:沿袭,续接。仙隐:隐居修道。③烧:野火。④涧荒:山涧荒芜。⑤断:坍塌圮毁。⑥黄河赋:指元员外所写的《黄河赋》。

【笺释】这是张乔经过元员外山居时见人去楼空因而抒发感慨的五律。这位元员外应该是一位隐者,颇具才华,但已经故去。首联言无人接续元员外隐居修道,他生活的石室大门永远关闭了,一股荒凉岑寂之感弥漫开来。颔联说此处野火都难以烧到(即非常偏僻,无人到此开荒种地),而猿猴依然光临茅舍,员外早已驾鹤西归一去不返了,物是人非之慨油然而生。颈联写员外去后的荒败景象:山涧已经荒芜,但岩石的阴影还遮盖着石室,简陋的竹桥已经断绝,树林一片阴翳,给人清幽闲静的印象。尾联抒发感慨,虽然员外已经仙逝,但他的《黄河赋》还传布人口,将永留人间。如果联系儒家的三远说,这位员外修德未能传世,只有立言流传。

经九华山费征君故居[①]

草堂芜没后,来往问樵翁。
断石荒林外,孤坟晚照中。
数溪分[②]大野,九子[③]立寒空。
烟壁[④]曾行处,青云路不通。

【注释】①九华山:著名佛教圣地,在今安徽省青阳县南。山有九峰,原名九子山,诗人李白游江汉,见九峰如莲花,因改名九华山。费征君:费冠卿。生卒年不详，唐代著名隐士，字子军，别号征君，青阳县人。唐元和二年(807)及第进士，居长安待授官职。隐居九华山，长庆二年(822)，唐穆宗征召费冠卿入京任右拾遗，婉辞不就，终生绝迹仕途。萧建有《代书问费征君九华亭》诗，费冠卿有《答萧建》诗。②分：分割，分开。③九子：指九华山的九个山峰。④烟壁：烟雾中的陡峭山崖。

【笺释】这首诗是张乔经过晚唐著名隐士费冠卿故居所写的一首五律，与前面一首寓意相似。当时张乔再次隐居九华山之后所作。首联就写出人去屋空的荒败，草堂早已埋没于荒草之中，只能从来往樵夫那里询问一些当年的信息。颔联更见凄凉，残碑断石被堆砌在树林边，征君孤独的坟墓静静地立在斜阳之中。颈联移开视线环视四周，则见几条大的溪流切开山脚下的田野，蜿蜒东去，九华山的九十九座山峰挺立在寒冷的空中，仿佛都在为征君静静默哀祷告。尾联抒慨，征君当年曾经行走的云烟缭绕的石壁悬崖，现在已经难以到达了，青云路既指九华山的险峻之路，也暗指作者仕途的道路。自己虽然还活在人间，但已经是仕进无门了，感慨良深。

题贾岛①吟诗台

吟魂②不复游，台亦似荒丘。
一径草中出，长江天外流。
暝烟③寒鸟集，残月夜虫愁。
愿得生禾黍④，锄平恨⑤即休。

【注释】①贾岛(779—843)，字阆仙，一作浪仙。范阳(今河北涿县)人。早岁栖身佛门为僧，法名无本。元和年间来到东都，当时洛阳令禁止僧人午后不得外出，贾岛为诗自伤。韩愈很赏识他的诗才，因教岛为文。后还俗，累举进士不第。文宗开成初，任遂州长江县主簿，人称“贾长江”。会昌初，以普州司仓参军迁司户，未及受命，卒，时年六十五。有《长江集》十卷、《小集》三卷。②吟魂：指贾岛之魂魄。③暝烟：傍晚的烟霭。④生禾黍：《诗经·王风·黍离·序》：“《黍离》，闵宗周也。周大夫行役至于宗周，过故宗庙宫室，尽为禾黍，闵周室之颠覆，彷徨不忍去，而作是诗也。”⑤很：遗憾。

【笺释】贾岛是晚唐著名诗僧，后在韩愈劝说下还俗，任长江县主簿，世称贾长江。闻一多先生认为晚唐是贾岛的时代，很多诗人都模仿贾岛，学习他的苦吟诗风,专精五律。与张乔此诗同名的还有归仁的《题贾岛吟诗台》:“此台如可废,此恨有谁平。纵使迷青草,终难没旧名。天悲朝雨色,岳哭夜猿声。不是心偏苦,应关自古情。”对贾岛的命运遭际十分同情,对贾岛的诗才则非常佩服。张乔此诗同一机杼,首联言吟诗台的荒凉景象:贾岛苦吟的失魂不再游历此地,吟诗台已经荒废,成为一个杂草丛生榛莽纵横的小丘了。但有一条偏僻小径从茂密草丛间穿出来,万里长江仿佛在天边奔流。这里的“长江”亦可指贾岛,含有杜甫赞美初唐四杰“不废长江万古流”的意味。颈联说这里黄昏时候烟岚四合,只有寒鸟寄居于此,残月斜挂夜空,但闻四壁虫声唧唧。尾联借典抒慨:宁愿像东周大夫过都城那样,将遍地的禾黍锄尽,心中的遗恨才能平复。对贾岛的崇敬和对其不幸的同情可谓真切由此亦可见贾岛在晚唐的影响。

游南岳

入岩仙境清,行尽复重行。
若得闲无事,长来寄此生①。
涧松闲②易老,笼烛③晚生明。
一宿泉声里,思乡梦不成。

【注释】①寄此生:寄托此生,即隐居于此。②闲:安静,安闲。③笼烛:灯笼中的蜡烛。

【笺释】张乔何时游南岳衡山,难以考订,大约作于隐居九华山期间,从最后一句来看,当是最后隐居九华之前。唐代歌咏南岳的诗歌很多,一般都会涉及南岳的险峻方面,而这首诗将诗题换成其他山也不会有什么区别,也就是说并没有刻画南岳的山体特征。

首联将南岳的山岩描写成清幽绝尘的仙境,溪涧弯环,故一条山涧走到尽头还要再前行,可见其中山光水色之美。颔联表达内心的愿望,说如果安闲无事,一定到这里隐居终老。言外之意,现在好像还不得安闲,也许还要奔波仕途吧。颈联落到近处,深涧里的松树大概因为太悠闲了所以容易衰老,枝干枯死,让人想起李白诗中“枯松倒挂倚绝壁”的景象;夜晚光线暗淡需要点上灯笼蜡烛才能照明。尾联说整个晚上都被潺湲的泉声弄得心烦虑乱,连思乡的梦都做不成了。显然作者讲的归隐不是真正的愿望,而是无奈之下的选择。

寻桃源[1]

武林[2]春草齐，花影隔澄溪[3]。
路远无人去，山空有鸟啼。
水垂青霭[4]断，松偃[5]绿萝低。
世上迷途客，经兹[6]尽不迷。

【注释】①桃源：即桃花源。陶渊明《桃花源记》中所虚构的一个没有剥削压迫、人人自得其乐的与世隔绝的世界。②武林：当是“武陵”之误，《桃花源记》中的渔人为武陵人。据说其地在今湖南常德。③澄溪：澄清碧绿的水溪。④青霭：青色的岚气。⑤松偃：松树倒伏下来。⑥兹：此地。

【笺释】这首诗写寻找桃源仙境的过程，武陵在今湖南常德境内，与南岳相隔不远，张乔游南岳之后再去寻找武陵仙境，与上诗作于同时。

首联展现武陵胜景，有《桃花源记》的影子，春草遍地，桃花盛开，倒映在澄清碧绿的水面，令人想起陶渊明笔下“夹岸数百步，中无杂树，芳草鲜美，落英缤纷”的画面来。颔联写远足搜寻到了人迹罕至的地方，空静的山中只有鸟儿在自由自在啼鸣。颈联转换视角，描写近处所见景象：瀑布倾泻而下，隔断青苍色的岚气；古松倒伏在地，满身的绿萝悬挂摇曳的枝条。真是一副空寂无人的境界。尾联仿佛大彻大悟，说原来的仙境就在这里，荒无人烟，并没有“黄发垂髫并怡然自乐”的景象，所以要告诉世人来此地游览之后，就不要迷恋什么桃源仙境了。张乔通过自己的亲身体验，感受到桃源仙境的虚妄，具有一定的积极意义。

青鸟泉[1]

只此沉仙翼，瑶池[2]似不遥。
有声悬翠壁[3]，无势下丹霄[4]。
净濑[5]烟霞古，寒原草木凋。
山河几更变，幽咽[6]到唐朝。

【注释】①青鸟：神话传说中的仙鸟，为西王母的使者。青鸟泉，未详所在。②瑶池：古代神话中的神仙居住的地方。③翠壁：青苍色的石壁。④丹霄：绚丽的天空。汉贾谊诗:“青青云寒,上拂丹霄。”晋庾阐《游仙诗》:“神岳竦丹霄,玉堂临雪岭。”⑤净濑:洁净而湍急的溪水。⑥幽咽:形容声音低沉悲哀。王维《过香积寺》:“泉声咽危石,日色冷青松。”“咽”字用法近似。

【笺释】这也是一首搜奇揽胜的山水诗,青鸟泉不知何处,从诗中“草木凋”来看,应该作于秋天,可能还是游南岳这次旅途中的作品。

泉水以青鸟作名,显然与西王母有关,青鸟是王母的信使,但飞到此处便折断了翅膀,可见瑶池肯定也就在不远的地方了,与前一首诗寻找仙境近似。颔联对青鸟泉展开描写,言泉水并没有银河落九天的气势,但泉声清脆细碎仿佛悬挂在苍翠的石壁上。颈联描写青鸟泉下的水潭,清净明洁,溪水湍急奔流,仿佛水面上浮起一层来自远古的烟霞,而两岸的原野在寒冷的秋风中,草木枯黄,红叶凋零。尾联抒慨:这美好的河山几经沧海桑田的变化,而这泉水幽咽的声音终于延续到了我大唐。从这个“幽咽”可以看出作者内心流淌着眼泪,因为风雨飘摇,大唐眼看着走到了尽头,能不为之伤感落泪吗?

望巫山①

溪叠云深转谷②迟,暝投孤店草虫悲。
愁连远水波涛夜,梦断空山雨雹时。
边海③故园荒后卖,入关玄发④夜来衰。
东归未必胜羁旅⑤,况是东归未有期⑥。

【注释】①巫山:在四川省巫山县东长江两岸。巫峡因巫山而得名,有巫山十二峰,其中著名的是神女峰。②转:转徙,转行。谷:山谷。③边:靠近。海:大海。张乔家在长江边,却常在诗中说近海。张若虚《春江花月夜》:“海上明月共潮生。”同此。④入关:四川与陕西汉中之间的主要通道有入蜀三关,即阳平关、白水关和仙人关。玄发:黑发。⑤东归:作者故乡在安徽贵池,故曰东归。羁旅:奔波而迟滞的旅途。⑥此句言不知归期。李商隐《夜雨寄北》:“君问归期未有期。”

【笺释】这首诗当时张乔羁旅巴蜀时的作品,从诗中所写的意象与情绪判断应当作于黄巢攻占长安之后。

首联写旅行的艰辛,既要穿过一座座云遮雾罩的山峰,又要涉水渡过一条条溪涧,还要从这个山谷转到那个山谷,终于在夜晚降临的时刻找到一家孤店投宿，四周荒草遍地，寒虫悲鸣，好一幅令人酸嘶的画面。颔联言终于安顿下来后，但怎么也难以入眠，那无边无际的愁绪，仿佛与远方波涛连天的江水相连，空山中忽然一阵冰雹袭来，思乡之梦顿然断绝。颈联说故乡的江边的家园在荒芜之后卖掉了，显然所得无几，而进入蜀关以来，一头乌黑的头发一夜之间就衰落斑白了。这是世事的沧桑带来的心灵的沧桑。尾联无限怅惘地说，东归回乡未必比这羁旅漂泊更好，何况战乱频仍，故乡沦于战火，东归更遥遥无期啊！一种无家可归的悲叹，令人动容。晚唐末期的兵战动乱，对国家和人民带来的岂止是灾难！更有心灵上永远抹不去的忧伤。

省中偶作①[一]

二转郎曹②自勉旃③，莎阶④吟步想前贤。
不[二]如何逊⑤无佳句，若比冯唐⑥是壮年。
捧制名题黄纸尾⑦，约僧心在白云边。
乳毛⑧松雪春来好，直夜清闲且学禅。

【校记】[一]此诗一作郑谷，见《全唐诗》卷六百七十。按，张乔未尝登进士第，也未入仕，故当为郑谷所作。《文苑英华》卷一九一作张乔，而目录作郑谷。[二]不：全唐诗校，一作“未”。

【注释】①省：指尚书省。②二转郎曹：郑谷诗“二”作“三”。郑谷乾宁初任拾遗，乾宁三年(896)迁补阙，四年为都官郎中，故曰“三转”。③旃：语末助词，略同于“之”或“焉”。④莎阶：长满莎草的台阶。⑤何逊：字仲言，南朝梁诗人。官至尚书水部郎。诗少而佳，与阴铿齐名，世号阴何。⑥冯唐：汉安陵人，，文帝时已经年老，仅为中郎署长。敢直谏，曾言云中太守魏尚削职之冤。景帝时为楚相，旋免职。武帝时求贤亮，举冯唐，已九十余，不能复为官，乃以其子遂为郎。见《史记·冯唐列传》。⑦制：皇帝诏书。黄纸：帝王诏书多用黄麻纸书写。唐时诏书一般下发至尚书省施行，“名题黄纸尾”疑指尚书省收到诏书后，署名于诏书之尾而下达。都官郎中虽为尚书省属官，然并不专掌此职。《旧唐书·职官志》：“凡尚书省官，，每日一人宿直。都司执直簿，转以为次。凡内外百僚，日出而视事，既午而退，有事则直官省之。”⑧乳毛：松树的别名。

【笺释】此诗当为郑谷作品，因为张乔未曾登第。故不作笺释。

秋 夕

春恨复秋悲，秋悲难到时[①]。
每逢明月夜，长起故山[②]思。
巷僻行吟远，蛩多独卧迟[③]。
溪僧与樵客，动[④]别十年期。

【注释】①到：张相《诗词曲语汇释》："到，犹道也。"时：语气词，相当于"啊"。②故山：犹故乡。③蛩：蟋蟀。④动：不觉。

【笺释】此诗当时张乔羁旅京城思念家乡的作品。全诗以悲愁为主格调，首联便有愁绪纷乱如麻之感，从春天的遗恨终于熬到了秋悲的季节，而悲秋真正难表达出来啊！大有"如今识尽愁滋味"的感慨。颔联说在这秋天的夜晚，只要是月明星稀的夜晚，总会油然而生想念故乡的愁绪，所谓"举头望明月，低头思故乡"正道出漂泊异乡者的心声。颈联说我居住在穷乡僻壤的陋室，边走边吟，不知远近，四周都是蟋蟀的悲鸣，挨到深夜还迟迟不肯上床睡觉。尾联转念回想故乡的江边僧人和山间樵夫，离别他们已经有十多年啦！长期漂泊不能回家，是一种多么难堪的悲酸经历啊！

山中冬夜

寒叶风摇尽，空林鸟宿稀。
涧冰妨鹿饮，山雪阻僧归。
夜坐尘心[①]定，长吟语力[②]微。
人间去多事[③]，何处[④]梦柴扉。

【注释】①尘心：佛教指关心社会生活的心情。②语力：语言的气力。极言身体衰弱，连长声吟诗的力气都很微弱。③去：语助词，犹"啊"。多事：多变故，指黄巢起义等天荒之变。④何处：无处。家乡已经被攻占，连梦回家乡都不可能了。

【笺释】此诗与前一首诗当作于同一时期，时间是冬天的雪夜。枯黄发黑的树叶被呼啸的北风摇落殆尽，光秃秃的树枝连鸟雀也难以栖息，整个山林变成一个死寂的世界，这便是首联描述的实景。颔联继续推进，山涧的河水结了厚冰，野鹿到河边饮水很不方便，大雪封山阻绝了山僧回归的路途。而留滞山中的我又是怎样的状况呢？颈联说夜晚静坐凡心似乎已经定寂了，连长声吟诗的力气都很微弱，真是形似高木心如死灰啊！人间啊，如此多事，到处都是天荒地变的杀戮，家乡已经沦陷，我就是梦中回家也不可能了啊！尾联一声悲惋的叹息，也是整个晚唐的悲戚。

宿刘温①书斋[一]

不掩盈窗月[二]，天然格调高。
凉风移蟋蟀②，落叶在离骚③。
回笔挑灯烬④，悬图见海涛[三]。
因论三国志⑤，空载几⑥英豪。

【校记】[一]此诗一作周朴，见《全唐诗》卷六六七。按：《文苑英华》卷二一七录此诗于张乔诗后，题下佚名，而目录作周朴，当为周朴所作。[二]月，周朴诗作“日”。[三]涛，周朴诗作“潮”。周朴尝避地福州，诗当作于福州，故有“海涛”语。

【注释】①刘温：生平不详。②移蟋蟀：蟋蟀随天气逐渐变化而移动居处。《诗经·豳风·七月》：“七月在野，八月在宇，九月在户，十月蟋蟀，入我床下。”③离骚：即《离骚》，楚辞名篇，战国时楚国诗人屈原所作。④烬：《广韵·震韵》：“烬，烛馀。”即灯烛的烧短的灯芯。⑤三国志：即《三国志》，晋陈寿所撰史书，记录魏蜀吴三国历史。⑥几：多少。

【笺释】此诗格调不似张乔，当为周朴所作，故不笺释。

归旧山

昔年山下结茅茨①，村落重来野径移②。
樵客相逢悲往事，林僧闲坐问归期。
异藤③遍树无空处，幽草缘溪少歇时④。
此景一抛吟欲老⑤，可能文字圣朝知⑥。

【注释】①茅茨：茅草屋顶，指茅屋。②移：改。③异藤：怪异的藤萝。因为数年不见，藤萝缠满树身，显得怪异。④少歇时：没有停歇的时候。极言溪边的草因无人过问，随处生长。⑤欲：时间副词，犹“已”。⑥可能：或许。圣朝：当今王朝。古人称当代王朝为圣朝。

【笺释】此诗是张乔再次隐居九华山归家之后所作，带有知命不忧的意味。首联说当年在山下建造的茅庐年久失修已经圮颓坍塌了，连门前的村落的小路都改移了位置，真是人世沧桑啊！颔联说打柴的老人相逢诉说往日的故事，山林僧人则关切询问我的归期，这样的关切中包含着多少凄凉与哀伤。颈联转向家园的环境：奇形怪状的藤萝缠满树身，看不见树的形状，溪边的杂草随处生长，连一点空隙都没有，长期无人关顾，就是如此的荒凉啊！尾联又是一声长叹：这里的景象一别就恍如隔世，转眼间人已老迈，也许只有我呕心沥血的诗文为朝廷所知吧。即使到了这等地步，张乔心中的那个仕进梦还残留一丝气息。犹如林黛玉临终前脸上的红晕，令人心疼不已。由此可见末世的坚韧，其实是无意义的挣扎。

潭上作

竹岛残阳映翠微①，雪翎禽②过碧潭飞。
人间未有关身事③，每到渔家不欲归。

【注释】①翠微：青淡葱蒨的山色，此指青山。②雪翎禽：羽毛雪白的鸟，此指江南地区的鹭鸶等水鸟。③关身事：与自己相关的事。

【笺释】此诗也是张乔晚年作品，观第三句可知。前两句写潭上景致：竹林、小岛与青翠的山峦，都静静沐浴在残阳的余晖之中，羽毛雪白的鹭鸶展翅飞过碧绿的水面。后两句抒慨：对于我来说，经历过多少风霜雨雪，人间已经没有与我相关的事情了，每次来到渔家就想终老于此。心中对自由自在生活的向往是何等的强烈啊！

杨花落①[一]

北斗南回②春物老，红英落尽绿[二]尚早。
韶风澹荡③无所依，偏惜垂杨作春好。
此时可怜杨柳花，萦[三]盈艳曳④满人家。

人家女儿出罗幕⑤，净扫玉除⑥看花落[四]。
宝环纤手⑦捧更飞，翠羽轻裙⑧承不著。
历历瑶琴舞袖[五]陈，飞[六]红拂黛⑨怜玉人。
东园桃李芳已歇，犹有杨花娇暮春⑩。

【校记】[一]此诗一作杨巨源诗，见《全唐诗》卷三二二。[二]绿：全唐诗校：“一作缘”。[三]蕊：原作“荥”。[四]净扫玉除看花落：原作“净扫玉庭待花落”。[五]袖：原作“金”。【六】飞：原作“非”。

【注释】①杨花：柳絮。②北斗南回：北斗星在不同季节和夜晚的不同时间，出现在天空的不同方位，所以古人根据初昏时斗柄所指的方向来确定季节。斗柄在东，天下皆春；斗柄在南，天下皆夏；斗柄在西，天下皆秋；斗柄在北，天下皆冬。北斗斗柄由东向南移动，春天即将结束，初夏开始。参见《鹖冠子·环流》。③韶风：和暖的春风。澹荡：荡漾。④蕊盈艳曳：光彩鲜嫩摇曳。⑤出罗幕：走出闺房。⑥玉除：庭院门前玉石的台阶。⑦宝环纤手：带着玉镯的纤细手腕。⑧翠羽轻裙：装饰了翠鸟羽毛的轻扬的裙子。⑨飞红拂黛：指杨花飞扑到美人的脸上。⑩娇暮春：在暮春季节展现娇娆的身姿。

【笺释】张乔不写七古诗，此诗当是杨巨源所作，故无需笺释。

九华楼晴望①

一夜江潭风雨后，九华晴望倚天②秋。
重来此地知何日，欲别殷勤③更上楼。

【注释】①九华楼：指九华山上的某座楼。山上庙宇众多，每座庙宇大多有楼。②倚天：形容山峰高耸云天。③殷勤：努力。此句含有王之涣“欲穷千里目，更上一层楼”之意。

【笺释】此诗当是张乔初次隐居九华山时的作品。诗人隐居于此，在一夜狂风暴雨之后，终于目睹了九华山青峰碧翠倚天的景象，非常雄伟磅礴。第三句一转，说马上就要离开此地了，不知什么时候能够重来隐居，所以离别之际只能更上一层楼，更多饱览这座名山最美的姿容。与王维诗“劝君更尽一杯酒，西出阳关无故人”及王之涣诗“欲穷千里目，更上一层楼”的构思相似，颇能道出诗人对九华山的依依难舍之情。

终南山[①]

带雪复衔春[②]，横天占半秦。
势奇看不定，景变写难真[③]。
洞远皆通岳，川多更有神。
白云幽绝[④]处，自古属樵人[⑤]。

【注释】①终南山：又名太乙山、中南山、周南山，简称南山，是秦岭山脉的一段，位于陕西省境内，西起宝鸡市东至蓝田县。②衔春：进入春季。③"势奇""景变"：言终南山的景色奇异，变化万千。王维《终南山》："分野中峰变，阴晴众壑殊。"④幽绝：幽深高绝。⑤樵人：打柴之人。王维《终南山》："欲投人处宿，隔水问樵夫。"

【笺释】此诗当是张乔寄居长安时期的作品，具体时间难以确定。终南山是长安西南的屏障，也是横亘东西的南北气候分界线，唐人歌咏甚多，著名的就有全景展现的王维《终南山》，也有工笔细描的韩愈《南山诗》，还有独特感受的孟郊《终南山》，似乎难以为继了。然而张乔此诗抓住独特的气候节点——山顶覆盖积雪却进入了春天的时刻，也写出了他心中、眼中的终南山。首先是南山巨大的身姿，横贯天空占了半个秦川，气象与"太乙近天都，连山接海隅"可以相比。终南山山势奇特，变换视角就是不同的形状，阴晴变化不定，更难以写真，与王维"分野中峰变，阴晴众壑殊"及韩愈"朱维方烧日，阴霰纵腾糅"相比，气势、视野都显得局促，但却为后来苏轼"横看成岭侧成峰"提供了参照。颈联说终南山有很多洞穴，都能通向山岳，山中孕育出很多大河，皆有神灵守护，无非言说终南山的灵异，不及孟郊"长风驱松柏，声拂万壑清"的清峻壮阔，但为结尾作了有力的陪衬，正因为洞多川神，故此山白云幽深的佳处，自古以来注定属于山居打樵的人，即属于长期隐居的人。流露出隐居终南山的愿望。

哭陈陶[①][一]

先生抱衰疾，不起茂陵间[②]。
夕临诸孤少[③]，荒居吊客还。
遗文禅东岳[④]，留语葬乡山[⑤]。

多雨铭旌故[6]，残灯素帐闲[7]。
乐章[8]谁与集，陇树即堪攀[9]。
神理[10]今难问，予将叫帝关[11]。

【校记】[一]此诗一作无可《哭张籍司业》，见《全唐诗》卷八〇九。按：《文苑英华》卷三〇四录此诗于无可诗后，佚名，而目录作张乔；又同书卷三〇五载作张乔诗，当为张乔诗。

【注释】①陈陶（803？—879？），字嵩伯。文宗大和初南游，足迹遍及江南、岭南等地。宣宗大中年间，游学长安，举进士不第。后隐居于洪州（今江西南昌）西山，与蔡京、贯休往还。有《文录》十卷，已佚。事见《唐诗纪事》卷六〇、《唐才子传》卷八。今人陶敏有《陈陶考》（《中华文史论丛》1986年第1辑）。②不起：指病重不能治愈。茂陵：汉司马相如病免后家居茂陵（今陕西兴平），并卒于此。此以司马相如喻陈陶。③夕临：傍晚哭吊。诸孤少：孩子们都年少。④“遗文”句：相如卒后，遗书一卷，言封禅事。东岳：泰山，古代帝王多于泰山行封禅事。⑤留言：即遗言。⑥铭旌：灵柩前的旗幡，上书死者姓名、官爵等。又作明旌。故：旧。⑦素帐：耗帐，以白色粗布搭在临时木柱上，围住灵柩前的祭台，台前供亲朋故旧凭吊。⑧乐章：能入乐的诗词。此指陈陶的诗作。⑨陇：《龙龛·阜部》：“陇，冢也。”即：《玉篇·艮部》：“即，今也。”堪攀：可以攀援而上，谓冢前的树已经长大了。⑩神理：天神主宰万物的道理。⑪叫帝关：向天帝呼叫申诉。帝关，天帝宫殿的大门。屈原《离骚》：“吾令帝阍开关兮，依阊阖而望予。”

【笺释】此诗的作者或作无可，然《文苑英华》收录的目录作张乔，据今人考辨当为张乔所作。陈陶是晚唐著名诗人，死于广明元年（880）前。张乔哭陈陶时，陈已去世多年。陈陶可能与汉代司马相如同乡，故诗中以司马相如比陈陶，或许陈陶临死时依然有向皇帝的谏书且有文才，颇似司马相如，故相类比。

这是一首六韵五排。首联言陈陶身体衰弱且患重病，遂与世长辞，其境况与司马相如近似。次联言陈陶死时家境困苦，傍晚哭吊的时发现他的孩子们还很小，其居处也是荒凉破败，令人酸嘶。三联言陈陶临死时还有向皇帝建议封禅的文稿，并留下遗言要归葬故乡。四联言因为恰逢秋雨连绵所以他灵柩前的旗幡已经陈旧，灵前残灯如豆，唯见白粗布的耗帐还在悠闲地晃动，言外之意是连哭吊者也逐渐稀少，极言其死后的凄凉。五联感叹陈陶的诗章无人收集，任其遗散，而坟前的树已经长高可以攀援了，顿生物是人非之感。尾联以屈原问天的方式为陈陶叫屈，要向苍天神申诉，为什么陈陶是如此命运？其实，哭陈陶，何尝不是自哭，晚唐那个一塌糊涂的泥塘里，几个文人不是这样的结局呢？哭陈陶也是唱一曲时代的挽歌。

长门怨①[一]

御泉②长绕凤凰楼[二]，自是恩波③别处流。
闲揲④舞衣归未得，夜来砧杵六宫秋⑤。

【校记】[一]此诗一作刘驾。按：《文苑英华》卷二〇四作张智，注云："一作刘驾。"宋郭茂倩《乐府诗集》卷四二、宋洪迈《万首唐人绝句》卷五一俱作刘驾。[二]楼，刘驾诗一作"栖"。

【注释】①长门怨：汉武帝陈皇后失宠，别居长门宫。②御泉：即御沟。③恩波：比喻皇帝的恩泽。④揲：折叠。⑤砧杵：捣衣石和木杵。此指捣衣声。六宫：相传古代天子有六宫。郑玄注《周礼·天官》"六宫"：正寝一，燕寝五。后泛指皇后、嫔妃居所。

【笺释】此诗不类张乔诗，因张乔很少作乐府，当是刘驾作品，故无需笺释。

三、张蠙诗歌笺释

登单于台[①]

边兵春尽回，独上单于台。
白日地中出，黄河天外来[②]。
沙翻痕似浪，风急响疑雷。
欲向阴关度[③]，阴关晓不开。

【注释】①单于台：《汉书·武帝纪》："元封元年冬十月……行自云阳、北历上郡、西河、五原，出长城，北登单于台。"台故址当在今内蒙古托克托县西北。②"白日"二句：《郡斋读书志》卷四中："蠙生而颖秀，幼能诗。作《登单于台》，有'白日地中出，黄河天外来'之句，为世所称。"按单于台在黄河附近。③阴关：疑泛指阴山关塞。单于台在阴山南。

【笺释】这首诗是张蠙的代表作，作于早年游塞外期间。描写的边塞风光，气势雄壮，语言浑朴，虽出于晚唐人之手，但境界开阔，很有些"盛唐气象"。

首二句总括全诗，"春""独"二字看似平淡，实则有力，一方面表现边关的安宁，一方面暗示塞外并无春色的现实。而独上高台，凝思注目，则突出诗人超然独立的形象；三四句历来为后人激赏，《诗薮》曰："'白日地中出，黄河天外来'，蠙句也。唐诗之壮浑者终于此。"《五朝诗善鸣集》曰："浑成圆厚。"《唐诗快》评曰："此地几人能到？读此诗，仿佛如目睹矣。'白日'二句，雄而且险。"诗人学盛唐而能造出新境，描写白日喷薄而出，黄河滚滚涌来的富有动态与色彩美的画面，辽阔苍茫；五六句继续写景，"沙痕似浪"的比喻展现风势之大，而"风响疑雷"的比喻则体现了风声之响。中间两联由远到近，自下而上，将边塞风光的势阔莽苍从色彩、动态、音响的层面刻画出来，而这与诗人登台以俯仰天地的视角密切相关。突出诗人超绝豪迈的气概；末二句写诗人无法度过阴关的失落心情，雄奇景观一落为颓唐之音，这也是晚唐诗歌与士人心态的整体趋向。

寄友人

恋[一]道欲[二]何如，东西远索居①。
长疑即见面，翻②致久无书。
甸麦深藏雉，淮苔浅露鱼③。
相思不我会，明月几盈虚④。

【校记】[一]恋：全唐诗校："一作世。"[二]欲：全唐诗校："一作复。"

【注释】①索居：离群散居。②翻：反而。③"甸麦"二句："甸"与"淮"为互文。淮甸，淮河流域。④盈虚：月满与月缺。

【笺释】此诗为诗人思念友人所作。首联由空间导致的距离而生发出人们离群索居的感慨；颔联由第二句"东西远索居"而出，诗人以直白的话语表达对友人的思念以及见面不得、失去联系的失落之情；颈联与首句"道"的内涵相呼应，体现"道"贵在含蓄内敛的生存法则，"甸麦"深而能藏野雉，"淮苔"浅则显露游鱼，诗人由自然界的隐露对比结果来勉励友人韬光养晦，慎独修身。尾联由"月"的几度盈亏变化，反映离别之久，烘托与友人长久不见的惆怅寥落之感。全篇真厚恳到，推心置腹地为友人的生活提出意见，传达了劝慰友朋离索的感情。

和崔监丞春游郑仆射东园①

春兴随花尽，东园自养闲。
不离三亩地，似入万重山。
白鸟穿萝去，清泉抵石还。
岂同秦代客②，无位隐商山。

【注释】①郑仆射：疑指郑畋。郑畋（823—882），字台文，河南荥阳人，会昌二年（842）进士及第。刘瞻镇北门，辟为从事。瞻作相，荐为翰林学士，迁中书舍人。乾符中，以兵部侍郎同平章事，寻出为凤翔节度使，拒巢贼有功，授检校尚书左仆射。诗一卷，《全唐诗》录存十六首，性宽厚，能诗文。广明中，朝廷以郑畋为检校尚书右仆射、西面行营都统。②秦代客:指商山四皓。简称“四皓”,秦末隐士东园公、夏黄公、绮里季、角里四人,因避秦乱世而隐居商山,采芝充饥,四人年皆八十多岁,须眉皓白,世称为商山四皓。四位博士:东园公唐秉、夏黄公崔广、绮里季吴实、角里先生周术。他们是秦始皇时七十名博士官中的四位,分别职掌:一曰通古今;二曰辨然否;三曰典教职。后来他们隐居于商山,曾经向汉高祖刘邦讽谏不可废去太子刘盈(即后来的汉惠帝)。后人又用“商山四皓”来泛指有名望的隐士。

【笺释】此诗作于诗人春季游郑畋东园之际,描写的暮春东园幽静景色,富有自然生趣。揣其诗意,并无归隐之心,当为应和郑监丞游园所作。首二句交代游园时间——“花尽”,暗示此时东园经历花团锦簇、生机盎然之景转向悠闲宁静之境,虽“春兴”不浓,但别有一番清奇;三四句写游园感受:随着游园深入,似乎渐入崇山之中,感受奇特。五六句由“万重山”而出,介绍所见的山林景象:轻盈的白色鸟儿穿越藤萝飞离,清澈的泉水抵着山石缓缓流淌。诗人由上而下,由近及远的视角转化展现东园静谧的风景。最后两句联想到曾经隐居商山的东园公、夏黄公、绮里季、角里四位秦末隐士,然而诗人并无归隐之情,用了“岂同”二字,鲜明地表达自己不赞同隐居的想法,积极出世思想浓厚。

过萧关①

出得萧关北,儒衣不称身。
陇狐[一]来试客,沙鹘②下欺人。
晓戍残烽火,晴原起猎尘。
边戎莫相忌,非是霍家③亲。

【校记】[一]狐:全唐诗校:“一作猿。”

【注释】①萧关:古关名。在今宁夏固原东南。②鹘:隼,猛禽。③霍家:西汉名将霍去病家。

【笺释】这是诗人经过萧关时所作的边塞诗。首二句由文雅儒衣在关外的格格不入,迎面而来的是塞外强烈的粗犷气息。三四句写关外的自然物象:狐狸试探来客,鹰隼盘旋上空随时会欺凌人类。《石园诗话》评此二句:“写物象情,颇能象似也。”在这里动物都如此桀骜,可想而知生活在此地的人们当更为勇武了。五六句写人文景象:清晨戍边留下点点残存的烽火,晴朗的平原升腾起人们追逐猎物的尘土，境界苍茫辽阔。最后两句抒发诗人感慨：戍守边关的战士们不用相互忌惮，因为他们都是来自贫苦人家的子弟。末句看似平淡，实则有力地表达诗人对统治阶层养尊处优的不满，具有现实指向性。全诗境界雄奇，但字里行间弥漫着寂寥和无奈氛围，具有晚唐特有的悲凉意绪。

盆　池

圆内陶化功①，外绝众流通。
选②处离松影，穿时减③药丛。
别疑天在地，长对月当空。
每使登门客，烟波入梦中。

【注释】①陶化功：陶冶化育之功，即天地自然之功。②选：进入。③减：分。

【笺释】这是一首描写盆地水池景观的诗歌，当为诗人羁旅塞外之作。首二句总概“盆池”轮廓：圆圆的盆地与外隔绝，而其间流水汇聚融通。三四句进一步描写池水：入口处映照着松影，穿流时分拨着药丛。虽然“池水”无形无色，但通过其汇流和分流处与草木的映衬，可以感觉灵动隽永的小池缓缓流淌，可谓树在水中生，水在丛中游。后四句借景抒怀，诗人说不要怀疑天空在地上，长久对着当空月亮。每每使游至盆池的客人，留下烟波荡漾的佳梦，消解漂泊之苦。本诗主要表达诗人对天地自然陶育盆池的赞美与惊叹之情。颇有孟浩然诗《泊建德江》中“江清月近人”的清远恬静之感。

野　泉

远出白云中，长年听不同[一]。
清声萦乱石[二]，寒色入长[三]空。
挂壁聊成雨，穿林别起风。
温泉非尔数，源发在深空。

【校记】[一]同：全唐诗校：“一作穷。”[二]乱石：全唐诗校：“一作石乱。”[三]长：全唐诗校：“一作潭”。

【笺释】这是一首咏物诗，诗人通过对野泉的出处、特点的描写，表达自己对高深遗世的志趣追求。首联介绍了“野泉”的生活环境：远远地从白云中而来，源源不绝，紧扣泉水“野”的特点；颔联和颈联分别从“泉”之声色与行踪角度，将难以绘形的野泉描摹得具体可感，泉声清越萦回在乱石间，水色寒冷划入高空。奔流至崖边一泻千里，仿佛雨珠自天而降，穿过山林时激起飒飒清风。中间二联由远及近，一条急湍清泉在山间奔流的画面映入眼帘，富有音乐美、色彩美和动态美。尾联直指野泉非温泉可比的特性，因为它看似平淡，实则深阔，表达诗人对含蓄朴拙的赞赏与追求，这与诗人多次表露的贵隐意绪一脉相承。

送成州牧①

清时为塞郡②，自古有儒流。
素望知难惬③，新恩且用酬④。
犬牙⑤连蜀国，兵额贯秦州⑥。
只作三年⑦别，谁能听邑留。

【注释】①成州牧：成州刺史。成州治所在今甘肃西和县西北。②为塞郡：治理边塞州郡。③惬：称心，满意。④酬：报答。⑤犬牙：谓地界相接如犬牙交错。⑥秦州：秦州治所在今甘肃秦安县西北。⑦三年：唐制，州刺史任期为三年。

【笺释】这是一首送别友人赴任成州刺史的诗歌。首联介绍了治理边塞州郡的重要性，诗人指出自古以来都有儒士在太平之际治理塞郡的传统，将友人与古儒相比，显然表达对友人才干的信任与夸赞之情；颔联勉励友人虽然赴任边陲不是易事，但用辛勤付出回报朝廷的赏识是有意义的；颈联转入对成州的描绘：地界相接如犬牙交错，连接蜀地，士兵数额多来自秦州；尾联宽慰友人只是分别三年时间，末句“谁能听邑留”，既是表达对友人会及时归还的祝愿，也是对友人会善治成州，当地百姓爱戴刺史，期待刺史能长治成州政绩的认可。全诗表达对友人的祝愿和真挚友情，虽安慰友人分别时间不长，但比起王勃“海内存知己，天涯若比邻”则少了几分豁达。

蓟北①书事

度碛②如经海，茫然但见空。
戍楼③承落日，沙塞碍惊蓬④。

暑过燕僧出，时平虏客通。
逢人皆上将，谁有定边功。

【注释】①蓟北：今北京市及河北东北部。②碛：沙漠。③戍楼：边防驻军的瞭望楼。④惊蓬：飞旋的蓬草。

【笺释】这是一首记录边塞生活的诗歌。首二句介绍塞外的荒远特点，穿越沙漠就像经过大海一般，苍茫无际只可见到天空；三四句镜头聚焦到边防的常见景象：瞭望楼独立在夕阳下，似乎托举着落日，空中飞旋着的蓬草受到沙塞的栏隔肆意飘飞，"承"与"碍"字将戍楼的高岸、落日的苍劲以及边塞风沙之大、蓬草之枯展现的极富表现力。五六句言炎热天气过后燕地的僧侣才出入沙漠，太平时节北方外族人才流通。这可见边塞气候炎热艰难，时局不宁，亦反映边塞主要活动对象的单一，展现边陲人际稀少，戍守边疆生活的孤单寂寞。七八句抒发诗人感慨：在这里戍守的战士们朝廷都封为上将，但谁又有"上将"平定边疆的功绩呢？整首诗反映诗人在塞外寂寥苍茫的内心感受，读来使人感到晚唐颓败不可逆转的衰飒之感。

送徐州薛尚书①

上将出儒中，论诗拟立功。
州从禹后别②，军自汉来雄③。
远驿销寒日，严城肃暮空。
龙颜有遗庙④，犹得奠英风。

【注释】①薛尚书：薛能（约817—880），晚唐著名诗人。《郡斋读书志》《唐诗纪事》《唐诗品汇》《唐才子传》均载："能，字太拙，汾州人（今山西汾阳一带）。"仕宦显达，官至工部尚书。时人称其"诗古赋纵横，令人畏后生"。唐人交游之风盛行。薛能一生仕宦他乡，游历众多地方，诗多寄送赠答、游历登临之作。晚唐一些著名诗人多有诗与其唱和。约咸通十四——乾符五年（约873—878）任徐州刺史。②"州从"句：传说大禹平水土，划分九州，徐州为九州之一。见《书·禹贡》。③"军自"句：自汉以来，徐州为军事重镇，故云。④龙颜：指汉高祖刘邦。《史记·高祖本纪》"高祖为人，隆准而龙颜，美须髯。"遗庙：指汉高祖庙，在徐州沛县。

【笺释】本诗约作为咸通十四——乾符五年(约873—878)薛能任徐州刺史时的赠诗。首二句高度概括薛能文武双全的才能,作为上将的薛能出身文士,凭借诗歌足可扬名立功,言外之意即夸赞薛能是位兼具文采武功的才俊。三四句言介绍徐州悠久的历史和重要的军事地位,它为大禹治理水土划分的九州之一,从汉代以来便为军事重镇,可想在徐州治理的薛尚书责任重大且能力突出。五六句交代徐州现在的面貌:驿站遥远,寒冷的太阳销蚀着大地,城池威严,日暮下的天空使高立的城楼更加肃穆。气氛严肃庄重。七八句借祭奠汉高祖庙,表达对英雄的欣赏与赞美之情,同时劝勉薛能继承英姿,好好治理徐州建功立业。全篇诗情豪迈严整。

贻曹郎中①

所作高前古,封章自曲台②。
细看明主意,终用出人才③。
省印④寻僧锁,书楼领鹤开。
南山⑤有旧友,时向白云⑥来。

【注释】①郎中:尚书省六部各司的长官。②封章:密封的章奏。曲台:秦宫殿名。后指郎官著记校书处。《汉书·儒林传·孟卿》:“仓(后仓)说《礼》数万言,号曰《后氏曲台记》。”颜师古注引服虔曰:“在曲台校书著记,因以为名。”③出人才:卓越的人才。④省印:官署之印。⑤南山:终南山,在长安南。⑥白云:指隐居生活。用陶弘景诗“山中何所有?岭上多白云。只可自怡悦,不可持赠君”的典故。

【笺释】这仍然是一首题赠诗,表达对曹郎中的赞美和祝愿之情。首联点明曹郎中从事校书著记的文书工作;三四句安慰郎官细看密封的章奏可以明断主意,终有一天会产生卓越的人才。五六句营造了世外桃源、闲云野鹤的悠闲意境,郎中的官署之印找寻僧侣来解开,书阁引领鸟鹤来开启,体现校注章奏工作的闲适。尾联表达诗人对曹郎中的情谊:在终南山的老朋友会时时从山间来看望你的,曹郎中出能治世报国,入有隐士相陪,可谓过着无“案牍之劳形”和“谈笑有鸿儒”相间的雅致生活。

送缙云[1]尉

释褐[2]从仙尉[3]，之官[4]兴若何。
去程唯水石，公署在云萝。
野饭楼中迥[5]，晴峰案上多。
三年[6]罢趋府[7]，应更战高科[8]。

【注释】①缙云：今浙江缙云县。②释褐：脱去平民衣服，进入仕途。③仙尉：用梅福事，汉梅福的美称。后亦以"仙尉"为县尉的誉称。《汉书》卷六十七《杨胡朱梅云传·梅福》："梅福字子真，九江寿春人也。少学长安，明尚书、谷梁春秋，为郡文学，补南昌尉。后去官归寿春，数因县道上言变事，求假轺传，诣行在所条对急政，辄报罢。是时成帝委任大将军王凤，凤专势擅朝，而京兆尹王章素忠直，讥刺凤，为凤所诛。王氏浸盛，灾异数见，群下莫敢正言。福复上书曰：……至元始中，王莽颛政，福一朝弃妻子，去九江，至今传以为仙。其后，人有见福于会稽者，变名姓，为吴市门卒云。"④之官：赴任。⑤迥：远。⑥三年：唐制，官吏任期为三年。⑦趋府：在官府趋走，拜谒长官。⑧战高科：指制科。唐代低级官吏可参加制科考试，及第后可擢升。见《唐会要》卷七六。

【笺释】这依旧是一首送给奔走仕途中朋友的诗歌。首联回忆缙云尉当年脱去贫民衣服作县尉，踏入仕途的经历，但赴任兴致怎么样呢？中间四句由第二句"兴若何"而出，选取缙云尉出行靠舟船，公务处理在深山之中，风餐露宿远离楼台以及席地而坐随时处理公案的四个片段，将下僚艰辛劳苦的生存环境展现在读者面前，诗人接着自然过渡到对缙云尉的建议上。诗人在尾联中劝告县尉等到三年任满就停止拜谒长官、趋走官府的职事吧，应当参加制科考试，争取早日呀擢升。这首诗展现了唐代小官位卑且艰难的工作环境，但尽管如此，世人还是趋逐官府名利，期待在仕途上有进一步的提升。

送董卿赴台州[1]

九陌[2]除书[3]出，寻僧问海城[4]。
家从中路挈，吏隔数州迎。
夜蚌侵灯影，春禽杂橹声。

开图见异迹，思上石桥[5]行。

【注释】①台州：治所在今浙江临海县。②九陌：指京城街道。③除书：授官的文书。④海城：滨海的城市，指台州。⑤石桥：指天台石桥。

【笺释】这仍是一首春季送友人赴任诗，既有对董卿除官的祝福，也有对董卿行旅途中的牵念。首二句介绍董卿得到朝廷的任命，寻找僧侣询问台州的地址，赶赴治所。三四句写道董卿携带亲眷，台州官吏隔着几个州郡早早迎候的情况，表现董卿亲民、受人民爱戴的形象；五六句便进而叙述行旅途中所见的风景：夜光下河蚌闪烁的光芒与灯影相映，春日里的鸟禽的歌声中夹杂着划桨的水声。“夜蚌”“灯影”“春禽”“杂橹”四个意象点缀了忙碌的羁旅过程，动静相生，有画有乐，同时表现友人赶赴台州途中的辛劳。末两句表达诗人的美好祝愿，这开头的图景就见到了不一般的迹象，将来在天台的石桥上行走，闻见“人间未曾有”的风景。不同于前面几首送别友人的诗歌，这首诗表达对友人就任能力的信任和祝愿。

送友人赴泾州[1]幕（一作送李中丞再赴虔州）

杏园沈饮[2]散，荣别[3]就佳招。
日月相期尽，山川独去遥。
府楼明蜀雪，关碛转胡雕。
纵有烟尘[4]动，应随上策销。

【注释】①泾州：治所在今甘肃泾川县。全诗校：“一作送李中丞再赴虔州。”②杏园沈饮：指杏园宴，科举时代帝王恩赐新科进士的宴会。如唐代李远诗《陪新及第赴同年会》：“曾攀芳桂英，处处共君行。今日杏园宴，当时天乐声。”③荣别：敬称友人出行。④烟尘：喻战乱。

【笺释】这首送别友人赴任的地点不同于前首吴越水乡，而是西北边陲的泾州。首二句为饯行场景，李中丞受到朝廷恩赐任命泾州幕府，朋友们纷纷为他送别；三四句写李中丞经历日夜兼程，离故园一日日遥远，就任途中，渐显孤单；五六句介绍了泾州的风貌，一如边塞景观的苍茫辽阔，飘自蜀地的大雪使幕府楼阁明亮，关外的风沙使北方的猛禽旋转。可以想见风雪强劲，风沙汹涌，环境恶劣，如岑参《白雪歌送武判官归京》所写：“北风卷地白草折，胡天八月即飞雪。”以“好奇”视角描绘出南方人少见的北地风光。本诗同样展现了奇特的泾州景观，且“明”与“转”两字有力的突出了西北大雪和狂沙的气势。末两句更具有万丈豪情，诗人说即使有战乱迭起，也会随着朝廷册封李中丞任泾州幕僚而消散，表达诗人对李中丞的赞赏之情。诗情豪放豁达，可算盛唐气象的一丝返照。

逢漳州①崔使君②北归

在郡多殊称，无人不望回。
离城携客去，度[一]岭担猿来。
障写经冬蕊，瓶缄落暑梅。
长安有归宅，归见锁青苔。

【校记】[一]度：全唐诗校：“一作出。”

【注释】①漳州：治所在今福建漳州市。②使君：州郡长官的敬称。

【笺释】这是一首与友人相逢而作的感伤诗。首二句通过介绍崔使君在漳州治理深得当地百姓爱戴，颇有美誉，没有人希望使君离开，体现崔使君亲民善治的良官形象；三四句追溯崔使君北归途中，离开漳州，客人们争相送别，猿猴也一路紧追不舍，表现人民对长官的敬爱不舍之情。五六句进一步写归乡的时间，经历冬天花蕊凋谢，瓶里缄封着夏蜡梅这一从冬到夏的季节更替才回到思念的长安。然尾联的结局给人无限萧索和悲凉之情，原来日夜渴慕的故园旧宅，早已被斑斑青苔幽闭。残酷的现实浇灭归乡的喜悦，寂寥落寞的生活望不到头，而这似乎只是一个开始，这与杜甫《江南逢李龟年》中以“落花时节又逢君”作结有相似性，带给人们深沉的感慨，蕴藉隽永。

云朔①逢山友

会面却生疑，居然②似梦归。
塞深行客少，家远识人稀。
战马分旗牧，惊禽曳箭飞。
将军虽异礼，难便[一]脱麻衣③。

【校记】[一]难便：全唐诗校：“一作便使。”

【注释】①云朔：云州、朔州，在今山西北部大同、朔县一带。②居然：宛然，俨然。③脱麻衣：谓做官。麻衣，平民之服。

【笺释】这是一首在异地与山友相逢的诗作。首二句表达与朋友相见带来的难以置信的心情，诗人说他还以为是在做梦。如果说张蠙之前在《寄友人》中感慨道：“长疑即见面，翻致久无书。”这是一种久与友人不得见面的惆怅失望之感，那么在山西北部与友人的会面可谓是意外的喜事了。三四句向友人抒发羁旅漂泊的孤单心情，边塞渐深，行人渐少，离家渐远，认识的人儿也越稀少。这是一段艰辛寂寞的行旅，除了孤单，这里更弥漫着紧张劳累的沙场氛围，五六句写道战马按编制放牧，惊慌的鸟禽托着中箭的身躯扑飞，无论是地下还是天上都笼罩在紧张的战争局势中。末两句抒发诗人无奈的感慨，将军虽然受到不同的礼遇，然而终究是不同于平民官员。整首诗表达与友人相遇的惊喜和戍守边塞的辛劳相互交织，情感真切动人。

别后寄友生[一]

上马如飞鸟，飘然隔去尘。
共看今夜月，独作异乡人。
就养江南熟，移居井赋①新。
襄阳曾卜隐②，应与孟家③邻。

【校记】[一]全唐诗校：“一作崔鲁诗。”按：崔集不载。

【注释】①井赋：田税。《谷梁传·宣公十五年》：“古者三百步为里，名曰井。井田者，九百亩，公田居一。”②卜隐：择地隐居。③孟家：孟浩然家。孟浩然（689年或691年—740年）名浩，字浩然，号鹿门处士，以字行，唐代襄州襄阳（今湖北襄阳）人，又称“孟襄阳”，盛唐著名诗人。《新唐书》载孟浩然：“少好节义，喜振人患难，隐鹿门山。年四十，乃游京师。尝于太学赋诗，一座嗟伏，无敢抗。张九龄、王维雅称道之。维私邀入内署，俄而玄宗至，浩然匿床下，维以实对，帝喜曰：‘朕闻其人而未见也，何惧而匿？’诏浩然出。帝问其诗，浩然再拜，自诵所为，至‘不才明主弃’之句，帝曰：‘卿不求仕，而朕未尝弃卿，奈何诬我？’因放还。采访使韩朝宗约浩然偕至京师，欲荐诸朝。会故人至，剧饮欢甚，或曰：‘君与韩公有期。’浩然叱曰：‘业已饮，遑恤他！’卒不赴。朝宗怒，辞行，浩然不悔也。张九龄为荆州，辟置于府，府罢。开元末，病疽背卒。后樊泽为节度使，时浩然墓庳坏，符载以笺叩泽曰：'故处士孟浩然，文质杰美，殒落岁久，门裔陵迟，丘陇颓没，永怀若人，行路慨然。前公欲更筑大墓，阖州搢绅，闻风竦动。而今外迫军旅，内劳宾客，牵耗岁时，或有未遑。诚令好事者乘而有之，负公夙志矣。'泽乃更为刻碑凤林山南，封宠其墓。初，王维过郢州，画浩然像于刺史亭，因曰浩然亭。咸通中，刺史郑諴谓贤者名不可斥，更署曰孟亭。开元、天宝间，同知名者王昌龄、崔颢，皆位不显。"

【笺释】在这首送别诗中，诗人流露出归隐之情。首二句写时间匆匆，如白驹过隙，如飞鸟划过天空，不留痕迹，只剩下时光的灰尘；三四句向友人倾诉分离之情，我俩现在虽然赏着同样的月儿呀，但我已是一个孤独的异乡人了。后四句畅想将来的生活。不如归隐江南，重些农作物，交些田税，过着自给自足的乡村生活。襄阳的孟浩然曾在此择地隐居，我说不定可以成为他的邻居呢。《南史·吕僧珍传》有"千金买邻"的典故，宋季雅愿为高洁"一百万买宅，千万买邻"以成为吕僧珍的邻居，同样张蠙在襄阳置田供耕，亦是以隐士孟浩然的安贫乐道激励自己，劝慰自己乐山乐水，脱离世俗纷争，修身养性。

边游别友人

欲别不止泪，当杯难强歌。
家贫随日长，身病涉寒多。
雨雪迷燕路[①]，田园隔楚波[②]。
良时未自致[③]，归去欲如何。

【注释】①燕路：幽艳边庭之地。②楚波：江南水域。③自致：谓致身青云，取得功名。

【笺释】这首送别友人的诗表达诗人苦闷情绪，当为张蠙久战科场未得应制的失意之作。首二句奠定泣涕涟涟的伤离别氛围，诗人和朋友即将分别，两人眼泪止不住地流淌，举着酒杯唱不出歌，同样饮酒，但一告别，一酬宴，诗人内心不似李白"将进酒，杯莫停，与君歌一曲"的痛快洒脱，而是止不尽的悲伤席卷身心，可见与朋友情谊至深、分别之痛；三四句叙述自己的窘困，家庭越来越难以为继，身体遭遇寒冻如今已是病痛不绝，离别的伤感中更添凄楚；五六句借景言情，自己如同在雨雪天气，迷失通往幽艳边庭之地方向，如同田园隔着江水，难以得到江南肥沃水土的滋润，这迷惘彷徨的情景不正是诗人此时痛苦心境的外化吗？

那是什么使诗人如此痛苦呢？第七句揭开痛苦的根由，长久没有取得功名，科考失败的打击使诗人如此绝望，末句问道那么归隐山林会怎样呢？不过这终究是诗人科举不中一时失落语，仅是轻轻问着“欲如何”，并没有坚定的归隐之意，这首诗可窥见唐代科举制度对读书人的吸引力之强，以及落第对精神摧残之深。

边庭送别

一生虽达理，远别亦相悲。
白发无修处，青松有老时。
暮烟传戍起[①]，寒日隔沙垂。
若是长安去，何难定后期。

【注释】①“暮烟”句：暮烟，即烽燧。古代边防报警的两种信号。《汉书·贾谊传》：“斥候望烽燧不得卧。”注：“边防备胡寇，作高土橹，桔槔头兜零，以薪草置其中，常低之，有寇即燃火，举之以相告，曰烽。又多积薪，寇至即燃之，以望其烟，曰燧。昼则燔燧，夜则举烽。”

【笺释】这是一首在边地，送别友人的诗作。首二句说自己一生虽然通晓事理，但面对远离还是会很悲伤，由此可见不管是对谁而言，离别都是一种对生人一种巨大的痛苦；三四句宽慰友人说，虽然年纪变老、头发花白不可阻挡，但青松也有苍老的一天呢，故而面对年华逝去我们不必难以释怀。五六句描绘一幅边地战场图景：傍晚的烟雾伴随军队戍守缓缓升起，透着寒气的太阳隔着无际的沙漠渐渐垂落。瞬间边地便被寒冷和硝烟包裹，苍凉辽远永是边塞风格的主调。七八句诗人抒发感慨，如果是从长安离开，那么约定再会面有什么困难的呢？可惜是在遥远的边塞分别，可能与朋友再见上一面是非常困难的。诗人从年华老大、环境恶劣的角度写送别，将与友朋分别的悲伤和不舍之情刻画出来，真挚感人。

将之京师留别亲友

达命何劳问，西游且自期。
至公[①]如有日，知我岂无时。
野迥蝉相答，堤长柳对垂。

酣歌一举袂[②]，明发[③]不堪思。

【校记】[一]全唐诗校："一作郎。"

【注释】①至公：指科举考试公正无私，量才取士。②袂：衣袖。③明发：天亮。

【笺释】这首送别诗，当作于诗人与亲友相别，赴京赶考之际，相对诗人之前所作送别诗多悲凉不舍的感情，这首诗情感较为积极达观。首二句，诗人运用"何劳"与"且自"这样的词汇，便奠定了一种豁达的基调，有如口头语一般，安慰亲友不用为自己的奔劳和漂泊担忧；三四句说有朝一日科举考试公正无私，量才取士，那么我怎么会得不到朝廷的赏识呢？此时诗人怀着满腔抱负，热情自信。五六句以诗意的眼光看待生活，野外知了酬唱，蝉声此起彼伏，堤岸上的柳树相对着垂摆柔韧的柳条，羁旅途中的风景也如此富有生活的乐趣。末二句诗人豪情万里，呼唤亲友们纷纷举起酒杯，畅饮开怀，一醉到天亮，以后的烦恼就别去理会吧。这首诗展现诗人的豪情壮志，一扫先前送别诗作的伤心落寞，表现诗人对自己才能的信任和积极的出世之心。

赠别山友

从容无限意，不独为离群。
年长惊黄叶，时清厌白云[①]。
旧山回马见，寒瀑别家闻。
相与存吾道，穷通[②]各自分。

【注释】①白云：指隐居生活。②穷通：困厄与显达。

【笺释】这首赠别诗感情较为平静，诗人在生活的浮沉中逐渐淡然别离，平静面对穷通。首二句写道从容生活，不但只有我们在忍受离别的痛苦，大千世界中有很多人在面对离别，诗人既在安慰山友，也砥砺自我从容处世；三四句接着与朋友分享生活中的感悟，年岁长的时节黄叶会纷纷扬扬地飘落，时局清平的时候人们便会厌倦归隐的生活，以辩证的眼光看待生活的变化，教诗人达观地生活；五六句接着说故园的山水以后还能再见到，瀑布在离家后也能听见，劝慰山友不用为自己的离别而感到悲伤；诗人在七八句进一步阐发见解，我们秉持自己的生活之道，保持内在宁静，困厄与显达便会自在分离，无需我们去刻意逃避或寻觅。这应该是诗人年纪渐长，经历生活起起伏伏，总结出的生活道理，全篇平静而透着智慧。

途次绩溪①先寄陈明府②

入境风烟好，幽人③不易传。
新居多是客，旧隐半成仙。
山断云冲骑，溪长柳拂船。
何当④许过县，闻有箧中篇⑤。

【注释】①绩溪：唐县名，在今安徽绩溪县。②明府：县令的别称。③幽人：指隐居之士。④何当：何时。⑤箧中篇：指诗篇。元结篇有《箧中集》。箧，小箱子。

【笺释】这是张蠙经过绩溪所作寄给友人陈明府的一首诗歌。绩溪，位于安徽南部，为徽州六镇之一，古有“无徽不成镇，无绩不成街”的说法，而徽州又有“一生痴绝处，无梦到徽州”的赞誉，可见绩溪风光秀美并非虚名。诗人经过此处，亦为美丽的景色所吸引。首二句说绩溪境内风景别致，隐士不容易听传；三四句写绩溪的新居民多是客人，因为当地的老隐士约半数已成仙风道骨的神仙了；五六句具体描绘隐士们的风采，遇到断壁处以祥云为坐骑，溪流狭长时以柳条为舟船。这具有神话色彩的叙述不仅增添了绩溪隐士们的飘逸神异气质，还给绩溪山水涂抹上灵动幻化的气息。末二句借景抒怀，诗人感慨道什么时候应许经过绩溪，再闻元结《箧中集》的诗篇呢？全篇飘洒自然，涵泳隐逸情怀。

送友人归武陵①

闻近桃源②住，无村不是花。
戍旗招海客，庙鼓集江鸦。
别岛垂橙实，闲田长荻芽。
游秦③未得意，看即更[一]离家。

【校记】[一]更：全唐诗校：“一作是。”

【注释】①武陵：唐县名，在今湖南常德市。②桃源：即桃花源，出自东晋末期南朝宋初期诗人陶渊明（约365—427）的作品《桃花源记》，幻想了一个没有阶级，没有剥削，自给自足，人人自得其乐的社会，是当时的黑暗社会的鲜明对照，是作者与时人所向往的一种理想社会，它体现了人们的追求与想往，也反映出人们对现实的不满与反抗。③秦：长安。

【笺释】这是一首送别友人退居桃源的诗歌。首二句先介绍武陵优美的自然风光，早已听闻桃花源夹岸百步，落英缤纷，没有哪个村落没有花树，不由使人联想到陶渊明《桃花源记》中的那个悠闲自得的世外桃源。三四句介绍武陵的风物：酒旗招徕四方客人，庙鼓集聚江边的水鸟。人与人、人与自然无不保持着和谐的关系。五六句接着介绍武陵的农作物生长情况，橙树结满果实压弯枝头，闲置的田地杂乱地长着荻芽。然而诗人是否为这自然风光所陶醉，也想归隐桃源呢？玩二句写道游历长安没有得到满意的结果，看了之后会离家更远，暗指赴长安科考求官的失败，淡淡惆怅弥散诗间。这首诗显然有对友人归还桃源得意享受自然纯朴田园风光感到高兴，也有一丝失意以及整装再拼搏的信念。

乱中寄友人

别来难觅信，何处避艰危。
鬓黑无多日，尘清[1]是几时。
人情将厌武，王泽[2]即兴诗。
若便怀深隐，还应圣主知。

【注释】①尘清：喻战乱平息。②王泽：君王德泽。

【笺释】由题目来看，这首诗创作于国家混战，人民颠沛流离的背景下，而如此危乱的情况下，诗人给友人写信表达了哪些内容呢？首二句诗人倾诉说自从上次别离后就很难收到你的书信，能在哪里寻得安身之所躲避这危难时艰呢。三四句接着表达无望的心绪，我已不再年轻，鬓发乌黑的时日不多了，但战乱平息会在那一天实现呢？混战中诗人的境遇如此窘迫，可想普通百姓们在这场战争中亦是饱受硝烟的摧残。五六句可谓普罗人民的心声，大家都厌倦战争带给人们的伤痛，君王德泽让文治兴起，武功退而求其次吧。诗人内心虽厌倦战争，但他没有选择逃避，而是以强烈的家国责任感期待报效祖国，使国家得以安宁。末二句表露心迹，即使怀着退隐山林的打算，也还应该报之圣上，言外之意即只要国家需要我出谋献力，必是义不容辞。“烽火连三月，家书抵万金”，战乱之际仍挂念彼此的朋友一定是生死之交，在这封信中，饱含着张蠙对朋友的挂念、对百姓的同情以及对祖国深沉的爱。

哭建州李员外①

诗名不易出，名出又何为。
捷到重科早②，官终一郡卑③。
素风无后嗣[一]，遗迹有[二]生祠④。
自罢羊公⑤市，溪猿哭旧时。

【校记】[一]嗣：全唐诗校：“一作裔。”[二]有：全唐诗校：“一作受。”

【注释】①建州李员外：李频，见卷五八零小传。频卒于乾符三年(876)，诗当作于是年。②“捷到”句：李频于大中八年(854)进士及第，后又试判入等。③“官终”句：李频官终建州刺史④生祠：为活人所立的祠庙。据《新唐书》本传，李频卒后，归葬故乡，乡人为立庙于梨山，岁时祭祀。未闻为频立生祠。⑤羊公：羊祜，镇襄阳，有德政，及卒，襄阳人“莫不号恸，罢市，巷哭者声相接”。

【笺释】这是一首吊唁李频的诗歌，当作于乾符三年(876)。首二句欲扬先抑，以诗闻名不容易，可即使出了名又有什么作为呢？三四句沉痛地引出李频年少中举，科考顺利，然而终究只是一直做个卑微小官的事实。五六句介绍李频虽无子嗣，但深受乡人爱戴，乡人在他的故乡为他立庙于梨山，岁时祭祀缅怀。最后两句表达对李频的敬重和怀念之情，诗人将李频比作羊祜这位亲民且有德政的贤人，以溪水边的猿啼哀鸣表达对李员外离世的缅怀追悼之情。

吊孟浩然①

每每樵家说，孤坟亦夜吟。
若重生此世，应更苦前心。
名与襄阳远，诗同汉水深。
亲栽鹿门②树，犹盖石床阴。

【注释】①孟浩然：盛唐山水诗人，曾隐居襄阳鹿门山。②鹿门：山名，在襄阳。孟浩然隐居于此。

【笺释】这是一首凭吊孟浩然的诗歌，《五朝诗善鸣集》评曰：“吊孟诗，微有孟意。”此外张蠙在《别后寄友生》亦有“襄阳曾卜隐，应与孟家邻”的诗句，可见作者对高洁隐士孟浩然有仰慕之情。首二句引出樵夫说孤坟夜吟的话，奠定悲凉气氛；三四句再次渲染凄苦氛围，说孟浩然如果再活一次，他的一生只会更坚定过着隐士般的生活；五六句介绍孟浩然的名望，声名远播襄阳，诗歌同汉水一样深厚；七八句追慕孟浩然当年在鹿门种树，而今亭亭如盖的事迹，表达对孟浩然隐逸情怀、安贫乐道操守的钦佩，孟诗及其人，后人多给出“清”的评价，张蠙此处亦是悼念孟浩然诗名与人品以自勉，渴望退隐山林，供耕垄亩。

送友人及第归[一]

家林沧海东，未晓日先红。
作贡诸蕃别，登科几国同。
远声鱼呷①浪，层气蜃②迎风。
乡俗稀攀桂③，争④来问月宫⑤。

【校记】[一]全诗校：“一本题下有新罗二字。”

【注释】①呷：吸，饮。②蜃：大蛤蜊。古人误以为蜃吐气而成海市蜃楼。③攀桂：攀援或攀折桂枝，犹折桂，喻登科。语出汉代淮南小山《招隐士》：“攀援桂枝兮聊淹留。”唐代杜甫《八月十五日夜》诗之一：“满目飞明镜，归心折大刀。转蓬行地远，攀桂仰天高。”唐代贾岛《青门里作》诗：“若无攀桂分，秖是卧云休。”④争：怎。⑤月宫：指月中桂，《晋书》卷五十二《郤诜列传》：“诜以对策上第，拜议郎。母忧去职。诜母病，苦无车，及亡，不欲车载柩，家贫无以蔌马，乃于所住堂北壁外假葬，开户，朝夕拜哭。养鸡种蒜，竭其方术。丧过三年，得马八匹，舆柩至冢，负土成坟。未毕，召为征东参军。徙尚书郎，转车骑从事中郎。吏部尚书崔洪荐诜为左丞。及在职，尝以事劾洪，洪怨诜，诜以公正距之，语在洪传。洪闻而惭服。累迁雍州刺史。武帝于东堂会送，问诜曰：‘卿自以为何如？’诜对曰：‘臣举贤良对策，为天下第一，犹桂林之一枝，昆山之片玉。’”唐代以后，科举制度盛行，月宫折桂便用来比喻考中进士。

【笺释】这是一首送友人及第归乡的诗歌。首二句介绍友人的家乡。位于沧海之东，还未到清晨红色的太阳已经升起来了；三四句讲述友人作别家园，从藩属国奔赴唐廷参加科举考试，一举中魁的及第经历；五六句引出友人归乡所遇异景，从远处传来海鱼吸饮浪花的声音，水面上屹立着迎着风的海市蜃楼。古人向有遇见奇异的事会有祥瑞出现的说法，那么这里“呷浪大鱼”和“海市蜃楼”亦是代表友人及第、步步高升的象征；末两句想象友人归乡，受到乡亲们欢迎的热闹场面，在友人的家乡登科是件非常稀少的事，而今家乡出了进士，乡人们纷纷来询问科考的事而及第归乡的心情也是轻松愉悦的，这首诗表达对友人登科的美好祝福。

次韵和友人冬月书斋

四季多花木，穷冬①亦不凋。
薄冰[一]行处断，残火睡来消。
象版②签书帙，蛮藤③络酒瓢。
公卿有知己，时得一相招。

【校记】[一]冰：全唐诗校：“一作云。”

【注释】①穷冬：隆冬，深冬。②象版：此指用象牙制的函签。③蛮藤：南方所产的藤。

【笺释】这首按友人冬月书斋诗的韵和用韵次序的和诗，表现冬季书斋的静谧。首二句写书斋周旁一年四季都有许多花草树木，即使在隆冬也未凋零；三四句介绍书斋的闲适时光，深冬水流结冰上冻可以在冰上自由滑动，遇到薄冰断裂处可以用火炉里的残火温暖融化它；五六句介绍书斋内的摆设，象牙制的函签夹在书籍中作为书签，用南方所产的藤条笼罩着酒瓢。尾二句介绍书斋里的朋友们，公顷有知己朋友，适时会招待几位友人吃酒谈天，指摘文字。这个书斋既有刘禹锡《陋室铭》“苔痕上阶绿，草色入帘青。谈笑有鸿儒，往来无白丁”的和谐天际环境，也有白居易《问刘十九》“晚来天欲雪，能饮一杯无”温馨朴实的心态和友谊。全诗散发着宁静淡远的生活情趣，可想这冬月书斋的主人亦是文人雅士了。

过山家

避暑得探幽，忘言①遂久留。
云深窗失[一]曙，松合径先秋。
响谷传人语，鸣泉洗客愁。

家山不在此，至此可归休。

【校记】[一]窗失：全诗校："一作灯火。"

【注释】①忘言：心中领会其意，不须用言语来说明。如陶渊明的古诗作品《饮酒其五》："此中有真意，欲辨已忘言"。即意为这里面蕴藏着人生的真正意义，想要辨明，却忘了怎样用语言表达。

【笺释】这首诗为诗人夏季在山间避暑，经过山家所作的诗歌。首二句写自己避暑山间得有机会探求幽谧，心中领会其中含义便流连忘返以致时间消逝；三四句介绍山间云雾缭绕，找不见山家，松树环绕的小径已经落满了秋叶；五六句描绘一幅山间泉谷图，山谷间传来阵阵人语，泉水涤除客人的忧愁，显然诗人也陶醉于这空灵的风景中，忘记了自己的烦心事；七八句诗人说我的家并不在此山中，现在可以停止游山，回到家乡了。表明诗人沉浸在自然美景中，希望归隐家乡，过着宁静闲适生活的心绪。

宿山驿①

驿在千峰里，寒宵独此身。
古坟时见火，荒壁悄无邻。
月白翻惊鸟，云闲欲就人。
只应明日鬓，更与老相亲。

【注释】①山驿：山中驿站。

【笺释】这是一首在山中驿站住宿所作的诗歌。首二句说山驿在千万峰峦之间，寒冷的夜晚自己孤独一人旅居在此。山峰之多衬出山驿之渺小，山夜之冷衬出自己的孤单，三四句更是幽迷冷峭，这深山野林只不时看到点点坟头火光，荒凉的墙壁外悄然无声，"古坟""荒壁"的意象更加重了诗人内心的恐惧寂寞；这样的环境下诗人自然是无法安眠的，五六句表现诗人深夜观察的屋外夜景，白色的寒月惊悚深夜的飞鸟，闲荡的云雾低压缭绕好像靠近到人一般；七八句表达诗人的遐想和希冀，天亮早点到来吧，等到明天我就能与阔别已久的乡亲们见面啦。可见这是一首归乡途径山驿的诗歌，全诗感情低迷阴寒，且思念家乡，可见诗人此时的情绪是低落失望的。

宿开照寺光泽上人[①]院

静室谭[②]玄旨[③]，清宵独细听。
真身[④]非有像，至理[⑤]本无经。
钟定遥闻水，楼高别见星。
不教人触秽，偏说此山灵。

【注释】①上人：对僧人的敬称。②谭：通“谈”。③玄旨：深奥的佛理。④真身：指佛祖。⑤至理：指佛法。

【笺释】这是诗人留宿开照寺光泽上人院所作的诗歌。首二句给人静穆的禅意，在静谧的禅房里探讨深奥的佛理，清晨独自细听僧院里的念经声，这是多么宁静的感受呀；三四句为诗人自己品味的佛理，佛祖并非有具体的形象，佛法本身也并非经义可以陈述的了得，这一切需要自己诚心参悟，只要“心中有佛，人人皆可成为佛祖”；五六句为禅院的景色，鸣钟的声音远扬寺外，钟声定落，可以闻见远处的水声，高楼上可见到别致的星辰，一切是那么的美好幽静。末两句表达诗人的见解，在这里没有让人接触到污秽的尘世，是因为这座山真的很有灵气啊。相比上首诗，诗人孤独苦闷的内心而言，这首诗诗人很好地呈现出寺院静穆庄严的气氛，内心受到禅意的熏陶也变得宁静通脱。

宿山寺

中峰半夜起，忽觉有[一]青冥[①]。
此界自生雨，上方犹有星。
楼高钟尚[二]远，殿古像多灵。
好是潺湲水，房房[②]伴诵经。

【校记】[一]有：全唐诗校：“一作在。”[二]尚：全唐诗校：“一作独。”

【注释】①青冥：青天。②房房：泉水声。

【笺释】这首在山间寺庙借宿的诗也表现宁静的心情。首二句写山寺所在的山峰夜半耸起，忽然发现头上有青天；三四句说这里自然下雨，上方还有星星闪烁，应该与山谷所处的地理位置和地形特点密切有关，四周为群山所围绕，地形闭塞，气流不畅，且终年空气均较潮湿，云多雾重。入夜后，云层对地面有保湿作用，而云层上部辐射冷却迅速，易使水汽凝结，上冷下暖的气层不稳定，易于夜雨的产生，因而谷内虽然降雨，而夜空仍可清晰见到星星；五六句介绍山寺的风景，楼阁高立，钟声悠扬，庙宇古老的佛像多数有灵气；七八句写道庙宇内水流缓缓流淌，叮咚的泉声伴着僧人诵经的声音，空灵流动。通过前首诗人夜宿寺院的诗歌来看诗人很享受庙宇钟声、诵经带给人的平静。

题紫阁院

上方[①]人海外，苔径上千层。
洞壑有灵药，房廊无老僧。
古岩雕素像，乔木挂寒灯。
每到思修隐，将回苦[一]不能。

【校记】[一]苦：全唐诗校："一作欲。"

【注释】①上方：山顶。

【笺释】这是一首题于寺院的诗歌。首二句写山顶外人海茫茫，苔径有上千层那么高，可见紫阁院环境高远清幽，远离尘世；中间四句介绍寺院内的人事物，洞壑内藏有灵丹妙药，房廊上没有看见衰老的僧人，古老的岩石上雕刻着质朴的画像，乔木树上点着清寒的灯光，"挂"字更烘托出寺院随性简单的风格。整个寺院给人古色古香、素朴幽静的感受；尾两句抒发感慨：每次到思考修行隐逸的时候，就得回到凡俗中，既是无奈不得隐逸，亦是诗人仍有出世之心的表现。诗人从地理位置、人文环境、庙宇景致等角度描摹出紫阁院超尘脱俗、宁静祥和的氛围，给人幽静清新之感。

白　菊

秋天木叶干，犹有白花残。
举世稀栽得，豪家却画看。
片苔相应绿，诸卉[①]独宜寒。
几度携佳客，登高欲折难。

【注释】①诸卉：犹言百草。

【笺释】这是一首咏物诗，作于秋季。首二句表现白菊顽强的生命力，在秋天树叶干枯凋零的萧瑟情况下，大自然还残存一些白菊；三四句介绍白菊的珍贵，世间栽植、培育成功这种菊花的都很少，有钱的人们也只能在图画上欣赏；五六句描绘秋季的景色，仅存几片青苔还是绿色的，百草也是耐住寒冷的，其余的花草则大多同木叶一般凋落衰败。末二句说自己曾几次与好友一同想登山采撷白菊，然而难度太大未能成功。这首诗表现白菊生于自然，非黄菊等菊可人力栽培，且其耐住严寒，独立风霜，使人联想到同样爱菊的陶渊明，如周敦颐《爱莲说》曰：“菊，花之隐逸”然“菊之爱，陶后鲜有闻”，而诗人却很欣赏更为珍稀的白菊，几度欲采摘，可作为诗人孜孜追求高洁隐逸品质的象征，而其“难折”的特点也表明理想实现过程的艰辛不易。

丛苇

丛丛寒水边，曾折打鱼[一]船。
忽[二]与[三]亭台近，翻嫌岛屿偏。
花明无月夜，声急正秋天。
遥忆巴陵①渡，残阳一望烟。

【校记】[一]打鱼：全诗校：“一作钓罾。”[二]忽：全诗校：“作咸，又作或。”[三]与：全诗校：“一作喜。”

【注释】①巴陵：唐县名，在今湖南岳阳市。

【笺释】这也是一首咏物诗，通过描写“丛苇”，表现诗人内心的凄迷。首二句介绍寒水边的丛丛茂密芦苇，竟使得捕鱼的小船调转方向，展现芦苇之密集；三四句介绍丛苇有时与楼台相近，反而觉得岛屿偏僻，这或为反语；五六句说在花儿明艳盛放，没有月亮的夜晚，丛苇被风掠过产生的嗖嗖声，而这正是秋天来了的一个表现，此处秋日丛苇相对上一首白菊的傲岸高寒，显得干枯苍黄；末两句追忆当年在岳阳渡口，透过丛苇窥见夕阳落幕背景下烟水气慢慢升腾的场景，表现对往事的回忆和萧索沉寂的秋日感伤心绪。

郑毂补阙[①]山松

心将积雪欺，根与白云离。
远寄僧犹忆，高看鹤未知。
影交新长叶，皴匝[②]旧生枝。
多少同时种，深山不得移。

【注释】①补阙：官名，掌讽谏。②匝：遍布。

【笺释】这首赠郑毂任讽谏职务的诗，透过山松表达对友人的美好祝愿和建议。首二句表现山松不畏严寒，“高处胜寒”的特点，山松内心不将积雪视为挑战，树根深入土地吸收养分，松树长得高大挺拔，直冲云霄；三四句写曾经住在这里的老僧人还时时回忆这些松树，仰头观看即使鹤也不一定能飞那么高；五六句讲山松们的生长变化，树枝茂密，在树影遮盖交叠处不时有新叶子长出了，遍布老枝干上还不断生出新枝丫；诗人七八句感慨山松之繁盛，数不清的松树同时入土发芽生长，这深山之中都不得移动，足见山松生长旺盛。而松之挺拔高俊、生长不息，或许寄托诗人对友人担任谏官的希冀与祝愿，希望友人严正负责，不畏强暴，保持生生不息的乐观情怀。

新　竹

新鞭暗入庭，初长两三茎[一]。
不是他山少，无如此地生。
垂梢从上出，柔叶箨[①]间成。
何用高唐峡[②]，风枝扫月明。

【校记】[一]两三茎：全诗校：“一作一茎茎。”

【注释】①箨：笋壳。②高唐峡：即巫峡。

【笺释】这是一首吟咏竹子的诗歌。首二句介绍竹子惊人的生长速度，刚在庭院种下新竹，不久就长到两三茎那么高；三四句言新竹优厚的生长环境，不是别的山上竹子少，而是没有像在这里长得那么好；五六句接着介绍新竹的生长过程，竹叶新发，渐渐压弯竹节，层层新叶生长开来，柔嫩的竹叶从笋壳中生长起来，表现竹子的勃勃生机，充满生趣；末两句抒发感慨：巫峡何必用风力扫去云雾求见明月呢，这里的竹枝完全可以代替“风枝”呀。全诗展现竹子旺盛的生命力，末句的比喻说法，既显得俏皮可爱，也表现一种动态美。

和友人送赵能卿[①]东归

一第时难得[②]，归期日已过。
相看玄鬓[③]少，共忆白云[④]多。
楚阔天垂草，吴空月上波。
无人不有遇，之子[⑤]独狂歌[⑥]。

【注释】①赵能卿：会稽（今浙江绍兴）人。工诗，曾举进士落第。与许棠、郑谷、张蠙、罗隐友善，许棠、郑谷、罗隐均有诗相赠。②“一第”句：言赵能卿落第而归。一低，指进士及第。③玄鬓：黑发。④白云：指隐居生活。⑤之子：此人。指赵能卿。⑥狂歌：楚狂接舆是春秋时楚国的隐士。接舆是他的名字，平时“躬耕以食”，佯狂不仕，所以也被人们称为称楚狂接舆。在《论语·微子》：记载楚狂接舆歌而过孔子曰：“‘凤兮凤兮！何德之衰？往者不可谏，来者犹可追。已而，已而！今之从政者殆而！’孔子下，欲与之言。趋而辟之，不得与之言。”他以《凤兮歌》讽刺孔子，并拒绝和孔子交谈。在《庄子·人间世》亦有类似记载：“孔子适楚，楚狂接舆游其门曰：‘凤兮凤兮，何德之衰也。来世不可待，往世不可追也。天下有道，圣人成焉；天下无道，圣人生焉。方今之时，仅免刑焉！福轻乎羽，莫之知载；祸重乎地，莫之知避。已乎，已乎！临人以德。殆乎，殆乎！画地而趋。迷阳迷阳，无伤吾行。吾行却曲，无伤吾足。’”。唐李白有“我本楚狂人，凤歌笑孔丘”之句。接舆因对当时社会不满，剪去头发，表示坚决不与统治者合作。

【笺释】这是送赵能卿落第东归的诗歌。首二句说一次就能进士及第是很难得的，而今归乡的日期已过，我们不得不道声分别；三四句回忆交往时光，彼此的黑发都渐渐稀少，共同畅谈退隐之事却很多；五六句为写景抒怀，与杜甫《旅夜书怀》“星垂平野阔，月涌大江流”的景色有相似性，都展现了雄浑阔大的景色。二句互文，诗人说楚地开阔天际垂着小草，吴地空旷仿佛是月亮周围的云波，而赵能卿显然是吴楚人士，诗人安慰赵说你的家乡更开阔，“海阔凭鱼跃，天高任鸟飞”，在这得天独厚的环境中，你同样可以一展宏图呀；末两句进一步劝慰道如果没有人赏识你的才华，那不如就效仿接舆隐逸山林，过着自由自在的世外生活。

送人归南中

有家谁不别，经乱独难寻。
远路波涛恶，穷荒雨雾深。
烧惊山象出，雷触海鳌[1]沉。
为问南迁客，何人在瘴林[2]。

【注释】①海鳌：神话传说中的海中巨鳌。《晋书·郭璞传》："鷦鷯不可与论云翼，井蛙难与量海鼇。"②瘴林：指我国南方生发瘴气的山林。

【笺释】这是一首送友人南归的诗歌。首二句说和家人分别，经历战乱更难独自一人前行找寻；三四句写寻家的艰险，路途遥远，波涛险恶，穷山僻水，雨多雾浓；五六句进一步写路途的艰险，大火四起使山中大象受到惊吓乱出，雷电触击海中巨鳌使其沉没，这些自然界的猛兽尚且经受不住恶劣环境的摧残，何况平凡的人类呢？七八句直抒同情及不满，诗人问道迁向南方的客人呀，还有谁被贬到南方生发瘴气的山林呢？表达对迁向南方的友人深切的同情及担忧之情。

塞下曲

边事多更变，天心[1]亦为忧。
胡兵来作寇，汉将也封侯。
夜烧[2]冲星[3]赤，寒尘翳日愁。
无门展微略[4]，空上望西楼。

【注释】①天心：天帝之心。②夜烧：指烽火。③冲星：犹冲天。④微略：谦称自己安边的谋略。

【笺释】这是诗人有感边塞多战事的诗歌，反映战乱对王侯、百姓造成的极大困扰。首二句之言边疆不宁令皇帝也深感忧虑；三四句指出忧虑的来源，胡兵时常骚扰侵略边境的百姓，朝廷任命将士保卫边塞，平定战乱；五六句交代战争余音，烽火冲天，染红天空，寒冷的烟尘遮蔽阳光，太阳也为之发愁，火光冲天、飞尘蔽日同样展现塞外独特的景观，苍芒辽阔；尾两句表达无望的内心，自己有一些浅陋的安边谋略，然而报国无门，只得空上西楼眺望满目疮痍。全篇悲凉，张蠙作为“咸通十哲”之一，具有治世才能，然而一直未得到重用，但诗人强烈的家国抱负使他内心仍向往施展才德，报效祖国，可悲的是理想在现实面前无情地被一次次摧毁，这可谓历代仁人志士怀才不遇的共同悲鸣，末句“空望西楼”的动作，使得失路英雄的形象更加悲壮。

边将二首

其　一

历战燕然①北，功高剑有威。
闻名外[一]国惧，轻命故人稀。
角怨星芒动②，尘愁日色微。
从为汉都护③，未得脱征衣。

其　二

按剑立城楼，西看极海头。
承家为上将，开地得边州。
碛迥④兵难伏，天寒马易收。
胡风一度猎，吹裂锦貂裘。

【校记】[一]外：全诗校：“一作敌。”

【注释】①燕然：古山名。即今蒙古人民共和国境内的杭爱山。两汉时代，中国与匈奴长期交战。卫青、霍去病相继大举北伐，北疆之患仍绵延不绝。东汉，窦宪出兵征讨，一举平定北匈奴绝患，其功绩之显赫，似在卫霍诸将之上。但是这场战役历来并不为人所看重。②星芒动：谓彗星出现，为战争的征兆。见《后汉书·天文志中》。③都护：官名。西汉宣帝神爵二年（前60）置“西域都护”，为驻守西域地区的最高长官，控制西域各国。“都”为全部，“护”为带兵监护，“都护”即为“总监护”之意。都护府是汉、唐等时代中原王朝为防卫边境与统治周边民族而设置的军事机关。汉代在西域设有西域都护府，魏、西晋设有西域长史府，唐代曾设六都护府。都护府长官称为都护。④碛迥：沙漠辽远。

【笺释】这是两首为边将立像的诗歌，如边塞粗犷辽阔的风景一般，戍守边关的将士们同样豪迈而又艰辛。

第一首塑造了一位征战多年、武艺高强的边关战士形象。首二句说这位将士久历燕山北部的战场，武艺高强剑法有威力，一位经历时间和战争磨炼的严整威武的大将展现在我们面前；三四句说边将闻名海外，令侵略国家的敌国感到恐惧，因为在战场上全力拼杀，将自己生死置之度外，故而许多兵士为国捐躯，保存的兵力便少；五六句渲染沙场严肃悲凉的气氛，号角声满含哀怨，预示战争开始，飞尘散发愁怨，日色渐渐消沉，“角怨”“星芒动”“尘愁”“日色微”渲染战争残酷艰辛的氛围，兵士内心也如这景物一般“愁怨”；七八句抒发感慨，自从汉代为防卫边境以及统治周边民族而设置都护府，几百年来边关战士们的军服再未脱身，极言战争历史之久带给人们生命和精神上的迫害，全篇苍凉中有豪迈之气。

第二首塑造了一位坚韧不拔、保家卫国的边将形象。首二句速写一位城楼眺立，按剑凝目的将士观看军情的场景，他以手扶剑，伫立城池楼阁，面西眺望看尽海的尽头，英姿飒爽；三四句追忆从军时间，继承祖业担任上将，出战便收复了边塞州郡，这是一位军人世家，世代保卫边防；五六句介绍戍守边关的艰苦，沙漠辽远，难以收服敌军，天气严寒战马早早就会收兵，在这不利的环境下无论是日常练兵，还是与敌军厮杀，战争进行地都极为艰险，何况上将一直以来就在这种环境下作战，可想不易；尤其末二句更将恶劣环境下上将坚韧英勇的形象突显而出，北风凛冽呼啸而来，直接吹裂锦衣貂裘，而即使这种情形下，将军没有屈服，而是继续坚守边关，保卫边境的安宁。两首诗豪放苍茫，气势悲凉。

朔方[①]书事

秋尽角声苦，逢人唯荷戈。
城池向陇[②]少，岐路出关多。
雁远行垂地，烽[③]高影入河。
仍闻黑山[④]寇，又觅汉家和[⑤]。

【注释】①朔方：朔方节度使府，治所在今宁夏灵武县。②陇：陇山，古代“陇”与“垄”相通，指的是田埂，古代人们看到横亘于关中平原西部的山脉如同田埂一样，就把它们称之为陇山。又名“大陇山”“六盘山”“鹿盘山”“鹿攀山”等，地处宁夏和甘肃南部、陕西西部，位于西安、银川、兰州三省会城市所形成的三角地带中心。主峰在宁夏固原、隆德两县境内，海拔2928米。山体大致为南北走向，长约240公里，是陕北黄土高原和陇西黄土高原的界山，及渭河与泾河的分水岭，曲折险峻。古代盘道六重始达山顶，故今名“六盘山”。山的东南垂有老龙潭胜迹，为泾水源头之一。③烽：烽燧，又称烽火台，俗称烽堠、烟墩、墩台，是中国古代的战略性建筑，一般建在险要处或交通要道上。烽火台的建立是用于发送战报传递紧急军情的，古时一旦发现敌情，若遇白天则燃烧掺有粪便的柴草，释放浓烟；若是夜里则燃烧加有硫磺和硝石的干柴，使火光通明，后方看见便知有战事发生，继而出兵相助，烽火台是古代最重要的军事防御设施，烽火台的烟火传递也是古老但行之有效的消息传递方式。④黑山：在今内蒙古包头市西北。⑤和：指和亲。

【笺释】这是一首作于北方边境的诗歌。首二句写在朔方的生活，秋尽冬来，角声苦寒，遇到人只能背着兵器，难以作战；三四句写朔方的荒凉、缺少治理，国家的治所靠近陇山逐渐减少，出关后叉路分别的地方渐渐增多；五六句描绘朔方风景，大雁南迁远远离去，高空中的雁群仿佛是垂直行走，烽燧高耸，影子倒映在河水中，凄寒苍茫，孤单寂寞的战场氛围，由“雁行”“烽影”烘托出来，景色壮观；末两句写战事进展情况，听闻西北外族又在准备通过和亲缓和战争局势了，指出“黑山寇”的阴谋，战争不利，亲友别离，硝烟不止，敌军猖狂，表现残酷的战争带给人民巨大的精神及身躯上的摧残。

经荒驿①

古驿成幽境，云萝隔四邻。
夜灯移宿鸟，秋雨禁行人。
废巷荆丛合，荒庭虎迹新。
昔年经此地，终日是红尘②。

【注释】①荒驿：荒废的驿站。②红尘：飞扬的尘土，形容繁华热闹。

【笺释】这是诗人经过荒废的驿站所作之诗。首二句介绍古驿之“荒”，这荒老的驿站如今自成了幽谧环境，遍结云萝隔着四方景色；中间四句介绍荒驿景色，夜晚的灯火移近栖息的鸟儿，秋天萧索的雨禁止行人出行；废旧的街巷荆棘丛生闭合，荒废的庭院虎迹新。“夜灯”“秋雨”“废巷”“荒庭”给人荒寂之感，“移鸟”“禁人”“荆合”“虎迹”则给人阴森可怖之感；七八句追忆曾经经过这个地方，那时繁华热闹，今昔对比下，更显荒凉，而古驿的荒废亦是时代衰落的反映，“物非人老""故地重游"更觉凄楚。全诗紧扣"驿站"之"荒",感情落寞,氛围悲凉。

赠栖白①大师

剃发得时名,僧应别应星②。
偶题皆有诏③,闲论便成经。
扫叶寒烧鼎,融冰晓注瓶。
长因内斋④出,多客叩禅扃⑤。

【注释】①栖白:晚唐著名诗僧,生卒年不详,越中(今浙江)人。常与李频、许棠、姚合、李洞、贾岛、无可等诗人往来赠答。唐宣宗大中年间住京城荐福寺,为内供奉,赐紫袈裟。工诗,尚苦吟。时人张乔谓其"篇章名不朽"。《全唐诗》共录其诗16首。②应星:岁星的别名,见《史记·天官书》。传说东方朔乃岁星下凡,世称"岁星精"。见《列仙传》卷下及《汉武帝内传》。③"偶题"句:栖白于大中咸通间为内供奉,多应制诗,故云。④内斋:指宫内之斋。⑤禅扃:僧院的门。

【笺释】这是送给栖白大师的诗歌。首二句说当年栖白大师剃发得到名号,僧人不同于应星;三四句说栖白于大中咸通间为内供奉,多应制诗,随便的言论就成经论;五六句介绍栖白大师的打扫落叶以烧大鼎,融化的冰水注入瓶子中;七八句说宫内之斋长久出入,闻名而来的许多客人轻叩僧院的门。全诗表现栖白大师明心见性、深居简出,潜心问道的形象。

赠闻一上人①

见面虽年少,闻名似白头。
玄谈穷释旨②,清思掩诗流。
果落痕生砌,松高影上楼。
坛场在三殿③,应召入焚修④。

【注释】①上人:对僧人的敬称。②释旨:对佛教的教义。③三殿:即麟德殿。一殿而有三面,故称。见《玉海》卷一六〇。④焚修:焚香礼佛。

【笺释】这也是一首赠给僧人的诗歌。首二句介绍自己与闻一上人的相识,初次见面看到上人还年轻,但上人声名远著,还以为是年老的僧人,可见闻一上人的悟性高，修行好；三四句为与上人探讨佛理的经历，谈论玄理解释佛教教义，清晰的思维透露着诗性缓缓流出，由此可见唐代人诗性生活体现在方方面面，连僧人讲经、悟禅无不折射诗意，产生不少优秀的诗僧，如皎然、贯休等；五六句接着描绘僧院景致，松果掉落的痕迹宛如天生砌就的，松树高耸，影子映在楼阁上，“落”与“上”将宁静的僧院景色增添几分动感，动静相生，相较司空曙“雨中黄叶树，灯下白头人”辛酸悲凉的气氛，此处“果落”不给人萧瑟感，“松高”更衬托出寺院的古朴庄严；七八句写闻一上人所在寺院的坛场在大明宫之麟德殿，受召焚香礼佛，可见上人修行之高。

赠可伦上人

师教本于空，流来不自东。
修从多劫后，行出众人中。
衲[①]冷湖山雨，幡轻海甸[②]风。
游吴累夏讲[③]，还与虎溪[④]同。

【注释】①衲：僧衣。②海甸：近海之地，即下句之“吴”。③夏讲：从四月十六日至七月下五日，僧徒专心坐禅修学，禁止外出，称夏安居，又称坐夏。见《一切经音义》卷五九。④虎溪：在庐山东林寺外。慧远每送客不过虎溪，唯陶渊明与陆静修至，语道契合，不觉过溪，三人相视大笑。世传为《三笑图》。见《莲社高贤传》。

【笺释】这首赠给僧人的诗歌，着重突出可伦上人的修行。首二句说上人的教义本是空的，流到这里不再向东而去；三四句说上人修行历经艰险和劫难，道行在众僧之中脱颖而出；五六句具体介绍可伦上人的修行，穿着薄僧衣在湖面下起的沥沥山雨下浸濡湿润，近海之地的风轻轻吹拂巾幡，上人沉心讲经；末两句说云游吴地适逢四月十六日至七月下五日，僧徒专心坐禅修学，禁止外出的夏安居，还可以与虎溪的习俗相同。这首诗展现可伦上人修行的苦功、定力，令人敬佩。

寄法乾寺令谭[①]太师

师居中禁寺[②]，外请已无缘。

望幸唯修偈③，承恩不乱禅。
院多喧种药，池有化生莲。
何日龙宫里，相寻借法船④。

【注释】①令諲(865—935)：俗姓杨，陕府阌乡人。精通大小乘经论，远近宗承。清泰二年(935)卒。见《宋高僧传》卷七。②中禁寺：宫中之寺。③偈：即偈颂，佛经中的唱偈词。④法船：喻佛法。谓佛法如船，可拯救苦海中的众生，以达彼岸。

【笺释】这首诗是寄给法乾寺令諲太师的诗歌。首二句说太师居住在宫中之寺，外界是无法请太师出去讲经的；三四句说太师的心志：只求安心修行偈颂，承接恩典不乱禅性；五六句介绍太师的生活。僧院内广种草药，池水有脱俗莲；七八句表达诗人的心愿：太师哪天在皇宫中得到机会，出行尘世，凭借如船的高深佛法，可拯救苦海中的众生，以达彼岸。这首诗中诗人表达高僧不应仅为那皇室服务，更应深入苦难众生，为凡夫俗子指点迷津，解脱痛苦才对。

寄太白禅师

何年万仞顶，独有坐禅僧。
客上应无路，人传或见灯。
斋厨[一]唯有橡①，讲石任生藤。
遥想东林社②，如师谁复能。

【校记】[一]厨：全诗校："一作盂。"

【注释】①橡：橡实。②东林社：即莲社，北宋释道诚集《释氏要览》三卷：昔晋慧远法师(唐宣宗谥大觉法师)，雁门人。住庐山虎溪东林寺。招贤士刘遗民、宗炳、雷次宗张野、张诠、周续之等为会修西方净业彼院，多植白莲。又弥陀佛国，以莲华分九品次第接人故称莲社。又云。嘉此社人不为名利淤泥所污，喻如莲华故名之。又云。远公有弟子名法要，刻木为十二叶莲华，植于水中；用机关，凡折一叶是一时，与刻漏无差，俾礼念不失正时或因此名之。又称净社，即南齐竟陵文宣王，纂僧俗行净住法故。夫社者，即立春秋日后五戊名社日。天下农结会祭以祈谷。《荆楚记》云：四人并结综会社。《白虎通》云：王者所以有社何为？天下求福报土，人非土不食，土广不可遍敬，故封土以立社。今释家结慕缁白，建法祈福，求生净土；净土广多，遍求则心乱，乃确指安养净土为栖神之所，故名莲社净社尔。

【笺释】这也是一首赠给禅师的诗歌，可见张蠙比较热爱禅理，与许多僧人都有交流。首二句以万仞高山有一位坐禅的僧人独自修行起兴，给人高深只敢；三四句属禅理，诗人说客行路上应该找不见出路，有人说也许能看到灯火；五六句接着介绍太白禅师的修习环境，僧院厨房里只有橡实，讲经的石头上任意由藤条缠绕，这是一个极其朴素且又随性的僧人；末两句为夸赞禅师之语，诗人说遥想当年的莲社，像大师这样的如今还有谁能再跻身其中呢？这是诗人给所寄诗的僧侣中最高的评价了，一位偕隐简居、天人和谐的高僧展现在后人面前。

遇道者①

数里白云里，身轻无履踪。
故寻多不见，偶到即相逢。
古井生云水，高坛出异松。
聊看杏花酌，便似换颜容②。

【注释】①道者：道士。②换颜容：返老还童。

【笺释】这是诗人偶遇久已仰慕的道士所作之诗，既有欣喜之情，也有赞赏之情。首二句说道士在白云间穿梭，身体轻盈不留踪迹；三四句写自己有意四处寻找也没见到道士真人，今天却偶遇道士，得以相逢；五六句借景抒怀，以“古井之水”“高坛之松”比喻道士的神异，如同古井生出清冽天上水，高坛长出的参天大松，而水之灵动、松之傲然可视为道士高深道行和“神龙见首不见尾”来去无踪的比喻；末两句表达自己与道士交谈后神清气爽的变化，随便聊着天，对着杏花品着酒水，就好像返老还童一样，足见道士充盈的精神世界，而这次偶遇显然令诗人倍感愉悦，至此可见诗人隐逸之心已很浓烈，从佛道中均找寻到安顿心灵的方式。

赠道者

得道疑人识，都城①独闭关。
头从白后黑，心向闹中闲。

饥渴唯调气，儿孙亦驻颜[②]。
始知仙者隐，殊不在深山。

【注释】①都城：京城。②驻颜：青春永驻，长生不老。

【笺释】这也是一首赠给道士的诗歌，从中或可窥见诗人自身求道的隐逸情怀。首二句说得道的人怀疑被人认出来，独居京城，静修道法，断绝一切事物与人事交往；三四句说得道者的变化，头发由白转黑，内心可从闹市中发现闲趣，可谓“小隐在山林，大隐于市朝”中较为高级通脱的大隐了，他们能在最世俗的市朝中排除嘈杂的干扰，自得其乐，淡然处之。而诗人从以前歌咏“隐于野”的隐士，到如今赞赏“隐于市”的道士，可见诗人的水平亦在上升，看待事物的态度更为平淡。五六句介绍得道者不仅可以通过调整气息解决凡人的饥渴问题，还能使子孙后代都保持青春容颜，长生不老；末两句说才终于知道仙人隐遁就在凡俗中间，并非独自在抛却尘世，隐居于深山老林中。末首诗表达诗人对得道的种种羡慕之情，其对隐逸的认识也更通彻，但这不代表张螾也要沉湎于世外桃源中，而是努力达到喧闹凡世与内在心灵的平和。

雨

半夜西亭雨，离人独启关。
桑麻荒旧国，雷电照前山。
细滴高槐底，繁声叠漏[①]间。
唯应孤镜里，明月长愁颜。

【注释】①漏：指古代计时器漏壶的滴水声。

【笺释】这是一首写夜雨的诗。首二句写夜半下雨，西亭的人们就要别离，独自踏上征程；三四写国破山河的局面，满田桑麻肆意生长，国家荒凉颓靡，雷电交加的夜晚闪电照着前山，如此凄迷的夜晚，诗人孤独漂泊更显悲伤；五六句说雨水打在高高的槐树上，水渗过枝干滴落树根，雨声、风声更迭着漏壶的滴水声伴着诗人前行，“细滴”与“繁声”将“夜雨”细密的特点展现出来；七八句说只应该在独一的镜子里，明月长使人感到忧愁，借“孤镜”与“明月”，映照出羁旅之人的孤独哀愁。本诗中，“雨”作为贯穿全诗的意象，奠定凄凉无奈的情感基调。

长安春望

明时不敢卧烟霞①，又见秦城换物华②。
残雪未销双凤阙③，新春已发五侯[一]家。
甘贫只拟长缄[二]酒，忍病犹期强采花。
故国别来桑柘尽，十年兵践海西艖。

【校记】[一]五侯：“一作五陵。”[二]缄：全诗校：“一作监。”

【注释】①卧烟霞：指隐居。②物华：随季节变化的自然景色。③双凤阙：长安建章宫外的双阙，上有双铜凤凰，故称。见《史记·封禅书》及《三辅黄图》卷二。代指皇宫。

【笺释】这首诗写于诗人在唐朝灭亡数后的春天返回长安所作。首二句表达心迹，在国家太平时不敢隐居，随时想着报效祖国，而今都城随季节变化，换了几次自然景色，暗示国家易代；三四句写初春乍暖还寒，还留有没有消融完的残雪在皇宫上，早春已经在侯爵家中显露迹象；五六句写自己甘受贫寒愿意只做一个监督造酒的官吏，忍着病痛强自采花酿酒。这是诗人再向朝廷表露自己忠贞值守、鞠躬尽瘁的决心；七八句表达感慨：再回故国，农桑之事消失殆尽，征战十年，兵火践踏海边的捕鱼业。春天本是充满生机和希望的季节，然而“故国”“残雪”“贫病”“桑柘尽”的背景下，“长安春望”见的是死寂、颓靡，同杜甫《春望》表达的内容和感情有异曲同工之处，都表达对祖国深沉的爱，难能可贵的是如此环境下，诗人仍想着为国效力，不因贫病缠身而心生怨愤颓唐。

过黄牛峡①

黄牛来势泻巴川②，叠日③孤舟逐峡前。
雷电夜惊猿落树，波涛愁恐客离船。
盘涡逆入嵌空地，断壁高分缭绕天。
多少人经过此去，一生魂梦怕潺湲。

【注释】①黄牛峡：在今湖北宜昌西北。又名黄牛山，下有黄牛滩，山崖高峻，江流迂回。行者谣曰：“朝发黄牛，暮宿黄牛。三朝三暮，黄牛如故。”见《水经注·

江水》。②巴川：指来自巴蜀的长江。③叠日：累日，多日。

【笺释】这是诗人经过黄牛峡时所作的诗歌，时间当为夏汛期间。首二句说黄牛山高峻，江流迂回，来势汹涌，一泻千里，连日以来只有少数船只靠近峡谷前行；三四句说夜晚雷电交加使树上的猿猴受到惊吓落下来，波涛凶猛担心客人离开船只会受到危害；五六句接着说黄牛峡的地貌，盘旋的水涡嵌在空地中，断裂的山壁直耸入天，将天空分成两半，"逆"与"分"字生动地将山峡高峻的特点刻画出来；末两句说多少人经过这里，一生梦中都害怕再见到潺湲。而诗人经过这里，却可以淡定地介绍黄牛峡的来龙去脉和风貌地势，可见诗人的英雄情怀。尤其末句，通过黄牛峡的险恶影响人数之多、时间之久，更可衬托诗人豪放淡然的情怀。

逢道者

纵意出山无远近，还如孤鹤在空虚。
昔年亲种树皆老，此世相逢人自疏。
野叶细苞深洞药，岩萝闲束古仙书。
只[一]寻隐迹归何处，方说烟霞不定居。

【校记】[一]只：全唐诗校："一作终。"

【笺释】这首诗讲的是与道者相逢所作的诗歌。首二句说道者出山不在意远近，就像野鹤在空阔天地间自由行动；三四句说当年亲自种的树都老了，现在世间相逢的人多数都不相识。树木一般都能活很久，几代人人的寿命相加亦有上百年，而历经"物是人非"变动的道者还活在世间，可见他已经得道不老了。五六句写道者的日常，山野干叶细致地包扎深幽洞穴的草药，岩石上的藤萝高高地架着古老的仙术书。七八句说诗人问询道者他的隐逸之所最终将定在哪里，道者才说在天地隐居的地方不是固定的。诗人固然羡慕道者的悠然自得，但并没有明确表露内心对隐逸的坚定追求。

边　情

穷荒始得静天骄①，又说天兵拟渡辽②。
圣主尚嫌蕃界近，将军莫恨汉庭遥。

草枯朔野[3]春难发，冰结河源[4]夏半销。
惆怅临戎皆效国，岂无人似霍嫖姚[5]。

【注释】①天骄：汉时匈奴自称“天之骄子”，见《汉书·匈奴传上》。后泛指北方边地盛的外族。②辽：辽水，即今辽河。③朔野：北方原野。④河源：黄河的源头。⑤霍嫖姚：指西汉名将霍去病，曾任嫖姚校尉、骠骑将军。《史记》《汉书》皆有传。

【笺释】这首诗介绍了边塞的军情。首二句说兵荒才使得匈奴骄横，另外北方外族打算渡过辽河，战情告紧，而这实是军士们血洗拼杀抵抗不住的结果，“使得”与“又说”既战士们竭尽全力，精疲力竭的沙场情况展现出来，说法全面，饱含激情，再现战场紧张高亢局势；三四句有转折，不经意间流露对无能的统治者的不满，诗人说皇帝还嫌离藩人的边界太近呢，将军不要遗憾离朝廷太远，无法让统治者见到战况事情，《贯华堂选批唐才子诗》评说：“‘尚嫌’、‘莫恨’妙，真写尽穷兵黩武之可恨也。”五六句直言对圣上开辟疆土发动战争的不解，塞外草枯，春季都难以发芽，一年四季河源常冻结，即使是夏季才略微化冻，如此恶劣的环境不明白朝廷为何一直不肯收兵，而要掠夺这贫瘠的北方原野呢？末二句指出原因，勉强征战北戎效力朝廷，却没有像霍去病那样的大臣来完成功业。《唐体肤诠》称三、四联“讽谕婉切”，诗人揭露朝野大臣自私庸碌，只为自己谋私利，而不考虑战士生死、生灵涂炭，且没有真才实学，反而使国家日渐衰微，人民叫苦不迭。本诗慷慨激昂，令人动容，有力地揭露晚唐战事不断、日暮江山的实质原因，同时可窥见张蠙的治世才能，然终不受重用，实在可惜。

赠李司徒[1]

承家拓定陇关[2]西，勋贵名应上将齐。
金库夜开龙甲冷，玉堂[3]秋闭凤笙低。
欢筵每恕娇娥醉，闲枥[4]犹惊战马嘶。
长怪鲁儒[5]头枉白，不亲弓剑觅丹梯[6]。

【注释】①司徒：唐时与太尉、司空合称三公，正一品，然无实职。②陇关：又名大震关，在陇山下，位于今甘肃清水县东陇山东坡，是唐中叶以后防御吐蕃的要地。③玉堂：泛称富贵之宅。④枥：马厩。⑤鲁儒：诗人自称。⑥丹梯：喻仕进之路。

【笺释】这是赠给李司徒的诗。首二句写李司徒继承家业平定大震关，功勋显赫，名位当与上将齐平才对呀，深层次是赞赏李司徒家世代英勇，保家卫国，亦是为其不公平的待遇而感到可惜；三四句说一面是在边关，司徒夜晚守关盔甲都冻得冰冷，一面是富家豪宅紧闭大门，在屋内演奏低扬的凤笙，歌舞升平。诗人仅是平直叙述，不带感情，而强烈的对比仍让人心动，不禁联想到伟大诗人杜甫《自京赴奉先县咏怀五百字》："朱门酒肉臭，路有冻死骨。"同样的巨大反差，不同的是本诗是辛劳与安逸的对比，后者是贫富反差，骄奢淫逸的物质占有者们用边关将士牺牲生命换来的一时安宁坐享其成；五六句进一步突出玉堂的醉生梦死和边塞战士的拼杀，统治者们欢饮达旦，与娇娥喝酒戏耍，沙场上军士秣马厉兵，战马嘶鸣，"每恕"与"犹惊"，"醉"与"嘶"的对比，极具张力，震撼人心；末两句，抒发感慨，诗人说李司徒还常责怪自己年华老大，不亲自征战沙场寻觅仕进之路。这句话紧承强烈对比的上联，以平淡的昔日对话收束全诗，余音缭绕，其间正误由观者自行体会，怨而不怒，温柔敦厚。

送卢尚书①赴灵武

西北正传烽候②急，灵州共喜信臣③居。
从军尽是清才去，属郡无非大将除④。
新地进图移汉界，古城遗碣见蕃书。
山川不异江湖景，宾馆常闻食有鱼⑤。

【注释】①卢尚书：卢潘，"儒雅流闻，今膺拔擢"文宗朝官户部员外郎。大中时出为新安太守，徙庐州刺史。据此，唐文宗朝(太和元年827年到开成五年840年)，卢潘在朝廷为官，大中初出任外官。(《全唐文》卷七九二)约咸通十年(869)前后为朔方灵武节度使，最后"薨于灵武"。见《唐刺史考》卷一八。灵武：唐郡名，即灵州，治所在今宁夏灵武县。②烽侯：即烽堠，烽火台。③信臣：召信臣，字翁卿，西汉九江寿春人。曾任上蔡长，迁南阳太守，皆有德政，教化大行，吏民尊之为"召父"。见《汉书·循吏传》。此喻卢尚书。④除：授官。⑤食有鱼：反用冯谖事，《战国策·其四》："齐人有冯谖者，贫乏不能自存，使人属孟尝君，愿寄食门下。孟尝君曰：'客何好?'曰：'客无好也。'曰：'客何能?'曰：'客无能也。'孟尝君笑而受之曰：'诺。'左右以君贱之也，食以草具。居有顷，倚柱弹其剑，歌曰：'长铗归来乎！食无鱼。’左右以告。孟尝君曰：‘食之，比门下之客。’”

【笺释】这是一首送卢潘赴朔方任灵武节度使的赠别诗，当作于咸通十年(869)前后。首二句交代紧张的边关局势，国家西北部烽火台燃烧烟火，传递紧急军情，灵州正可惜能与西汉召信臣那样有才德的官吏居住；三四句说从军为兵的都是清华才俊，属郡无不是授官大将的；五六句说新属地献图移动朝廷边界，古老城池遗留下来的碣石可以看见蕃书，表现古灵州在历史上重要的军事地位。七八句抒发感慨，西北山河与中原江湖的风景没有差异，常能听闻贵族官僚家里的食客能够“食有鱼”，表现宁夏灵武县的富饶图景，表达诗人对卢尚书才能的夸赞和就任的祝福之情。

投翰林张侍郎

举家贫拾海边樵，来认仙宗[1]在碧霄。
丹穴[2]虽无凡羽翼，灵椿[3]还向细枝条。
九衢[4]马识他门少，十载身辞故国遥。
愿与吾君作霖雨[5]，且应平地活枯苗[6]。

【注释】①仙宗：同宗的美称。作者与张侍郎同姓。②丹穴：古代常指修道人炼丹的洞府或山穴，如唐代钱起《登釜山遇道人》诗之二：“山阶压丹穴，药井通洑流。”。③灵椿：典出《庄子集释》卷一上〈内篇·逍遥游〉：“上古有大椿者，以八千岁为春，八千岁为秋。”后遂以“灵椿”指古代传说中的长寿之树，喻年高德劭的人。④九瞿：指京城四通八达的大道。⑤作霖雨：比喻任宰相。霖雨，连绵大雨，比喻恩泽甘霖。⑥枯苗：作者自喻。

【笺释】这是诗人投靠翰林张侍郎所作的自荐诗。首二句说自己家贫，全家都在拾掇海边零散的木柴，希望能得到同宗显赫的张侍郎扶持，诗人毛遂自荐；三四句说修道人炼丹的洞穴虽然没有羽翼，长寿之树还有细嫩的枝条呢，在此诗人将张侍郎比作“丹穴”，象征其高洁隐逸，“灵椿”亦有夸赞其德高望重之意，希望自己可以变成“细枝条”，为侍郎效劳；五六句回忆自己的仕途经历，京城大道四通八达，然而马儿并不认识怎么走，年华老大，不到十年就要辞世了，此处诗人以“马”自喻，境况凄惨；末二句倾吐心声，希望侍郎您身居高位，可以播撒甘霖救救我这棵即将枯死的树苗。全篇诗人以近乎哀求的口吻，向翰林张侍郎求助，卑微可怜，由此也可见晚唐大多士人艰难的生存处境。

投翰林萧侍郎

九仞墙[①]边绝路岐，野才非合自求知。
灵湫[②]岂要鱼栖浪，仙桂那容鸟寄枝。
纤草不销春气力，微尘还助岳形仪[③]。
从来为学投文镜，文镜[④]如今更有谁。

【注释】①九仞墙：《论语. 子张》："夫子之墙数仞不得其门而入不见宗庙之美百官之富。"意谓孔子之才德不可企及后因以"墙仞"喻贤者之门。②灵湫：龙潭。③"微尘"句：化用《管子·形势解》："山不辞土石，故能成其高。"④文镜：比喻能鉴别诗文优劣的人。

【笺释】这是诗人投靠翰林萧侍郎所作的自荐诗。首二句写通向贤者之门的道路走不通，偏离了正路，山野之人想受到任用只有自己去追求；三是坚持写龙潭怎么会需要鱼儿在其间嬉游，仙桂怎么会容忍鸟儿在上边栖息，此以"灵湫""仙桂"比作萧侍郎，以"鱼""鸟"自喻；五六句说纤细的小草不会消耗春天的气力，微尘还能有助于山岳的形成，诗人以"纤草""微尘"自喻，以"春""岳"比作萧侍郎，表示自己不会打扰侍郎，还能帮助侍郎积聚力量。颔联与颈联欲扬先抑，诗人以极低微的姿态向萧侍郎举荐自己，可能生活所迫难以为继。末两句夸赞萧侍郎是能鉴别诗文优劣的人，而自己多年所学就是希望能得到侍郎的赏识，既赞赏侍郎知人善任，也是对自己才学的自信。这首诗与上首诗都展现张蠙极度困窘的生活境况，需要赏识人才的贤士任用自己的心愿及其浓烈。

宴驸马宅

牙香[①]禁乐[②]镇[③]相携，日日君恩降紫泥[④]。
红药[⑤]院深人半醉，绿杨门掩马频嘶。
座中古物多仙意，壁上新诗有御题[⑥]。
别向庭芜寘吟石，不教宫妓踏成蹊。

【注释】①牙香：香名，用多种香料研末制成。参见洪刍《香谱》。②禁乐：宫廷音乐。③镇：常。④紫泥：指诏书。皇帝诏书用紫泥封口，称紫泥诏、紫诏。⑤

红药:芍药。⑥御题:皇帝亲笔题写。

【笺释】这是一首在驸马宅参加宴会所作的诗歌。首二句写驸马宅的高贵繁华,牙香气味与宫廷音乐声相伴随,每天都会收到诏书;三四句写府宅的环境,庭院深长,夜晚芍药的香气熏得人为之陶醉,绿杨掩映下的宅门可听见宝马频频嘶鸣;五六句写室内陈设,座位上的古老宝物大多蕴含仙气,墙壁上的新诗中还有是皇帝亲笔题写的;七八句写别庭布置,通向庭院的芜草中设置吟石,以防被宫妓践踏成路。末句写实同时,其实也揭露驸马宅奢华的生活,坐享其成,歌舞升平、醉生梦死、穷奢极丽,这也是唐王朝必然灭亡的缘由所在。

边　将(一作罗邺诗)

上马乘秋欲建勋,飞弧夜阙出师频。
若无紫塞烟尘事,谁识青楼歌舞人。
战骨沙中金镞在,贺筵花畔玉蝉新。
由来边卒皆如此,只是君门合杀身。

【笺释】这是一首写边关将士的诗歌。首二句写边将骑在马背想趁着秋天就建立功勋,军队深夜频频出击;三四句写如果没有边塞的战事,谁能结识青楼的歌伎、舞伎呢?五六句说沙场中战死的尸骨中附身的战箭还在,贺筵花旁玉雕的知了还很新,物是人非、悲欢对比,愈显萧索;七八句说向来边将的结局都是如此,步入战场就意味着牺牲,美好鲜活的生命在战争面前脆弱而又单薄,苍凉悲壮。全诗表达诗人对边将的同情,以及对战争的控诉之情。

赠水军都将①

平生为有安邦术,便别秋曹最上阶②。
战舰却容儒客卧,公厅唯伴野僧斋。
裁书[一]榭迴冰胶笔,养药堂深藓惹鞋。
直待门前见幢节③,始应高惬圣君怀。

【校记】[一]书:全诗校:“一作诗。”

【注释】①水军都将:水军统帅。②秋曹最上阶:刑部尚书。秋曹,刑部的别称。③幢节：旗帜仪仗。

【笺释】这是一首送给水军都将的诗歌。首二句赞扬都将的才能，胸怀安邦治世的本领，离开刑部尚书的职位；三四句写都将的朋友们，战舰可容儒士卧躺，客厅只伴着闲僧的斋阁，由所交之友可见都将情趣高雅，志向高洁；五六句介绍都将的生活，在台榭写书信，夜晚寒冷冰冻住了笔锋，养药堂屋幽深，苔藓竟然爬上了鞋面，"惹"字将将军常年不动的情状写出来了，同时展现药堂的幽深僻静；七八句说直到门前看见旗帜仪仗，才应使圣上满意。诗人劝慰都将好好操练水军，保家卫国，珍惜荣誉。

赠九江①太守

江头暂驻木兰船②，渔父来夸太守贤。
二邑③旋添新户口，四营④渐废旧戈铤⑤。
笙歌不似经荒后，礼乐犹如未战前。
昨日西亭从游骑，信旗⑥风里说诗篇。

【注释】①九江：隋郡名，唐改为江州，又改浔阳郡，后复为江州。治所在今江西九江市。②木兰船：《述异记》卷下："七星洲中有鲁班刻木兰舟，舟至今在洲中。诗家云木兰舟，出于此。"③二邑：二县。江州领浔阳、彭泽、都昌三县，都昌县本汉彭泽县地，武德五年(622)分置，故以"二邑"代指江州。④四营：梁左率领七营，右率领四营。见《文献通考》。这里泛指兵营。⑤铤(yán)：铁柄短矛。⑥信旗：指挥旗，信号旗。

【笺释】这是一首赠给九江太守的诗歌。首二句说浔阳江头暂时停驻木兰船，原来是渔夫们来夸赞太守的贤明；三四句介绍太守的政绩，浔阳和彭泽二县增添了非常多的新用户，兵营逐渐停止使用旧的铁柄短矛；五六句亦是太守上任后九江的变化，笙歌悠扬，不像经过荒废一般，礼乐严明就像战乱发生之前那样。在太守带领下，九江欣欣向荣，蓬勃发展，毫无战争遗留的衰颓气，可见太守治理能力的高明。七八句说太守昨天在西亭跟从骑军队伍，看着迎风飘扬的指挥旗来讨论诗篇。诗人选取典型事件，烘托九江太守的治世之才能和充盈诗意之生活态度。

赠信安[1]太守

三衢[2]正对福星时，喜得君侯妙抚绥[3]。
甲士散教耕垄亩，书生闲许从旌旗。
条章[4]最是贫家喜，禾黍仍防别郡饥。
昨日中官[5]说天意[6]，即飞丹诏[7]立新碑[8]。

【注释】①信安：唐郡名，即衢州，治所在今浙江衢州市。②三瞿：山名，在衢州。亦用作衢州的代称。③抚绥：安抚，安定。④条章：条例规章。⑤中官：宦官。⑥天意：皇帝的旨意。⑦丹诏：诏书。⑧新碑：指德政碑。

【笺释】这是一首赠给信安太守的诗歌。首二句说衢州正向着福星，得到君侯的安抚；三四句说披甲战士们“卖剑买牛”，散落田间，学习躬耕，书生闲来无事，跟随军士血洗作战，这是国家安定、人民安居乐业的生活图景；五六句说信安太守所定的条例规章深受平民百姓的拥护，禾黍充足还能救助别郡的饥饿。末两句言太守政绩突出，受到朝廷嘉奖，昨天宦官刚传达皇帝的旨意，就有快马飞来诏书得令树立德政碑。全诗嘉许太守带领人民发展生产、严格执行条章的政事，表达对信安太守治理能力的赞赏之情。

赠江都[1]郑明府

他人岂是称才术，才术须观力有余。
兵乱几年临剧邑[2]，公清终日似闲居。
床头怪石神仙画，箧里华笺将相书。
更欲栖踪近彭泽[3]，香炉峰[4]下结茅庐[5]。

【注释】①江都：唐县名，在今江苏江都县。②剧邑：政务繁忙的郡县。③彭泽：指陶渊明，曾任彭泽令，后弃官归隐。梁萧统《陶渊明传》：“陶渊明任彭泽县令。岁终，会郡遣督邮至，县吏请曰：‘应束带见之。’渊明叹曰：‘我岂能为五斗米，折腰向乡里小儿！’即日解绶去职。”《晋书陶潜传》亦有传：“吾不能为五斗米折腰，拳拳事乡里小人邪。”④香炉峰：庐山峰名。⑤结茅庐：谓建草屋以隐居。

【笺释】这是一首赠给江都县郑明府的诗歌。首二句说别人怎么是称意的才士呢，应当才术能力充足还有剩余；三四句回忆兵乱的那几年，战乱不断临近政务繁忙的郡县，郑明府每天都很清闲，好像赋闲在家一般；五六句说郑明府研究仙道，床头的怪石上留着神仙的画迹，箧里装着将相治世的书籍；七八句说其准备效仿陶渊明弃官归隐，在庐山下建草屋以隐居。这些思想整体符合晚唐文士悲观颓靡、企求在隐逸中安顿心灵。

赠南昌宰①

假邑邀真②邑命分，明庭元③有至公存。
每锄奸弊同荆棘，唯抚孤惸④似子孙。
折狱⑤不曾偏下笔，灵襟⑥长是大开门。
新衔便合兼朱绂⑦，应待苍生更举论。

【注释】①南昌：唐县名，在今江西南昌市。宰：县令。②假邑邀真：由代理县令转为正职。邀：谋求。③元：通“原”。④孤惸(qióng)：孤独无依的人。惸，通“茕”。⑤折狱：断狱，判案。⑥灵襟：胸怀。⑦朱绂(fú)：系官印的红色丝带。唐制，四品五品官员服朱。

【笺释】这是一首赠给南昌县令的诗歌。首二句介绍南昌宰由代理县令转为正职，任务有所不同，明察秋毫的官庭原本就有公正在；三四句写锄奸斩弊就像斩破荆棘一般，就像照顾子孙那样安抚孤独无依的人。“锄奸”以及将奸邪比作“荆棘”的说法形象生动，展现县令嫉恶如仇的正义之心；“抚惸似子孙”，亦践行《礼记·礼运》中《大同》篇“不独亲其亲，不独子其子，使老有所终，壮有所用，幼有所长”的大同之道，体现县令对百姓的体恤关爱；五六句说断案不曾有过偏差，胸怀开口包容万事；末两句说刚衔接就受封系官印的红色丝带，越居四品五品，这就待后世苍生来评说了，展现南昌宰的勤勉治理和公正严明。全诗表达对南昌宰励精图治、断案严正作风的褒扬之情。

赠丘衙推①

仙都②高处掩柴扉，人世闻名见者稀。
诗逸不拘凡对属③，易穷④皆达圣玄微⑤。
偶携童稚离青嶂，便被君侯⑥换白衣⑦。

任醉宾筵莫深隐，绮罗丝竹[⑧]胜渔矶[⑨]。

【注释】①衙推：唐代节度、观察、团练等使的属官，掌推问，位在推官之下。②仙都：山名，即缙云山，在浙江缙云县，为道家第二十九洞天。③对属：即属对，对偶。④穷：穷究，深究。⑤圣玄微：圣人孔子的微言大义。⑥军侯：指州郡长官。⑦换白衣：穿上官服，脱去平民之衣，即授官。⑧绮罗丝竹：美女音乐。指官场生活。⑨渔矶：指隐居生活。

【笺释】这是一首赠给丘衙推的诗。首二句说缙云山的高处掩映着一个小柴屋，闻名世间，然而见到的人很少，显然这是一个隐者的居室，居住世外桃源的高人形象展现出来；三四句说隐士的诗歌飘逸洒脱，不讲求对偶，穷究《易经》的玄微，深明孔圣人的微言大义，可见隐士学识渊博，宁静淡泊；五六句说隐士偶尔 着童子离开青峰，就被州郡长官授予职务，可见其出入自如，不仅能“独善其身”，还能“兼济天下”；末二句顺延“换白衣”的内容，说明在官场生活中，畅饮达旦，歌舞升平，发出出世生活胜过隐居生活的感慨，这不知是诗人内心的真实想法，还是反语，难以推断，如果是前者，说明前四句的悠然生活比不上“丝竹乱耳”的官场生活，这位隐士也是一位借隐居以求名利的“假隐”；如果是后者，或许寄托诗人对丘衙推的劝慰，不要沉迷于琐碎享乐中，还要保持内在的纯朴通脱。

献所知

迹熟荀家见弟兄[①]，九霄[②]同与指前程。
吹嘘[③]渐觉馨香出，梦寐长疑羽翼生。
住僻骅骝皆识路，来频鹦鹉亦知名。
登龙[④]不敢怀他愿，只望为霖[⑤]致太平。

【注释】①荀家弟兄：《后汉书》卷六十二《荀韩钟陈列传·荀淑》载：荀淑字季和，颍川颍阴人，荀卿十一世孙也。少有高行，博学而不好章句，多为俗儒所非，而州里称其知人。安帝时，徵拜郎中，后再迁当涂长。去职还乡里。当世名贤李固、李膺等皆师宗之。及梁太后临朝，有日食地震之变，诏公卿举贤良方正，光禄勋杜乔、少府房植举淑对策，讥刺贵幸，为大将军梁冀所忌，出补朗陵侯相。莅事明理，称为神君。顷之，弃官归，闲居养志。产业每增，辄以赡宗族知友。年六十七，建和三年卒。李膺时为尚书，自表师丧。二县皆为立祠。有子八人：俭，绲，靖，焘，汪，爽，肃，专，并有名称，时人谓之“八龙”。后以称扬人家子弟或弟兄。②九霄：犹青云，喻高官显位。③吹嘘：替人宣扬延誉。④登龙：“膺独特风裁，以声名自高，士有被其容接者，名为登龙门。”李贤注：“以鱼为喻也。龙门，河水所下之口，在今绛州龙门县。辛氏《三秦记》曰：‘河津一名龙门，水险不通，鱼鳖之属莫能上，江海大鱼薄集龙门下数千，不得上，上则为龙也。’”后遂以“登龙门”比喻得到有名望、有权势者的援引而身价大增。后亦指科举时代会试得中。⑤为霖：《书·说命上》：“若岁大旱，用汝作霖雨。”此殷高宗命傅说为相之辞，后因以称颂宰相。

【笺释】这是一首企遇诗，希望能得到识别人才的贤士的重用。循着踪迹找到荀家弟兄，高官显位，前程似锦，表达诗人内心也希望如荀家弟兄般受到重用；三四句说替人宣扬延誉，德化远播，梦里面还以为生了翅膀；五六句说虽然住所偏僻，可骏马都能认识路，来往频繁的鹦鹉也知道地名，此联诗人以“僻住”自喻，将识人者比作“骅骝”，期待自己这个居所，不因幽僻而无人问津；末二句直吐心声，自己如果能飞黄腾达，没有贪图名利的想法，只是希望所知的至交能够做宰相，带来风调雨顺、国泰平安的盛世。

投所知

十五年看帝里春，一枝头白未酬身①。
自闻离乱开公道，渐数孤平少屈人②。
劣马再寻商岭③路，扁舟重寄越溪滨。
省郎④门似龙门⑤峻，应借风雷变涸鳞⑥。

【注释】①“十五”二句：张蠙于咸通、乾符间屡试不第，故云。一枝，一枝桂，喻登科，《晋书》卷五十二《郤诜列传》以对策上第，拜议郎。母忧去职。诜母病，苦无车，及亡，不欲车载柩，家贫无以办马，乃于所住堂北壁外假葬，开户，朝夕拜哭。养鸡种蒜，竭其方术。丧过三年，得马八匹，舆柩至冢，负土成坟。未毕，召为征东参军。徙尚书郎，转车骑从事中郎。吏部尚书崔洪荐诜为左丞。及在职，尝以事劾洪，洪怨诜，诜以公正距之，语在洪传。洪闻而惭服。累迁雍州刺史。武帝于东堂会送，问诜曰：‘卿自以为何如？’诜对曰：‘臣举贤良对策，为天下第一，犹桂林之一枝，昆山之片玉。’帝笑。侍中奏免诜官，帝曰：‘吾与之戏耳，不足怪也。’诜在任威严明断，甚得四方声誉。卒于官。子延登为州别驾。因而用广寒宫中一枝桂、昆仑山上一片玉来形容特别出众的人才。唐代以后，科举制度盛行，唐人称科举及第为折桂或登科，后因以“一枝桂”喻科举及第之荣。②“自闻”二句：《唐摭言》卷七《好放孤寒》：“昭宗皇帝颇为寒畯开路。”作者即于昭宗乾宁二年(895)登科。数(shǔ)，详察，照顾。孤平，出身寒微的士人。③商岭：即商山，在今陕西商县东，为入京经行之路。④省郎：尚书省郎官。⑤龙门：用李膺事，李膺，汉桓帝时任司隶校尉。“是时朝廷日乱，纲纪颓阤，膺独持风裁，以声名自高。士有被其容接者，名为登龙门。”后因以“李膺门”“李膺门馆”誉称名高望重之家。亦省称“李门”。⑥涸鳞：典出《庄子集释》卷九上〈杂篇·外物〉。即“涸辙之鲋”。指在干涸了的车辙沟里的鲫鱼，比喻处于困境、急待援助的人或物。此为作者自喻。

【笺释】这也是一首企遇诗，当作于诗人昭宗乾宁二年(895)登科之后数年。在本诗回忆自己的求仕经历，表达苦闷的消极情绪。首二句说自己科举不顺，多年屡试不第，年华老大也没有登科；三四句表达对昭宗皇帝赏贤举能的感激，昭宗皇帝颇为寒畯开路，诗人得以在昭宗乾宁二年登科，从此世间寒苦之人得不到施展才华的现象渐渐好转；五六句表达入仕的艰辛，以“劣马”“扁舟”自喻，而今再次四处谋求事物，翻山越岭、漂泊四海，期待得到有名望者的援引；七八句将侍郎与“天下楷模”的李膺相比，说尚书省郎官的府门就像李膺家的龙门一样，把自己比作“涸鳞”，说希望风雷能广撒雨露，救助自己这条在干涸车辙沟里的鲫鱼，极言自己的危急局势和迫切希望得到任用的焦急心理，读来苦闷无助之感溢满纸面。

南康①夜宴东溪留别郡守陆郎中②

飘然野客才无取，多谢君侯③独见知。
竹叶④樽前教驻乐，桃花纸上待君诗。
香迷蛱蝶投红烛，舞拂蒹葭⑤倚翠帷。
明发⑥别愁何处去，片帆天际酒醒时。

【注释】①南康：郡名，即虔州，故治在今江西赣县。②陆郎中：陆肱，咸通末任虔州刺史。唐大中九年(855)进士，咸通(860—873)中牧南康郡。工书，尝书杜甫冬日洛城北谒玄元皇帝庙诗。见《唐刺史考》卷六一。③君侯：对州郡长官的敬称。④竹叶：酒名，张华《轻薄篇》：“苍梧竹叶清，宜城九酝酒。”⑤蒹葭：芦苇。⑥明发:天亮。

【笺释】这是一首诗人作于虔州,在送行宴会离别陆郎中所作的诗歌,时间当为咸通年间。首二句表达对陆郎中的感谢,自己是一个没有才能的乡野之人,只有您能善用我,内心非常感激;三四句说自己在陆郎中这愉悦的生活,在盛有竹叶青的酒樽前填写乐谱、调教歌舞,在桃花制作的纸张上等待君侯和诗,陶冶情操,受到赏识,这显然是文人雅士梦寐以求的生活;五六句描述自己与陆郎中的情谊,丛花蛱蝶循着馨香,投飞红烛,芦苇在风中摇曳,倚靠着翠羽为饰的帷帐。诗人以"蛱蝶""蒹葭"自比,"飞蛾扑火""蒹葭苍苍,白露为霜。所谓伊人,在水一方。"这两个意向都与孜孜追求目标或理想有关,这句既表达自己对陆郎中恳切的追随,也表明陆郎中才德兼备,是自己的榜样;七八句极言离别的苦痛和彷徨,到天明就要与陆郎中和过去闲适的生活告别了,也不知未来的路在何方,到酒醒来之际,发现自己已驾着一叶扁舟浪迹天涯了。这首诗表达对陆郎中赏识自己的感激之情,而短暂的安定生活后面是无边无际的漂泊流浪,不禁为诗人的境况感到无助和同情。

言 怀

十载[一]声沈①觉自非,贱身元②合衣③荷衣。
岂能得路陪先达,却拟还家望少微④。
战马到秋长泪落,伤禽无夜不魂飞。
平生只学穿杨箭⑤,更向何门是见机。

【校记】[一]载:全诗校:"一作年。"

【注释】①声沈:指落第。②元:通"原"。③荷衣:自屈子有"制芰荷以为衣兮,集芙蓉以为裳"(《离骚》)的比拟后,后世常借"荷衣"以指隐者的服装,而"荷衣"这个语词也就具有隐者的含义。④少微:星名,即处士星,《史记·天官书》称:"廷藩西隋星四曰少微。"在太微垣墙外的西北方向,近虎贲星处,有少微星4颗,呈南北方向排列。还有许多没有在朝当官的隐逸之士,这4颗星,就是代表许多在野隐逸之士的。《石氏赞》曰:"少微四星,逸士位。"在封建社会,能否善于任用隐逸之士为国家服务,被看作社会是否安定的重要标志,故专门为隐士设立了一个星座,为星占家所观测和引用。⑤穿杨箭:用养由基事,《战国策·西周》:"楚有养由基者,善射,去柳叶者百步而射之,百发百中。"《史记·周本纪》亦载此事,俱言“柳叶”。杨和柳同科异属，古代诗文中常通用，所以柳叶亦称作杨叶。养由基离杨叶百步而射，每次射中。后遂以“穿杨箭”谓射箭技艺高妙，或泛称本领高明。

【笺释】这是一首抒怀言志诗。首二句说自己十年科举考试不中，感到自己不适合从仕，卑贱的出身只适合隐居山野；三四句说我怎么能够有机会陪伴显赫之人共同创立功业呢，但还是想着回到家中得到贤人的赏识；五六句借景抒情，战场上的马儿到了秋天经常落泪，受伤的禽鸟没有哪个夜晚不惊魂失魄，而长久落第的自己，就如这“战马”“伤禽”，心情悲伤郁结，全诗忧伤的基调进一步强化，这大概是所有失路之人境况的真实写照；七八句表达幽怨之情，自己平时只专注学习高明的本领，可不知如何辨清形势，投奔何方，见机行之。如果说没有真才实学的人沉沦底层情有可原，而一个有理想追求，不断完善自我的人才华得不到伸展则是社会和时代的过错了，在晚唐有才华者报国无门已是常态，全诗悲酸凄凉。

喜友人日南①回

南游曾去海南涯，此去游人不易归。
白日雾昏张夜烛，穷冬气暖著春衣。
溪荒毒鸟随船啅②，洞黑冤蛇出树飞。
重入帝城何寂寞，共回迁客③半轻肥④。

【注释】①日南：古地名，汉灭南越后置日南郡，故治在今越南广治省。②啅：通“啄”。③迁客：贬谪在外者。④轻肥：轻裘肥马。

【笺释】这是一首欢迎有人从日南郡回乡的诗歌。首二句介绍游人南游离乡的经过，自从他向南方游历，到了天涯海角的尽头，就很难回到故乡了；中间二联极言日南郡恶劣的生存环境，大白天却昏雾沉沉，还需要点蜡烛，寒冷的冬天气候温暖，只需穿着春天衣衫，虽表明其冬温暖的好处，但也暗示这里夏季酷热的特点，此外荒蛮的溪水边恶毒的大鸟盘旋在船的上方啄着游人，黑乎乎的洞穴时常有凶险的蟒蛇缠绕树上舞动。这些景物对身处的京都的游人来说不仅是奇异的景观，更是实实在在居住日南的苦痛日常，这也表达诗人对友人的担忧牵挂；七八句写友人的归来的落寞，再回到京城感到何其悲凉寂寞，共同回来的贬谪在外的官员们如今多半过着豪奢的生活。本以为经过前六句羁旅日南艰苦的生活，友人回到故土会兴奋，不想生活丝毫没有好转，反而更加悲伤，不禁使人想到柳宗元《捕蛇者说》中强调的“苛政猛于虎也！”，虽然本诗没有写苛税带给人民的压迫，但都反映统治阶级穷奢极欲的生活带给人民的不幸灾难，这也是晚唐必然没落的一个折射。

下第述怀

十载长安迹未安，杏花还是看人看①。
名从近事方知险，诗到穷玄更觉难。
世薄不惭云路②晚，家贫唯怯草堂寒。
如何直道为身累，坐月眠霜思枉干。

【注释】①“十载”二句：言十年应试皆落第。杏花，即杏园宴。唐代新科进士宴会于杏园举行，谓之杏园宴。②云路：青云路，指仕途。

【笺释】这是诗人落第抒发内心悲鸣的诗歌，当作于咸通、乾符年间。首二句说赶赴京城参加科举考试，然而十多年之久都没有登科，杏花从含苞待放到凋零谢落时的颜色还是有区别的给人看。首联巧用双关，用“长安为未”“花看人看”的多义性表达自己的怀才不遇的愤懑之情。三四句说自己经过这些年的社会磨砺，才知道名利到接近事情时才知道艰险，诗歌到穷究玄理时更觉得困难，表达自己感觉前路茫茫的沮丧心情，五六句写家世浅薄不用为仕途的失意感到惭愧，家里贫穷只胆怯草堂的寒冷，表明自己家贫业薄的现实条件；七八句抒发感慨，如何践行道义为身世所累，通宵不眠思考这个问题只是徒增烦恼。失意不平，奋斗无望的意绪使诗人好像被湿沉的霜露打得意气全无，如果说中唐的孟郊、贾岛被后人称为“苦寒”诗人，那么晚唐时期的张蠙毫无疑问只会更胜一筹，由此可见科举、仕途在唐代文人心目中的重要分量。

华阳道者①

华阳洞里持真经，心嫌来客风尘腥。
惟餐白石②过白日，拟骑青竹③上青冥，
翔螭岂作汉武驾④，神娥徒降燕昭庭⑤。
长生不必论贵贱，却是幽人⑥骨主灵⑦。

【注释】①华阳：指茅山，在今江苏句容县东南。道家称为金坛华阳之天，名列十大洞天第八。传说三茅君在此成仙，陶弘景曾居此修炼。见《南史·陶弘景传》。②餐白石：用仙人白石先生事，旧传神仙、方士烧煮白石为粮，后因借为道家修炼的典实。晋葛洪《神仙传·白石先生》：“（白石先生）常煮白石为粮，因就白石山居。”亦省作“煮石”。白石先生者，中黄丈人弟子也。至彭祖时，已二千岁余矣。不肯修升天之道，但取不死而已。不失人间之乐，其所据行者，正以交接之道为主，而金液之药为上也。初以居贫，不能得药，乃养羊牧猪。十数年间，约衣节用，置货万金，乃大买药服之。常煮白石为粮，因就白石山居。时人故号曰白石先生。亦食脯饮酒，亦食谷食。日行三四百里，视之色如四十许人。性好朝拜事神，好读幽经及太素传。彭祖问之曰：“何不服升天之药？”答曰：“天上复能乐比人间乎？但莫使老死耳。天上多至尊，相奉事，更苦于人间。”故时人呼白石先生为隐遁仙人。以其不汲汲于升天为仙官，亦犹不求闻达者也。③骑青竹：用费长房事，《后汉书·方术传下·费长房》载：费长房从仙人壶公入深山学道，后“长房辞归，翁与一竹杖曰：‘骑此任所之，则自至矣。既至，可以杖投葛陂中也。’……长房乘杖，须臾来归”。后因以“骑竹”指仙家出行。④“翔螭”句：谓汉武帝不能成仙。传说西王母曾降临汉宫，汉武帝请授仙术，王母谓武帝“形慢神秽”，“骨无津液”，“非仙才也”。故武帝不得成仙。见《汉武帝内传》。翔螭，飞龙。⑤“神娥”句：燕昭王好神仙之术，故玄天之女化作二美人降于昭王之庭，一名旋娟，一名提谟，皆艳丽绝伦，行无迹影，积年不饥。昭王之末。二女离去，莫知所在，而昭王终不能成仙。见《拾遗记》卷四。⑥幽人：隐士。此指华阳道士。⑦骨主灵：谓有仙骨。

【笺释】这是一首赠给茅山道士的诗歌，表达对隐士的羡慕赞赏之情，或许是诗人在仕途上遭遇的不得意使诗人心生归隐的原因。首二句说华阳洞中藏有真经，道士们对来访者的凡俗气息感到嫌恶；三四句写道士们的生活，和白石先生一样煮白石当饭吃，像费长房一样骑着青竹上青天，这都是仙家的生活，表现华阳道者道行之深；五六句写道飞龙怎么能成为汉武帝的坐骑呢，玄天二女降落燕昭王的庭院也是徒劳，言即使是皇帝也无法成仙，表达对华阳道士的称羡之情；七八句更表达对华阳道士的崇敬，解释物质上的贫缺在长生不老面前是不值一提的，求道成仙不必谈论富贵贫贱，华阳道士这样才是有仙骨呀。从全诗来看，诗人对华阳道士非常崇拜与羡慕，自身的隐逸情怀直露地表达出来。

夏日题老将林亭

百战功成翻爱静，侯门渐欲似仙家。
墙头雨细垂纤草，水面风回聚落花。
井放辘轳闲浸酒，笼开鹦鹉报煎茶。
几人图在凌烟阁①，曾②不交锋向塞沙。

【注释】①凌烟阁：贞观十七年(643)，唐太宗命开国功臣长孙无忌、魏徵、房玄龄、杜如晦、尉迟敬德、李勣、秦叔宝等二十四人像于凌烟阁，太宗亲为之赞，褚遂良题阁，阎立本画。见《大唐新语·褒锡》。②曾：乃，竟。

【笺释】《郡斋读书志》载："(蜀主)王衍与徐后游大慈寺，壁间书'墙头雨细垂纤草，水面风回聚落花'，爱之。问知蠙作，给札令以诗进。蠙以二百首献，衍颇重之，将召为知制诰，宋光嗣以其轻微，止赐白金而已。"虽然张蠙最后没有凭此诗而得到重用，但蜀主的赏识，还是增添了作者以及此诗的名气。

诗人夏日游览老将林亭，作出此诗。首二句概括点出老将寂寞的心境和冷落的门庭，不同于隐士的老将，却"翻爱静""似仙家"，揭示其超尘脱俗的性格；三四句说将门的墙头年久失修，受到斜风细雨的侵蚀，"纤草"丛生，"垂"字显露荒凉孤寂之感。。其中第四句颇为时人激赏，描绘了水面上风儿轻拂，聚攒落花的画面，勾勒出风自吹拂、花自飘零、庭院岑寂的景象。然雕琢气重，沈德潜《说诗晬语》称其："固是好句，然句好而意尽句中矣。"而张蠙因此句受蜀主推重的典故，可窥见唐代重诗的程度之深。五六句说老将闲适自得的生活，井上的汲水器具闲置在井上方，甘泉泡着美酒，笼子敞开鹦鹉报告煎茶待客，侧面烘托老将的淡雅的生活情趣和悠然的精神状态；七八句笔锋一转，安慰老将不必难过，毕竟凌烟阁上的大臣，没有谁不在战场上立过赫赫功劳？极言老将的战功不会被磨灭，不用感到消极颓唐。本诗前六句铺写老将的归退生活，后二句安慰老将不必悲伤菲薄，情景交融中表现赞扬和规劝之旨。

观江南牡丹

北地花开南地风，寄根还与客心同。
群芳①尽怯千般态，几醉能消一番红。

举世只将华胜实，真禅元[2]喻色为空[3]。
近年明主[4]思王道，不许新栽满六宫[5]。

【注释】①群芳：各种花草。②元：通“原”。③色为空：《维摩经·入不二法门品》：“色即是空，非色灭空，色性自空。”色，佛教指称物质。空，虚幻。④明主：英明的君主。此指当朝皇帝。⑤六宫：指皇后妃嫔居住的地方。

【笺释】这是诗人观赏江南牡丹后所发感慨的诗歌。首二句说江南牡丹在北方正在盛开，但她是南方水土养育的花卉，寄株花根送给客在他方的友人以解思乡之情；三四句言花草都丧失了娇姿，怎能保持住容颜；五六句说整个世间都认为花朵比果实好，只有禅师说一切皆无，表明诗人淡然物事的态度；七八句说今年英明的君主思考王道，不允许皇后妃嫔居住的地方再栽种新牡丹了。全诗有悲观厌世的思想，或许是多年宦海沉沦的思想集聚而生的悲鸣。

钱塘[1]夜宴留别郡守

四方骚动一州安，夜列樽罍[2]伴客欢。
觱栗[3]调高山阁迥，虾蟆更促海声寒。
屏[4]间佩[5]响藏歌妓，幕外刀光立从官。
沈醉不愁归棹远，晚风吹上子陵滩[6]。

【注释】①钱塘：陈郡名，唐改为杭州，治所在今杭州市。②樽罍：酒器。③觱栗：古乐器名。又名悲栗、笳管。④屏：屏风。⑤佩：玉佩。⑥子陵滩：位于桐庐县城南15公里的富春山麓，是富春江主要风景点。是东汉古迹之一。因东汉高士严子陵拒绝光武帝刘秀之召，拒受“谏议大夫”之官位，来此地隐居垂钓而闻名古今。

【笺释】这是诗人在送行宴会离别钱塘郡守所作的诗歌。说天下各处骚乱动荡，只有一个州郡还保持安宁，夜晚还有美酒、歌舞相伴，而这就是杭州，表达诗人对钱塘以及钱塘郡守的赞美之情；笳管音调高亢，从楼台远传至山间，蟾蜍鸣叫加重海面潮水涌动声音的寒切；五六句说屏风后有玉佩碰撞的声响，原来是后面藏着歌妓，帘幕外有刀剑光影的闪动，原来是随从官兵，表现杭州在乱世中仍繁华、严整的面貌；七八句为诗人的慨叹，不用担心沉醉不醒，归乡舟船自然早已远行，晚风吹着小船送到富春江边的子陵滩。表达诗人放下名利知心，悠然自得的心情。

送薛郎中[1]赴江州

几州闻出刺[2]，谣美有江民。
正面传天旨，悬心祷岳神。
尺书先假路，红旆[3]旋烧尘。
郡显山川别，衙开将吏新。
散招僧坐暑，闲载客行春[4]。
听事棋忘着，探题[5]酒乱巡。
好编高隐[6]传，多貌[7]上升真[8]。
近日居清近，求人在此人。

【注释】①薛郎中：薛能，（817？—880？）晚唐著名诗人。《郡斋读书志》《唐诗纪事》《唐诗品汇》《唐才子传》均载："能，字太拙，汾州人（今山西汾阳一带）。"仕宦显达，官至工部尚书。时人称其"诗古赋纵横，令人畏后生"。唐人交游之风盛行。薛能一生仕宦他乡，游历众多地方，诗多寄送赠答、游历登临之作。晚唐一些著名诗人多与有诗与其唱和。咸通中任江州刺史。见《唐刺史考》卷一五八。②出刺：出任州刺史。③红旆：红旗，州郡长官的仪仗。④行春：汉制，太守于春日巡视所管郡县，督促春耕，赈济贫弱，称行春。见《后汉书·郑弘传》注。⑤探题：用抽签方式分题赋诗。⑥高隐传：高士隐者的传记。⑦貌：图，画。⑧真：仙人。

【笺释】这是诗人送薛能赴任江州刺史的离别诗，当作于咸通年间。首二句说薛郎中几次出任州郡刺史，当地有美丽的歌谣和勤劳的江域百姓；三四句说薛刺史公正地传达执行皇帝的旨意，悬挂的内心祈祷着山川神灵保佑海清河晏，国泰民安；五六句说简册先下达到地方，浩荡的仪仗队随即就前往；七八句说周建明政绩良好，就要告别这片土地，府衙大开，官吏更新；九十句写薛郎中夏天随意招待僧侣谈论经典，闲暇时巡视所管郡县，督促春耕，赈济贫弱会顺带携带游人；之后四句写刺史听讼事情时忘了下棋，抽签赋诗时随意喝酒，且喜爱为高士隐者作传记，许多图画都有关仙人，进一步突出薛郎中的洒脱隐逸情怀；末二句写郎中近日居所清幽，四处寻找的真人就在这里。全诗展现薛能有治理能力，心系天下黎民，且喜爱隐逸生活，出入自如的性格特点。

送南海僧游蜀

真修绝[①]故乡，一衲度暄凉。
此世能先觉，他生岂再忘。
定[②]中船过海，腊后[③]路沿湘。
野迥鸦随笠，山深虎背囊。
瀑流垂石室，萝蔓盖铜梁[④]。
却后何年会，西方有上房[⑤]。

【注释】①绝：远离。②定：指入定。僧人打坐，定心于一，称入定。③腊后：佛教以十二月初八为佛生日，腊后指此日之后。④铜梁：山名，亦县名，在今四川铜梁县。代指蜀地。⑤上房：指僧房。

【笺释】这是一首送别南海僧人游历西蜀的诗歌。首二句说南海僧远离家乡，穿着简单的袈衣度过喧闹、凉薄的生活；三四句写僧人的经历，在当世能够先知先觉，未来又怎么会再忘却呢？五六句说南海僧在打坐中船只就渡过了大海，在十二月初八后再沿着路向湖南前行；接下来四句描绘游蜀途中风景：山野小路僻远，乌鸦一直跟着南海僧，深山老林老虎背着皮囊。瀑布一泻千里，水流落在石头搭建的屋子上，藤萝蔓草丛生笼盖着西蜀大地，这里风物原始，人迹罕至。末二句表达诗人的思念和牵挂之情，这一别之后什么时候才能再见面呢，西蜀之地有僧房呀，含蓄隽永，尾句既对僧人可以游历“有上房”的蜀地感到祝福，也为久别感到悲伤。

和友人许棠[①]题宣平里[②]古藤

欲结千年茂，生来便近松。
迸根通井润，交叶覆庭秾[③]。
历代频更主，盘空渐变龙。
昼风圆影乱，宵雨细声重。
盖密胜丹桂，层危类远峰。
嫩条悬野鼠，枯节叫秋蛩[④]。

翠老霜难蚀，皴多藓乍封。
几家遥共玩，何寺不堪容。
客对忘离榻，僧看误过钟。
顷因陪预作，终夕绕枝筇[5]。

【注释】①许棠(822—?):字文化，唐代诗人，宣州泾县(今属安徽)人。工诗文，性僻难与人合。以作洞庭诗著名，时号许洞庭。棠久困名场，闻马戴佐大同军幕，招接文士，乃往谒之。戴一见如旧，留连累月，但从事诗酒，未尝问所欲。一日，戴大会宾客，命使以棠家书授之。棠启缄阅读，始知戴已潜遣一介恤其家矣。咸通十二年(公元871年)始进士及第，调泾县尉。至任时，郑谷赠诗，有"白头新作尉"之句。又曾为江宁丞。后辞官，潦倒以终。棠著有诗集一卷，《新唐书艺文志》传于世。棠，原作"裳"，误，据《文苑英华》卷三二六改。②宣平里:在长安城东市南。③秾:繁盛貌。④蛩(qióng):蟋蟀。⑤筇:筇竹做的手杖。

【笺释】这是诗人酬和许棠咏古藤所作的诗歌。首二句说古藤想结识生长千年的茂盛大树，于是一出生后就接近松树;三四句说古藤伸长枝条通向井水，交错的枝叶覆盖着庭院，显得秾密。五六句接着说古藤经过数百年频换更替主人，盘结高空如飞龙一般。七八句说古藤在白天清风吹拂下闪烁着圆影，夜晚雨丝打在藤上发出细微的声音，"乱"与"重"字，突出古藤茂密结实的特点。九十句写古藤比丹桂的枝叶还要茂密，层层叠叠就像远处高耸的山峰。后二句写古藤嫩条部分可以悬挂野老鼠，古老的枝节传出秋天蟋蟀的叫声，此言古藤覆盖范围之广;接下来二句写古藤之遒劲顽强，苍翠欲滴的藤枝不受霜露侵蚀，密密麻麻的开口处难以使苔藓覆盖。后六句写世人对古藤的评价，几处人家共同赏玩，没有哪所寺庙大的可以容下，游客对着它，忘了离开床榻，僧人看着它忘了敲钟，只因短时间的陪坐藤条周围，傍晚就绕着竹杖盘旋。表达诗人的隐逸情怀，而古藤之所以能生长千年，与它缠绕松树而生也有关系，另一方面展现交友的重要性。

十五夜与友人对月

每到月圆思共醉，不宜同醉不成欢。
一千二百如轮夜[1]，浮世谁能得尽看。

【注释】①"一千"句:古人以百年为上寿，百年计一年二百个月，每月十五皆月圆,故云。

【笺释】这首诗作于农历十五月圆之夜,与朋友就月夜发出关于人生的思考。第一句说自己每到月圆之夜就想着一醉方休,第二句不仅言自己会喝得酩酊大醉,还表示和朋友一起畅饮沉醉才尽兴,三四句转向人生思考,人生百年有一年二百天可以欣赏圆月,然而有谁能看清着浮世万象呢?表达诗人对人生的思考,有淡薄超脱的意味。古人望月不仅会勾起对家乡亲人的怀念,还会思考生命圆缺和人世浮沉,本诗的思考与张若虚《春江花月夜》“人生代代无穷已,江月年年望相似”,都是有关人生思考的诗句,本诗洒脱中有无奈,张诗感伤中有执着的热爱。

青　冢①

倾国②可能胜效国,无劳冥寞③更思回。
太真虽是承恩死,只作飞尘向马嵬④。

【注释】①青冢:即昭君墓,蒙古语称“特木尔乌尔虎”,意为“铁垒”,是史籍记载和民间传说中汉朝明妃王昭君的墓地。坐落于内蒙古呼和浩特市南郊九公里大黑河南岸,始建于公元前的西汉时期,是由汉代人工积土,夯筑而成。墓体状如覆斗,是中国最大的汉墓之一。传说当地多白草而此冢独青,故名。诗句如杜甫《咏怀古迹》之三:“一去紫台连朔漠,独留青冢向黄昏。”②倾国:出自《韩非子·爱臣》:“万乘之君无备,必有千乘之家在其侧,以徙其威而倾其国。”《论衡·非韩》:“倾国危主。”白居易《长恨歌》:“汉皇重色思倾国,御宇多年求不得。”《三国演义》第六十六回:“权闻之大怒,商议起倾国之兵,来取荆州。”指倾覆国家、亡国;全国;容貌绝美的女子。此指绝代美女。③冥寞:黑暗。指阴间。④“太真”二句:唐玄宗天宝十四年(755年),平卢、范阳、河东三镇节度使安禄山在范阳发动叛乱。由于事先没有防备,安禄山的军队势如破竹,很快便打到了潼关。唐玄宗见势不妙,仓皇闻讯与杨贵妃、杨国忠、太子李亨及少数近臣在龙武将军陈玄礼护送下西逃。逃至长安西北的马嵬驿(今兴平市马嵬镇)时,疲惫饥饿的士兵把宰相杨国忠斩杀,又逼玄宗赐死杨贵妃。而杨贵妃的两位姐妹,韩国夫人和虢国夫人也被乱兵所杀。马嵬兵变,是唐代历史上一次重要的政治事件。它标志着唐玄宗统治的结束和唐肃宗统治的开始,在唐代政治史上具有十分重要的意义。

【笺释】这是一首怀古诗,表达诗人对昭君出塞、太真承恩等绝世美人命运的思考。一二句写王昭君的倾国之貌可能比朝臣效力国家的能力有优势，可惜在阴间受累，非常思念能再回汉廷。三四句写杨玉环虽然是深受唐明皇的恩宠，然而最后也只是在马嵬坡变作尘土而已。全诗表达对美人不幸遭遇的同情，亦是为自己怀才不遇、壮志难酬而感到悲哀。

古战场

荒骨潜销垒已平，汉家曾说此交兵。
如何万古冤魂在，风雨时闻有战声。

【笺释】这也是一首怀古诗，作于诗人观看古代战场所作的诗歌。第一句写古战场上荒凉的尸骨而今已销蚀沉潜，当年的战垒早已平复；第二句交代其历史，说这个沙场曾有汉朝军队再次作战；三四句发出感慨，怎么几百年都过去了，战场下的冤魂还没有平复内心呢，在风雨交加的夜晚还能听到沙场作战的声音，极言战争带给人类长久的创伤，悲慨激昂，长歌当哭。同是感慨古战场，杜牧《赤壁》："折戟沉沙铁未销，自将磨洗认前朝。东风不与周郎便，铜雀春深锁二乔。"将硝烟弥漫的战争胜负写得蕴藉有致，本诗则直抒胸臆，指控战争对人民的摧残。

赠段逸人①

长笻②自担药兼琴，话著名山即拟寻。
从听世人权[一]似火，不能烧[二]得卧云③心。

【校记】[一]权：全诗校："一作忙。"[二]烧：全唐诗校："一作移。"

【注释】①逸人：隐居避世之士。②长笻：长竹杖。③卧云：隐居山林。

【笺释】这是诗人送给一位姓段的隐士的诗歌。第一句写段逸人的长竹杖既能作拐杖，又能挑着草药和古琴，表现隐士飘逸清雅的生活。第二句写段逸人声名远扬，诗人准备就前去寻访他。三四句说听闻世间人们趋炎附势、追名逐利，然而似火权势丝毫没有烧着段逸人隐居山林的清心。第三句将权势比作火焰，形象生动，通过世人与逸人对名利态度的强烈反差，表现段隐士超尘脱俗，看破名利的高洁情怀。

赠郑司业①

晚学更求来世达，正怀非与百邪侵。
古人名在今人口，不合于[一]名不苦心。

【校记】[一]于：全诗校：“一作干。”

【注释】①司业：国子司业，国子监副长官，从四品下，掌邦国儒学训导之政令。如张籍就仕终国子司业。郑司业，张蠙的友人，事迹不详。

【笺释】这是赠给郑司业以求荐举的七绝。第一句说自己求学较晚，希望来世能够飞黄腾达，言外之意今生休矣，是一句带有牢骚埋怨的话。次句一转，说自己胸怀坦荡充满浩然正气，所有的邪气都不能入侵。后两句对“名声”发表自己的看法，说古人的名声流布在今人口中，那是因为他们修德立言，所以对名誉的追求一定要费一番苦心。要外之意，一方面表明自己经历过艰苦的修炼，另一方面渴望郑司业能够施以援手，帮助自己实现愿望，并留下美名，让后人铭记。这是干谒诗中较为独特的一种。与岑参《轮台歌奉送封大夫出师西征》末句“古来青史谁不见，今见功名胜古人”有相似处，然一振奋，一衰飒。

上所知

初向众中留姓氏，敢期言下致时名。
而今马亦知人意，每到门前不肯行。

【笺释】这是一首献给所投达官显贵们的诗歌。诗人默默诉说自己求仕不得的经历，刚开始向大庭广众下自荐姓名，期待有一天可以收获名声。渐渐地到如今马儿也知道了主人的心意，再经过人家家门时不肯再上前。以刚出世的表现以及马儿的侧面烘托，诗人剖析自己内心的苦闷和失意，恳切希望有人为求访的他打开求贤大门。

别郑仁表①

春雷醉别镜湖②边，官显才狂正少年。

红烛满汀[③]歌舞散，美人迎上木兰船[④]。

【注释】①郑仁表：字休范，荥阳人，武宗朝宰相郑肃之孙，咸通九年擢第。历为华州、河中掌书记，入拜起居郎。文章俊拔，恃才傲物。刘邺少时投文与仁表父郑，仁表嗤鄙之。咸通末，刘邺为相，仁表贬死岭南。今存诗三首。②镜湖：湖名，在今浙江绍兴市南。③汀：水边平地。④木兰船：《太平广记》卷四百六载："七里洲中，有鲁班刻木兰为舟，舟至今在洲中，诗家所云木兰舟，出于此也。木兰洲在浔阳江中，多木兰树，昔吴王阖闾，植木兰于此，用构宫殿也。"南朝梁刘孝威《采莲曲》："金桨木兰船，戏采江南莲。"唐贾岛《和韩吏部泛南溪》："木兰船共山人上，月映渡头零落云。"

【笺释】诗人曾给郑仁表写过一首诗，表达自己渴求受到郑提拔重用的强烈心愿。这首诗写于春天告别郑仁表之际。第一句交代离别的时间、地点以及环境，春雷阵阵，喝醉了的诗人和朋友们在镜湖边分别。第二句当讲述郑仁表意气风发、踌躇满志的仕途。三四句介绍离别过程中郑府的热闹场面，水边平地上摆满红色蜡烛，歌舞散尽，伶人们娇艳地踏上兰舟。离别场面尽是美酒酣饮、赏听舞乐，似无伤感，然以乐景衬哀情，以郑仁表的得意衬托自己的失意，以郑仁表府中热闹的歌舞娱乐，更烘托自己又要踏上羁旅漂泊之路的孤寂凄凉。

言　怀

不将高盖[①]竟烟尘，自向蓬茅认此身。
唐祖本来成大业，岂非姚宋[②]是平人。

【注释】①高盖：高盖车，达官所乘。汉代张衡《东都赋》："结飞云之袷辂，树翠羽之高盖。"南朝齐谢朓《鼓吹曲》："凝笳翼高盖，叠鼓送华辀。"②姚宋：姚崇和宋璟，唐玄宗开元时相继为相，旧史以开元之治二人之力为多，如司马光《资治通鉴》称："唐时贤相，前有房（玄龄）杜（如晦），后有姚（崇）宋（璟），他人莫道焉"。世称姚宋。姚崇（650—721），本名元崇，字元之，生于陕州硖石（今河南三门峡东南），崇出身于官僚家庭。年轻时喜好逸乐，年长以后，才刻苦读书，大器晚成。历任武则天、唐睿宗、唐玄宗三朝宰相，有"救时宰相"之称，是中国历史上的著名宰相。特别在玄宗朝早期为相，对"开元之治"贡献尤多，影响极为深远。宋璟（663—737），字广平，河北邢台市南和县阎里乡宋台人。其祖于北魏、北齐皆为名宦。璟少年博学多才，擅长文学。经武、中宗、睿宗、殇帝、玄宗五帝，在任52年，与姚崇同心协力，产生“开元盛世”的局面。

【笺释】这是一首抒怀诗。第一句写自己不是在高盖车的庇佑下，而是整日在烟尘的包围中；第二句写自己投身蓬草和茅草遮搭建的房屋中，认清自己的低微和贫贱；第三句表达对唐祖的崇拜之情，然谓“本来成大业”，则暗含功业实际未成的现实；第四句指出未成“大业”的原因是任用了姚崇和宋璟这样的庸才，众所周知，姚宋二人是唐代开国初有名的贤相，而张蠙称其为“平人”，蔑视之中有自傲之感。诗歌前半部分，于自谦的诗句中，实际衬托自己德才兼备的自信，像我这样的才俊是可以辅佐英明的唐祖成就大业的。全诗欲扬先抑，虽后来表明自己的旷世才华，然终不受用，更显悲凉，全诗寄予了自己怀才不遇的愤慨之情。

叙 怀

月里路①从何处上，江边身合②几时归。
十年九陌③寒风夜，梦扫芦花絮客衣。

【注释】①月里路：指登科之路。也称月中折桂。《晋书·郤诜传》：“臣举贤良对策，为天下第一，犹桂林之一支，昆山之片玉。”后称科举及第为“折桂”。②合：当，能。③九陌：指京城的大街道。《初学记》卷二四引《汉宫殿疏》：“长安中有九陌。”

【笺释】这是一首抒发自己仕途艰难、羁旅漂泊情怀的诗歌。第一句以问句的形式引出诗人的感慨，从哪条路可以通向月宫，折桂登科呢？第二句依旧是对自身形势的感慨，在江上漂泊的日子哪天可以结束呢？显然诗人写这首诗时，已久客他乡，且还未及第，诗人对当时的生活是感到无望的。第三句讲述自己在长安羁旅的十多年里，夜夜就在京城的大街道上度过；第四句更显悲凉，寒冷孤单的夜晚，诗人只能靠在梦中扫拂芦花絮做衣衫来御寒。实际上芦花絮是很轻薄的，难以抵挡夜露和寒风的侵袭，而即使是这样一件“芦花衣”诗人也不曾拥有，可以想见诗人夜晚躲在大街一角，冻得瑟瑟发抖的场面。支撑诗人在如此艰苦的环境中继续探索“登月路”，忍受孤独沉寂以及寒冷饥饿，就在于他强烈的出世心愿，唐代科举的影响频见众多诗人作品中，张蠙亦是其中之一，虽然此时他失意寥落，但他还坚持在科举路上前行。

抒　怀

几出东堂①谢不才②，便甘闲望故山回。
翻思未是离家久，更有人从外国来。

【注释】①东堂：指科举考场。唐朝科举考试的考场主要设在尚书省东堂，如唐代诗人徐夤《放榜日》曰："喧喧车马欲朝天，人探东堂榜已悬"，以"东堂"代考场。另外《晋书》载："武帝于东堂会送，问诜曰：'卿自以为何如？'诜对曰：'臣举贤良对策，为天下第一，犹桂林之一枝，昆山之片玉。'"后因称科举考试及第为"东堂桂"。②谢不才：谓落第。谢，愧。

【笺释】这首抒怀诗，当亦作于诗人失意之际，但诗人似乎坚定了登科的志愿。第一句言自己几进科举考场，然而都名落孙山了；第二句顺写自己长期漂泊，久未归乡，如今可以回家与亲友相聚；第三句转折，说自己沉思良久发现自己并不是离家很久；第四句说还有人漂洋过海从国外来参加我朝科举考试呢，因而这"全民应试"的局面激发诗人继续留在长安以期蟾宫折桂，名扬家乡的斗志。这首诗结尾较明朗，诗人在科场失意与四年家乡之间选择了科举考试，他的选择后人无从评说，但他想到的这条出路为自己接下来的行动打通思想上的阻碍，应该会更积极地面对竞争残酷的科举考试吧。

自　讽

鹿鸣筵①上强称贤，
一送离家十四年。
同隐海山烧药伴，
不求丹[一]桂②却登仙。

【校记】[一]丹：全诗校："一作仙。"

【注释】①鹿鸣筵：即鹿鸣宴，科举制度中规定的一种宴会。起于唐代，由宴会中唱《诗经》"鹿鸣"篇得名。②丹桂：喻指科举。

【笺释】这是一首自我讥讽、劝告诗，自讽表面透露诗人求仕不得、渴求归隐的内心。诗人说他自己当年在鹿鸣宴上强自表现他是贤才，于是开始长达十四年的离家谋求功名生活。而今和道士一同隐居在海上仙山中，烧炼草药，不再追求科举功名，反而还似神仙一般，自由洒脱地生活。表达诗人对隐遁的渴望，以及通过求功名与隐逸仙山的对比，表达诗人内心对科举的厌恶和痛恨之情。

伤贾岛①

生为明代苦吟身，
死作长江②一逐臣。
可是当时少知己，
不知知己是何人。

【注释】①贾岛(779年—843年)：字阆仙，范阳(今河北省涿州市)人。早年贫寒，落发为僧，法名无艮。曾居房山石峪口石村，遗有贾岛庵。19岁云游，识孟郊等，因和推敲韩愈。还俗后屡举进士不第。唐文宗时受排挤，贬做长江(今四川蓬溪县)主簿，故被称为“贾长江”。唐武宗会昌年初由普州司仓参军改任司户，未任病逝。贾岛有《长江集》十卷、录诗三百七十余首、小集三卷、《诗格》一卷传世。②长江：县名。贾岛曾被责授长江县主簿，古称“逐臣”。

【笺释】这是一首凭吊贾岛的诗歌。贾岛是唐代出名的“苦吟诗人”，自谓“两句三年得，一吟双泪流”，其诗精于雕琢，喜写荒凉、枯寂之境，多凄苦情味。这首诗亦是从贾岛“苦吟”的特点入手，表达对贾岛遭际的同情。第一句写贾岛生于清明的时代，他本人则是“苦吟”一生；第二句交代贾岛在文宗时受朝臣打压，贬谪四川的宦场经历；三四句写当时没有人欣赏贾岛，岛终其一生郁郁寡欢、怀才不遇。表达诗人对贾岛的同情，同时由贾岛生平抒发自己报国无门的不得志感伤。这首诗气象狭小，显然是符合晚唐颓败凄迷的世风的。同借咏古抒发自己郁郁不得志愤懑之情的诗作有很多，大多是借屈原、贾谊等传统志士的题材，如李商隐《贾生》一诗：“宣室求贤访逐称，贾生才调更无伦。可怜夜半虚前席，不问苍生问鬼神。”托古讽时，富有力度。相较而言，张蠙的《伤贾岛》则过于直露，只是一种“悲吟”而已。

再游西山①赠许尊师②

别后已闻师得道，

不期犹在此山头。
昔时霜鬓今如漆,
疑是年光却倒流。

【注释】①西山:一名南昌山,在江西新建县西。道家以为第十二洞天。②尊师:对道士敬称。

【笺释】这是张蠙再游南昌山,赠给许道士的诗歌,表达诗人对尊师返老还童、得道升天的羡慕和赞美。第一句写诗人与许尊师离别后就听闻他修炼成仙的事,第二句表示自己没想到尊师还在南昌山的欣喜之情,前两句“别后”“犹在”二词紧扣题目。第三句写尊师容貌的变化,当年鬓发花白,如今油黑如漆;第四句表达诗人再见到尊师时的内心感受,看到尊师如此年轻,还以为时光倒流了呢。许尊师容貌的今昔对比,诗人内心的时间交错感,进一步表现诗人对求仙问道,隐逸山水的认同,隐逸情怀溢于言表。

宫　词

日透珠帘见冕旒①,
六宫②争逐百花球。
回看不觉君王去,
已听笙歌在远楼。

【注释】①冕旒:古代大夫以上的礼冠。顶有延,前有旒,故曰“冕旒”。诸侯九,上大夫七,下大夫五。后指古代帝王的礼冠和礼冠前后的玉串,此指皇帝戴的礼冠。代指皇帝。旒:冠版前端垂挂的珠串。②六宫:泛指妃嫔宫娥。

【笺释】这是一首闺怨诗,展现皇宫中妃嫔们空虚的内心世界。第一句说妃嫔们透过珠帘,隐约见到皇帝驾到,一个“透”字,将后宫佳丽们对君主到来的期待、盼望以及时刻关注的心情形象地描摹出来;第二句写在皇帝到来之际,妃嫔宫娥们争先抢逐花球,努力表现自己的婀娜身姿;第三句转折,众妃嫔回过身时还没发现君王已经离开,“不觉”体现妃嫔们“表演”的投入,与“君王去”形成对比,将六宫失落的心情勾勒出来;末句随着远楼上为皇帝演奏的笙箫声悠扬飘出,后宫妃嫔们寂寥孤单的情绪也蔓延在空气中。自屈原之后,古人便常以“香草”“美人”等意象标明自己高洁美好的品质,在唐代也有许多诗人将君臣际遇比作君主和嫔妃的关系，如张籍有《节妇吟·寄东平李司空师道》一诗，将自己比作“妾”，将朝廷比作“夫”，以“君”代指藩镇李师道，有诗句“知君用心如日月，事夫誓拟同生死。还君明珠双泪垂，恨不相逢未嫁时”，婉转谢绝李师道的提拔，坚定表明自己效忠唐王朝的决心。同样，本诗所言的“六宫”即如诗人这样的士人，“争百球”实为官员在皇帝面前竭力表现自己才华的写照，而“离至远楼”的皇帝有笙歌相伴，象征皇帝赏识别的大臣，自己饱受冷落。封建时期的女性，得不到自由，依附男性而生，而士人的价值也体现在皇帝的任用上，“女为悦己者容，士为悦己者死”，即使他们没有遇到“悦己者”，他们也依旧没有真正独立地去生活。

经范蠡旧居①

一变姓名②离百越③，越城犹在范家无。
他人不见[一]扁舟意，却笑轻生泛五湖④。

【校记】[一]见：全诗校：“一作识。”

【注释】①范蠡旧居：《越绝书·外传记地》：“阳城里者，范蠡城也。”故址在今浙江绍兴市。②变姓名：范蠡退隐后更名鸱夷子皮、陶朱公。③百越：对南方古越族的总称。此指越国之地。④“他人”二句：《国语·越语下》载，范蠡辅佐越王勾践灭吴后，“遂乘扁舟以浮于五湖，莫知其所终”。五湖，指太湖或太湖流域。

【笺释】这是诗人经过范蠡旧居时所作，表达对范蠡“能虑终”的欣赏羡慕之情。前二句写范蠡功成身退，更名换姓离开越国，开始自己从商生涯的事迹，十多字精简凝练，对范蠡富有传奇的一生进行高度概括。后二句写时人不了解范蠡，不懂得范蠡隐遁的决心，反而笑话他抛弃官爵游山玩水。“扁舟意”与“泛五湖”自范蠡之后便成超尘脱俗、隐逸山水的象征，晋代张方《楚国先贤传》载曰：“勾践灭吴，谓范蠡曰：‘吾将与子分国有之。’蠡曰：‘君行令，臣行意。’乃乘扁舟泛五湖，终不返。”而他人“不见”与“却笑”的平庸烘托出范蠡的智慧，且诗人能看破“他人”的不识，亦可见诗人对范蠡是真正理解的，反映诗人对范蠡及时而退、寄情山水的赞扬之情。

题嘉陵驿①

嘉陵路恶石和泥，行到长亭日已西。
独倚阑干正惆怅，海棠花里鹧鸪啼。

【注释】①嘉陵驿：在今四川广元西。

【笺释】这是诗人经过嘉陵驿时所题之诗。第一句写四川嘉陵道路崎岖，一路上土石不断；第二句说自己到达长亭时，太阳一块下山了，侧面烘托路之艰辛难行以及诗人疲倦劳累的状态；第三句即写自己独自倚靠阑干感到伤感的心情；第四句说盛放的海棠花里有鹧鸪在啼叫。本以为有花有鸟能慰藉诗人失落的心情，然而鹧鸪的鸣声悲婉凄切，让人听起来像“行不也哥哥”，极容易勾起旅途艰险的联想和满腔的离愁别绪，最能唤起人们不尽的乡愁。故而一路上的积怨到听见“鹧鸪啼”就彻底喷薄而出，于高潮处戛然而止，给人余音未了，悲伤之气在心中回环荡漾之感。除了张蠙写过关于嘉陵驿的诗作，张蠙的朋友薛能有《嘉陵驿》一诗传世，全诗附录如下：“江涛千叠阁千层，衔尾相随尽室登。稠树蔽山闻杜宇，午烟薰日食嘉陵。频题石上程多破，暂歇泉边起不能。如此幸非名利切，益州来日合携僧。”同样展现嘉陵路长难行，环境艰险，听闻杜鹃鸣叫，但结尾尚能联想来日再去益州，暂时消退当时累到“起不能”的辛劳。

龟山寺①晚望

四面湖②光绝路岐，鹔鹈③飞起暮钟时。
渔舟不用悬帆席，归去乘风插柳枝。

【注释】①龟山寺：旧址在江苏盱眙县老子山龟山东麓，宋代米芾将龟山寺晚钟列为“盱眙十景”之一，至北宋更名为安淮寺。②湖：指洪泽湖，在江苏省西部淮河下游，苏北平原中部西侧。③鹔鹈(pì tī)：水鸟名，形似鸭而小，嘴直而尖，喜群居，捕食鱼类。亦称“伽蓝鸟”“淘河鸟”“塘鹅”。

【笺释】这是一首写景诗。诗人在傍晚江苏盱眙的龟山寺，为我们展现了一幅俯瞰暮江图。第一句写洪泽湖四面皆水，看不见陆路，言湖之宽阔无迹；第二句写寺院敲起晚钟的时候，鹔鹈在水上方飞旋，寻找猎物；第三句写湖面上的渔船不用悬挂船帆；第四句指出不用“悬帆席”的原因是风力强劲，顺着风势就能轻松返回，回到岸边再重些杨柳。景色宜人。而由于诗人是登高眺望，所以湖景和落日能尽收眼底，诗人视野由四周向中间聚焦，再由远而近，配上诗人身处寺庙中，聆听着庄静悠远的钟声，有美景嘉乐的陪伴，诗人当时内心是宁静愉悦的，表达对大自然的赞赏与向往之情。

华山孤松

石罅①引根非土力，冒寒犹助岳莲②光。
绿槐生在膏腴地，何[一]得无心拒雪霜。

【校记】[一]何：全诗校：“一作可。”

【注释】①罅(xià)：缝隙，裂缝。②岳莲：指华山莲花峰。

【笺释】这是一首咏物诗。第一句写华山孤松从石头缝中生长出来的顽强生命力，“石罅”而生的条件紧扣“华山孤松”这一题目，烘托华山松孤寂苍遒的特点；第二句写孤松不畏严寒，为西岳华山的莲花峰增光添色；三四句写绿槐生长在肥沃的土地上，但却抵挡不了霜雪的侵蚀。通过华山孤松生长环境恶劣与绿槐生长环境的优越，以及孤松的不惧寒冷和绿槐的娇弱进行对比，突出华山孤松坚韧不拔的特点，亦有借孤松砥砺自我品行的寓意。

吊万人冢

兵罢淮边客路通，乱鸦来去噪寒空。
可怜白骨攒①孤冢，尽为将军觅战功。

【注释】①攒：聚集，堆积。

【笺释】这是一首凭吊诗，表达诗人对战争和上层统治者的憎恶之情。第一句写停止作战后，淮河边的道路又通畅了，客人来往不绝；第二句写满天的乌鸦来回飞旋，聒噪的声音充斥寒空，使人烦闷；第三句哀悼这片土地下逝去的万千生命，棱棱白骨堆成一座孤坟；第四句揭露战争背后的私利，这些血战沙场的士兵们在为将军的加官晋爵而拼杀。诗人无情的话，冷峻有力，直指“大发人命才”、坐享其成的军队长官的自私贪婪，指出人民作战并非简单地保家卫国，暗示统治者穷兵黩武、暗示朝臣谋取私利的残酷现实,令人不忍卒读。

送友尉蜀中

故友汉中尉,请为西蜀吟。
人家多种橘,风土爱弹琴。
水向昆明阔,山通大夏深。
理闲无别事,时寄一登临。

【注释】此一作徐晶诗,见《全唐诗》卷六十四。

【笺释】这是张蠙送朋友赴任蜀中尉的诗作,诗人曾写过一首送僧友游蜀的诗歌,展现蜀地"野迥鸦随笠,山深虎背囊。瀑流垂石室,萝蔓盖铜梁。"的自然风光,本诗侧重描写了蜀地的人文环境。首联开门见山,说我的朋友是汉中尉,请我来为西蜀吟诵几句;颔联交代蜀地的风俗,爱种橘树,爱好弹琴。"橘"与"琴"在我国古代象征着美好的品行,其中"橘"因屈原《橘颂》"后皇嘉树,橘徕服兮……行比伯夷,置以为像兮。"而成为砥砺名节的榜样。而"琴"则是人生理想志趣的寄托,嵇康临终前还索琴,弹了一首《广陵散》,陶渊明说"乐琴书以消忧",韩愈更有《琴操十首》以维护和复兴儒家正统思想。因此,蜀地百姓"多种橘""爱弹琴"的生活,表现蜀地人民重视品行修养,民风纯良的特点。颈联接着介绍蜀地的壮丽风光,山深水阔,而这得天独厚的环境实为朋友悠游生活创造了条件。尾联想象朋友在处理完政务外,清闲时登山游水的场景。全诗表达对西蜀的赞美,以及对友人的祝福之情,是一首较出色的"西蜀吟"。

长安寓怀

九衢①秋雨掩闲扉,不似干名②似息机③。
贫病却惭墙上土,年来犹自换新衣。

【注释】①九衢:四通八达的道路。《楚辞·天问》:"靡蓱九衢,华安居。"王逸注:"九交道曰衢。"韦应物《长安道》有诗:"归来甲第拱皇居,朱门峨峨临九衢。"此指长安街道。②干名:求名。指科举应试。③息机:排除机心,闲适宁静。

【笺释】此诗作于秋日长安,就内容来看,可能是诗人再次落第或仕途不顺的情况下所写。第一句即奠定萧瑟悲凉的情感基调，行走在长安纵横交叉的大道上，秋雨纷纷扬扬，各家门户都半掩着，给人凄清之感，而“一场秋雨一场凉”，于是空旷街道上落下的淅沥秋雨，给人寒意。第二句写此情景带给自己的感受，不像谋求名利，却像排除机心，闲适宁静。“不似……似……”的强调句式，突出诗人当时内心的空虚和无力。三四句更将内心的痛苦和生活的困窘展现得淋漓尽致，诗人饱受贫寒和病痛折磨，以至于望见墙上的灰土都会自卑，如此说法令人感到诧异，而末句揭示谜底，原来墙土年年都还能换上心意，相比之下，自己真的过得还不如“墙上土”呀。“幸福总是各有各的不同，不幸却是相似的”，许多失意的士人们，都有反映在长安大道上悲伤心情的诗作，如孟郊的《长安羁旅行》即表达世态炎凉，“潜歌归去来”的消隐思想，顾况《长安道》亦有“长安道，人无衣，马无草，何不归来山中老”的反问，而像张蠙这样将自己比作墙土不如的诗则几乎没有，由此可见诗人当时绝望的内心，以及唐代科举制度对文人生命的影响之大。

费征君[①]旧居

浮世抛身外，栖踪入九华[②]。
遗篇补乐府，旧籍隶仙家。
池静龟升树，庭荒鹤隐花。
古来天子命，还少到烟霞[③]。

【注释】①费征君：费冠卿。(约公元813年前后在世)字子军，池州青阳人。著有诗集一卷，见《全唐诗》卷四八四。②九华：即九华山。在今安徽青阳县南。费冠卿隐居地。③烟霞：隐士居处。

【笺释】费冠卿是唐代著名的隐士，他屡试不第，久留京师，作感怀诗，有“家书十年绝”之句，元和中，登第而母卒，乃叹曰：“干禄欲以养亲。今得禄而亲丧，何以禄为”！遂隐池州九华山。长庆中，(公元823年左右)殿院李行修举其孝，召拜右拾遗，不赴。显然，张蠙写费征君旧居，不仅歌咏费冠卿超然淡泊的人格修养，或许也寄寓了自己的隐逸思想。首联介绍费征君抛弃名利、隐居九华的经历；颔联褒扬费征君德才兼备，诗情高雅，仙风道骨；颈联选取费居景观表现淡定闲远的隐士生活，水面平静，乌龟爬在树上休憩，荒废的庭院仙鹤隐藏在花中漫步，虽然住所简陋，但有“龟升树”“鹤隐花”相伴，更体现人与自然和谐相处的乐趣,此联写景富有生趣,乌龟的悠然自得,繁密花叶掩映中的仙鹤若隐若现,都给人惬意的感受。尾联抒发感慨,表达对费冠卿为亲隐居、辞官不赴的隐逸事迹的赞美以及自勉之情。

四、周繇诗歌笺注

周繇，唐末有两周繇，《全唐诗》误合为一人（据陶敏之说，参见《唐才子传校笺》第五册第439—442页）。一字为宪，宣宗大中末以御史中丞佐襄阳徐商幕，与段成式、温庭筠有诗唱和，年龄亦相仿。事见《唐诗纪事》卷五四。一字允元，池州人，懿宗咸通十三年（872）登进士第，后历校书郎、福昌尉、建德令。与温庭筠之子温宪同为“咸通十哲”之一。事见《直斋书录解题》卷一九、《唐才子传》卷八、《登科记考》卷二三。今所收周繇诗，其中《嘲段成式》等与段、温唱和之作凡五首，即计有功录自《汉上题襟集》者，当为字为宪者所作；其余诸诗，则为字允元者所作。

送边上从事①

戎装佩镆铘②，走马逐轻车③。
衰草城边路，残阳垒上笳④。
黄河⑤穿汉界，青冢出胡沙。
提笔⑥男儿事，功名立可夸。

【注释】①从事：做某种事业，有任职、奉事的意思。古时有别驾从事、治中从事等官职。②镆铘：亦作“莫邪”，宝剑名。诗中用以形容英雄为国征战的忠勇。③轻车：一种战车。《周礼注》：“轻车，用以驰敌致师之车也。”④笳：一种管制的双簧乐器。形似筚篥，出于西北民族地区，汉时传入中原，善于表现凄凉、哀怨的情感。⑤黄河：其源头在昆仑山，唐时属吐蕃地，极西为最高，顺地势流入华夏地区，故诗中曰“穿汉界”。⑥提笔：握笔，指写文章。

【笺释】这首诗应该是诗人懿宗咸通十三年（872）登进士第以后的作品。全诗整体格调比较激昂，首联就为我们塑造了一个跨马扬鞭、戎衣仗剑，准备驰骋沙场的军人形象。诗人在尾联也对这位朋友进行了热情的鼓励和殷切的期望，希望他立马取得骄人的功勋。值得注意的是，诗人的这个朋友其实并不是真正需要上战场击杀敌人的将士，他只是一个幕府文人，所以诗人在尾联并没有说杀敌男儿事，而是说提笔男儿事，这样说既切合所送之人的身份，又给人以不同于“男儿何不带吴钩”之论的生新之感，即文人同样也可以在沙场立功。令人感到奇怪的是，本诗的首联与尾联的激昂论调似乎是诗人刻意“组装”上去的，因为它们与本诗的中间两联的格调距离太大。颔联“衰草城边路，残阳陇上笳”之句一下让人从热血沸腾的出行场面转入黯淡苍凉的行军场面，感情基调非常的低沉。第五句“黄河出汉界”预示着征人从熟悉的世界进入了陌生的世界，这种对未知世界的恐惧终于在人们看见胡沙中掩隐的青冢后，化作对生命的“国殇”式的悲悯。这种情感的“跳跃性”很容易让人觉得本诗在表达技巧上显得不那么成熟，可是仔细涵泳之后，又让人觉得这样的情感波动在送别的生活场景里又是真实可信的。也许这正是诗人对生活真实进行艺术提炼的高明之处吧！

送洛阳崔员外①

塞诏除嵩洛②，观图见废兴。
城迁周古鼎③，地列汉诸陵④。
日送归朝客，时招住岳僧。
郡斋⑤台阁满，公退即吟登⑥。

【注释】①员外：官名，指正员以外的郎官。晋武帝诗始设员外散骑常侍，员外散骑侍郎，简称员外郎。崔员外，不详。②塞诏：除官诏书。嵩洛：嵩山和洛水的合称。嵩山居四岳之中，故又称中岳，西跨洛阳，东跨密县，绵亘一百五十余里。洛水，《元和郡县志》载：“在河南府洛阳县西南三里。”③周鼎：指周代传国的九鼎。诗言“周古鼎”，见其历史之悠久。“迁鼎”之事见唐张说《开元正历握乾符颂》：“神龙中兴，周鼎归唐。”④汉陵：汉朝帝王的陵墓。诗言“汉诸陵”，见其数量众多。⑤郡斋：郡守起居之处。⑥吟登：登临台阁，唱叹吟咏。

【笺释】本诗应该作于诗人在长安任校书郎期间。诗人的朋友崔员外受命到洛阳去做官，这首诗可能即作于长安为其饯行之时。从诗人对朋友“洛阳崔员外”的这个称呼推断，崔员外本身可能就是洛阳人。所以本诗虽是送别诗，但并没有着意渲染离别的悲哀。而是以友人即将任职的地方——洛阳为着眼点，设想其生活环境、工作内容、休闲安排等等情况，为读者塑造了一个亦官亦隐、从容进退的崔员外形象。颔联“城迁周古鼎，地列汉诸陵”所描绘的宏大时空二维画面，并不是诗人眼前所见实景，而是由诗人与朋友共同“观图见废兴”时的所见所感得来。两句诗将千年帝都洛阳的深厚的历史文化底蕴准确地概括了出来。选取“周鼎”“汉陵”这两个最具代表性的物象来表现洛阳城无与伦比的文化厚重感，确实具有典型意义。而且此联对仗工稳，整齐而富于变化，实在是难得的佳句。诗的下半部分主要是诗人所设想的崔员外居官生活的具体展开。“日送归朝客，时招住岳僧”，崔员外的府邸俨然成了当地文化交流的中心，每日都是高朋满座，有时候替归朝的外放官员饯行，有时候招延嵩岳高僧前来说法论道。更让人羡慕的是，崔员外的官署所在之处满是亭台楼阁，下班之后就可以悠游其间，升高赋诗、唱叹吟咏，真是不亦乐乎。

送人尉黔中①

盘山②行几驿，水路复通巴③。
峡涨三川④雪，园开四季花。
公庭飞白鸟，官俸请丹砂⑤。
知尉黔中后，高吟采物华⑥。

【注释】①尉黔中：到黔中地担任县尉之职。唐以黔州为黔中郡，分江南道置黔中道，治黔州（治今重庆彭水），辖地比秦黔中郡，东境减今湖南方面部分地区，西则包有今贵州大部。后世遂以黔为贵州的别称。②盘山：形势曲折回绕的大山。③巴：古地名，相当今四川嘉陵江和綦江流域以东的大部地区。④三川：三条河流的合称，所指不一。西周以泾、渭、洛为三川。此处指黔中的三条河流，疑即指巴水。《太平御览·三巴记》：“阆、白二水合流，自汉中至始宁城下入涪陵，曲折三回，如‘巴’字，故曰巴江。”⑤丹砂：即朱砂。矿物名。色深红，古代道教徒用以化汞炼丹，中医作药用，也可制作颜料。晋葛洪《抱朴子·金丹》：“凡草木烧之即烬，而丹砂烧之成水银，积变又还成丹砂。”此处应指丹砂炼成的丹药。⑥物华：即物的精华，多指自然景物。南朝梁柳恽《赠吴均》诗之一：“离念已郁陶，物华复如此。”

【笺释】这是一首送别诗，乃诗人送友人到黔中当县尉时所作。首联设想友人赴任途中所见之景。盘旋而上的山路，即便走了许久也相当于没有前进，经过许多的曲折回绕后,发现仍离刚路过的几个驿站不远。山一程,水一程,走罢山路还要走水路。水路的艰辛不减山路,各个水道错综复杂,与巴楚贯通。值得欣慰的是,行程虽苦,但景致亦奇。"峡涨三川雪,园开四季花",融化的雪水分别注入三条河流,河水流经峡谷时产生"喉管效应",使水位迅速上升;由于南方气候温暖,同一座庭院内可以见到在北方不同季节才能见到的花朵。本诗颔联,明李日华《六研斋三笔》卷一有精彩评论:"唐周繇《送人尉黔中》诗句云:'公堂飞白鸟,官俸请硃砂',不徒见彼土风物,而官贫事简之意亦翛然自见,且气象悠邈,绝无刻索之迹,所以为五言佳境,憾繇诗不多见耳。"宋周弼《三体唐诗》卷六注指出:"丹砂,出辰州。光明山、辰溪旧属黔中郡,隋方立辰州。"可见"丹砂"正是"彼土风物",诗人以黔中的风物入诗,既契合情事,又惬心惬理,遂能给人"气象悠邈"之感。李日华此说乃沿袭元方回《瀛奎律髓》卷四之论:"风土诗多因送人之官及远行,指言其方所习俗之异,清新隽永。唐人如此者极多,如许棠云'王租只贡金',如周繇云'官俸请丹砂'皆是。"方回对本诗"园开四季花"与"官奉请丹砂"之句复有"新而俊逸"的评论,将本诗的亮点指示了出来。

送宇文虞①

此别欲何往,未言归故林②。
行车新岁近,落日乱山深。
野店寒无客,风巢动有禽[一]。
潜知经目事③,大半是愁吟。

【校记】[一]"巢",全唐诗校,一作"窠"。

【注释】①宇文虞:其人未详。②故林:故乡的树林。比喻故乡或家园。唐杜甫《江亭》诗:"故林归未得,排闷强裁诗。"③潜知:深知。

【笺释】本诗是诗人送身处异地的宇文虞前往另外一个异地时所作。可以想见,漂泊不定的友人情绪是比较低落的。因此诗人创作的这首格调低沉的送别诗能给人一种推友人之心置自己腹中之感。宇文虞要离开,但并不是回故乡,诗人关切地问他:"此别欲何往?"这是诗人的问话,同时也道出了友人心中的迷茫之忧、飘零之伤。时间如流水,新年在行程中逐渐临近。新年本该是团聚的时候,本该是万象更新的时候,却只能在征途中度过了。途中所见之物,是无精打采的"落日",是幽深纵横的"乱山"。野店因为天气太寒冷而没了顾客,寒风中的鸟巢虽然摇摇欲坠却因为有鸟儿的居住而略显生机。此景此情，是诗人替友人所作的设想，这种设想是伤感的，但同时又是符合实际的。假若远行的诗人自己，那他一定会以“愁吟”度日，因此他断定友人也会如此。“潜知经目事，大半是愁吟”，心中有愁绪，眼睛所捕捉的自然是愁事愁景，最终也只能通过愁吟来纾解了。如果把本诗情感起伏的脉络画成曲线的话，颔联和尾联正好是这根曲线两个低点所在，而后一个比前一个还要低。如果低落的情绪无法抑制的话，索性让它毫无约束的泛滥吧！经过泛滥式的宣泄，内心反而可以感到宁静。

题东林寺虎掊泉①

胜致通幽感②，灵泉有虎掊。
爪抬山脉断，掌托石心拗。
竹蔼疑相近③，松阴盖亦交。
转令栖遁者④，真境逾难抛⑤。

【注释】①东林寺：晋代江州刺史桓伊为僧慧远建造，址在庐山。虎掊泉：又作虎跑泉，在东林寺后，②胜致：.优美的景致。唐人虚中《赠秀才》诗：“�阳多胜致，夫子纵游遨。”③竹蔼：竹林茂盛的样子。④栖遁：亦作“ 棲遯 ”。指避世隐居。《晋书·郗超传》：“性好闻人棲遁，有能辞荣拂衣者，超为之起屋宇，作器服，畜仆竖，费百金而不吝。”⑤真境：仙境。此处指东林寺所在之地。唐王昌龄《武陵开元观黄炼师院》诗之三：“暂因问俗到真境，便欲投诚依道源。”

【笺释】本诗是诗人游庐山时所作。庐山东林寺是晋代江州刺史桓伊为高僧慧远所建。有归隐情节的诗人尤为钟爱此地。虎掊泉是寺内的一处名胜，相传是神人派来的老虎以爪刨出。诗人徘徊于此时诗兴大发，遂题此一诗以纪胜。诗人根据传说，首先指出虎掊这眼灵泉，是庐山的“胜致”与慧远的“幽感”相通而生的。接着描述了这眼灵泉的形制。描述时紧扣“虎掊”这个关键点，将泉的外形与虎的“爪”“掌”联系起来，仿佛这眼泉真是被虎刨出来的。只见猛虎一抬爪，山脉应时断裂，猛虎一拍掌，石心随机凹陷。（按“拗”可作“凹”解，清宋长白《柳亭诗话》卷十三：“周繇《虎跑泉》诗：‘爪抬山脉断，掌托石心拗’……施庆征曰即凹字。”此处用其说。）汩汩流出的甘洌清泉，连附近的松、竹也渴望尝上一口。茂盛伸展的竹叶好像要向泉边靠近似的，苍松低垂的树冠的倒影也已经和泉水拥抱在一起了。有了这么美的景致，在此处修行的人，自然就更加不愿离去了。“转令栖遁者，真境逾难抛”一联，不仅道出诗人对此泉的喜爱，还道出了他对“栖遁”生活的向往。杜荀鹤是周繇的好友，他有一首《送福昌周繇少府归宁兼谋隐》诗，诗云：“少见古人无远虑，如君真得古人情。登科作尉官虽小，避世安亲禄已荣。一路水云生隐思，几山猿鸟认吟声。知君未作终焉计，要著文章待太平”（《杜荀鹤文集》卷一）。诗中对周繇“避世”“隐思”的强调，也与本诗中诗人自己的告白是一致的。

登甘露寺①

盘江上几层[一]②，峭壁半垂藤。
殿锁南朝像③，龛禅外国僧④。
海涛摏砌槛⑤，山雨洒窗灯。
日暮疏钟起⑥，声声彻广陵⑦。

【校记】[一]“江”，全唐诗校，一作“山”。

【注释】①甘露寺：在江苏省镇江市北固山上。相传三国吴甘露年间建造。宋郭若虚《图画见闻志·会昌废壁》：“唐李德裕镇浙西日，於润州建功德佛宇曰甘露寺。当会昌弃毁之际，奏请独存。因尽取管内废寺中名贤画壁置之甘露。”②盘：.盘绕；盘旋；盘曲。③南朝：南北朝时期，据有江南地区的宋、齐、梁、陈四朝的总称。因都建都于今南京市，故后人或借指南京。唐周贺《送绍康归建业》诗：“南朝秋色满，君去意如何？”④外国：指本国以外的国家。《史记·大宛列传》：“张骞凿空，其后使往者皆称博望侯，以为质于外国，外国由此信之。”⑤摏：冲；撞。⑥疏钟：稀疏清远的钟声。⑦广陵：即今扬州市。

【笺释】明杨慎《升菴集》卷五十六有一则材料，内容为：“《多景楼》（周繇），此二诗胜张祜金山诗，而人罕称之。”按周繇现存诗中并没有题为《多景楼》者。考明陈仁锡《无梦园初集·干集三》云：“甘露景莫奇于山之阴，游人多未知也。梁武帝书甘露寺三字体法劲越，水浸就毁……杨升庵云：‘周繇多景楼二诗胜张祜金山诗而人罕称之。”根据这则材料可知多景楼或是位于北固山山阴的一处建筑，亦属于甘露寺区域内，后人或将周繇《登甘露寺》诗刻于多景楼上而又误为二诗，虽有“周繇多景楼二诗”之谓。周繇在甘露寺所作之诗，尚有另外两首，但一咏东轩，一咏北轩，二轩都是甘露寺主体建筑的组成部分，不可能位于“游人多未知”的山阴。且刻诗之人也不会将有明确所指的诗误刻于他处。所以杨慎所谓周繇多景楼二诗即是这首《登甘露寺》诗。杨氏认为本诗“胜张祜金山诗，而人罕称之”，是比较高的评价。实际上，本诗艺术水准确实相当高。首联和颈联专为写景而设，一写“盘江”蜿蜒、“峭壁”垂藤的宏大之境，一写波涛侵蚀“砌槛”、山雨潲洒“窗灯”的细腻景致。俱能给人清绝可爱之感。诗的颔联以工稳的对仗技艺捕捉到一组能凸显甘露寺特色的画面：宫殿里锁着南朝名贤的画像，佛龛里供奉着来自外国的高僧。尾联尤其值得称道。“日暮疏钟起，声声彻广陵”，广陵即今扬州市，与镇江北固山隔江相对，诗人登临时展目可见。当钟声响起的时候，诗人遂联想到广陵的人们也可以听到钟声。诗人抓住南京、扬州两地隔江相望这一特殊的地理现象，营造了一种阔大悠远的境界。

甘露寺东轩①

每日怜晴眺②，闲吟只自娱。
山从平地有，水到远天无。
老树多封楚③，轻烟暗染吴④。
虽居此廊下，入户亦踌躇。

【注释】①轩：房室。《后汉书·延笃传》：“夕则消摇内阶，咏《诗》南轩。”②怜：爱羡。③封：封闭；堵塞。唐韩愈《春雪》诗：“兼云封洞口，助月照天涯。”④染：沾染。唐张籍《江村行》：“耕场磷磷在水底，短衣半染芦中泥。”

【笺释】由本诗可见诗人寓居甘露寺并非一日。他在诗的首联说每天都爱在甘露寺远眺，闲来无事只能靠吟诗自娱。“山从平地有，水到远天无”一联写景，看似夸张，却是写实。元方回《瀛奎律髓》卷四十七评云：“京口甘露寺，俯瞰大江，远眺溟海，委的是此。山从平地突起，水与天接，其言无一字虚也。”明人陈仁锡《无梦园初集·干集三》亦云：“周繇诗‘山从平地有，水到远天无。老树多封楚，轻烟暗染吴。’杨用修极称之。”方回欣赏颔联的写景似虚而实；杨慎不仅欣赏颔联，还欣赏颈联。颈联确实亦是难得的佳句。诗人眺望楚地，被众多枝叶茂密的老树遮住了视线；诗人于是转而眺望吴地，吴地却被缕缕青烟沾染得更加缥缈朦胧。需要指出的是，诗的首联和尾联与中二联相比显得有些相形见绌。尤其是尾联，语言不够凝练，情感表达也显得十分突兀，让人对本诗产生有句无篇之憾。诗人在创作是可能是先得中二联，后添首尾补足成诗的。虽然如此，本诗还是能做到意脉贯穿的。尾联的“踌躇”或许正是由于首联的“闲”。诗人心中有纵横吴楚的雄心壮志，却只能闲居廊下，虽然在这里能看到雄奇的山水，一旦进入房中，心中的遗憾又会油然而生。

甘露寺北轩

晓色宜闲望，山风远益清。
白云连晋阁①，碧树尽芜城②。
水静沙痕出，烟消野火平。
最堪佳此境，为我长诗情。

【注释】①晋阁：晋代楼阁。②芜城：古城名。即广陵城。故址在今江苏省江都县境。西汉吴王刘濞在此建都，筑广陵城。南朝宋竟陵王刘诞据广陵反，兵败身死，城亦荒废。后鲍照作《芜城赋》咏之，因得名。

【笺释】周繇在甘露寺所作三诗不应分别解读，最好能够合而观之。三诗同作于甘露寺一地，间隔时间也不会太久。《登甘露寺》可能是诗人初至此地时所作，《甘露寺东轩》《甘露寺北轩》二诗可能时寓居此地后陆续创作。解读《登甘露寺》诗应抓住“登”字；解读《东轩》诗应抓住“眺”字；同样，解读本诗应抓住“望”字。诗人驻足北轩，首先感受到的是迎面吹来的清爽的山风。山风的清凉是因为它从远处吹来。诗人的目光本来是为了寻找山风吹拂的方向，却看见了“白云连晋阁，碧树尽芜城”的壮观景象。此联对仗工稳、气象阔大。颈联亦工稳，所描绘的景物相对较为琐屑。但正好能与颔联起到宏观与微观相辅相成的作用。本诗尾联的情感表达比《东轩》诗的尾联要直白，与首联“闲望”之“闲”亦能相映成趣。

咏　萤①[一]

熠熠与娟娟②，池塘竹树边。
乱飞同曳火③，成聚却无烟。
微雨洒不灭，轻风吹欲燃。
旧曾书案上，频把作囊悬④。

【校记】[一]此诗一作处默，题目《萤》，见《全唐诗》卷八四四。按：《文苑英华》卷二二九作周繇,《唐诗纪事》卷七七作处默。

【注释】①萤:萤火虫。②熠熠:鲜明貌;闪烁貌。三国魏阮籍《清思赋》:“色熠熠以流烂兮,纷杂错以葳蕤。”娟娟:飘动貌。杜甫《小寒食舟中作》:“娟娟戏蝶过闲幔,片片轻鸥下急湍。”③曳:牵引。④作囊悬:此处用典。《晋书·车胤传》:“胤……家贫不常得油,夏月则练囊盛数十萤火以照书,以夜继日焉。”后人因以“囊萤”事为勤苦攻读之典。

【笺释】本诗的作者有争议。《全唐诗》既收入周繇名下,又收入处默名下,作处默诗时题曰《萤》。《文苑英华》卷三二九作周繇诗,《唐诗纪事》卷七七作处默诗。究为谁作,尚无定论。这是一首艺术上非常成功的咏物诗,艺术风格与周繇的诗风有某些一致性。全诗就像一则谜语,谜面句句紧扣主题,却始终不点破谜底是什么。如果你不知道谜底,会充满好奇地去不断猜测;若果你知道谜底再回头去揣摩谜面,也会叹服诗人工于状物的本领。“熠熠与娟娟”说的是某物闪烁飘动的样子;“池塘竹树边”说的是某物经常出没的地点;“乱飞同曳火”是说某物飞翔时尾部拖着的发光器能在空中划出一道道火线;“成聚却无烟”是说某物成群结队聚集在一起时就像一束光芒耀眼却不产生烟尘的火把。“微雨洒不灭,轻风吹欲燃”是说某物像火却不怕雨,不怕雨怎能叫火?可不是火轻风一吹却又能像火一样燃烧。请你猜一猜这到底是何物?如果你猜不出来,再告诉你一个典故你就一定能猜到了。这种东西晋代车胤曾把它们放进纱囊里照明读书呢!这首诗乍一看真像是一个简单的文字游戏。实际并没有那么简单,诗人是在托物言志。“微雨洒不灭,轻风吹欲燃”如果用来人们追求理想的过程不也十分贴切吗?尾联车胤囊萤的典故也是颇具寓意的。

望　海

苍茫空泛日[1],四顾绝人烟。
半浸中华岸[2],旁通异域船[3]。
岛间应有国,波外恐无天。
欲作乘槎客[4],翻愁去隔年。

【注释】①苍茫:广阔无边的样子;泛:漂浮。②中华:中国之美称。③异域:指外国。《后汉书·班超传》:“大丈夫无它志略,犹当效傅介子、张骞立功异域。”④乘槎:即乘坐竹筏或木筏。传说天河与海通,居住在海边的人,每年八月或见有浮槎在大海与天河之间往来。详见晋张华《博物志》卷十。

【笺释】明顾清《(正德)松江府志》卷二描述其地大海的情况道:“环府之东南二境,其东接诸番,混茫无际,松江与黄浦会而入焉。其会处曰跄口,其南与绍兴、宁波相望。耆老云:‘深夜籁寂时,越上鸡犬之声相闻,令天日晴明,南岸诸山皆历历可指。’海人验云:‘山抬风潮来,海唑风雨多。’皆不诬。‘抬’谓海水抬起常所迷望之山,皆在目也。此说似恠。或云蜃气为然。‘唑’音鹾,俗云万喙声也。”行文至此,顾氏即征引周繇这首《望海》诗为证。根据本诗的内容来看,与《松江府志》记载的情形大致相符。本诗描写的海景我国东南沿海多可见到。但能将大海的磅礴气势以律诗的形式恰当地表现出来,非具一定功力不可。我们在本诗中可以见识这种功力。首联写诗人对大海的第一印象,给人以苍茫敻绝之感。颔联以“中华”“异域”对举撑柱,侧重于描述其人文地理景观,甚至反映了当时海外交流的情况。颈联是因看到“异域船”而产生的联想。尾联用典,写诗人的冒险意识即起即灭的过程。全诗颇能给人一种波澜壮阔的感觉。清周中孚《郑堂札记》卷一将本诗与其他人的同题之作进行比较,指出了其“景界”阔大的特点:“北齐祖孝征《望海》云:‘云岛相接连,风潮无极已’,下接云:‘时看远鸿度,乍见惊鸥起’。景界低小极矣。即云岛一联已万不及晚唐周繇‘岛间知有国,波外恐无天’也。渔洋选入《古诗》,殊为未当。祖诗衹四韵,所举乃中二联也。”

送杨环校书归广南①

天南行李半波涛②,滩树枝枝拂戏猱③。
初著蓝衫从远峤④,乍辞云署泊轻艘⑤。
山村象踏桄榔叶⑥,海外人收翡翠毛⑦。
名宦两成归旧隐⑧,遍寻亲友兴何饶。

【注释】①杨环,南海人,咸通末登进士第。校书:古代掌校理典籍的官员。汉有校书郎中,三国魏始置秘书校书郎,隋、唐都设此官,属秘书省。广南:泛指广州南部之地。②行李:原意指使者,引申为行程、行踪。③猱:猿的一种。身体便捷,善于攀援。④蓝衫:旧时八九品小官的制服。《旧唐书·哀帝纪》:“虽蓝衫鱼简,当一见而便许升堂;纵拖紫腰金,若非类而无令接席。”峤:本指高而锐的山,泛指高山或山岭;又可指险峻的山道。⑤云署:朝廷官署的美称。⑥桄榔:木名。俗称砂糖椰子、糖树。常绿乔木,羽状复叶,小叶狭而长,肉穗花序的汁可制糖,茎中的髓可制淀粉,叶柄基部的棕毛可编绳或制刷子。⑦翡翠:鸟名。嘴长而直,生活在水边,吃鱼虾之类。羽毛杂有蓝、绿、赤、棕诸色,人多收取作装饰品。⑧旧隐:往昔栖隐之处。

【笺释】此诗是送杨环从校书郎卸任后归乡时作。杨环其人,明代黄佐《广州人物传》卷三有较详细的介绍:“杨环,南海人。力学工诗,隐居罗浮,咸通末登进士第。初赴省时,梦登高台耘草得玉麟,及除宏文馆校书郎,人贺曰:‘子居是职所谓麟台芸阁也。’始悟所梦。拜官后,时事日非,即拂衣归隐。至德令周繇与环友善,极称许之。”观此可见杨环之生平事迹及人生志趣,也可以见出周繇“极称许之”的原因。“名宦两成归旧隐”是杨环的事迹,也是周繇的追求。明李贤《明一统志》卷十六载:“周繇,建德人。调河南尉,秩满归隐九华山,仆射王徽称其孝弟可以表俗,奏为建德令。”可见,周繇的一生亦是始终实践着这一追求的。林宽有《和周繇校书先悲省中寓直》一诗,诗中有“此中真吏隱,何必更岩棲”之句(明曹学佺《石仓历代诗选》卷九十四)。这句诗并不只能反映周繇人生真相,实则他做官时并不满足于“吏隐”,而是想有所作为,当政事日窳是在无力回天的时候,他会选择真隐。杨环的归广南更是如此。因此此次为他送行,诗人并没有把离别写得凄凉悲戚。尾联还充满了对友人早于自己实现理想的艳羡情调。前三联选取的景物也多是清奇明丽的,令人觉得轻松自然。

经故宅有感

身没南荒雨露赊①,朱门空锁旧繁华。
池塘凿就方通水,桃杏栽成未见花。
异代图书藏几箧②,倾城罗绮散谁家③。
昔年埏埴生灵地④,今日生人为叹嗟⑤。

【注释】①雨露:喻朝廷之恩泽。赊:渺茫;稀少。张说《岳州作》:“物土南州异,关河北信赊。”②异代:前代,前世。《新唐书·李绛传》:“圣人选当代之人,极其才分,自可致治。岂借贤异代,治今日之人哉?”③罗绮:指衣着华贵的女子。唐李白《清平乐》词:“女伴莫话孤眠,六宫罗绮三千。”④埏埴:制陶工序之一。此喻陶冶、培育。唐黄滔《代郑郎中上兴道郑相启》:“遂使庆钟末路,福逮今辰,既预门墙,仍从埏埴,宛得御车之便,无烦拥帚之劳。”⑤生人:生民。

【笺释】观诗意,题中所言“故宅”当不是指诗人自己的旧居,而应是某位失势权要旧日的府邸。首联指出这位昔日的达官贵人如今已经身没于南部荒远之地了。他可能是因罪遭到了窜逐，朝廷的恩泽对他来说已经是渺不可及了。旧日的繁华如今早已不再，只有高大的朱门还昭示着屋主曾经的荣耀。窜逐的消息来得是那么的突然，新开凿的池塘刚通上水，新栽种的桃杏还没见开花，富贵荣华一夜之间就失去了。当日收集的前代图书如今还剩几箧？当日有着倾城之色的家人们如今都流落谁家？当年发号施令的所在，如今却成了人们嗟叹荣华富贵转头空的地方。涵泳本诗，其中所蕴含的深刻人生道理令人动容。可见，诗人创作本诗时内心的感触是相当深的。

送入蕃使①

猎猎旗幡过大荒，敕书犹带御烟香[一]②。
滹沱河冻军回探③，逻逤孤城雁著行④。
远塞风狂移帐幕[二]，平沙日晚卧牛羊。
早终册礼朝天阙⑤，莫遣虬髭染塞霜⑥。

【校记】[一]“烟”，一作“炉”。[二]“风”，一作“烧”。

【注释】①蕃：吐蕃。②敕书：一种皇帝慰谕公卿、诫约朝臣的文书。③滹沱河：在河北省西部。出山西省繁峙县东之泰戏山，穿割太行山，东流入河北平原，在献县和滏阳河汇合为子牙河。至天津市会北运河入海。④逻逤：藏语的音译，亦作“逻些”“逻娑”“逻挲”，吐蕃的都城。即今西藏自治区拉萨市。《旧唐书·吐蕃传上》：“其国都城号为逻些城。”著行：排列成行。⑤册礼：册立、册封的礼仪。⑥虬髭：亦作“虯髭”，卷曲的胡须。

【笺释】吐蕃是公元七至九世纪，我国古代藏族所建立的政权。据有今西藏地区全部，全盛时还辖有青藏高原诸部，势力达到西域、河陇地区。其赞普松赞干布、弃隶缩赞先后与唐文成公主、金城公主联姻，与唐经济文化联系至为密切。唐王朝经常遣使入吐蕃进行政治、经济、文化的交流。本诗就是为前往吐蕃的使者饯行而作。首联点明出使仪仗的隆重与受命出使的庄严。颔联、颈联俱写途中所见之景。“滹沱河”与“逻逤城”，一个在始发地，一个在目的地；“远塞”与“平沙”，一个是远景，一个是近景。诗人用相对的物事构成对仗，使诗歌具有交替时空变换的节奏感。诗人在尾联对这位入蕃使送上了祝福与叮嘱，祝愿他早日完成“册礼”使命返国复命，叮嘱他不要被塞外的严霜凋零了容颜。

白石潭秋霁作[①]

潭心烟雾破斜晖，殷殷雷声隔翠微[②]。
崖蹙盘涡翻蜃窟[③]，滩吹白石上渔矶。
陵风舴艋讴哑去[④]，出水鸬鹚薄泊飞[⑤]。
秋霁更谁同此望，远钟时见一僧归。

【注释】①秋霁：秋日雨后天晴。②殷殷：象声词。汉司马相如《长门赋》：“雷殷殷而响起兮，声象君之车音。”翠微：形容山光水色青翠缥缈。唐韩愈《送区弘南归》：“洶洶洞庭莽翠微，九疑鑱天荒是非。”③蹙：接近；迫近。唐罗隐《广陵开元寺阁上作》：“江蹙海门帆散去，地吞淮口树相依。”盘涡：水旋流形成的深涡。蜃：传说中的蛟属。李时珍《本草纲目·鳞一·蜃》：“蛟之属有蜃，其状亦是蛇而大，有角如龙状。”④舴艋：小船。讴哑：象声词。陆龟蒙《江南秋怀寄华阳山人》：“讴哑摇舴艋，出没漾鸡鹳。”⑤鸬鹚：一种水鸟。又名鱼鹰、水老鸦。羽毛黑色，有绿色光泽，颔下有小喉囊，嘴长，上嘴尖端有钩，善潜水捕食鱼。薄泊：即“泊泊”，象声词。

【笺释】这是一篇优秀的写景之作。第一句诗中“潭心”切题中“潭”字，“斜晖”切题中“霁”字。第二句写虽雨后天晴，但青山之外仍有殷殷雷声不时响起。第三到第六句具体描绘了一幅潭中雨霁图。一场阵雨过后，许多径流都涨了水，当它们一起汇入白石潭时，在潭中卷起一个个盘涡、拍击着崖岸，仿佛要把蛟龙住的洞窟都掀翻似的。大风也增加了水势汹涌的程度，甚至将滩涂上的白石都吹到了渔矶上，借着风势潭中的小舟讴哑而去。鸬鹚非常喜欢这种雨后天晴、风急浪高的时刻，这个时候它们往往能捕到更多的鱼儿。第六句点题中“秋霁”二字。但诗题中之“秋”字在诗中并没有得到很好地体现，如果不是诗人刻意在第六句点出，甚至会让人误以为前面所写乃夏日之景。这不能不说是本诗的一个缺憾。第八句紧承前一句的“望”字，将视野随寺庙的钟声一起向远方移动。“远钟时见一僧归”之句使本诗在清远的境界中结束。且“归”字又能呼应首句“斜晖”所提示时间点（傍晚时分），增强了诗歌结构的完整性。

题金陵栖霞寺赠月公①[一]

明家不要买山钱②,施作清池种白莲[二]。
松桧老依云外地,楼台深锁洞中天③。
风经绝顶回疏雨,石倚危屏挂落泉④。
欲结茅庵伴师住,肯饶多少薜萝烟⑤?

【校记】[一]此诗一作处默,题为《题栖霞寺僧房》,见《全唐诗》卷八四四。按:《文苑英华》卷二三九作周繇,《广僧弘秀集》卷八、《唐诗纪事》卷七七作处默。[二]“清池”,一作“花宫”。

【注释】①金陵:古邑名。今南京市的别称。战国楚威王七年(公元前333年)灭越后在今南京市清凉山(石城山)设金陵邑。栖霞寺:始建于南朝齐,址在金陵东北栖霞山上。②明家:南朝齐居士明僧绍曾舍宅为栖霞精舍。买山:见《世说新语·排调》载支遁买山事。③洞中天:即洞天。指神仙的居处,意谓洞中别有天地。④危屏:高峻的像屏障一样的石壁。孙绰《游天台山赋》:“践莓苔之滑石,搏壁立之翠屏。”李善注:“翠屏,石桥之上石壁之名也。”⑤薜萝:薜荔和女萝。两者皆野生植物,常攀缘于山野林木或屋壁之上。《楚辞·九歌·山鬼》:“若有人兮山之阿,被薜荔兮带女萝。”

【笺释】按本诗作者《全唐诗》同时收入周繇、处默二人名下。收入处默名下题曰《题栖霞寺僧房》,与本诗文字有不同。《文苑英华》卷二三九作周繇,《唐诗纪事》卷七七作处默。处默《题栖霞寺僧房》诗全文为:“名山不取买山钱,任构花宫近碧巅。松桧老依云里寺,楼台深锁洞中天。风经绝嶂回疏雨,石倚危屏挂落泉。欲结茅庵共师住,肯饶多少薜萝烟?”古人或有有意改动人诗而为己诗者,本诗与处默诗诗若存在这种情况,则认其为二人分别之作未尝不可。当然这只是猜测,文献不足征矣,具体情况,有待再考。从具体内容看,本诗是一首中规中矩的题赠诗。因所题之处为寺庙,所赠之人为寺僧,所以诗中多用佛道典故。中间二联对仗工稳,尾联又以问句收尾,略显俏皮而又意味深长,俱为本诗生色不少。

送江州薛尚书①[一]

匡庐千万峰②,影匝郡城中③。

忽佩虎符去④,遥疑鸟道通⑤。
烟霞时满郭,波浪暮连空。
树翳楼台月⑥,帆飞鼓角风⑦。
郡斋多岳客⑧,乡户半渔翁。
王事行春外⑨,题诗寄远公⑩。

【校记】[一]“尚书”,全唐诗校,一作“郎中”。

【注释】①江州:治所在今江西省九江市。薛尚书:疑即指薛能。②匡庐:指江西的庐山。相传殷周之际匡俗兄弟七人结庐于此,故称。③匝:布满;遍及。南朝梁沈约《三月三日率尔成篇》:“花开已匝树,流嘤复满枝。”④虎符:古代帝王授予臣下兵权和调发军队的信物,为虎形。⑤鸟道:险峻狭窄的山路。⑥翳:遮蔽;隐藏;隐没。⑦鼓角:战鼓和号角,两种乐器。军队亦用以报时、警众或发出号令。《后汉书·公孙瓒传》:“袁氏之攻,状若鬼神,梯冲舞吾楼上,鼓角鸣于地中,日穷月急,不遑启处。”⑧岳客:相传尧舜时四岳为四方诸侯之长;周有方伯为诸侯之长。后遂以“岳伯”泛称封疆大吏。此处“岳客”应即是封疆大吏前来郡翟做客者。⑨行春:谓官吏春日出巡。《后汉书·郑弘传》:“太守第五伦行春”,李贤注曰:“太守常以春行所主县,劝人农桑,振救乏绝。”⑩远公:对庐山东林寺僧慧远的敬称。此处借指在庐山修行的高僧。

【笺释】按题中薛尚书应即指薛能。五代王定保《唐摭言》卷十载薛能与张乔、喻坦之交好的情况曰:“乔与俞坦之复受许下薛能尚书深知,因以诗唁二子曰:‘何事尽参差惜,哉吾子诗。日令销此道,天亦负明时。有路当重振,无门即不知。何曾见尧日,相与啜浇漓。’”张乔、喻坦之复与周繇往来密切。《唐摭言》卷十又载:“时有许棠及乔与喻坦之、剧燕、任涛、吴罕、张嫔、周繇、郑谷、李栖远、温宪、李昌符,谓之十哲”云云。则周繇与薛能有交往乃情理中事。本诗是送薛能赴任江州时作。首联先写江州城的地理区位。处在庐山众峰之中的江州,交通本不方便接,诗人听说薛尚书要去此地任职,还以为“鸟道”已被开通,次联即是通过这种方式也表达自已听闻消息后的惊讶之情。第六句到第八句遥想江州风景,第九句到第十二句设想薛尚书到任后的工作生活情况。语言凝练、用典贴切、情感真挚,是一篇佳构。元辛文房《唐才子传》卷九评价周繇其人其诗时说他“家贫,生理索寞,只苦篇韵。俯有思,仰有咏,深造阃域,时号为诗禅。警联如《送人尉黔中》云:‘公庭飞白鸟,官俸请丹砂’,《望海云》:‘屿间应有国,波外恐无天’,《甘露寺》云:‘殿锁南朝像,龛禅外国僧’,又‘山从平地有,水到远天无’,又

‘白云连晋阁，碧树尽芜城’，《江州上薛能尚书》云：‘树翳楼台月，帆飞鼓角风’，又‘郡斋多岳客，乡户半渔翁’等句甚多，读之使人竦，诚好手也！落拓杯酒，无荣辱之累，所交游悉一时名公。”辛氏推崇的周繇诸诗，本诗就是其中重要一员。确实，本诗是能够“深造阃域”的，诗中“读之使人竦”的“警联”除辛氏所举外，尚有“匡庐千万峰，影匝郡城中”“烟霞时满郭，波浪暮连空”诸句。当然，本诗结构完整、意脉贯穿，更应该从整体上欣赏它的艺术美。

津头望白水[1]

晴江暗涨岸吹沙，山畔船冲树杪斜。
城郭半淹桥市闹[2]，鹭鸶缭绕入人家[3]。

【注释】①津头：渡头。白水：源出湖北省枣阳市东大阜山，唐同州白水县(今属陕西)即因其流经县域而得名。②桥市：桥头集市。宋孟元老《东京梦华录·肉行》：“坊巷桥市，皆有肉案，列三五人操刀，生熟肉从便索唤。”③鹭鸶：鹭。因其头顶、胸、肩、背部皆生长毛如丝，故称。

【笺释】全诗全从一个“望”字着眼，视角所在之处为“津头”，视野所抵之处为“白水”。各类自然景物与人文景观尽收眼底，诗人各选取几类进行艺术提炼，塑造成动人的诗歌意象，令人赏心悦目。首句“涨”字、“吹”字贯穿全篇，后三句所写景事全与江之涨、风之吹有关。“船冲”因水涨亦因风吹，“树杪斜”乃因风吹；“城郭半淹桥市闹”乃因水涨，“鹭鸶缭绕入人家”因水涨亦因风吹。诗歌描绘的景致像一幅剪影小画，将白水流域的风景民俗收入其中，给人一种方寸之间见大千世界的感觉。

公子行[1]

青山薄薄漏春风[2]，日暮鸣鞭柳影中。
回望玉楼人不见[3]，酒旗深处勒花骢[4]。

【注释】①行：古诗的一种体裁。宋王灼《碧鸡漫志》卷一：“古诗或名曰乐府，谓诗之可歌也。故乐府中有歌有谣，有吟有引，有行有曲。”《公子行》见《乐府诗集》卷九〇。②薄薄：犹稍稍；略微。③玉楼：指妓楼。白居易《听崔七妓人筝》：

“花脸云鬟坐玉楼,十三弦里一时愁。”④花骢:将鬃毛修剪成花瓣以为饰的骏马。

【笺释】本诗描写了一个“公子哥儿”花天酒地的生活。这是一个发生在春天的故事。当微风从青山间缓缓吹拂的时候,一位翩翩公子在柳荫道上策马而行。此时已是日暮时分,他已经在“玉楼”中消磨了一天,现在他又要去酒馆喝酒了。也许他对玉楼中人尚有留恋,就回头看了一眼,然而玉楼中人早已不见,可能已经去招待其他客人了。既然如此,一丝留恋也无须再有了,且去一醉方休吧！诗人所写,也许是当时社会上某类人的真实生活。诗人虽没有在本诗中明确表现出自己的态度,但我们也可以感觉到诗人或许觉得,这种行为不能叫“潇洒”,顶多只能叫“任性”。

嘲段成式[一]

蹙鞠且徒为①,宁如目送时②。
报仇慚选耎③,存想恨逶迟④。
促坐疑辟咡⑤,衔杯强朵颐⑥。
恣情窥窈窕⑦,曾恃好风姿⑧。
色授应难夺⑨,神交愿莫辞。
请君看曲谱⑩,不负少年期。

【校记】[一]诗题,全唐诗校:“一作广阳公宴段柯古速罢驰骋坐观花艳或有眼饱之嘲因赋此诗。”按:广阳公:襄阳公之误,指徐商。段柯古:段成式字柯古。段成式有和诗,见《全唐诗》卷五七七。

【注释】①蹙鞠:即蹴鞠。蹙同蹴。蹴鞠是古代军中习武的游戏,即踢球。②宁如:岂如,不如。目送时:暗送秋波的时候。③选耎:怯懦。也作“选懦”。④存想:想念,想象。逶迟:婉曲缠绵。⑤促坐:迫近而坐。辟咡:交谈时侧头,避免口气触及对方。⑥衔杯:饮酒。强:假装。朵颐:鼓动腮颊,嚼食的样子。⑦恣情:放纵情感。窈窕:女子身材纤细美好。⑧风姿:风神美好,身姿绰约。⑨色授:司马相如《上林赋》:“色授魂与,心愉快于侧。”谓对方之色授我,我之魂往与相接。意即睹貌动情,心驰神往。⑩曲谱:乐曲的谱子。

【笺释】这是一首文人之间相互戏谑的游戏之作。作于任职徐商幕府期间。此诗的另一题目“一作广阳公宴段柯古速罢驰骋坐观花艳或有眼饱之嘲因赋此诗”或许揭示了此诗的写作背景。即是一首与美艳妓女有关的作品,晚唐时代世风衰败,文人失去进取之心,沉醉歌舞或与歌妓纠缠成为常见的生活方式,此诗以细腻的心理描写展现了文人的这种生存状态。前两句说军中蹴鞠的时候并不专心致志,而是心怀鬼胎地向美艳歌妓暗送秋波,或许歌妓是地位较高官员的相好,所以段成式也只能有贼心没有贼胆。接下二句就是这种矛盾心态的展现:就像要去找仇人报仇却为胆怯而深感惭愧,尽管心里存有强烈的想念却迟迟不敢行动。五六两句写接近歌妓的动态:座位挨得很近,交谈时侧头,避免口气触及对方,喝酒的时候故意大口朵颐,来伪装掩饰内心的情绪波动。这显然是一种心鼓喧阗却不敢亲近的心态,与李商隐无题诗"隔座送钩春酒暖,分曹射覆蜡灯红"描述的场景非常相似,只是李商隐诗含蓄蕴藉,有情有格,而周繇诗直白显豁,低俗卑靡而已。七八两句终于克服了心理障碍,纵情饱览歌妓的神姿仙韵,故意炫耀自己的风流倜傥,将一个在美女面前放肆勾引者的形象展现出来。九十两句来了一个总括:说既然你们两人色授魂与,两心相许,就要心驰神往了。最后两句说请你看看曲谱吧,不要误了美好的青春时光。

此诗是一首格调不高的应酬之作,却运用五排的庄重诗体,除了一方面展示自己的诗才外,另一方面也是对段成式的诙谐的调侃。这种作派既不会引起受诗者的反感,反而会报以会心的微笑。看看下面段成式以诗歌并序的方式回赠,就知道他们将这种狎妓行为当作风流韵事看待的,这也正是晚唐的风气,也是晚唐文然的无奈。诗歌缺少李商隐诗歌中对女性尊重欣赏的严肃态度,只有膨胀的欲望和猥亵的举止,因而诗歌虽有浪漫却缺少温度,也没有执着的情怀。

附:
段成式《和周繇见嘲并序》

序:近者初开金埒[①],大敞红筵[②],骑历块[③]而风生,鼓掺挝[④]而雷发。成式未曾盘马,徒效执鞭,喜过君子之营,徒接将军之第,款段[⑤]辞退,因得坐观。是时满目铅黄[⑥],逆鼻兰麝[⑦]。晚薪余论,恨织素而不怜[⑧];斜柯新知,叹因针而难假[⑨]。化符端公[⑩],妾换名马。赋辟长门,莫逆赏心。形于善谑[⑪],为宪老舅[⑫],吟飘白雪[⑬],思效碧云[⑭]。六韵传观,不得落地[⑮],铿如佩玉,璨若列星。僦[⑯]眼讵贵于千金,贷心只劳于一句。辄鸣瓦缶,方应金铙[⑰];拗辅宜咳[⑱],足代谐笑。

诗曰:"才甘鱼目并,艺怯马蹄间。王谢初飞盖[⑲],姬姜尽下山[⑳]。缚鸡方[㉑]角逐,射雉岂开颜。乱翠移林色,狂红照座殷。防梭齿虽在[㉒],乞帽鬓惭斑[23]。傥恕相如瘦[24]，应容累骑还。”

【注释】①金埒：《世说新语·汰侈》：“（王）济好马射，买地作埒，编钱匝地竟埒。时人号之金埒。”此指豪奢的马场。②红筵：盛宴。有红妆佳丽陪侍的宴会。③历块：《汉书·王褒传》：“纵骋驰骛，息如影靡，过都越国，蹶如历块。”后以历块比喻速度迅疾。④掺挝：击鼓的曲调。或即“渔阳掺挝”，《世说新语·言语》：“祢衡被魏武谪为鼓吏，正月半试鼓，衡扬枹为《渔阳掺挝》，渊渊有金石声，四座为之改容。”又北周庾信《夜听捣衣》诗：“声烦《广陵散》，杵急《渔阳掺》。”唐李颀《听安万善吹觱篥歌》：“忽然更作《渔阳掺》，黄云萧条白日暗。”⑤款段：马行迟缓貌。⑥铅黄：铅粉与雌黄，用以化妆。此指众多美女。⑦逆鼻：扑鼻而来。兰麝：兰草麝香的香味。⑧此句用《古诗》意：“上山采蘼芜，下山逢故夫。长跪问故夫，新人复何如？新人虽完好，未若故人姝。颜色类相似，手爪不相如。新人从门入，故人从阁去。新人工织缣，故人工织素。织缣日一匹，织素五丈余。将缣来比素，新人不如故。”⑨此句用《艳歌行》诗意：“翩翩堂前燕，冬藏夏来见；兄弟两三人，流宕在他县。故衣谁当补，新衣谁当绽？赖得贤主人，览取为吾绽。夫婿从门来，斜倚西北眄。语卿且勿眄，水清石自见。石见何累累，远行不如归。”⑩端公：唐代称侍御史为端公。李肇《国史补》：“侍御史相呼为端公。”⑪善谑：擅长戏谑。《诗·卫风·淇奥》：“宽兮绰兮，猗重较兮；善戏谑兮，不为虐兮。”⑫为宪老舅：称呼周繇为老舅。为宪是周繇的字。则周繇与段成式有亲戚关系。⑬白雪：指高雅的《阳春白雪》曲调。《文选》卷四宋玉《对楚王问》：“客有歌于郢中者，……其为《阳春》《白雪》，国中属而和者不过数人。”⑭碧云：江淹《休上人怨别》诗：“日暮碧云合，佳人殊未来。露彩方泛艳，月华始徘徊。”⑮落地：晋孙绰作《天台赋》成，谓范荣期曰：“卿试掷地，要作金石声。”此指周繇的诗歌艺术水平高超。⑯僦：送，租借。与下文“贷”义同。⑰瓦缶：秦乐器。屈原《楚辞·卜居》：“黄钟毁弃，瓦釜雷鸣。”此以金铙代周繇诗，言其宏大庄严，而自己的诗则如瓦缶之鸣。⑱咳：嗤笑。⑲王谢：指高门贵族。⑳姬姜：贵族妇女的简称。㉑方：一作“难”。㉒《晋书·谢鲲传》载：鲲挑邻家美女，女投梭折其两齿。㉓乞帽：晋代王濛美姿容，有风流美誉，“帽败，自入市买之，妪悦其貌，遗以新帽，时人以为达。”㉔相如瘦：司马相如有消渴病，体瘦。李商隐《汉宫词》：“青雀西飞竟未回，君王长在集灵台。侍臣最有相如渴，不赐金茎露一杯。”

看牡丹赠段成式(柯古前看吝酒[①])

金蕊霞英[②]叠彩香,初疑少女出兰房[②]。
逡巡[③]又是一年别,寄语集仙呼索郎[⑤]。

【注释】①吝酒:顾惜酒,不能畅饮。②蕊、英:花。③兰房:雅洁的房室。指妇女的居室。④逡巡:顷刻,很短的时间。⑤集仙:指段成式,段曾任集贤院学士,集贤院本名集仙院,故以集仙指段。索郎:酒名,即桑落酒。郦道元《水经注》卷四:"'索郎'反语为'桑落'也。"此泛指酒。

【笺释】牡丹是唐人喜爱的花卉,观赏牡丹也是唐人最喜爱的活动之一,有大量的观赏牡丹、吟咏牡丹的诗歌。在众多的牡丹诗中,诗人最喜欢将牡丹比作美人,像李白《清平调》用"一枝秾艳露凝香"来比拟杨贵妃,形成"名花倾国两相欢"的意境,写出了牡丹花的高贵与娇艳;又如李商隐《牡丹》用"锦帏初卷卫夫人,绣被犹堆越鄂君"两个历史人物来比拟牡丹的尊贵与高雅,等等,都是成功的显例。周繇这首诗出彩之处,在于将金蕊霞英盛开绽放、芬芳四溢的牡丹比成刚刚从优雅居室走出来的青春靓丽的少女,就给人一种清新悦目、超凡脱俗的美感,一种钟情怜爱的美好情愫油然而生。欣赏美丽的牡丹,犹如见到令人心旌摇动的妙龄少女,但周繇的心思并没有朝狎妓方向继续延展,而是突然一个大的反转,说刹那之间又是一年时光消逝了,岁月蹉跎令人不胜悲慨,那么怎么消除这怀才不遇且虚度时光的悲情呢,最终还是回到杯中乾坤去吧,所以要寄语段成式大呼喝酒啦! 貌似狂放的外衣下面,包裹的却是沉沦不偶之慨。

附:
段成式《怯酒赠周繇》

"大白[①]东西飞正狂,新刍[②]石冻杂梅香。诗中反语[③]常回避,尤怯花前唤索郎。"按:此诗《全唐诗校》一作"答周为宪看牡丹"。

【注释】①大白:大酒杯。②刍:草。③反语:将一个词语倒过来说。

以人参遗段成式

人形上品①传方志，我得真英自[一]紫团②。
惭非叔子③空持药，更请伯言④审细看。

【校记】[一]自，全唐诗校：“一作白。”

【注释】①人形上品：《太平御览》卷九九一引《范子计然》曰：“人参出上党，状类人者善。”②英：精华。紫团：山名。在山西平顺县东南，古上党县境内。以产人参著称，名紫团参。③叔子：晋人羊祜，字叔子，为都督荆州诸军事，与吴国的陆抗接境相对。“抗尝病，祜馈之药，抗服之无疑心。”见《晋书·羊祜传》。④伯言：陆抗之父逊，字伯言。此喻段成式之长辈。

【笺释】这是一首答复友人索求人参的诗歌，颇有类似书信的功能，这种诗歌是日常生活诗化的结果，创自杜甫。当年杜甫寄居成都草堂，经常用诗歌向友人求助。人参是一种珍贵的药材，对疾病治疗和大补身体具有重要作用。但真正的人参却不容易得到，故而向周繇索取。大概周繇所在地就在山西上党地区或附近区域，那里有著名的紫团参。前两句说方志上记载的人形的人参最为珍贵，而我恰好得到了名贵的紫团参。回复段成式诗中的“九茎仙草真难得，五叶灵根许惠无”的询问。最后两句引用羊祜与陆抗的典故，请段成式仔细鉴赏。典故将段成式看成长辈，表现了对段的尊敬。也许段成式此时正患病，所以需要人参。这首诗表现了文人之间真诚的关怀，是具有温情暖意的好诗。还具有一定的医学文献价值。

附：
段成式《寄周繇求人参》

少赋令才犹强作，众医多识不能呼。九茎仙草真难得，五叶灵根许惠无？

和段成式

其　一

回簪转黛喜猜防①，粉署裁诗②助酒狂。
若遇仙丹偕羽化，但随萧史③亦何伤。

其　二[一]

玉树琼筵映彩霞，澄虚楼阁[二]似仙家。
只缘存想④归兰室，不向春风看夜花。

【校记】[一]此首诗题，全唐诗校："一作和段柯古不赴光风亭夜宴。"[二]澄虚楼阁，全唐诗校："一作澄波虚阁。"

【注释】①猜防：猜疑防范。②粉署：尚书省的别名。汉代尚书省皆用胡粉涂壁，画古贤人烈女。后世因称尚书省为粉署。此指山南东道节度使徐商官署，时徐商兼任检校户部尚书。裁诗：作诗。③萧史：《列仙传》载，秦穆公时，有萧史善吹箫，穆公女弄玉好之，结为夫妇。遂教弄玉吹箫作凤鸣，凤凰来止其屋，穆公为筑凤台，二人居其上，数年，随凤凰飞去。④存想：留有念想。

【笺释】这首诗也是作于任职徐商幕府期间。段成式因为忙于炼丹而没有赶赴风光亭（澄波虚阁）夜饮，故寄两首诗给周繇。周繇逐首回复，第一首就段诗中提到的"黄牙（炼丹家所用的铅华）"展开，说幕府的墙壁上画了古代贤人烈女，是为了防止淫邪念头的产生，而筵席的美酒可以帮助吟诗。后两句一转，说如果弄到了仙丹，能够羽化登仙，成为跟弄玉一起飞升的萧史，也是不错的选择。带有一种对段成式有意避开女色的嘲讽。第二首就"素娥难防备"展开，前两句先描写澄虚楼阁的美妙景象：灿烂的灯光照耀着玉树琼筵，就像辉映着彩霞一般明丽，简直就跟仙家一般。后两句又来一阵调侃，说只因你心中存有成仙的念想，所以闭门炼丹，不来欣赏春风的夜花了。赏夜花既指春天开放的花朵，也暗指美女。因想成仙而炼丹，因炼丹而避开女色。然而萧史与弄玉一对神仙伴侣，也是一种美妙的人生选择。这里暴露了晚唐人迷恋女色又想成仙的矛盾心理。

附录：

段成式《不赴风光亭夜饮赠周繇》：

屏开屈膝[①]见吴娃，蛮蜡[②]同心四照花。姹女[③]不愁难管领，斩新铅里得黄牙[④]。

【注释】①屈膝：门窗上的环钮，因状如人的屈膝，故名。②蛮蜡：产自南方的蜡烛。③姹女：道家炼丹，称水银为姹女。刘禹锡《送温处士归嵩山别业》：“药炉烧姹女，酒瓮贮贤人。”④斩新：极新。黄牙：即黄芽，道家炼丹所用的铅华。白居易《对酒》：“有时成白首，无处觅黄芽。”

段成式《嘲元中丞》[一]：

莺里花前选孟光[①]，东山逋客[②]酒处狂。素娥毕竟难防备，烧得河车[③]莫谴尝。

【校记】[一]诗题，全唐诗校：“一作襄阳中堂赏花为宪与妓人戏语嘲之。”

【注释】①孟光：东汉梁鸿之妻。鸿贫困为人傭工，光每为具食，举案齐眉。见《后汉书·梁鸿传》。②逋客：指隐士或无官职失意之人。孔稚圭《北山移文》：“请回俗士驾，为君谢逋客。”③河车：道家炼丹，称北方正气为河车。炼丹所用铅汞，与河车相合，始能成丹。

后　记

本书写作源于导师刘学锴先生的指导，记得我2000年跟随刘先生读研时，他告诉我说："九华四俊"（许棠，张乔，张蠙，周繇）存诗四百六十多首，过去似没有人专题研究过。他劝我从最基本的生平及系诗考证、交游考证及校注笺评等方面做起，再将其作为一个诗派进行研究，既有一定的学术价值，也能为乡邦文献作一点整理工作。我记住了先生的话，但由于后来转移研究方向，直到2007年才重新考虑这个选题，然后申请全国高校古委会项目，得到批准。从2008年开始，即对"九华四俊"诗歌展开研究，但进展很慢。先是让一名研究生跟我一起合作，直到2011年才完成粗略的注释，完成了整体研究（即现在的绪论）。我对注和笺释很不满意，于是在完成手头课题之后，再重新作注并笺释，让研究生黄金灿同学帮助完成张乔诗歌的大部分和周繇诗歌的主要部分，请蒋泽宏同学完成张蠙的初稿，然后，我来统稿修改。

由于"九华四俊"诗歌仅仅保存在清编《全唐诗》中，没有单行本流传，陈贻焮先生主编的《增订注释全唐诗（第四册）》（文化艺术出版社2000年版），对"九华四俊"诗歌作了简单注释，吸收了《全唐诗校》的成果，也融汇了当代很多学者的研究成果，如陶敏先生考证出周繇的22首诗歌混入了另一个叫"元繇"的诗歌，本书同意陶敏先生的考证结论，但对所有的诗歌依然作注并笺释。本书参考了目前能够找到的材料，算是对"九华四俊"全部诗歌作了一次整理。由于本人学术水平有限，肯定错误很多，期待读者批评指正。另外，本书参考了很多学者的成果，未能一一注明，在此一并表示感谢。

另外，本书的出版经费，在安徽师范大学科研处耿保友处长和安徽师范大学文学院储泰松院长的帮助下，顺利得到解决，也深表感谢。

2019年7月于芜湖

安徽师大文津花园陋室